■ 어느 실천신학자의 2000-2020년 회고와 전망 ■

너희는 지난날을 기억하라

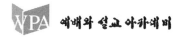WPA 예배와 설교 아카데미

Remember
the former things long past
2000 – 2020

ChangBok Chung, S.T.D.

Emeritus Professor of Presbyterian University & Theological Seminary

Emeritus President of Hanil Universiry & Presbyterian Theological Seminary

WORSHIP & PREACHING ACADEMY
SEOUL, KOREA

목 차

서 문

지난 20년의 회고와 전망을 한 권에 묶으면서

어제가 없는 오늘과 내일은 존재할 수 없습니다. 어제를 알아야 오늘을 건실하게 살고 내일의 방향타를 올바르게 설정하게 됩니다. 하나님의 선민 이스라엘은 지난 역사를 오늘의 현장처럼 소중하게 기록하여 생생하게 보존합니다. 하나님이 무엇을 어떻게 하셨는지를 정확히 알기에 오늘의 터전이 흔들리지 않습니다. 그리고 내일을 향하여는 남다른 희망을 안고 그 숱한 역경을 이겨냅니다.

같은 하나님을 예배하는 한국교회가 중심을 이룬 우리나라도 언제나 역사의 주인이 하나님이심을 알고 어제를 회고하고 내일을 전망해야 합니다. 이 민족을 사랑하셔서 구원의 복음을 안겨주신 하나님의 경륜을 완벽하게 다 헤아릴 수 없으나, 이 민족을 향하신 하나님의 깊은 뜻이 예사롭지 않다는 사실은 분명합니다.

그래서 필자는 지난 38년 동안 『예배와 설교 핸드북』을 펴내면서 지난해의 회고와 새해의 전망에 깊은 관심을 두었습니다. 2000년의 새해 첫

날, 하나님께서 한반도에 정착한 우리 민족에게 21세기에 특별한 은혜를 내리시리라는 예견(豫見)을 해 보았습니다. 비록 IMF라는 험난한 경제적인 여건을 안고 출발한 새로운 세기의 시작이었지만, 밝은 미래가 도래하고 있다고 확신하면서 해마다 <회고와 전망>을 집필하는 데 최선을 기울였습니다. 놀라운 사실은 독자들의 높은 관심과 반응이었습니다. 보내주신 격려와 평가의 반응은 대단했습니다.

『예배와 설교 핸드북』을 2022년부터는 사랑하는 제자들에게 맡기겠다고 선언하자 매우 이색적인 주문이 있었습니다. 그것은 매년 접했던 지난 20년의 <회고와 전망>을 단권으로 묶어 언제 어디서나 쉽게 독자들과 후손들이 읽을 수 있도록 해 달라는 요청이었습니다. 그 이유는 지난 20년 동안에 우리의 근대사에 매우 중요한 기록이 많으므로 단권으로 소장하고 수시로 음미하겠다는 뜻이었습니다. 이러한 요청을 받고 필자는 지난 20년 동안 추려보았던 내용을 정독하다가 출간에 동의하였습니다.

그리고 다음과 같은 확고한 사실을 재다짐했습니다. 한반도에 정착한 이 민족의 역사는 하나님이 주체가 되셔서 펼치신 놀라운 손길의 결실입니다. 하나님을 외면하고 우상으로 가득한 이웃 나라들과는 달리, 우리는 십자가를 높이 들고 하나님을 예배하는 열기로 가득한 특수한 민족입니다. 필연코 금세기에 하나님께서 놀라운 기적의 손길을 이 민족에게 펼치사 큰 영광을 받으시는 놀라운 역사가 이룩되리라 확신합니다.

막상 단권으로 모아 펴내는 데 가장 아쉽고 주저한 부분이 있습니다. 그것은 자료마다 섬세하게 각주를 달지 못한 점입니다. 여기에 담은 글은 학술적인 것이 아니고, 주로 설교 사역을 최우선으로 감당해야 하는 목회자들에게 오늘의 설교 현장을 파악하고 예견하는 것이 주된 목적이었습니다. 그러하기에 매스컴을 통하여 알려진 내용을 열심히 수집하여 나의 말로 새롭게 정리하여 편하고 쉽게 읽게 하려고 자료의 출처를 밝히는 과정은 모두 생략하였습니다. 본서를 읽는 독자님들이 이 점을 이해하여 주시길 바라고 출처가 필요한 분은 인터넷을 통하여 더 광범위한 내용을 손쉽게 접할 수 있으리라 봅니다.

본서가 출간되기까지 함께 도움을 준 손길들이 있습니다. 본서의 출판을 맡아 주신 WPA 김현애 대표와 편집을 맡아 주신 윤혜경 편집장을 비롯하여 지난 20여 권에 흩어진 글을 한곳에 모으는 데 애쓴 서혜진 전도사에게 고마운 마음을 보냅니다. 그리고 집필에 전념하도록 공간을 비롯한 모든 환경을 만들어주고 격려와 위로를 아끼지 않는 내 인생 파트너이며 조련사인 김준희님께 거듭하여 감사의 머리를 숙입니다.

간절히 바라기는, 본서를 통하여 우리 한국교회가 하나님이 베푸신 위대한 역사에 밀착되기를 원합니다. 그리고 이 민족이 물질문명에 도취하여 하나님을 외면하는 일이 없도록, 하나님을 바르게 예배하고 주신 말씀을 올곧게 운반하는 열풍이 식지 않기를 기도합니다.

주후 2021년 8월 광복절에
예배와 설교 멘토링 센터에서

2000년도 회고와 전망

1999년, 우리의 20세기 마지막은 IMF의 먹구름으로 막을 내렸다

IMF라는 태풍이 남긴 상처들

21세기라는 새로운 세기의 문을 열기 전에 불어닥친 IMF라는 태풍이 남겨놓은 곳곳의 상처가 너무나 극심하다. 일자리를 잃은 사람들, 사업이 도산된 사람들, 가정이 깨어진 사람들이 곳곳에 즐비하다. 경기 침체와 기업의 구조조정에 따라 150만의 대량실업 사태가 발생하고, 은행이 퇴출당하고, 재벌이 무너지는 현상들이 속출하였고 지금도 진행 중이다. 이 나라의 버팀목이 되었던 중산층과 서민층이 경제 한파의 가장 큰 피해자 그룹으로 결산되었다. 그 결과 또다시 이 나라에는 '부익부 빈익빈'의 현상이 나타나고 사회불안의 조짐으로까지 이어지게 되었다.

이렇게 되기까지의 원인은 일만 달러의 선진국 대열에 진입할 수 있다는 호언장담을 늘어놓았던 정치지도자를 비롯하여 거기에 장단을 맞추어 때와 분수를 알지 못하고 샴페인을 터뜨린 우리 모두 때문이었음은 이미 다 인정한 사실이다. 모두가 정신을 차리고 뒤돌아보면 그것은 천재(天災)가

아니라 허세와 낭비의 주인들이 몰고 온 인재(人災)였음을 알게 되었다.

이러한 인재는 우리의 사회에 깊은 상처들을 심어 놓았다. 가장 어려웠던 1998년의 경우 이 사회의 총체적 위기 수준이 79.4%에서 아직도 70.2%가 상존하고 있다는 연구조사 결과가 나와 있다.

분야별로는 '가족 불안정'이 78.5%로 가장 심각한 위기 요인으로 꼽혔는데, 이혼율이 20%가 넘을 정도로 상승하고 있으며 아동 유기, 가출, 가정 폭력이 늘고 있다. 그 다음으로는 '불투명한 장래'가 75.3%로 꼽혔다. 비행 학생이 늘고 있는 데다가 대졸 취업률과 신분 상승 가능성이 작다는 것과 연구개발에 대한 투자가 적은 점도 지적되었다. 세 번째 요인은 부패지수, 공무원 범죄 건수, 행정소송 건수 등을 바탕으로 한 부패와 정책 불신이 71.6%로 나타나고 있다. 또 하나는 '생활 불안정' 분야로서 실업률, 임금이 오르지 않는 데 따른 고통지수의 상승, 부동산 투기 조짐에 따른 주거비 상승 등이 심각하다는 보고서를 보게 된다.

우리 모두의 소원은 이제 IMF의 먹구름이 걷히기를 기대한다. 그러나 이 나라를 찾아와 경제 실태에 대한 면밀한 조사를 마친 한 전문인은 최근에 "한국이 경제위기로부터 회복하는 과정은 아직 진행 중이기 때문에 자칫하면 깨어지기 쉽다"는 경고를 하면서 한국이 국제경쟁력을 갖춘 시장경제 이행을 공고히 하기 위해서는 규제개혁과 구조조정을 향후 몇 년간 지속적으로 추진할 필요가 있다고 공언하고 있다.

이상과 같은 전문가들의 분석은 우리의 상처가 아물고 있다는 말이 아니라 그 상처의 치료가 계속 진행되어야 한다는 말이다. 사실 IMF의 졸업이 1~2년 이내에 이루어졌다는 기록은 없다. 그러기에 우리의 그릇된 경제 구조와 사회의 인식 개조에 필요한 수술 기간이 필요함에 틀림이 없다. 우리는 고통이 심하더라도 완치를 가져오는 데 깊은 관심을 가져야 한다.

지난 2년간의 깜깜한 미로(迷路)는 유익했다.

    IMF의 미로가 서서히 가닥을 잡아가고 있음을 느끼게 된다. 우리의 경제가 성장 잠재력을 회복하는 단계에 진입했다는 보도가 여기저기서 등장한다. 한국은행은 경제 회복이 예상보다 빠르게 진행됨에 따라 1999년의 경제성장률 전망치를 7%로 잡는다고 발표하였다. 1998년에 마이너스 5.8%의 아픔을 생각하면 이것은 참으로 기적 같은 소식이다. 외환위기를 벗어나고 극심한 경기 불황으로 움츠러들었던 기업의 설비투자가 증가일로에 있다는 소식은 참으로 반가운 뉴스임에 틀림이 없다.

    우리의 민족은 이러한 곤경에 처하면서 허세가 무엇인지, 낭비의 결과가 어떤 것인지를 몸으로 익히고 있었다. 근검과 절약의 가치를 새롭게 배웠다. 재벌은 방만한 선단식(船團式) 운영이 가져다준 허구를 발견하게 되었고, 경쟁으로 맞서야 하는 국제관계의 현실도 깨닫게 되었다.

    오직 정치의 세계만이 권좌에서 물러선 정치인들이 기득권을 쉽게 포기하지 못하고 정치와 경제 개혁의 발목을 붙잡고 있는 모습으로 남아 있다. 그리고 새 정부의 시행착오 또한 국민을 정치로부터 멀리 벗어나게 하는 원인을 제공하였다. 새로운 정권은 경제의 회복에는 성공을 거두고 있으나 나라 정치는 거기에 버금가지 못하는 안타까움을 갖게 한다.

    물론 지금 이 순간도 어제를 망각하고 벌써 샴페인을 터뜨리는 무리가 수두룩한 현실이다. 1999년의 경기 회복세가 뚜렷해지면서 부유층은 물론 서민층까지 소비지출을 크게 늘린 것으로 나타나고 있다. 원자재를 위한 외화의 유출이 아니라 휴대전화와 외제 승용차를 비롯하여 골프용품, 담배, 샹들리에, 바닷가재 등의 항목들이 지난해에 비교하여 100%가 넘는다는 보도이다. 거의 모두가 혹독한 IMF의 한파에서 부를 더 많이 챙겼던 사람들에게 속한 항목인 듯하여 더욱 마음이 아프다. 이상과 같은 철없는 세계의 주인들만을 보면 그들만을 위한 IMF가 있었으면 하는 고약한 마음도 발생한다. 그러나 한배를 탄 '우리'라는 대한민국의 공동체이기에 철없는 사람만을 보고 돌을 들 수는 없다.

이 민족의 수난을 좀 더 다른 측면에서 보면 이것은 새로운 세기에 들어갈 값비싼 준비를 위한 시간이었다. 일찍이 괴테는 "자기의 빵을 눈물 흘리며 먹어보지 않은 사람, 근심으로 가득한 밤에 자기 잠자리에서 울어보지 않은 사람은 자기가 누구인지를 알지 못한다. 더욱이 하나님의 능력이 무엇인지도 모른다"라는 말을 남긴 적이 있다.

진정 보릿고개의 눈물 어린 경험을 몰랐던 많은 사람에게는 빵의 소중함도, 눈물의 의미도, 후회의 평가도 모두가 값진 경험으로 남게 되었다. 가시에 찔리지 않고서는 장미꽃을 모을 수 없다는 말을 음미할 수 있게 되었다. 그리고 "까닭 없이 천금을 얻으면 큰 복이 있는 것이 아니라 반드시 큰 화가 있으리라"는 옛 선비들의 가르침도 실증되는 유익한 면도 있었던 어둡고 어지러웠던 밤이었다.

그러나 한국교회의 그리스도인들은 모두가 부끄러웠다.

역사적으로 나라가 어지럽고 어려울 때면 그때마다 교회는 일어서서 질서를 잡고 희생과 봉사의 손길로 어려움을 해결하는 데 앞장서 왔다. 일제의 마수가 뻗쳐 올 때도, 6·25동란의 폐허 속에서도 교회는 정신을 잃지 않고 하나님의 보호를 구하면서 나라 사랑을 실천하는 대열에 뛰어들어 선도적인 역할을 하였다.

우리의 교회는 IMF의 경제 한파가 극성을 부리던 때부터 지금까지 노숙자들을 먹이고 입히고 목욕을 시키는 등 보살핌의 손길을 어느 단체보다 뜨겁게 펼치면서 그리스도이신 예수님의 말씀을 현장화하는 데 땀을 흘렸고 지금도 계속하고 있다. 그러나 이러한 순수한 그리스도인들의 봉사 대열과는 상반된 사건들이 신문과 방송을 통하여 만천하에 알려짐으로 그리스도인이라는 이름표를 달기가 무척이나 어색하고 부끄럽게 되었다.

1998년에는 장관 출신 장로가 성경에 칼을 숨기고 들어가 자살을 기도하더니, 1999년에는 집사가 국회에서 할복자살을 기도하여 세상을 놀라게 하였다. 수십 년간 신앙생활을 해 온 집사와 장로가 자살을 기도한다는 것 자체가 얼마나 교회의 가르침이 허술하였는지를 보여주는 사건이 되고 말았다.

그것만이 아니다. 지난 5월 만민중앙교회 신도들의 문화방송국 점거 사건은 세상을 향하여 교회의 추태를 보이는 또 하나의 장면이었다. "누구든지 네 오른편 뺨을 치거든 왼편도 돌려대며 … 너희 원수를 사랑하며 너희를 핍박하는 자를 위하여 기도하라"는 예수님의 가르침이 흔적도 보이지 않는 큰 사건이었다. 진정 한국 개신교의 추태를 연출하는 것만 같아 괴로워하는 그리스도인들이 너무나 많았다.

최근에 이르러서는 또다시 온 국민 앞에 TV 중계로 보여준 또 하나의 부끄러운 사건이 있었다. 이 사건의 연출은 모두 돈과 권력의 무대에서 함께 춤을 추던 개신교의 권사님들이 맡았다. 그런데 더욱 우리를 부끄럽게 만든 것은 '성경'과 '하나님'을 충돌시키는 대사였다. 어떤 사람은 '성경'을 들먹거리며 신앙 양심을 말하는가 하면, 어떤 이는 '하나님' 앞에 맹세의 음정을 높이고 있었다. 그러한 모습에서 우리 그리스도인들은 낯 뜨거움을 금할 길이 없었다. 실직과 굶주림과 부도의 늪에서 국민의 절대다수가 신음하는 순간에 교회의 중직자들이 그렇게 빗나간 삶을 살았다고 알리는 것만 같아 그리스도인들은 다시 고개를 숙이게 되었다. 그 밖에도 뇌물을 먹다가 목에 걸려 감옥을 찾는 높은 관료를 비롯하여 감옥에 출입하는 숱한 인사들의 절대다수가 그리스도인이라는 사실이 유난히도 많이 보도되어 우리가 모두 겸손해질 수밖에 없었던 한 해였다.

그러함에도 불구하고 1999년이 우리의 새벽이기를 애절한 심정으로 바라고 기도했던 소원은 빛을 보게 되고 새로운 세기의 문은 드디어 우리 앞에 열렸다. 우리 모두를 슬프게 하는 주변의 소식들보다 우리를 따뜻하게 찾아주시는 하나님의 말씀이 우리 앞에 펼쳐진다.

> 곤고한 자가 부르짖으매 여호와께서 들으시고 그의 모든 환난에서 구원
> 하셨도다 … 형통한 날에는 기뻐하고 곤고한 날에는 되돌아 보아라 이
> 두 가지를 하나님이 병행하게 하사 사람이 그의 장래 일을 능히 헤아려
> 알지 못하게 하셨느니라(시 34:6; 전 7:14)

2000년, 설교자는 세기말의 혼란과 공포에도 평안을 선포해야 한다

새 세기를 가져오게 되는 2000년의 아침! 어떤 꽃이 이 강산에 만발하고 무슨 열매가 우리의 손에 잡힐 것인지 미리 말해주는 사람은 없다. 오직 우리가 믿음을 가지고 2000년을 말할 수 있는 것은 어제의 역사를 주관해 주셨던 하나님이 이 민족 속에 일구어내신 교회를 새로운 세기에 크게 쓰시리라는 확신 때문이다.

여기에 응답하는 교회가 되기 위해서는 이 민족에게 새로운 전기가 마련되어야 한다. 큰 시각과 큰 틀을 찾는 한국교회로 변화될 필요가 있다.

한국교회는 눈을 들어 북녘 하늘을 보면서 가슴에 아픔과 슬픔을 느껴야 한다.

그 이유는 1995년부터 1997년까지 3년간 북한 전 지역에서 기아나 이와 관련된 원인으로 사망한 주민은 전체 인구(2천 300만 명)의 10% 정도인 210만 명에 달하는 것 같다는 외국 신문의 보도이다. 평균수명도 남한은 남자가 70.56세, 여자는 78.12세인 데 반하여 북한은 남자 59.8세, 여자 64.5세라는 통계청의 발표이다.

우리가 모두 같은 민족인데 그들만이 기아에 시달려야 하고 수명마저 짧아야 하는지 깊은 동정을 금할 길이 없다. 서해 교전(交戰)에서도 서로가 인내를 발한 것처럼 민족애가 통일로 승화되는 기적을 베풀어 달라는 기도가 2000년에 울려 퍼져야 한다. 진정한 포용정책의 실천이 우리의 기도로 승화되고 메시지에 강력한 줄기를 이어가야 한다.

곧 다가올 2002년 세계축구의 잔치 마당을 생각하고, 민족을 생각하는 설교자의 뜨거운 가슴이다.

우리가 모두 1988년에 올림픽을 치른 저력이 있다는 안일한 생각을 가지고 2002년을 기다리고 있다. 그러나 거대한 창피를 몰고 오기 쉽다. 그 이유는 이번의 행사는 한일 공동주최가 되어 세계인들이 우리나라와 일본을 드나들면서 양국을 비교하게 되기 때문이다. 이 땅에 살면서 우리의 문화 수준을 지적한 어느 외국인의 글처럼 우리는 일본인들의 문화 수준에 미치지 못한다. 시민의식의 결여와 법을 무시하는 태도들을 비롯하여 길거리에 쓰레기를 버리는 행위, 자동차 문을 열거나 거닐면서 거리에 침을 뱉는 모습, 시끄러운 언어생활, 난폭운전, 일의 엉성한 마무리 등등은 외국 친구들의 지적이 없더라도 이미 자인하는 부분들이다.

아무도 바로잡아 주지 않은 창피한 상습의 수정이 하루아침에 이루어질 수 없다고 볼 때 암담한 생각이 앞을 선다. 세계인들의 눈앞에서 일본과 비교를 당하면서 열등 국민으로 낙인이 찍힐 수도 있다는 사실을 생각만 해도 얼굴이 뜨거워진다. 여기에 대한 시민의 의식 개조를 누가 담당할 것인지를 물을 때 이것은 결코 정부 차원에서 해결될 수 없는 부분이다. 제2 건국운동에도 맡길 수 없는 과제이다. 이것 역시 우리의 교회로부터 불길이 일기 시작해야 한다. 이제 우리 교회가 담당해야 할 중요한 사역의 하나가 되어야 한다. 지난 한 세기 동안 나라와 민족의 의식 변화에 주역을 감당해 왔던 저력을 새롭게 활용해야 할 때가 다가왔다고 본다.

정치개혁의 숙제가 우리 앞에 놓여 있다.

경제개혁은 활발하여도 정치개혁은 손을 대지 못한 국민의 정부라는 지적이 이곳저곳에서 발생하고 있다. 대통령도 지난 광복절 기념식에서 정치개혁의 급선무를 언급하였다. 사실 정치개혁이 없이는 사회의 각 분야의 개혁도 뒷걸음칠 수밖에 없다.

다행히도 2000년 4월에 총선을 치르게 된다. 이것은 국민에게 가장 큰 권리행사가 주어지는 기회이다. 이때마다 교회의 표를 의식한 정치인들이 교회의 문턱을 넘나든다. 설교자들이 정치와 사회에 무관한 존재들이 아니라 그들의 의식 수준을 높이는 주역들임을 알릴 좋은 기회이다. 하나님을 섬기는 신앙에 근거하여 새 시대에 부응할 수 있는 이상적인 개혁을 실천할 수 있는 인물을 찾는 선량들을 만드는 것도 교회가 맡아야 할 또 하나의 과제이다.

새로운 변화를 추구하는 교인들의 소망 어린 눈길에 깊은 관심을 두어야 한다.

좀 더 달라진 설교자의 삶과 메시지 전달의 개발 등은 필수적이다. 옛날의 묵은 모습 그대로를 고집하고 연출하는 설교자는 정신을 가다듬을 필요가 있다. 하나님의 말씀을 더욱더 선명하고 아름답게 전하려는 성언운반일념(聖言運搬一念)의 설교 정신이 새로운 세기에는 필요하게 될 것임에 틀림없다.

2000년! 이것은 단순한 또 하나의 세기가 열리는 데에만 의미를 부여할 수 없다. 우리의 교회가 달라지고 조국이 새롭게 약진하는 원년이 되어야 한다. 그리고 새 세기에는 한국교회가 복음의 전진기지가 되리라는 전제 아래 우리의 교회가 거대한 미래상을 그려야 한다.

2001년도 회고와 전망

2000년, 우리의 21세기 창문은 IMF의 폭우 속에 열렸다

선뜻 다가온 꿈같은 이야기들

　21세기를 열면서 관객을 가장 뜨겁게 달구었던 역사의 무대는 남과 북의 문이 열리기 시작한 장면이었다. 날이면 날마다 기쁨조를 안고 살아온 무자비한 탕아로만 비추어졌던 북한의 통치자가 전혀 다른 모습의 얼굴로 세계 앞에 나타날 때 반공주의에 젖어 살아온 사람들은 참으로 어리둥절했다. 남북의 통치자가 얼싸안을 때는 모두가 눈물을 글썽이며 우렁찬 박수를 보냈다. 더욱이 '북한 괴뢰군의 대장'이 정복을 입고 김포공항에 나타났는데도 총부리를 들이대면서 체포하려는 국군이 없었으며, 돌팔매를 던지는 시민도 없었다. 오히려 손뼉을 치면서 환영을 했다.

　참으로 꿈에나 있을 장면들이 속출하는 한 해였다. 남북한의 국방책임자들이 제주도에서 머리를 맞대고 전쟁의 먹구름을 거두는 데 서로가 노력한다니 이 얼마나 고맙고 반가운 소식인가! "철마는 달리고 싶다"라는 푯말을 거두기 위하여 경의선 복구사업이 시작되었다는 사실 등은 모두가 꿈같은 이야기이다. 남과 북의 창이 이렇게도 쉽게 열릴 수 있었는데도 지난 50

년 동안 우리는 얼마나 많은 피를 흘리며 동족을 서로가 적이라고 부르짖으면서 살아왔는지 부끄러움과 아쉬움이 앞을 가리고 허탈감마저 파고든다.

거기에 더하여 불과 제한된 수의 만남에 불과했지만, 이산가족들이 부둥켜안고 회한의 눈물을 흘리는 장면 앞에서 우리 민족 모두가 눈시울을 적셨다. 그뿐 아니라 시드니 올림픽에서 남북한이 손을 잡고 같은 깃발을 들고 입장하는 순간 세계인들이 모두 기립박수를 보내면서 한민족의 통일을 기원하였다. 누워서 TV 중계를 보던 사람도 벌떡 일어나 함께 박수를 보내고 있었다. 통일의 염원! 얼마나 진한 소원인가!

이 아름다운 그림은 우리 한민족에게는 2000년 최대의 작품이었고 가슴을 파고드는 사건이었다. 그리고 단회적인 사건으로 끝나지 않고 지속되어야 할 최대의 과제로 새해에 넘겨졌다.

달라진 세상-인터넷 문화

2000년에 접어들어 우리의 사회를 새로운 세계로 끌고 가는 것은 바로 인터넷이라는 첨단 문화이다. 그 확산의 속도는 실로 엄청나서 인터넷에 대한 사회적 관심이 나이와 지역을 초월하여 하나의 큰 사회 현상으로 자리 잡았다.

한 통계에 의하면 인터넷 이용자 수는 선진국 수준인 전 국민의 40% 선을 넘어서고 있다. 1995년 20만 명에 불과했는데 올해 말에는 2,000만 명을 넘는 인구가 인터넷을 드나들면서 과거에 경험해 보지 못한 세계를 즐기면서 생활의 모습을 바꾸게 되리라는 예상을 하고 있다. 놀라지 않을 수 없는 인터넷 세상의 확산이다.

생각하면 이제는 노인 앞에서 무릎 꿇고 배우던 어린 손주가 스승이 되는 세상이 되었다. 각종 정보와 세계 구석구석의 참모습을 설명하면서 과거의 지식으로 각인된 사람들을 무력하게 만드는 시대가 열렸다. 55세 이상의 '노년층'의 인터넷 이용률이 3.4%에 불과하다는 사실은 이를 잘 입증해 주고 있다.

생각하면 일반적으로 널리 통하던 사회의 구조와 실태에 대한 개념이 급격하게 변하는 2000년의 태풍이었다. 하루가 다르게 생겼던 벤처기업들은 이 변화에 우후죽순처럼 나왔다가 또 사라지면서 젊은이들의 이동이 극심했다. 모험의 바다를 헤매다가 우뚝 솟은 사람들이 있는가 하면, 실망과 좌절에 빠진 사람들이 많았다. 숱한 젊은이들이 승리의 개가를 부르겠다는 의지를 불태우며 컴퓨터 앞에서 밤을 지새우는 현상이 어느 때보다 극심했던 한 해였다.

"히포크라테스 선서에 충실한 허준 선생 같은 명의를 찾습니다."

2000년에 보여준 두 편의 '의사 선생님' 연출은 너무 대조적이었다. 월요일과 화요일에 어김없이 안방을 찾아와 주었던 허준은 의사 선생님만이 펼칠 수 있는 고결한 삶을 보여주어 절로 머리를 숙이게 하였다. 시청자들은 허준을 히포크라테스 선서에 가장 충실한 의사였다고 평했다. 소외된 병자들을 내 몸과 같이 돌보던 그 모습에 감동한 것이 전부가 아니었다. 허준은 자신감을 잃고 방황하는 사람들에게 힘과 용기를 주었다. 그의 진실이 통하는 모습을 보면서 모두가 좋아했다. 맡은 일에 최선을 다하는 허준의 모습에서 모두가 말이 없는 반성의 기회를 얻고 있었다. 이렇게 물질만능주의 속에서 자신만을 챙기는 이기주의에 젖어 인간의 소중함을 모르는 현대인들의 가슴에 허준은 깊은 인상을 남겼다.

반면 또 다른 이 땅의 '의사 선생님들의 시위'는 너무나 길고 지루해 자연스럽게 국민의 관심을 끌게 되었다. 그들의 우수한 두뇌와 어려운 과정,

그리고 그에 비해 정당한 대우를 받지 못하고 있는 열악한 사회적 여건 때문에 국민 아무도 돌을 들지 않았다. 그러나 당장 수술을 받아야 할 생명이 의사의 손길이 닿지 않아 죽어갈 때는 원망과 함께 가슴을 태웠다. 그러고는 사전 속에 있는 히포크라테스 선서를 찾아 읽으면서 한숨짓는 사람들이 많았다.

> 나의 생명을 인류 봉사에 바칠 것을 엄숙히 서약하노라. …
> 나는 환자의 건강과 생명을 첫째로 생각하겠노라. …
> 나는 인간의 생명을 수태된 때로부터 지상의 것으로 존중히
> 여기겠노라. …

이 숭고한 선서를 다시 읽으면서 새롭게 이 땅의 의사 허준 선생을 기리는 사람들이 많았으며, 오늘의 '의사 선생님'들이 허준의 후예이기를 바라는 소망을 새롭게 품었다. 그리고 행여나 의사를 급히 찾아야 하는 건강의 해를 입지 않기 위하여 운전도, 걸음도, 호흡도 특별히 유의하는 사람들이 늘었던 한 해였다.

정치와 경제의 무대는 다시 어두워졌다.

2000년의 햇살이 퍼지자 정치지망생의 거대한 대열을 보면서 총선이 치러졌다. 미사여구로 장식된 인쇄물의 홍수 속에서 유권자들은 냉정한 심판을 했다. 어느 한 당도 반수를 넘기지 않게 했다. 누구도 독주할 수 없도록 만들어 대화와 협상으로 이 땅의 정치발전을 이룩해 달라는 진지한 주문이었다. 그러나 국회는 구성되었는데 일손을 놓고 국회 밖에서 아우성을 치는 정치의 기현상을 낳았다. 국회는 산적한 민생법안을 거들떠보지도 않는 탈선의 길을 걸었다. 각종 시위로 국민은 싫증나 있는데 거기에 우리의

선량들도 길거리를 찾아 시위를 즐기는 모습에 많은 사람이 어리둥절한 표정을 지었다. 야당의 억센 손에 발목을 붙잡힌 여당은 그것을 뿌리치거나 안아줄 힘이나 지혜를 보여주지 못한 채 방관의 세월을 너무 길게 보냈다. 정치가는 많은데 정치가 없는 한 해였다. 이제는 선량들도 무노동 무임금의 원칙을 적용해야 할 때가 되었다는 함성이 이곳저곳에서 메아리치고 있다.

이러한 정치 현상은 개혁이 필요한 많은 분야를 더욱 병들게 했다. 특히 시급한 경제계의 개혁이 지연되면서 이 땅의 경제지표는 빨간 불을 켜기 시작했다. 기름 한 방울 나지 않는 우리에게 미친 듯이 날뛰는 높은 유가는 우리 경제의 발목을 붙잡아 사정없이 추락시키는 악재가 나타난 한 해였다. 기아사태가 몰고 온 IMF의 악몽이 또다시 대우사태를 통하여 재발하지는 않을지 국민은 떨기 시작하였다. 주식시장은 급격히 차가운 바람이 불면서 억울한 한숨을 짓는 사람들을 가득하게 남겨두고 연말을 맞았다. 그런데도 IMF로부터의 해방을 느끼면서 외화를 다시 낭비하기 시작한 현상은 이 나라의 경제지표를 더욱 어둡게 만들었다. 우리의 경제를 심각하게 보는 견해가 속출하였다. 국제 수지가 악화하여 무역의 적자가 뒤따르고, 실물 경기가 둔화하여 인플레이션이 고개를 들게 될 징조가 서서히 보인다는 말들을 한다. 이제야 겨우 외환위기에서 벗어났는데 우리의 경제가 다시 성장을 멈추고 고물가의 환경에 접어든다면 우리가 또다시 어두운 밤길을 걸어야 하지는 않을지 국민이 모두 관심을 두면서 두려운 마음으로 새해의 장을 연다.

2000년의 장을 열면서 품었던 정치·경제에 대한 희망은 뜻한 대로 열리지 않은 한 해였음에 틀림이 없다. 그러나 통일을 향한 발걸음만은 하나님이 우리 민족에게 주신 큰 은총이었다. 새로운 섭리가 이 나라 이 민족을 위하여 준비되어 있음을 알 수 있는 한 해였다. 그러하기에 우리가 모두 2001년의 문을 새로운 희망을 안고 열어야 한다. 더 나은 내일을 추구하는 소망은 우리 그리스도인들의 중요한 활력소이다.

> 내 영혼아 네가 어찌하여 낙심하며 어찌하여 내 속에서 불안해 하는가
> 너는 하나님께 소망을 두라 그가 나타나 도우심으로 말미암아 내가 여
> 전히 찬송하리로다(시 42:5)

2001년, 디지털과 생명공학에 목회적 혜안을 갖춰야 한다

첨단을 달린다는 과학이 아무리 발전해도 저무는 해를 멈추게 할 수는
없다. 하나님은 언제나 시간의 흐름 속에서 귀하신 뜻을 이 땅에 펼치셨다.
새해에도 땅끝까지 이르러 주님의 복음을 전해야 할 사명이 우리의 교회에
주어질 것이 분명하다. 이 사명이 우리에게 주어진 한 이 땅은 희망으로 가
득하게 된다. 그 가운데서 우리의 목회는 시작되고 강단에서 하나님의 말
씀은 선포된다. 그러하기에 교회는 사회를 이끄는 구심점이 되어야 하고 강
단의 메시지는 그 시대의 지침이 되는 하나님의 말씀으로 가득해야 한다.

우리는 통일의 노래를 듣고 하나님의 말씀을 찾아야 한다.

새해에는 온 국민의 가슴과 입에서 통일의 노래를 더욱 진하게 부르게
된다. 막연한 희망의 노래가 아니라 가시적인 변화 속에서 통일을 실감하게
된다. 9월이면 철마(경의선)가 달리고 길이 뚫린다는 이 하나의 사실만으로
도 통일이 선뜻 다가선 기분에 들뜨게 된다. 특별히 북한의 통치자가 남한
의 겨레를 찾아와 눈앞에 보일 때 손뼉을 치며 환영의 함성을 지르게 된다.

이산가족들은 계속하여 그리운 얼굴들을 만나면서 '이별의 한'을 달래게 된다.

이것은 어떤 화가도 그려보지 못한 한 폭의 가장 아름다운 그림이다. 이 그림을 모두가 안고 즐거워하는데 찬물을 끼얹는 행위에 우리의 교회가 함께할 수는 없다. 함께 기뻐하고 함께 울어주는 교회의 사명을 찾는 한 해이기에 설교자는 이 특수한 현장에 주어질 하나님의 말씀을 찾기에 최선을 기울이면서 목회의 장에 서야 한다.

교회는 어느 때보다 필요한 솔로몬의 지혜를 갖추어야 한다.

교회는 언제나 주체할 수 없는 감격의 순간에서도 말씀으로 이성을 되찾으며 오늘을 지탱해 왔다. 새해에는 우리 민족이 통일을 향한 갖가지 현상들을 보면서 무분별한 감성을 발할 가능성이 충분히 있다. 이때마다 어느 통치자의 말에 의함이 아니라 하나님의 말씀으로 실수를 막을 수 있는 지혜를 갖추어야 한다. 우리 교회의 메시지는 통일을 향한 뜨거운 가슴을 갖게 하면서도 동시에 실수를 범하지 않도록 하는 차가운 머리를 갖추고 하나님의 도움을 간구해야 한다.

하나님은 언제나 역사의 소용돌이 속에서도 질서의 하나님으로 임하셨다. 인간이 흥분하여 흑암과 혼돈의 카오스를 연출하는 것을 바로잡아 주셨다. 언제나 하나님을 바라고 하나님의 명령을 성실히 준행하는 세상(코스모스)으로 이끌어 주셨다.

디지털 목회의 구상이 있어야 한다.

앞에서 서술한 정보통신의 문화는 걷잡을 수 없이 빠른 속도로 전개되리라 본다. 이 거대한 태풍은 현대인의 삶의 양태를 변화시키고 있다. 이토록 빠른 변화가 일고 있는데 목회자가 여기에 대한 아무런 지식이나 기술이 없이 모두를 사무 간사나 부교역자들에게 맡기고 있다면 거기에는 심각한 문제들이 등장한다. 이메일(E-mail)을 통한 교인과의 교류마저 할 수 없는 목회자는 자신의 발전에 문제가 있을 뿐 아니라 자칫 절대다수를 차지한 네티즌들로부터 외면을 당하기 쉽다.

새해에는 인터넷 문화가 더욱 확산하면서 교회의 전산화는 기본이고 교회의 홈페이지를 통한 목회가 보편화될 가능성이 크다. 목회자의 심방보다는 오히려 인터넷을 통한 문안과 상담의 문이 훨씬 많이 활용될 가능성이 어느 때보다 크다.

생명공학의 발전에 눈을 뜨는 메신저를 찾게 된다.

2000년 후반기에 가장 큰 세계적인 뉴스는 시드니 올림픽이 아니다. 그것은 '게놈 초안 완성'이라 불리는 '인간 유전자 지도'의 발표이다. 이 발표는 바로 충격적인 뉴스로 전 세계에 알려지게 되었다. 이 소식을 접하자 "일류가 일구어낸 가장 중요하고도 놀랄 만한 업적"이라고 환영을 받았다. 그 이유는 인간이 그렇게도 알고 싶어 한 생명의 비밀이 풀리고 드디어 '무병장수'의 꿈을 실현할 수 있다는 기대감 때문이다. 이제는 한 생명체의 유전자 위치와 구조를 밝혀내 각 유전자가 인체 내에서 어떤 기능을 하는지 알아내고 유전병 및 암과 같은 난치병의 원인 유전자를 찾아내어 치료할 가능성이 열렸다는 발표가 있었다. 그때 인류는 드디어 질병이 없는 장수의 시대에 들어갈 수 있다는 희망이 현실화한다는 이야기다.

여기서 우리의 설교자는 이것이 인간의 생사화복을 주관하시는 하나님께 도전장을 낸 새로운 바벨탑은 아닌지를 먼저 생각할 필요가 있다. 이 발견이 어떻게 사용되느냐에 따라 인류의 새로운 재앙이 되기도 하고 복이 될 수도 있다는 전문가들의 말에 귀를 기울여야 한다.

교회가 긴장해야 할 사안은 주5일 근무의 문제이다.

미국의 교회가 무너지기 시작한 것은 여가 혁명 때문이었다고 보는 견해가 많다. 주5일 근무를 맞이하자 금요일 밤부터 주말의 여가를 찾아 나서는 행렬이 고속도로를 메우기 시작하여 예배당을 찾는 발길은 자연히 감소하기 시작했다. 당황한 교회는 공원 목회(Park Ministry)라는 새로운 간판을 내걸고 목사를 파송하여 그리스도인들이 주일예배를 드리면서 여가를 즐기도록 주선을 하기도 하였다. 그러나 그것은 어느 기간 약간의 도움을 줄 뿐 주일의 예배당은 서서히 비어가는 슬픈 결과를 초래하였다.

우리나라도 새해에는 노동자들의 거센 요구대로 어쩔 수 없이 주5일 근무 제도를 법제화하게 되는 시점에 와 있다. 경제가 풍요로워지면 육신의 안일을 추구하고 여가 생활을 즐기려는 인간 본성이 활개를 치게 되는 시대에 돌입하게 된다. 이러한 원치 않은 주말 현상이 나타나게 되는 새해에 우리의 교회는 긴장하지 않을 수 없다. 주일성수에 대한 교육과 함께 예배의 중요성이 어느 때보다 강조되어야 할 새해임을 알고 그 준비를 시급히 서두를 필요가 있다.

한국교회가 그동안 자랑해 온 양적인 성장이 새해에도 지속될 것인지는 아무도 예측할 수 없다. 그러나 하나님을 향한 우리의 성실이 있을 때 하나님의 보호가 가득한 우리의 교회가 될 수 있다.

> 그러할지라도 내가 오히려 위로를 받고 그칠 줄 모르는 고통 가운데서도
> 기뻐하는 것은 내가 거룩하신 이의 말씀을 거역하지 아니하였음이라
> (욥 6:10)

2002년도 회고와 전망

2001년, IMF 조기 졸업과 개혁의 미완성이 대조적이었다

IMF 조기 졸업은 대한민국의 위상을 달리한 기록이었다.

1997년은 한국의 근대사에 큰 오점을 남긴 해였다. "한국 경제의 펀더멘털(기초여건)이 튼튼하다"라고 했던 김영삼 정부의 발표가 있은 지 한 달도 못 되어 "국제통화기금(IMF)에 유동성 지원을 요청하기로 했다"라고 완전히 달라진 발표가 있었다. 그리고 12월 3일 경제부총리와 한국은행 총재는 캉드쉬 IMF 총재 앞에서 이 나라의 '경제주권'을 IMF에 고스란히 넘기는 이행각서에 서명하는 슬픈 장면이 있었다.

50년 만의 수평적 정권 교체로 들어선 김대중 대통령은 물려받은 보유외환 39억 달러를 보면서 취임사에서 "우리에게는 6·25 이후 최대의 국난이라고 할 수 있는 외환위기가 닥쳐왔습니다. 잘못하다가는 나라가 파산할지도 모를 위기에 우리는 직면해 있습니다"라고 국민에게 직접 호소하면서, 나라 금융 살리기에 국민의 동참을 부르짖고 있었다.

언제나 나라가 위기에 직면했을 때 목숨도 아끼지 않고 내놓은 우리 국민은 지체나 관망함이 없이 나라 살리기에 심혈을 기울였다. 많은 국민은 깊이 간직하고 있던 소중한 금붙이를 들고나와 나라 경제를 살리기 위한 '금 모으기 운동'에 불길을 붙였다. 세계인들은 이러한 대한민국 국민이 보여준 애국애족의 열기에 감탄하였다. 그리고 우리나라의 IMF 위기 탈출 과정을 예의 주시하였다. 우리 국민은 정부의 구조조정을 비롯한 IT 산업정책, 대기업의 통폐합을 통한 경제 재건, 벤처산업의 육성 등의 새로운 경제 발판 구축에 힘을 모았다. 그 결과 허다한 후유증을 겪으면서도 39억 달러까지 떨어졌던 외화 보유액이 한 해 후인 1998년 말 520억 달러, 2001년 말에는 1,028억 달러를 돌파하였다.

2000년 12월 4일, 김대중 대통령이 "국제통화기금의 모든 차관을 상환하였고, 우리나라가 'IMF 위기'에서 완전히 벗어났다"라고 공식 발표했을 때 우리 국민은 감격의 눈물을 흘렸다. 마침내 2001년 8월 23일에는 IMF 구제금융 195억 달러를 조기 상환하는 놀라운 결과를 가져와 전 세계를 놀라게 하였다. 3년 8개월 만에 IMF 체제를 벗어난 조기 졸업을 보면서 IMF 총재는 "지난 몇 년간 한국과 IMF 간의 긴밀한 협력관계는 매우 모범적이었으며 많은 측면에서 다른 나라들에 모델이 되고 있다"라는 찬사를 아끼지 않았다.

미국은 정초부터 세계의 이목을 끌었다.

2001년이 시작되면서 미국은 세계인의 이목을 집중시켰다. 정치·경제·군사 대국으로서 미국이 가지고 있는 절대적인 힘은 이미 세계를 장악하고 있다. 그래서 세계는 그들의 일거일동에 주목한다. 2000년 11월 7일 미국 대통령 선거에서 앨 고어 후보가 조지 부시보다 수십만 표를 더 얻고도 당선되지 못하고 엎치락뒤치락하는 광경은 올해 1월 20일 부시가 취임하기까지 세계의 대단한 구경거리였다. 불과 15년 전까지만 해도 동유럽은 현재 러시아가 된 소련을, 서방은 미국을 쳐다보고 살았다. 그러나 1985년에 젊고 진보적인 지도자 고르바초프가 정권을 장악하고 더욱 자유롭고 개방적인 정부를 약속하던 날, 세계의 판도는 변화의 조짐을 보이기 시작했다. 그는 소련의 군사력이 다시는 공산주의 정치 이데올로기를 등에 업고 동유럽에서 활보해서는 안 된다는 신념을 가지고 있었다. 그뿐만 아니라 최근 세계뉴스의 초점이 되는 아프가니스탄에서 10년 동안 아무런 성과 없이 희생만 내던 소련군의 철수를 명령했다. 이어서 그토록 철통같던 규제를 서서히 풀기 시작했다. 그러자 공산주의 시스템은 상상할 수 없을 정도의 속도로 분해되어 그 힘을 잃고 말았다. 이제 미국은 타의 추종을 불허하면서 세계의 종주국으로 행사하기에 이르렀다. 그러므로 그들의 정치·경제·군사의 움직임은 세계의 이목을 끌 만했다. 그들의 힘은 이미 지나치게 비대해졌다.

특별히 지구촌의 경제력을 한 손에 쥐고 종횡무진으로 움직이는 그들의 모습은 환영보다는 미움의 대상이 되고 있다. 한국을 포함한 동아시아의 여러 나라가 IMF 파동을 겪을 때 그들은 기업과 은행들을 헐값으로 인수하고, 자본주로서 어려움을 당하는 나라들의 목줄을 조였다 풀었다 하는 막강한 위세를 발휘했다.

2001년의 해가 기울기 시작한 9월, 또다시 세계의 이목이 미국으로 쏠렸다. 테러리스트들이 여객기를 납치해 미국 경제의 심장부인 뉴욕의 110층짜리 쌍둥이 타워와 군사 대국으로서 미국의 상징인 국무부를 공격해 세계에 충격을 안겨준 것이다. 미국의 자존심을 한순간에 무너뜨린 사건이었다. 이 엄청난 비극을 경험하면서 미국의 그리스도인들은 새롭게 하나님을 우러러보고 있다. 인간이 만든 바벨탑의 무력함을 새삼 경험했기 때문이다. 그리고 그동안 하나님의 나라와 의를 망각해 왔던 자신들의 탈선도 회개하고 있다. 이 사건을 제3차 대각성 부흥 운동으로 승화시키려고 기도하는 사람들도 있다.

이러한 선한 생각들과는 달리 미국은 세계인들을 더욱 긴장하게 했다. 미국은 10월 7일에 테러의 원흉을 인도하지 않는다는 이유로 대(對)아프가니스탄 공습을 감행하였다. 끝내는 그 나라의 반군이 집권하게 하고 탈레반은 반군의 자리에 앉게 되리라는 관망이다. 그러나 문제는 그렇게 간단하지 않다. 비록 무력을 통한 승리의 노래는 들릴지 모르나 미국을 향한 눈길은 그리 좋지 않다. 회교권의 많은 사람이 오늘은 어쩔 수 없어 친미의 대열에 서지만 그 마음은 더욱 반미의 터전으로 굳혀지고 있다. 노련한 외교와 기타의 수단이 첨단을 달리는 미국의 선택은 실로 아쉬운 일이다.

이 사건이 터지자 테러리스트뿐만 아니라 테러 지원국들을 향해서도 전쟁을 선포하면서 자신들의 결정에 따르지 않는 나라들은 모두 적국으로 간주하겠다는 미국의 오만스러운 자세에 여러 나라는 가슴앓이를 하고 있다. 하지만 날이 갈수록 미국을 중심으로 한 세계화에 대한 반대와 달러화에 머리 숙이지 않겠다는 저항의 목소리가 커지리라는 예상을 할 수 있다.

철마는 끝내 달리지 못했다.

우리의 남과 북은 그렇게도 먼 나라여야 하는가? 철마를 타고 북한 땅을 달리고 싶은 우리의 꿈은 여전히 꿈으로 남고 말았던 한 해였다. 햇볕정책은 오직 기다림으로 이어질 뿐 시원스러운 결과가 나타나지 않는다. 끊길 듯하다가 이어지기를 반복하는 남과 북의 만남에 어느덧 국민 가슴속의 열기도 식어가고 있다. 김정일의 답방을 기대하며 그렇게도 눈을 크게 떴던 세계도 어느새 관심을 잃기 시작한 듯하다. 오직 수백만의 이산가족들만이 혈육에 대한 그리움으로 가슴 졸이며 북녘 하늘을 바라볼 뿐이다. 이 땅을 떠나기 전에 서로를 얼싸안고 싶은 혈육에 대한 그리움만 꺼지지 않는 불길로 남아 있다.

지난해의 남한과 북한의 만남은 우리 모두를 흥분의 도가니로 몰아넣었다. 꿈같은 이야기들이 현실로 이루어지는 것 같았다. 민족의 한이 서린 통일을 향한 꿈이 현실로 다가온 듯 모두가 미소를 짓고 새로운 희망으로 가슴이 부풀었다. 그러나 이 민족의 간절한 바람은 이제는 이어지지 않고, 지금은 분단 55년 만에 남북의 최고 지도자들이 직접 합의하고 서명했던 '남북 공동 선언'도 희미한 기억 속으로 사라지고 있다.

남한과 북한의 교류가 다시 꿈속 이야기로 가라앉은 상태에서 이 해를 넘기게 될 듯싶다. 철마가 달릴 수 있는 길을 남한에서는 땀 흘려 닦고 있는데 북한에서는 소식이 없다. 달리고 싶은 철마는 다시 북녘을 향해 말없이 멈추어 서 있어야 하는지 답답한 마음뿐이다. 이 겨레의 하나 됨이 진정 멀고 험한 길임을 다시 실감하게 된다. 이러한 실망을 안게 된 것이 북녘 사람들만의 책임인지, 아니면 냉전 수구 세력들의 끈질긴 저항과 방해로 민족 문제가 정쟁에 휘말린 탓인지 생각을 거듭하면서 또 한 해를 맞아야 한다.

미완성의 개혁은 목마르다.

이 땅의 정치와 경제와 사회 구조는 누구를 위해 존재하는가? 그 허점은 무엇인가? IMF라는 무서운 한파가 몰아쳤을 때 사방으로 그 원인과 처방을 알아보았다. 그때 세계의 경제전문가들은 한국의 정치·경제·군사의 구조개혁이 가장 시급한 문제라고 이구동성으로 말했다. 국민의 정부는 기업·금융·노동·공공 등 4대 부문의 개혁 필요성을 절감하고 어느 때보다 개혁의 깃발을 높이 그리고 지속해서 치켜들고 있다. 정부는 그동안 100조 원이 훨씬 넘는 공적 자금을 쏟아부으면서 우리의 경제 구조를 달리해 보려는 노력을 기울였다. 그동안 많은 성과를 거두었다고 하나 국민의 기대에 미치지 못한 것이 사실이며 앞으로의 전망도 불투명하다.

거기에 더해 정치개혁은 여소야대라는 장벽을 넘지 못한 채 체념에 가까운 상태로 남은 해를 보내야 한다. 다가온 대선을 앞두고 정권 재창출과 집권욕에 사로잡힌 여야의 갈등은 정치개혁을 더욱더 멀게 만들고 있다.

그러나 언론에 대한 세무 조사를 통해 조선일보를 비롯한 몇 언론 황제들을 구속한 일은 개혁을 바라는 국민에게 충격을 주었다. "60, 70년대에는 절대 권력의 횡포에 동조 내지 침묵하고, 80년대에는 권력에 영합해 이득을 챙기고, 90년대 들어 스스로 권력화한 '제왕적' 사주"들을 구속한 것은 누구도 상상하지 못했던 거대한 사건이었다. 전직 대통령이 "94년 세무 조사 당시 사주들의 비리를 대거 포착했으나 큰 문제가 생길 것을 우려해 결과를 공개하지 않았다"라는 말과는 너무나 대조적인 현실이다.

시민단체들은 언론 황제들을 두려워하지 말고 언론개혁에 박차를 가해야 한다는 목소리를 높이는가 하면, 야당과 언론들은 세무 조사가 언론의 자유를 침해하는 탄압이며 '언론 길들이기'라며 팽팽히 맞서고 있다. 진정한 개혁은 이 거대한 싸움에서 판가름이 날 가능성이 짙다. 혁명을 통해서만 이루어졌던 이 땅의 변화가 총칼을 사용하지 않는 개혁을 통해서 이루어져야 한다는 것은 너무나 당연한 일이기에, 많은 국민은 미완성의 개혁에 애타고 있다.

2002년, 노령화와 주5일 근무제 시대의 목회를 염두에 두자

반갑지만은 않은 2002년

아무리 아니라고 해도 새해가 오고 있다. 우리에게는 오고가는 세월을 막는 힘이 없다. 그러나 2002년만은 오지 않았으면 하는 것이 솔직한 바람이다. 그 이유는 다음과 같다.

우선 새해의 5~6월에 있게 될 2002년 월드컵 경기와 9월의 부산 아시안게임 때문이다. 특별히 월드컵과 같은 거대한 행사가 우리 땅에서만 이루어진다면 두 손을 들어 환영하겠다. 그러나 일본과 한국을 오가면서 양국을 비교하게 될 세계의 이목을 생각하면 두려움이 앞선다. 일본의 친절과 청결과 질서 의식 등 수준 높은 삶의 모습과 우리의 삶의 모습을 비교할 때 당하게 되는 수모 때문이다. 차창 밖으로 담배꽁초를 버리고 가래침을 내뱉는 모습을 비롯해 부끄러운 교통질서와 쓰레기 문제들을 생각할 때마다 수치감을 지울 수가 없다. 그래서 2002년이 싫다.

둘째는 IMF의 빚을 다 갚고 1,000억 불의 외환을 보유한 나라가 되었다는 보도에도 불구하고 내년의 경제지표를 예상하는 목소리가 심상치 않기 때문이다. 올해에 우리의 경제성장률이 3.5%에서 2.5%로 하향 조정되었으나 미국의 테러 사태 등으로 1%대로 떨어지리라는 예상까지 나오고 있다. IMF는 한국과 경쟁관계인 대만(-1.0%), 홍콩(0.6%), 싱가포르(0.2%)와 같은 나라들의 성장률이 더욱 악화할 것으로 분석하고 있다. 우리의 경제가 마이너스 성장을 겨우 면하게 된다고 하지만 또 다른 경제 한파가 몰려올지 몰라 2002년이 싫다.

한국교회가 직면할 우선적인 문제

새롭고 막연한 기대로 2002년을 맞이하면서 새로운 환경을 조성할 만한 변수가 우리에게 있는가를 생각해 본다. 그리고 하나님의 말씀이 운반되어야 할 우리의 목양지에선 어떤 문제들이 있을지 살피는 지혜가 필요하다. 설교 사역자가 다가오는 한 해를 예상하면서 계획을 세우고 그에 필요한 준비를 하는 것은 당연한 임무다. 그래야 현장감 넘치는 말씀을 회중에게 공급할 수 있다. 그리고 회중은 준비된 말씀을 먹으면서 성장의 기쁨을 맛볼 수 있다. 설교자가 이러한 메시지를 준비하려면 언제나 기도함은 물론이고 밝고 뛰어난 지혜 가운데서 시대를 보는 통찰력을 갖추어야 한다.

▶ 우리나라의 이혼율 아시아 1위

우리나라는 세계의 어느 나라보다 알뜰한 가정을 영위해 온 가족 중심의 사회였다. 그러나 이제는 그 아름다운 기록과는 거리가 멀어져 가고 있다. 견디기 힘든 환경도 한국인 특유의 인내로 극복하면서 단란한 가정을 일구었던 예전과는 다르게 우리 가정은 거센 물결을 타고 급변하고 있다. 세계 3위의 고밀도 사회가 되어서인지 너무나 쉽게 만나고 헤어지는 현상이 우리의 가정에서 나타나고 있다. 통계청 발표에 따르면 우리 사회는 하루에 915쌍이 결혼을 하고 329쌍이 이혼을 한다고 한다. 이미 이혼율이 30%를 넘어섰다. 이 통계는 2년 전에 우리보다 높았던 대만과 일본을 앞질러 아시아 1위에 진입했다는 사실을 알려 준다. 특별히 목회자들의 깊은 관심을 끄는 것은, 15년 이상 장기 동거하던 부부의 이혼 비율이 91년에는 13.4%에 불과했지만, 지난해에는 26.3%로 두 배 가까이 늘었다는 사실이다. 아시아에서 그리스도교가 가장 활발하게 움직인다는 이 땅에 이혼 가정이 가장 많이 나타난다는 모순을 우리의 교회는 깊이 생각해야 한다. 특별히 결손 가정에서 기인한 많은 자녀의 탈선은 곧 이 사회를 멍들게 하는 원인으로 번진다는 점을 설교자들은 새롭게 인식할 필요가 있다.

▶ 노령화 사회, 고학력 시대 진입

우리나라 인구는 2000년 11월 1일 현재 4,613만 6,101명으로 나타나면서 5년 전보다 15세 미만의 유소년 인구가 5.8% 줄어든 반면, 65세 이상 고령 인구는 27.7%나 늘었다. 노령화지수가 30 이상이면 고령화 사회로 분류되는데 우리는 이미 35.0으로 분석되었다. 여기에 자연적으로 고학력의 현상까지 수반되었다. 통계청에 따르면 우리의 교육 수준은 평균 고등학교 2학년의 수준이다.

따라서 설교를 듣는 회중에 고연령층과 고등학교 이상의 고학력자가 늘어났음을 알 수 있다. 이러한 회중 구성원의 변화 앞에서 설교자는 다음의 몇 가지를 먼저 고려해야 한다.

먼저, 날카로운 예언적 설교보다는 목양적인 설교가 필요하다. 책망보다는 위로를 기다리는 이들의 심성을 읽을 필요가 있다. 거기에 더하여 성경말씀을 바르게 가르쳐야 한다. 그들의 여가를 성경공부와 봉사에 집중시킬 수 있는 목회자의 슬기가 필요하다.

또 하나는 교육 수준이 낮았을 때 활발했던 설교 형태가 앞으로는 달라져야 한다. 오늘날 회중은 고연령층이라도 문맹률이 높았던 옛날의 노인들과는 차이가 크다. 현대 노인들은 유식한 어른들이다. 그러기에 설교에 수준 낮은 표현이나 준비 없는 내용을 담아서는 안 된다. 건전한 신앙과 지적인 사고의 흐름이 설교 가운데 있어야 한다.

인터넷 문화를 통해 젊은이를 만난다.

노령의 교인들만을 섬길 때 목회자는 그들과 함께 노령의 사고와 행위에 젖어 들기 쉽다. 그러므로 교회에 나오지 않는 청소년들을 찾는 데 열정을 쏟아야 한다. 그들만의 공간을 찾아주어야 하고 그들이 좋아하는 예배와 설교를 별도로 준비해야 한다. 오늘의 젊은이들은 자신만을 위한 세계가 있을 때 깊은 관심을 두고 찾아든다.

이러한 젊은이들과 교류하려는 방안에는 어떤 것들이 있는가? 그 대답으로서 인터넷 문화를 말하고 싶다. 인터넷 문화의 확산은 이제 어떤 힘으로도 막을 수 없다. 청소년들만 인터넷으로 시간을 보내는 것은 아니다. 이 세계 속에는 모든 사람이 공존한다. 노인과 청소년은 모든 대화에서 세대 격차를 느끼지만, 컴퓨터에서만큼은 남녀노소가 없다. 컴퓨터 지식이 있는 부모는 자식들로부터 구세대라는 핀잔을 듣지 않는다. 사이버 세계를 출입할 수 있는 같은 네티즌의 자격을 갖추었기 때문이다. 시티즌 신분만 가지고서는 나이와 지식 수준에 따라 무시를 당할 수도 있지만, 새로운 세상을 넘나드는 네티즌으로서는 같은 자격자로 함께 살게 된다.

이렇게 전개되고 있는 새로운 세상을 살기 위해 교회는 인터넷 문화에 깊은 관심을 가져야 한다. 교회 교육관에 고속 인터넷망을 깔고 컴퓨터를 여러 대 설치하여 피시방을 만들어야 한다. 그럴 때 높았던 교회의 문턱은 낮아지고 동네 청소년들을 비롯하여 지역 주민들이 자유롭게 드나들 수 있게 된다. 그리고 교회는 그들의 고마운 이웃이 된다. 단, 모든 사람이 교회의 홈페이지에 이메일(E-mail) 주소를 설정하고, 목사가 수시로 방문하는 이들에게 인터넷상에서 고마움을 전하고 대화를 나누어야 한다. 2002년에는 이러한 인터넷 세상을 교회가 선도해 볼 필요가 있다.

이제 주5일 근무제가 다가온다.

지난해부터 본격적으로 논의되었던 주5일 근무제가 2002년부터는 어떤 형태로든지 시행될 것으로 보인다. 아직도 교회가 여기에 대한 대책을 세우지 못했다면 그것은 내일을 대비하지 못한 목회자의 문제로 남게 된다. 더욱 교회를 긴장시키는 것은 직장의 주5일 근무제에 뒤이어 학교가 토요일 수업을 하지 않게 된다는 사실이다.

요즘에는 집마다 자가용이 있고 고속도로는 시원하게 뚫려 있다. 이런 형편에서 주말이 되면 온 식구는 어디론가 달려가 여가를 즐기고 싶은 충동을 자연스럽게 느낄 것이다. 금요일 오후가 되면 부모마다 학교 앞에 자동차를 세우고 한 주간을 마친 기쁨에 들뜬 자녀들을 태우고 어디론가 떠난다. 주일예배는 여행지에서 해결하겠다고 생각한다. 그리고 손님으로 찾아가는 교회에서는 아무런 부담을 느끼지 않는다. 때에 따라서는 노트북을 켜고 인터넷에서 중계되는 예배를 드린다. 또는 라디오 예배 프로그램으로 예배를 대신하는 모순을 범한다. 처음에는 이러한 행위에 가책을 느끼기도 하겠지만 그러한 경우가 반복되면서 결국 바른 예배 의식을 잃어버리는 그리스도인이 되고 만다. 결국에는 부활절이나 성탄절에만 교회에 나타나는 그리스도인으로 전락하게 될 것이다.

이것은 한국교회의 미래를 염려하며 상상하는 그림이 아니다. 실제로 유럽과 미국 교회가 침체기에 접어들면서 보여주었던 사실을 그대로 묘사한 내용이다. 이런 미래가 우리 눈앞에 다가왔는데 대안을 세우지 않는다면 그것 또한 한국교회의 내일을 어둡게 하는 요인들이 된다.

2002년 우리의 목회와 설교의 장에 복된 소식이 가득하기를 바라는 것은 너무나 당연한 기도제목이다. 그러나 하나님의 손길만을 바라보고 기도의 목청만 높일 단계가 아니다. 예민하고 민첩한 관심을 가지고 현실을 직시해야 할 때다. 다가오는 현실이 하나님을 예배하는 공동체인 교회에 보탬보다 어려움을 줄 것으로 예상되기에 뜻있는 사람들의 마음은 더욱 착잡해진다. 그러므로 더욱 열심히 기도하면서 지혜를 모아야 할 것이다.

2003년도 회고와 전망

2002년, 희(喜)와 비(悲)가 교차했다

'악의 축'과의 긴장에서 남북을 오가는 철마에 이르기까지

2002년의 아침은 어둡고 답답한 먹구름이 한반도의 하늘을 덮고 있었다. 미국이 2001년 9월 11일에 당한 테러의 보복을 2002년의 최선의 과업으로 선언했을 때 세계는 긴장하지 않을 수 없었다. 그들의 상처와 심정을 이해하면서도 평화를 희구하는 세계인의 마음은 무겁기만 했다.

게다가 우리 한반도는 부시 미국 대통령이 1월 29일의 국정 연설에서 북한을 '악의 축'으로 규정하면서, 지금껏 조심스럽게 닦아 놓은 대북 유화의 노력이 무너지고 한반도에 새로운 전쟁의 먹구름이 짙어지는가 싶어 더더욱 긴장할 수밖에 없었다. 그러나 2월 20일 철마가 멈추어 있는 도라산역에서 "휴전선 양쪽의 사람들이 자유롭게 인간의 존엄성을 존중받으며 폭력과 기아, 전쟁 위협이 없는 곳에서 살기를 바란다. 나는 이런 희망이 언젠가는 현실이 되길 바란다"라는 부시 대통령의 연설을 듣고 안도의 숨을 내쉬었다.

우리 국민은 그동안 북한이 대량살상무기에 대한 집착을 버리고 경제

건설에 몰두하도록 힘써온 우리의 노력이 햇빛을 볼 것이라는 기대를 버리지 않았다. 하나님이 통일을 향한 우리의 울부짖음에 응답해 주시리라는 확신을 가지고 한 해의 문을 열었다.

연초에 가졌던 우리의 기대는 이 한 해가 저물면서 한 발자국씩 우리 앞에 다가서고 있다. 무엇보다도 경의선 복원과 동해선 연결이 이 해가 마무리되기 전에 이룩될 수 있다는 희망이다. 거기에 더하여 신의주가 경제특구로 제정되어 제2의 홍콩처럼 자본주의 세계로 달려갈 것이라는 소식이 나왔다. 남과 북의 간격이 좁혀져 간다는 것을 더욱 실감하게 한 것은 북한의 미녀 280명을 태운 만경봉-92호가 부산 다대포항을 통해 입국하여 2002 아시아 경기 대회에 나타난 일이었다.

이러한 모든 현상은 통일을 염원하는 이 민족의 가슴에 남북 간의 철옹성 같던 장벽이 자연스럽게 무너지고 있는 듯한 인상을 남겨주었다.

국민의 외면을 자초한 정치의 무대

우리 국민의 우수함은 국제사회에서 인정을 받기 시작한 지 이미 오래다. 특별히 IT(정보기술) 산업의 발전에서 세계인들은 한국인의 능력을 새삼스럽게 인정하는 시점에 도달하였다.

그러나 우리의 정치 수준만은 이상하리만큼 뒤쳐져 있다. 높은 교육 수준을 자랑하는 정치인들인 데도 그들이 뛰고 있는 정치 무대에서는 국민에게 실망만을 안겨주는 연출을 거듭한 한 해였다. 국회는 생산적인 정치는 완전히 외면하고 상호 비방과 폭로와 방어의 모습으로 일관하였다. 국민의 복리 증진을 위한 입법 활동이라는 본래의 사명을 찾아볼 수 없는 정치 무대였다. 건국 사상 최초로 받은 대통령의 노벨평화상도 축하하는커녕 돈을 뿌린 로비의 결과라고 비난의 화살을 퍼붓는 상식 이하의 발언이 나오는 수준이었다.

이러한 한국 정치인들의 추태를 본 베르게 노벨 위원장은 "한국은 이해하기 어려운 나라"라는 말을 할 정도에 이르렀다. 여기에 편승한 언론들의 편향 보도는 국민에게 정치에 대한 환멸을 느끼게 했고, 정치 기사를 외면하게 하는 결과를 가져왔다. 겨우 우리 국민의 관심을 끈 것은 우리의 정치 역사상 처음으로 정당의 대통령 후보를 국민 경선으로 선출하는 이벤트 정도였지만, 그것마저 효과적으로 활용하지 못하고 말았다.

더욱 애석한 것은 건국 사상 최초의 여성 총리가 등장해 이 땅의 여성들에게 새로운 희망과 가능성을 심어 줄 수 있었던 기회가 무너져 버린 일이었다. 만에 하나 본인의 결점 때문이라기보다 집권자를 돕고 싶지 않아 저지른 의원들의 행동이 이러한 결과를 초래했다면 그것은 이 땅의 여성들에게 너무 큰 상처를 안겨준 사건이 될 것이다. 이 나라의 정치 무대가 언제쯤 외국처럼 여성들이 제자리를 찾아 활동할 수 있는 선진대열에 진입할 것인지 알고 싶다.

월드컵 축구 대회는 우리에게 소중한 오아시스였다.

세계인들에게 불안과 공포를 안겨준 미국의 테러 사건을 경험한 지 9개월 만에 제17회 월드컵 축구 대회를 전쟁의 긴장이 그대로 있는 분단의 한반도에서 개최한다는 것은 너무도 대담한 도전이었다. 그러나 우리는 공동 개최국인 일본보다 더 많은 찬사를 받으면서 대회를 거뜬히 치러냈다.

특히 네덜란드 출신의 거스 히딩크 감독이 남긴 기록들은 인맥, 지맥, 학맥으로 얼룩진 우리 사회 구조에 변화의 불길을 댕겨 주었다. 스스로 발로 뛰면서 무명의 젊은 선수들을 전격적으로 기용하고 그들이 마음껏 뛰도록 한 결과는 실로 놀라웠다. 우리의 선수들이 월드컵 4강 진출의 신화를 이룩함에 따라 우리 국민은 우리의 잠재력을 다시 점검하기에 이르렀다.

붉은 유니폼을 입고 나선 우리의 젊은 응원단의 열기는 최근에 이 땅에서 볼 수 없었던 진풍경이었다. 국민을 하나로 묶은 열기의 상승을 이룬 것 외에 그들이 손과 얼굴과 몸에 태극기로 장식을 하고 "대-한민국", "오, 필승 코리아"를 열화와 같이 외칠 때 온 국민은 하나가 되었다. 특별히 그들이 정중하고 감격스러운 자세로 애국가의 4절에 이르러 "이 기상과 이 맘으로 충성을 다하여 괴로우나 즐거우나 나라 사랑하세"를 부를 때는 좀처럼 느껴 보지 못했던 감정들이 솟구쳐 올랐고 온 국민 모두의 눈시울은 뜨거워졌다.

진정 이 땅에서 있었던 월드컵 축구 대회는 이 민족에게 주어진 오아시스였다. 대한민국 국민이라면 누구나 우리 민족의 우수성과 잠재력과 자신감을 되찾게 하는 거대한 계기였다. 이 대회를 객관적으로 관찰하고 있었던 외국의 언론들도 이 대회야말로 지난 1997년 IMF 이후 자신감을 잃었던 한국 국민이 경제적, 사회적으로 자신감을 되찾은 일이라고 보도했다.

태풍 루사가 남긴 상처는 심각했다.

올해에는 우리 민족의 명절 한가위에 웃음이 사라진 곳이 많았다. 지난 8월 초 집중 호우에 이어 8월 말 한반도를 강타한 태풍 루사 때문이었다. 인명 피해가 200명에 육박하고 재산 피해가 5조 4천 696억 원에 달한다는 중앙재해 대책본부의 발표는 우리가 입은 상처가 얼마나 심각한지를 단적으로 말해주고 있었다. 태풍 루사는 1904년 이후 태풍으로 인한 인명 피해 규모 면에서 역대 순위 10위권에 들 정도로 그 피해가 막심했다.

이러한 기상재해의 증가는 한반도뿐만 아니라 지구 전역에서 나타나고 있다. 우리와 같은 피해가 발생한 유럽이나 중국 양쯔강 유역과 동북부에도 홍수가 극심하였다. 그럴 뿐만 아니라 아프리카의 가뭄과 북미의 허리케인을 겪은 지역에서도 그 피해가 대단했다. 지난 90년대의 우리나라 기상 재해가 80년대의 10배를 상회하고 있다는 기록은 기상 이변과 재해가 점차 대형화되는 추세임을 명백히 보여준다. 과학계에선 이와 같은 기상이변과 재해의 증가가 산업화로 인한 지구 온난화와 무관하지 않다고 지적하고 있다.

그러나 그리스도인들은 자연을 주관하시는 창조주 하나님의 섭리를 마음에 두어야 한다. 거기에 더하여 주님이 다시 오실 날이 다가옴을 알리는 징조로 삼는 종말론적 신앙을 가질 필요가 있다. 곧 오실 것만 같아 등불과 기름을 준비한 그리스도인들의 신앙이 이와 같은 이변과 재해 앞에서 새롭게 단장될 필요가 있다. 혼탁한 세상의 파도와 자연의 이변에서 차원 높은 신앙의 자세를 갖춘다는 것은 매우 중요한 일이기 때문이다.

아시아 경기 대회는 통일의 염원을 더욱 달구었다.

2002년은 한국을 세계에 알리는 데 가장 값진 한 해였다. 월드컵 축구 대회에서 자리를 굳힌 우리의 위상은 아시아 경기 대회에서 재확인되었다. 비록 그 면적이 지극히 작은 분단국가지만, 아시아의 강대국으로서 스포츠와 경제면에서 우리 민족의 우수함을 보여줄 수 있었던 좋은 기회였다. 그리고 우리 국민에게 새로운 자신감을 심어주면서 미래를 향한 도전에 새로운 전기를 마련하는 정신적 바탕을 제공해 주었다는 데에는 누구나 동의하고 있다.

부산의 아시아 경기 대회가 우리 국민에게 남겨 준 감회는 남다르다. 그것은 통일의 염원이 단순히 이상향을 그리는 유토피아적 발상이 아니라는 것을 입증했기 때문이다. 아직도 건재한 휴전선을 두고 주적(主敵)의 대상으로 서로가 총칼을 겨누고 있는 우리의 현실이 지극히 비정상처럼 보이게 하는 몇 가지의 모습을 연출하였다.

그것은 남한에서 개최된 아시아 경기 대회에 남과 북의 선수들이 함께 손을 잡고 한반도기를 들고 입장하면서 열화와 같은 환영을 받은 사실이다. 그 현장에 있었던 사람들뿐만 아니라 텔레비전을 통해 지켜본 온 국민은 가슴 뭉클함을 느끼면서 통일의 염원을 다시 불태웠다. 그들이 손에 손을 잡고 다정다감하게 입장하는 모습에서 한민족의 동질성은 입증되었고 분단의 아픔은 새롭게 해석되었다. 그리고 형제자매로서 통일의 염원은 더욱 간절했다.

거기에 더하여 운동 경기마다 모든 국민의 시선을 모은 것은 북측의 여성 응원단의 모습이었다. 다대포항에 정박한 만경봉-92호에 숙소를 정하고 경기장을 드나들면서 북쪽 선수들과 때로는 우리 선수를 응원한 북측의 여성 응원단의 모습은 이번 경기의 가장 흥미 있는 하이라이트였다. 그들은 하나가 되어야 할 민족혼을 회복하는 심성을 이 땅 위에 확산시켜 주었다. 당장 통일의 꿈을 이룩하지는 못하더라도 북녘의 우리 동포가 넉넉한 살림을 꾸리어 누구나 저렇게 명랑한 모습과 마음을 가지고 우리와의 만남을 자유롭게 이룩할 수 있기를 바라는 소망이 더욱 간절했다. 이러한 가슴은 먼저 우리의 교회에 확산하였다. 그리하여 교회마다 하나님께 민족의 소원인 통일을 허락해 달라는 간절한 기도가 새롭게 이어지게 되었다.

국내외에서 혼탁한 징조들이 어지럽게 춤을 추었다.

우리나라는 정당 정치가 뿌리를 내리지 못하고 있는 현실이다. 그러한 까닭에 정권 말기만 되면 정치인들 이합집산의 기록과 권력의 누수 현상이 뚜렷하게 나타나는 것이 우리 정치의 현실이다. 특별히 각 부처 공직자들의 몸 사리기와 특정 정당 줄 대기 현상은 가관이다. 심지어 고위 장성까지 위계질서를 무시하고 군사 기밀을 공개하면서 정치권과 줄을 이어가는 모습은 참담할 정도다. 거기에 더하여 자신들의 비리가 화살을 맞아 위상이 흔들릴 때마다 새로운 쟁점을 들추어 국민의 시각을 바꾸려는 전략은 한심할 정도다. 건전한 정책의 대결이나 비판이 아니라 무조건의 반대로 이어가는 양극화 현상은 이 민족의 발전을 저해하는 요소다. 거기에 더하여 지역 대결을 부추겨 집권을 달성하려는 가장 불행한 정치 풍토가 아직도 살아 움직이고 있다는 사실은 이 민족의 정치 장래를 어둡게 한다.

국제적으로는 미국 상·하원에서 그들의 국익을 앞세워 이라크를 공격할 수 있는 권한을 부시 대통령에게 부여함으로써 한동안 잠잠했던 폭탄의 불길이 다시 재발하게 되었다. 그리하여 힘없는 나라에 사는 사람들이 생명을 잃어 가는 모습을 다시 보게 되었다. 거기에 더하여 중동의 원유 값은 치솟고 세계 경제의 질서는 혼탁한 비바람에 시달리게 될 징조들이 속출하는 가운데 2002년을 마감하고 있다.

그래도 2002년은 보람이 있었다.

우리의 한 해는 그래도 자랑스러웠다. 월드컵 축구 대회의 4강 진출을 비롯해 아시아 경기 대회를 통한 우리의 위상을 세계에 알린 것은 실로 통쾌한 일임에 틀림없었다. 온 세계에 과거의 코리아와 오늘의 코리아에 대한 인식의 변화를 심어준 일은 더없이 기쁜 일이다. 아울러 IT 산업의 눈부신 발전은 세계의 이목을 받으면서 우리 경제에 큰 축을 이룩하였다.

심각한 수해와 노사 분규로 많은 시련을 겪으면서도 보유 외환이 1,100억 달러를 넘어 세계 4위로 부상했다는 사실은 생각하면 꿈과 같은 기록이다. 또한 6% 대의 경제성장 달성은 우리 국민의 땀과 눈물이 얼마나 집결되었는지를 보여주는 통계다. 무엇보다도 남과 북에 철마가 달리고 육로로 북한 땅을 밟을 수 있는 길이 열린다는 것은 감격스러운 일임에 틀림없다. 꿈에도 소원인 통일의 가능성에 한층 더 가까이 갈 수 있었다는 것은 이 한 해가 낳은 가장 큰 결실이다.

2003년, 어르신 돌봄에 집중하고 인생의 참 의미를 숙고하는 한 해가 되자

삶의 가치 기준이 흔들린다.

2002년이 밝자 한 기관이 인터넷 사이트 회원 1,700여 명을 대상으로 '올해 가장 얻고 싶은 것'을 설문조사한 바 있다. 놀라운 것은 응답자 중에 71%가 부(富)를 꼽았다. 일반적으로 듣던 건강이나 사랑이나 명예 또는 보람 있는 일 등은 각각 한 자릿수에 머물렀다는 통계다. 이것은 해를 거듭할수록 우리 국민이 바라는 가치 기준이 물질 추구에 있다는 것을 입증하는 자료다.

같은 질문을 2003년에 던져도 위의 통계는 변함이 없거나 오히려 더 높은 수치를 보일 것이다. 지난해 동이 틀 때 가장 인기가 있었던 덕담이 있었다. 그것은 "부자 되세요"였다. 이와 같은 성격의 말은 2003년의 설 연휴에도 다시 최고의 덕담으로 그 위력을 발휘할 것이다. 이제 우리 사회는 '돈 못 버는 사람은 실패자'라는 관념이 고정화될 위기에 놓여 있다.

이처럼 과거와 다른 가치 기준이 자리를 잡아 가고 있는 사회가 바로 우리가 뛰어야 하는 목회의 장이요, 하나님의 메시지를 전해야 할 대상이다. 육적인 세계만을 추구하는 사회와 민족 속에서 하나님의 고결한 진리를 외친다는 것이 얼마나 어려운가를 새삼 경험하게 될 2003년에 우리 목회자들은 진입하게 되었다.

2003년은 대선의 후유증을 극복해야 하는 현장이다.

2003년에 들어서기 위하여 문의 빗장을 열었을 때 가장 먼저 직면하게 되는 것은 16대 대통령 선거의 후유증이다. 양보와 타협의 민주주의에 익숙하지 못한 우리 사회에서 자신이 지지하는 후보의 낙선은 마치 자신의 실패처럼 여겨진다. 승리자에게 보내야 하는 박수가 지극히 미약한 것이 우리 민족이 보여 온 정치 사고의 표현이다. 그 실례는 지난 5년간의 정치 현장에서 충분히 경험했고, 뜻이 있는 국민은 몹시도 안타까워하는 문제다.

이러한 결과는 국론의 분열이 일어나게 하는 아픔까지 수반한다. 특히 우리의 정치 세계는 지역 대결이라는 무서운 병을 안고 존재해 온 것이 사실이다. 이러한 결과는 사회의 구석구석에 번져 상대 지역의 어감만 듣고서도 가까이하기를 망설이거나 곁에 두기를 거부하는 현상으로 나타났다. 이 지병은 교회 밖에만 있는 것이 아니라 우리의 교회 안에 남아 있다는 데 문제의 심각성은 더욱 깊다. 남과 북으로 나뉘어 민족의 분단을 안고 사는 것만으로도 상처가 큰데, 어찌하다 이러한 지경에 이르렀는지 가슴을 치지 않을 수 없다.

목회자들은 2003년의 새해 벽두부터 바로 이 착잡한 현장의 한복판에 서야 한다. 여기서 말씀을 전하고 평화를 외치고 사랑을 외쳐야 한다. 상처를 안고 신음하는 무리를 그리스도의 사랑 안에서 따뜻하게 싸매어 주는 일이 새해의 문을 연 목회자들의 첫 번째 임무다. 부디 목회자만은 날카롭게 대립하고 있는 여와 야에 귀를 기울이지 않기를 바란다.

포화가 불을 뿜고 경제가 시들 것만 같다.

　부시 미국 대통령은 2002년 10월 7일 후세인 이라크 대통령에게 "즉시 무장 해제하라. 그렇지 않으면 공격을 가하겠다"라는 통첩을 담은 연설을 했다. 이어서 그는 후세인의 부하들에게는 후세인의 전쟁 명령을 거부하라는 자신의 말을 듣지 않고 후세인의 말을 들으면 후일 전쟁 범죄자로 처단하겠다고 경고했다. 마치 전쟁 중에 승기를 잡은 장군이 패전에 임한 적군에게 보내는 최후통첩과 같은 것이었다. 미국의 식민지가 아닌 엄연한 주권 국가에 대해 어떻게 이러한 포문을 열 수 있는지 상식적으로 이해할 수 없는 일이다.

　설혹 후세인 정권이 미국과 세계평화에 가하는 위험한 요소들을 가지고 있다 하더라도 지금은 구체적인 증거를 아직 제시하지 못한 상태다. 많은 여론조사들은 유엔의 이라크 무기 사찰에 기회를 부여하여 이라크의 실상을 먼저 알고 난 후에 미국이 행동해야 한다고 목소리를 높이고 있다. 이제는 후세인이 대량살상무기에 관한 유엔의 사찰을 제한 없이 수락하고 자신의 안방까지도 공개하겠다고 제안하였기에 그 진위를 판단할 유엔의 사찰이 필요하다. 부시 대통령이 상·하원에서 그에게 실어 준 전쟁 수행 전권을 자행했을 때 세계는 다시 긴장해야 한다. 이럴 때 테러의 공포는 훨씬 더 확산할 것이다. 이스라엘은 그 틈새에서 소용돌이를 쳐야 할 것이다. 미국으로부터 은혜를 입은 우리나라도 어떠한 형태로든지 참전의 의지를 굳혀야 할 것이다. 그뿐만이 아니다. 이라크의 공격에 대한 부시의 말만 떨어지면 미국의 주가는 춤을 추고 있다. 지금도 불안정한 세계 경제 시장에 전쟁의 포화가 열리기 시작하면 미국의 무기 산업을 제외한 그 외의 경제침체는 자명한 일이다. 원유의 77%를 중동에 의지하고 있는 한국 경제도 심각하게 흔들릴 것이 분명하다. 그 결과 소비는 위축되고 산업은 움츠러들 수밖에 없다. 한국 경제를 이끌고 가는 대기업들이 벌써 긴축 정책을 펴고 구조조정을 하는 모습은 예사롭지 않다.

교회라고 예외일 수 없다. 먹구름이 전쟁의 화염으로 변하여 우리의 하늘을 덮고 연약한 우리 경제 바탕이 흔들린다면 교회라고 건재할 수는 없다. 그러한 까닭에 우리 입에서는 지금부터 세계의 평화를 하나님께 구하는 진지한 기도가 있어야 한다.

목회의 이기(利器)로서 IT 세계를 활용한다.

IT(정보기술) 산업의 개발이 이 땅에 정착되고 우리가 세계적으로 선두에 설 수 있다는 것은 실로 복된 사연이다. 디지털 문화를 주도해 나가는 나라로서 세계 가운데 우뚝 설 수 있다는 것은 지대한 자랑이 아닐 수 없다. 초등학생부터 노인층에 이르기까지 휴대 전화의 키패드를 눌러서 문자 메시지를 보내고 있다. 그뿐만 아니라 이제는 대부분이 인터넷을 정보의 바다로 인식하고 살아간다. 우편집배원들의 손에는 개인들이 주고받는 편지가 거의 없다. 모두가 이메일을 통해 교류한다. 이러한 현실을 직시한다면 컴퓨터에 관한 것을 직원이나 부목사에게 맡기고 사는 목회자들은 사는 방식에 변화를 가져와야 할 것이다.

특별히 사이버 세상에서 유별난 것은 이러한 문명의 이기를 통하여 자신의 주장만이 아니라 공격과 비방의 무대들이 나타나고 있다는 사실이다. 최근에는 반그리스도교적인 사이트들이 등장하여 전에 경험해 보지 못했던 혹독한 화살을 교회를 향하여 쏘고 있다. 뿐만 아니라 네티즌들은 지난 총선에서 보여준 것처럼 선거 문화에서 정치적인 여론의 파워를 형성하기까지 한다.

이토록 디지털 문화는 사용 용도와 방법에 따라 무서운 위력을 발할 수 있다. 오늘의 목회자들은 최단 시간에 최대의 효과를 거둘 수 있는 정보와 통신을 목회에 사용할 줄 아는 능력을 갖추어야 한다. 남의 손을 빌려서 그 효과를 거두려는 생각을 이제는 버려야 한다. 언제나 목회자가 컴퓨터 앞에 앉아 교인을 만나고 그들과 자유롭게 대화할 수 있어야 한다. 자신에게 필요한 설교 자료를 비롯해 많은 정보를 스스로 찾아 활용할 수 있는 수준을 갖추지 않는다면 시대에 뒤떨어진 목회자로 전락하기 쉽다.

바짝 다가온 주5일 근무와 주말여행의 문제

100인 미만 사업장의 주5일 근무의 시행 시기를 1년씩 늦추게 되었지만, 우리 사회에는 이미 주5일 근무의 바람이 불고 있다. 은행을 비롯해 많은 직장이 토요일이면 문을 닫는다. 가장 관심이 가고 있는 학교는 주5일 수업을 실험 시행하고 있다.

'주5일 근무'라는 새로운 제도는 이 사회의 구석구석에 많은 변화를 가져온다. 그중에서도 교회가 가장 큰 피해를 보게 되는 것은 미국 교회의 역사에서 이미 입증되었다. 금요일 오후가 주말이 될 것이며, 가족을 싣고 주말여행을 떠나는 레저용 차량(RV-Recreational Vehicles)의 행렬이 고속도로를 메우게 된다. 이러한 그림은 바로 현실로 다가왔다. 국내 승용차 시장에서 레저용 차량의 판매가 급증했다. 10대 중 4.2대가 RV 차량이다. 조만간 승용차 시장의 절반 이상이 레저용 차량으로 채워질 것이라는 전망이 나오고 있다. 불교에서는 주5일 근무제가 도심을 탈출해 온 사람들을 맞아 역사상 획기적인 전환점이 될 것이라는 기대감에 부풀어 있다.

이제 교회는 예배의 중요성을 집중적으로 교육할 필요가 있다. 하나님이 신령과 진정으로 예배하는 자들을 지금 찾고 계심을 가르쳐야 한다. 단순히 교회에서 예배를 드리고 주말여행을 떠나라고 고집하기에는 무리가 따를 수 있다. 그동안 교회마다 가지고 있던 기도원을 예배 처소로 제공할 필요도 있다. 교파가 합동하여 주말 여행객들이 모이는 장소로 찾아가 거기서 그들이 주일예배를 드릴 수 있도록 하는 방안도 생각해야 한다. 예를 들면 주말 여행객이 몰려들 금강산에 교단이 힘을 모아 예배당을 마련하고 그리스도인들이 거기서 주일예배를 드리도록 하는 방안들을 마련해 봐야 한다.

통일의 열기가 어느 때보다 더 뜨거우리라.

2003년은 어느 해보다 통일의 열기가 대단할 것으로 예상된다. 그 이유는 2002년에 시작된 경의선 복원과 금강산을 향한 동해선 연결이 통일의 염원을 뜨겁게 할 촉진제가 될 것이기 때문이다. 신의주가 제2의 홍콩이 되고 개성에 우리의 산업시설이 들어갈 수 있다면 남과 북의 거리는 좁혀질 수밖에 없다. 거기에 더하여 경평축구를 비롯해 남북의 체육 교류가 문을 연다면 민족의 동질감은 더욱 확산할 것이다.

이럴 때 우리의 교회에서는 북한의 개방정책과 경제 향상, 그리고 교회의 복원을 위한 기도가 어느 때보다 활발하게 진행되어야 한다. 진정 한반도는 21세기에 특별한 사명을 감당해야 할 입지적 조건을 가지고 있다. 이 사명 중에 가장 중요한 것은 땅끝까지 복음을 전하는 데 한국교회가 전진기지로서 그 축을 이루는 일이다. 한반도의 통일은 하나님이 금세기에 사용하실 큰 방편이라고 믿을 때 우리의 교회는 통일을 향한 열의가 확산하고 기도와 행동이 따르도록 최선을 다해야 할 것이다. 그러할 때 통일의 노래는 온 국민의 노래가 될 것이며, 새 정부도 최선을 다해 통일의 행진을 쉬지 않을 것이다.

청빈하게 살아온 우리 교회 어르신들을 위하여

이미 교회마다 노인층의 인구 확산이 심각한 문제로 떠오르고 있다. 일하는 사람은 갈수록 적어지고 생활 지원을 받아야 할 노인층이 날로 늘어나는 기형적인 사회 구조가 우리나라에도 나타나고 있다. 2050년에 이웃 일본에서는 20세 이상의 생산 인구 3명이 노인 2명을 먹여 살리는 상황이 전개될 것이라는 보도가 나오고 있다. 우리나라도 65세 이상 노령 인구는 2000년 현재 7.2%이며 향후 노령화 사회가 빠른 속도로 진전됨에 따라 2019년 14%, 2026년 20%를 상회할 전망이라는 통계청의 발표도 있었다.

우리의 교회는 경제적인 실력이 있는 어르신들만 드나드는 곳이 아니다. 그리스도인의 본분을 지키려고 청빈하게 살다가 가난한 노년기를 맞은 분들이 훨씬 많은 것이 현실이다. 이제 교회는 이중 부담을 안게 될 것이다. 교회를 떠난 젊은이를 찾는 노력과 평생을 교회 안에서 살다 노년기에 접어든 어르신들을 모시는 정성이다. 사회와 가정에서 외면당하고 있는 어르신들의 삶에 교회가 진정한 보금자리가 되는 것이 새해에 당면한 교회의 목회 과제이다. 이것은 단순히 이 나라의 고유한 효(孝)의 문화를 회복하려는 차원에서 강조하는 것이 아니다. 그것은 무엇보다도 하나님이 주신 계명의 준수라는 차원에서 우리의 목회자들이 수행해야 할 의무이다.

2003년에도 교회의 양적인 성장이 눈에 띄게 둔화할 수밖에 없는 사회적 여건들이 우리 앞에 전개될 것이다. 이러한 환경일수록 교회는 예배하는 공동체의 본래의 모습에 흔들림이 없어야 한다. 교회가 교회다운 모습을 갖추고 사회로부터 지탄의 대상이 되지 않도록 최선의 길을 걸어야 한다. 어느 때보다 목회자들이 높은 도덕성과 영성을 갖추고 하나님 중심의 예배와 말씀의 바른 선포에 집중해야 할 것이다.

2004년도 회고와 전망

2003년, 씁쓸한 모습의 연출이 많았다

콧노래는 젊은이들의 전유물이 아니다.

우리 민족은 역사적으로 '밤새 안녕'을 물을 정도로 언제나 초조와 긴장 속에서 낮과 밤을 보내는 삶을 이어왔다. 오랫동안 가난과 질병과 전쟁으로 점철된 참혹한 과거가 어느 사이엔가 우리 문화의 한 줄기를 형성했지만, 지금은 그것을 아무도 되새기려 하지 않는다. 선진국의 대열에 들어선 민족으로서 명랑한 미소를 지으면서 당당한 21세기의 대로를 거닐고 싶어한다. 그래서 근엄한 얼굴보다는 미소 짓는 인상을 좋아한다. 부정적인 대화보다 긍정적인 대화를 즐긴다. 슬픔이나 분노를 자아내는 사연보다 기쁨과 환희의 이야기를 더 듣고 싶어 한다. 그래서 주변에서 전개되는 짜증이 나는 현장들은 애써 외면하려는 것이 이제는 보편화되었다. 이러한 시대의 기류는 20대와 30대의 젊은 세대 사이에서 보편적인 현상이 되었다. 이 세대는 미래를 구상하는 데 시간을 보내기보다 오늘의 현장에서 즐거움을 찾고 원하는 바를 성취하는 데 열을 올린다.

2002년의 대선 때 일으킨 이들의 회오리바람은 기성세대를 놀라게 하였다. 그들은 손에 쥐고 다니는 휴대폰을 통하여 뜻을 모으고, 철벽같던 보수 세력의 벽을 뚫으며 자신들의 지지자를 이 나라의 대통령으로 만들어냈고, 이런 그들의 모습은 비상한 관심을 끌기에 족했다. 그들은 어른들의 그늘에서 침묵하고 있다가 국가대표팀을 위한 응원이나 촛불 시위와 같이 힘의 결집이 필요할 때면 벌떼처럼 모여든다. 그리고 첨단의 세계를 구가하며 각종 정보통신기기를 자신들의 전유물처럼 사용하면서 상상을 초월하는 변화의 물결을 일으키고 있다. 그들은 고통과 좌절을 모른다. 주유소에서 최소한의 임금을 받으면서도 콧노래를 부르면서 아르바이트를 한다.

그러나 기성세대는 이 한 해도 미소를 상실했다. 밝은 소식은 겨우 북한 땅을 육로를 통하여 드나들게 되었고 이산가족의 만남이 이어졌다는 것 정도이고, 그 외에는 감격과 기쁨을 안겨줄 만한 뉴스를 찾기 힘든 한 해였다. 다음과 같은 어두운 소식이 꼬리를 이었을 뿐이다.

전직 대통령의 물러간 모습이 씁쓸하였다.

젊은이들처럼 상쾌한 미소를 짓고 싶고 그들처럼 콧노래도 흥얼거리면서 살고 싶은 백성들인데 그 꿈을 2003년을 맞이하면서부터 정치의 무대가 앗아가고 말았다.

2003년 정초부터 우리 앞에 전개된 정치의 무대는 참으로 '짜증' 그 자체였다. 정권 말기에 다수의 힘을 갖춘 야당의 공세는 정치의 안정보다는 복수극처럼 느껴지는 모습이었다. 건국 이래 처음으로 주어진 노벨평화상에도 박수를 보내지 않고 그 뒤에 거대한 흑막이 있는 것처럼 우리의 시선을 이끌어 갔다. 햇볕정책으로 길이 뚫리고 사람이 오가는데도 한마디의 찬사를 보내지 않는 언론과 다수당의 모습을 그저 바라볼 수밖에 없었다. 그러나 우리와 같이 분단의 경험을 가졌던 독일과 같은 나라에서는 정치지도자들이 입을 모아 정착된 남북의 평화공존체제를 높이 평가했다. 대결 정책에서 벗어난 화해와 협력의 정책에 대해 '역사에 남을 획기적인 성과'라는 찬사를 보낼 때도 그것에 관한 보도는 좀처럼 보기 힘들었다. 설상가상으로 대통령의 아들들은 남달라야 할 높은 도덕성을 갖추지 못하여 국민에게 실망과 분노를 안겨주어, 지난 5년간의 어떤 치적도 인정받지 못한 채 한 정권이 씁쓸한 자태로 역사의 뒤안길로 사라졌다.

2003년은 천재(天災)와 인재(人災)가 이어진 한 해였다.

2월 18일 대구에서 발생한 지하철의 방화 사건은 한 정신이상자의 손에 의하여 저질러졌다. 330명의 사상자가 쓰러진 직접적인 원인은 차량 내부의 재질이 불에 타면서 내뿜은 유독가스 때문이었다. 가까운 일본에서는 35년 전 차량이나 차량 내부의 재질을 불에 연소하지 않는 소재로 전면 교체하여 차량 몸체는 알루미늄, 좌석은 난연성(難燃性) 섬유, 바닥도 난연성 수지 등 모두 불에 잘 타지 않는 소재로 만들었다고 한다. 실제로 일본 소방당국이 실험한 결과, 좌석에 붙은 불은 다른 곳으로 불이 번지지 않은 채 발화지점에서만 타다 20분 정도면 꺼졌다고 한다. 그러나 우리의 소방관계자의 말은 우리를 몹시 우울하게 만든다. "우리의 지하철은 전동차 실내 장판과 천장 판이 섬유강화플라스틱, 바닥이 염화비닐, 의자는 폴리우레탄폼입니다. 이 모든 재질은 불에 약한 제품입니다."

수백억의 검은돈이 정치의 흑막에 가려진 채 여기저기서 오가는데 우리의 생명을 보호하는 데는 그렇게도 예산이 모자라 인간 생명이 아무런 보장도 받지 못한 채 오늘도 전철에 몸을 실어야 한다는 것이 너무나 서글픈 현실임을 다시 느끼게 하는 한 해였다.

거기에 더하여 천재 역시 메가톤급의 위력으로 몰아쳐서 우리를 슬프게 하였다. 살인적인 강풍과 폭우를 동반한 태풍 매미가 한반도를 강타하여 115명의 인명 피해와 2조 원 이상의 피해를 남겼다. 과연 천재(天災)는 인간의 힘이 얼마나 한정적인가를 잘 나타내주었다. 인간이 첨단을 달리는 문명의 세계를 구축하고 튼튼한 울타리를 쌓아도 그 한계가 분명히 있음을 다시 한 번 입증했다. 뜻이 있는 그리스도인들은 이 모든 천재지변의 폭풍이 "나의 연고이니이다"라는 겸허한 참회를 하나님 앞에 하면서 복구의 현장에 달려가 함께 땀을 흘리기도 하였다.

석연치 않은 미국의 이라크 공격을 잊을 수 없다.

2001년 9월 11일 테러 이후에 미국의 우방들은 미국에 대한 동정과 전폭적인 지지를 자연스레 보낸 바 있다. 그러나 국제사회의 이 같은 지지는 미국의 아프가니스탄 공격 이후 점차 변하기 시작하였다. 미국의 총체적인 군사적 지배권의 행사가 서서히 우려와 반감으로 바뀌었다. 특히 지난해 부시 미국 대통령의 '악의 축' 발언 이후 국제사회에서는 미국의 거침없는 일방주의에 대한 우려의 목소리가 높아졌다. 그러나 미국은 이런 우려의 목소리에 아랑곳하지 않았다.

결국 국제사회의 여론은 부시 미국 대통령이 동맹국의 반대를 무릅쓰고 유엔 승인 없이 이라크 공격을 감행하려는 최후통첩을 발표하면서부터 급격히 변했다. 프랑스와 독일, 러시아를 제외하고는 어느 나라도 반기를 들지 못한 채 미국의 공격에 냉가슴을 앓게 되었다.

미국의 논리는 간단하였다. 이라크의 사담 후세인 대통령이 대량살상무기를 개발하여 그 무기를 테러 집단에 넘길 수 있다는 것과 테러 집단을 도와 다시 9·11 테러와 같은 일이 재발할 수 있게 한다는 것이 그 이유이다. 이러한 테러의 위협으로부터 미국을 지키기 위하여 이라크를 공격해야 한다는 논리는 유엔의 승인마저 뒤로하였다. 부시는 미국 국민의 지지를 바탕으로 3월 29일부터 4월 17일까지 단숨에 이라크를 초토화하고 사담 후세인을 추방하는 군사 대국으로서의 힘의 과시를 아끼지 않았다.

그러나 부시의 뜻을 이루고 전쟁의 포화가 끝난 지금 여기저기서 자성과 비판의 소리가 끊이지를 않는다. 카터 행정부 시절 유엔 주재 미국대사를 지낸 도널드 맥헨리는 "부시 대통령은 외교력 부족을 보여주었으며 그 결과 유엔에서의 미국의 역할과 오랜 동맹국과의 관계가 심각하게 손상됐다"라고 말한 바 있다. 많은 언론은 미국이 원할 때 언제든 무력을 사용해도 좋다는 나쁜 선례가 남게 되었다는 비판을 아끼지 않는다.

무엇보다도 대량살상무기의 흔적을 지금까지 이라크 땅에서 찾지 못하자 미국의 지성인들과 양심이 있는 정치인들은 자성의 소리를 높이면서 국민을 오도한 책임을 부시 대통령에게 묻고 있는 현실이다. 특별히 이라크가 전 세계 석유 수출량 2위라는 놀라운 자원을 가지고 있을 뿐만 아니라 다른 나라가 100m 정도를 파야 석유가 나온다면 이라크의 경우 50m만 파도 기름이 철철 나오는 나라임을 알게 된 사람들은 세계 석유 수입 1위의 미국이 가졌던 속셈이 따로 있었다는 이야기를 공공연하게 나누고 있는 현실이다.

특별히 부시 대통령은 철저한 그리스도인임을 자처하여 미국 보수교회의 열렬한 지원을 받고 있다. 최근에는 그리스도인으로서 그가 국민 앞에 정직한 판단과 정책을 시행하고 있는지를 묻는 질문들이 쏟아져 나온다. 그럴 때마다 이 땅의 교회도 부끄러움을 금할 길이 없다.

경제의 지표가 내려가고 이곳저곳에서 자살이 확산한 한 해였다.

올해의 경제성장률은 2%대에 그칠 것이라는 관측을 여기저기서 내놓고 있다. 이러한 수치는 IMF 위기를 겪던 때를 제외하고는 23년 만에 보는 최악의 수준이다. 그 원인이 될 만한 요소들이 이 한 해 동안 유별났다. 새 정권이 들어선 첫해에 경제를 가장 짓눌러 왔던 악재는 바로 한국 특유의 강경한 노사 분규였다. 노조의 투쟁은 극에 달하여 우리의 수많은 기업이 경제활동의 가장 큰 걸림돌인 노조의 손길이 닿지 않는 곳을 찾고 있다. 그 결과 노조가 없고 임금이 싼 중국 땅에 공장을 차리는 현상이 이 시간에도 계속되고 있다. 노조의 지지를 받았던 대통령도 법과 원칙에 근거한 노사 문화의 기본 틀을 만들어 노사분규를 반으로 줄이겠다고 천명하고 있다.

거기에 더하여 태풍 '매미'가 남긴 피해와 예년과는 달랐던 잦은 비로 일조량이 부족해서 올해 쌀 생산량이 지난 80년 이후 최악의 흉작을 기록할 것으로 보인다.

그것으로 그치지 않고 갑작스럽게 확산한 신용카드 남용과 개인들의 잘못된 소비 습관, 그리고 급격한 경제 악화가 초래한 신용불량자가 340만 명을 넘어섰다. 이로 인하여 개인과 가정의 파탄이 발생하고 카드빚 때문에 범죄를 저지르거나 생명을 스스로 끊는 일들이 이곳저곳에서 발생하는 등 과거에 볼 수 없는 비극이 양산되고 있다.

사회의 불안과 함께 이제는 자살을 돕는 사이트까지 생겨 자살의 확산이 이어지고 있다. 재벌 총수부터 극빈자에 이르기까지 자살 파동은 사회의 심각한 문제로 대두되고 있다. 행자부의 발표에 의하면 한 달에 평균 60명에 가까운 생명이 스스로 생명을 끊고 있다. 그중에서도 가난을 비관하고 떠나는 사람들은 해마다 늘어나고 있는 현실이다. 2000년 자살한 사람들의 3.9%가 2001년에는 4.28%, 2002년에는 4.6%, 그리고 올해에는 6.8%가 가난 때문에 삶을 포기했다고 보도되었다. 이 나라의 가난했던 시절에 볼 수 없던 사건이다.

풍요로운 사회가 우리의 생명을 윤택하고 행복하게 한다는 공식이 전혀 맞아떨어지지 않는 현실이다. 이러한 현실을 보면서 이 지점에서 교회가 무엇을 해야 할 것인지를 많이 생각하게 하는 한 해였다.

연말의 뜨거운 쟁점은 대통령의 재신임 문제였다.

참여와 개혁의 기치를 들고 남다른 과정을 거쳐 입성한 새로운 정권은 처음부터 특유한 모습들을 보였다. 대통령이 사용하는 언어가 우리의 귀에 익숙하지 않은 부분들이 많아 귀를 의심하면서 관망과 우려를 지속해 오고 있었다. 본인은 권위를 거부하고 평범하게 말하고 행동하려 해도 우리의 국민성과 문화가 대통령의 위치가 갖는 지도력과 권위를 비롯하여 본보기가 되어야 할 항목들을 요구하고 있었다. 야당인 다수당은 건전한 비판과 대안과 견제가 없이 사사건건 국정을 수행하는 데 발목을 잡았다. 이해할 수 없는 이유로 장관을 사퇴시키고 감사원장을 인준해 주지 않았다. 야당이 다수당이 되어 점유하고 있는 국회의 지원이 없이 새 정권은 힘에 겨워하는 모습이 역력하였다. 대통령이 국회에 나아가 30분이 넘는 시정연설을 하는데 단 한 차례의 박수도 없었고, 연설이 끝난 후에도 그를 따르는 소수를 제외하고는 퇴장하는 대통령에게 눈길조차 건네지 않을 정도로 집권자가 고립된 정치 환경이다. 설상가상으로 도덕성과 개혁을 주창해 온 대통령의 측근이 검은돈과 연결되었다는 검찰의 발표는 이 정권을 더욱 곤혹스럽게 만들었다. 급기야는 대통령이 자신의 재신임을 묻기 위한 국민투표라는 전대미문의 카드를 내놓았다. 이 결단이 노 대통령이 역사 앞에 책임을 지려는 지도자의 고뇌에 찬 결단으로 역사에 기록될 것인지, 아니면 정치적 역경을 돌파하기 위한 그의 특유한 승부수로 평가될지 아무도 단정할 수 없는 현실이다.

국민은 그에 대한 지지 여부를 떠나서 일 년도 채 안 된 대통령을 바꿀 정도로 잔인하거나 정치 수준이 낮지 않다. 그에게 더 강력한 지도력을 부여하면서 혼돈과 무질서의 국정을 바로잡고 임기 내에 성공적인 대통령의 소임을 다해주기를 바랄 것이다. 그러나 이 문제는 단순하게 끝날 문제가 아니다. 대통령의 재신임 문제가 정쟁으로 격화되면서 정치권의 이전투구와 대혼란으로 이어졌을 때 국가적인 손실이 지대하게 될 것이라는 예견은 2003년을 넘기면서 우리의 어깨를 무겁게 한다.

2003년이 남긴 눈여겨볼 통계

한국무역협회는 지난 10월 전 세계 주요 기관의 통계자료를 인용하여 사회 경제 부문에서 우리나라의 위상을 정리하여「203개 경제·무역·사회 지표로 본 대한민국」이라는 책자를 내놓은 바 있다.

이 통계에 의하면 세계의 1위에 속한 것은 사교육비, 초고속 인터넷 가입자 수, 선박 건조량과 TFT-LCD였다. 2위에 속한 것은 미국에서 활동하고 있는 한국인 학자, 인터넷 이용자, 인터넷 쇼핑 이용률, TV 수상기 생산량이었다. 3위에 속한 것은 미국에 유학을 하는 학생 수, 원유 수입액, 휴대폰 판매였다. 4위에 속한 것은 신용카드 발급, 스카치위스키 구입액, 철강 수출, 냉장고·세탁기 생산 등이었다.

이러한 통계의 수치를 보면서 자랑스러운 면도 많다. 우리나라에서 활동의 무대를 제공하지 못한 아쉬움이 있지만, 세계의 심장부에 한국의 학자들이 그토록 많다는 사실과 우리가 IT 시대의 선진국이 되고 있다는 사실은 고무적인 통계임은 분명하다. 그러나 사교육비가 세계의 1위를 차지한다는 것과 고급술을 이 작은 나라에서 그토록 많이 마시고 있다는 사실은 우리를 부끄럽게 하는 기록이다.

그 외에도 세계의 대학생들이 모이는 대구하계유니버시아드의 성공적인 개최와 중국, 러시아에 이어 3위를 차지한 우리 건아들의 모습 또한 자랑스러웠다.

새해에 더욱 나래를 펼 북한 육로관광의 서곡은 벌써 많은 시선을 모으고 있다. 아버지의 유지를 받아 남과 북의 길을 뚫고 소 떼가 아니라 사람들이 오갈 수 있도록 했던 한 사람의 자살은 평양의 문을 더욱 활짝 여는 계기가 되는 것처럼 보인다. 1970년대 초반의 우리 모습을 닮은 평양의 거리를 버스 차창으로 볼 수 있고 평양 거리의 시민들과 대화를 나누고 그들의 모습을 카메라에 담을 수 있도록 평양의 안방이 열리고 있다는 보도는 매우 고무적이다. 제2의 예루살렘이라고 불렸던 평양의 도성이 우리의 사마리아로 변한 이후, 그 땅을 가보고 싶어 하는 많은 그리스도인은 이 해를 넘기면서 가슴 설레고 있다.

2004년, 사회적으로는 청렴, 목회적으로는 동네 목회를 이루자

정치에 관한 이야기가 연초부터 이어진다.

2004년의 아침을 맞으며 여기저기에서 나누게 될 대화의 주제는 어떤 것들이 될 것인가? 아마도 단연 정치 분야의 이야기가 가장 앞자리에 놓일 가능성이 크다. 두 가지의 큰일이 있기 때문이다. 먼저는 대통령의 재신임과 그 후속 조치에 대한 깊은 관심들이 국민의 시선을 모으게 될 것이다. 두 번째는 4·15 총선을 앞두고 자신의 관심사를 펼치는 이야깃거리가 대화의 화두를 이어가리라 예상해 본다.

한국인의 정치의식과 그 관심도는 가히 세계적인 수준이다. 의식주에 어려움을 느끼는 사람들도 이 분야의 뉴스에는 귀를 기울이고 정치 판도가 어떻게 짜이는지에 대해 깊은 관심을 표명한다. 최소한 내 고장의 총선 결과만이라도 알고 싶어 하는 것이 통상적인 예이다.

1960년대 군사정권 이후로 굳어진 지역감정은 좀처럼 식을 줄 모르고 어쩌면 더 뜨겁게 지속되고 있다. 한국 정치의 정당도 그 뿌리와 조직 모두가 지역을 기반으로 삼고 있다. 겉으로는 분간하기 어려웠던 지방색이 총선의 경우 너무나 뚜렷하게 나타나 심각한 균열을 가져온다. 그 균열은 좀처럼 봉합되지 않고 이 좁은 땅의 역사에 침울한 그림자를 드리우고 있다. 이러한 부끄러운 심상들이 교회 안에까지 깊숙이 파고들어 뜻이 있는 많은 그리스도인들을 어둡게 한다.

문제는 이때 취해야 할 목회자의 자세다. 어떤 목회자는 공공연하게 자신의 지역 출신 후보자의 방문을 예배 시간에 소개하고 게다가 지지하는 언행을 취하는 경우가 있다. 그러나 목회자는 예배가 하나님만을 향해야 한다는 진리를 그 마음에 언제나 새겨야 한다. 그럴 뿐만 아니라 새해의 설교에서는 순수하게 하나님의 말씀만이 운반되도록 최선을 다해야 한다. 특별히 하나님의 말씀을 오늘의 현장에 적용할 때 특정인이나 특정 지역을 감싸는 일이 없이 순수한 적용을 할 수 있기를 바란다.

새해에는 10위권 안에 들 수 없을까?

부정과 부패의 기록은 날이 갈수록 심화하여 간다. 뜨거운 교육열은 세계에서 으뜸인 데도 그 교육의 결과는 나타나지를 않는다. 곳곳에 세워진 예배당의 네온사인이 찬란하고, 새벽마다 그 예배당 안에서는 기도의 함성이 터져 나오는데 삶의 장에서는 그 흔적이 나타나지 않는다. 25%에 육박한 그리스도인들이 어디에 숨어 있기에 우리나라의 부패지수가 그렇게 높아만 가는지 한숨을 지을 수밖에 없다.

2003년 국제투명성기구(TI)가 평가한 올해 우리나라 부패지수가 10점 만점에 4.3점을 받아, 4.5점을 받았던 지난해보다 더 떨어진 것으로 나타났다. 이에 따라 '깨끗한 나라' 순위도 지난해 40위에서 올해는 50위로 추락했다.

하나님의 나라와 그 의를 외치는 설교는 어느 나라와도 비교할 수 없도록 시시때때로 끊임없이 터져 나오는데 그 메아리는 이 땅에서 들을 길이 없다. 오히려 2003년에는 과거에 보지 못했던 사건이 발생했다. 검찰의 손길이 교회의 부정한 부분에 칼날을 들이댔다. 선한 사업의 기수였던 어느 신부와 거대한 회중을 이끄는 개신교의 목사가 구속되고 법정에 서야 했던 보도는 이 시간도 우리의 마음을 무겁게 하고 있다.

새해에는 우리 교회가 이 땅의 청빈도를 50위에서 10위권 안으로 끌어올릴 수 있는 원동력이 되기를 희망해 본다. 이 땅의 정부와 국회, 또 경제계에서 활동하는 그리스도인들이 하나님이 주신 양심의 수호에 관심을 기울이도록 우리의 메시지가 달라지기를 희망해 본다.

가정을 살리는 메시지가 어느 때보다 필요하다.

영국의 시인 존슨(Samuel Johnson)은 「램블러」(*The Rambler*)에 실린 글에서 "가정에서 행복해지는 것은 온갖 염원의 궁극적인 결실이다-To be happy at home is the ultimate result of all ambition."이라는 말을 남긴 바 있다. 가정은 진정 하나님이 우리 인간에게 기본적인 삶의 자리로 만들어 주신 가장 큰 선물이다. 그래서 우리의 교회는 언제나 가정의 행복을 소중하게 생각해 왔다.

특별히 우리나라의 가정은 그 안에 온갖 불편한 요소가 있어도 평생을 함께하는 아름다운 모습을 다하였다. 성경의 가르침대로 사랑의 보금자리로서 그 자태를 자랑해 왔다. 그러나 최근에 이르러 그 아름다운 전통은 무참히 무너지고 있다. 통계청 발표에 의하면 2002년에 결혼은 306,600건이었는데 무려 이혼은 145,300건에 이르렀다. 결혼하는 쌍의 절반 가까이가 이혼을 하는 셈이다. 이러한 통계는 우리의 가정이 세계에서 미국 다음으로 가장 높은 이혼율을 보인다는 충격적인 내용을 보여준다.

미국의 「뉴욕타임스」는 한국 가정들의 이혼율을 보도하면서 그 원인을 다음 몇 가지로 분석하고 있는데, 서서히 식어가는 유교적인 가부장제의 가치관을 비롯하여 세계에서 가장 조밀한 인터넷 통신망, 최근의 자유분방한 대중문화, 개인주의에 물든 생활방식 등을 들고 있다. 이것은 분명히 우리의 아름다운 가정 문화가 서구 문화에 의하여 침몰하고 있음을 보여준다. 2003년의 통계를 아직 받아 보지 못하였으나 우리의 이혼율이 수년 내에 세계의 1위를 차지했다는 보도가 나올 듯하다.

그동안 한국교회의 목회는 성수 주일, 십일조 준수, 성경공부, 전도 열심에만 총력을 기울였다. 그 결과로 우리 교회는 이렇게 성장하였다. 그러나 시대의 흐름과 함께 교회 안에 속한 가정들은 서서히 흔들리고 있다. 교인들이 목회자를 찾아와 상담하는 내용 대부분이 가정 문제라는 사실이 바로 이러한 문제의 심각성을 잘 말해주고 있다.

2004년 목회의 장에서 새롭게 구상하고 깊은 관심을 기울여야 할 부분이 바로 이 가정의 문제이다. 가정이 건실할 때 교회도 건실하다. 건실한 가정들이 모여 이룩된 교회가 진정한 교회의 모습을 갖추게 된다는 평범한 진리의 눈을 떠야 할 때가 되었다.

2004년은 주5일 근무 시대의 원년이 되었다.

지난 2003년 8월 29일 국회가 주5일 근무제 도입을 위한 근로기준법 개정안을 통과시키자 9월 1일자로 국무총리는 다음과 같은 담화문을 발표하였다.

> 존경하는 국민 여러분!
> 지난 98년 이후 5년이 넘는 오랫동안 많은 사회적 논의를 거쳐 주5일 근무제 도입을 위한 근로기준법 개정이 이루어졌습니다.
> 이제 우리나라에도 본격적인 주5일 근무 시대가 열리게 되었습니다. 주5일 근무제 도입으로 충분한 휴식과 자신의 복지를 추구할 시간을 갖게 되었습니다.

이 발표는 노동자들과 학생들에게는 매우 반가운 소식임에 틀림이 없다. 이 제도가 7월부터 단계적으로 시행될 때 우리의 생활 형태는 거대한 변화를 일으키게 된다. 그동안 2박 3일의 가족 나들이를 하려면 1년에 2~3차례 주말에 공휴일이 겹쳐야 가능했지만, 제도가 바뀌면 주말마다 짧은 휴가를 가족들이 즐길 수 있게 된다.

문제는 우리 교회이다. 총리의 담화문대로 주5일 근무제 도입으로 각자가 충분한 휴식과 자신의 복지를 추구할 시간을 갖게 되었을 때, 그리스도인들이 주말여행을 삼가고 하나님을 예배하는 신실함을 보일 것인지에 대해 많은 이들이 우려하고 있다. 주5일 근무제가 확정되자 한길리서치가 서울 시내 성인남녀 7백 명을 대상으로 조사한 결과에 따르면 응답자의 58.6%가 주5일 근무제 시행으로 생기는 휴일을 "가족과 함께 시간을 보내겠다"라거나 "취미생활 및 여행 등 여가를 즐기겠다"라고 응답했다. 이렇게 바뀐 환경 속에서 주일성수의 오랜 전통이 어떤 변화를 일으킬지 깊은 우려를 자아내게 한다. 금요일 오후부터 시작되는 주말에 주일예배를 위하여 집에 머무는 교인이 몇 명이나 될지가 벌써 깊은 관심의 대상이다. 교회 갱신을 위한 목회자협의회가 목회자 293명을 대상으로 설문조사한 결과 76.5%가 주5일 근무제가 교인들의 주일성수에 부정적인 영향을 미칠 것으로 전망했다.

미국 교회의 현상이 우리에게 다가올 것만 같은 예감이 늘 찾아든다. 그들이 자가용을 갖게 되고 주5일 근무제가 확정되었을 때 교회의 젊은이들도 주말의 즐거움을 만끽하기 시작하였다. 어디서든지 예배만 드리면 된다고 말하고서 주말여행을 즐겼다. 그들에게 예배만이라도 드리고 주말을 즐기라면서 교회는 공원 목회(Park Ministry) 전담 목사를 그들의 휴식처에 보내 간이예배만이라도 드리도록 하였다. 교회는 집에 머물기를 원하는 어르신들만 있을 뿐이었다. 주말여행에 맛을 들인 젊은 세대는 결국 부활주일과 성탄주일에만 예배당을 찾을 뿐, 모두가 등록만 해놓은 교인들(inactive members)로 전락하고 말았다.

이제는 한국교회가 미국교회의 전철을 밟지 않겠다는 강한 의지를 보일 때가 되었다. 주5일 근무제와 관련한 구체적인 대응 방안이 나와야 한다. 교육과 훈련 프로그램이 새롭게 설계되고 강화되어야 한다. 가정사역에 대한 실질적인 방안이 강구되어야 한다. 그뿐만 아니라 주일 이른 아침의 예배에도 비중을 두어야 한다. 특별히 성찬성례전의 횟수를 늘려 인터넷으로 대치할 수 없는 예배를 새롭게 강화해야 한다. 그럴 뿐만 아니라 소그룹화된 신앙의 공동체나 전원교회 또는 기도원을 예배당으로 활용하는 방안도 연구해야 한다. 그리고 주말여행에 고향교회를 찾는 것도 허용되어야 한다.

산속의 휴양지에 자리잡은 사찰에서 우리와 같은 설교를 하면서 주말여행객들의 불교 입문을 서두르고 있다는 보도는 우리 교회를 몹시 당황하게 만든다.

IT(정보통신) 시대를 살아가는 어느 목회자의 이야기

어느 날 김 목사는 청년에게 몇 주 전에 부탁한 것이 지금껏 소식이 없는 이유가 무엇이냐고 전화로 물었다. 그 청년은 "아니 목사님! 바로 그 다음날 이메일로 결과를 알려드렸는데 목사님이 아직 안 열어보셨던데요" 하면서 오히려 의아해했다. 그리고 그 반응은 자신을 완전히 신세대와 커뮤니케이션을 할 수 없는 존재로 여기는 듯한 분위기마저 느끼게 하였다.

김 목사는 사실 컴맹을 면해 보려고 1년 전에 최고의 성능을 자랑하는 컴퓨터를 사들였고 주보에 목사의 이메일 주소까지 다 써놓았다. 그러나 어지간한 것은 교회 직원의 손에 의지하다 보니, 나이 든 몸으로 스스로 컴퓨터를 만진다는 것이 약간의 고역이 되었다. 그래서 가끔 직원을 시켜 이메일을 열어보면 목사에게 중요한 메일이 수십 통씩 와서 주인을 찾고 있었다. 어떨 때는 시일이 지나 큰 결례를 범한 때가 한두 번이 아니었다.

그로부터 김 목사는 이 시대의 흐름이 되어버린 IT라는 배를 타지 않고서는 한 걸음도 나아갈 수 없다는 사실을 깨달았다. 그리고 눈에 피로가 오고 타자의 속도가 늦어도 꾸준히 컴퓨터 앞에 앉아 자신의 아내에게 이메일을 보내고 정보의 바다인 인터넷을 드나들면서 IT 세계의 진수를 알게 되었다. 그 결과 그는 결석한 교인들에게 이메일뿐만 아니라 휴대폰 문자를 통하여 교신을 자유롭게 하고 설교를 위한 풍부한 자료를 받아 가면서 살아가게 되었다. 얼마 전에 그가 하는 말이 매우 흐뭇하였다. "나 무시하지마! 나도 신세대의 대열에 서서 함께 호흡하는 목사야. 좀 더 일찍 뛰어들 것을."

그렇다. IT 세계는 하루라도 빨리 익힐수록 도움이 된다. 홈페이지를 통하여 교회의 공동체 의식을 확고하게 하고, 이메일을 주고받으며 개별적인 통신을 하며, 휴대폰 문자로 아침저녁 안부를 물으면서 교인과 소통을 하는 것만으로도 우선 이 시대의 목회를 즐길 수 있다. 그뿐만 아니라 설교 준비를 위하여 무한한 정보의 바다를 드나들 수 있다는 것 자체만으로도 이 시대를 사는 특권이 된다.

동산 위의 교회가 아니라 동네교회가 되어야 한다.

십자가 탑을 높이 세우고 동산 위에 서 있는 예배당의 모습은 분명 아름답다. 그러나 멀리 떨어진 그곳에서 예배를 드리고 말씀을 전하는 전통적인 모습만으로는 교회가 대중 속에 파고들 수 없는 시대가 되었다. 오늘의 교회는 동네교회가 되어야 한다. 그들의 삶에 보탬을 주는 시간과 공간을 주선해 주어야 한다. 이러한 취지는 섬김을 교회 본래의 사명으로 하는 정신에서 우러나와야 한다. 자신이 속한 동네를 섬기는 구체적인 방안은 많은 교회가 이미 개발하여 큰 효과를 보고 있다. 어린이집을 비롯하여 문화교실이나 동네 어르신들을 모시는 복지사업들이 모두 섬김의 모습들이다.

21세기는 섬기려고 이 땅에 오신 예수님, 제자들의 발을 씻어 주신 예수님의 모습이 재현되는 그곳에 교회의 존재 가치도 더불어 형성되는 시대이다.

2004년에 접어들면서 가장 우려되는 바는 예배하는 무리의 수가 줄어들 것이라는 문제이다. 사람들이 이제는 사회의 변화와 삶의 여건들에 기대어 하나님의 도움 없이도 잘 살 수 있다는 생각을 늘 하게 된다. 그 결과 하나님의 존재를 인정하면서도 그분을 예배하는 열심이나 당위성은 수용하지 않으려는 경향이 이 한 해 동안 내내 목회자들을 괴롭힐 것이다. 이런 때

일수록 목회자는 당황해서는 안 된다. 더 성실히 그리고 꾸준히 무릎을 꿇고 늘 새롭게 주어진 소망을 품으며 전진해야 한다. 그 이유는 하나님께서는 결코 교회를 버리지 않으시기 때문이다.

2005년도 회고와 전망

2004년, 국론 분열이 어느 해보다 심하였다

탄핵의 파고가 매우 높았다.

2004년 3월 12일은 한국 정치사에 기록될 수밖에 없는 거대한 사건이 발생한 날이었다. 이날 국회의 3분의 2선인 181명을 훨씬 넘은 193명의 국회의원은 노무현 대통령의 직무를 탄핵하기 위한 소추안을 가결했다. 이것은 우리의 헌정사상 초유의 사건이었다.

탄핵 사유는 대통령의 신분과 권위에 걸맞지 않은 언어 사용과 선거 중립의 위반이라는 것이 주된 문제였다. 대통령에 당선된 이후 그가 보여준 언어의 질과 표현은 가끔 국민을 놀라게 한 것이 사실이었다. 그리고 그를 중심으로 하여 새로운 여당을 조직하고 그 세력을 키우고 싶은 저의를 가지고 총선을 겨냥한 발언을 했던 것도 사실이었다. 그러나 이 탄핵안은 그를 지지한 젊은 층들의 강한 반발을 불러일으켰다. 이들의 탄핵 반대운동과 여당의 극렬한 반대가 있었지만, 의장의 경위권 발동은 투개표를 막을 길이 없었다.

좀처럼 우리의 정치사에서 보기 드문 현상이었다. 그 결과 탄핵을 반대하고 지지하는 각각 다른 형태의 시위는 계속되어 정치적 불안은 계속되었다. 이 사건은 국론의 분열로 이어져 오랫동안 이 사회의 큰 쟁점으로 주목을 받았다.

대통령은 청와대에서 침묵으로 일손을 놓아야 했고, 2개월간 고건 총리가 대통령 권한 대행을 맡아보는 기이한 현상이 2004년의 전반기를 장식하였다. 5월 14일 헌법재판소는 의회의 탄핵안을 기각하면서 의미 깊은 한마디를 남겼다. "대통령의 권한과 정치적 권위는 헌법에 따라 부여받은 것이며, 헌법을 경시하는 대통령은 스스로 자신의 권한과 권위를 부정하고 파괴하는 것이다."

생각하면 대통령 개인뿐만 아니라 나라의 큰 상처였다. 다행스럽게 탄핵의 진통과 현재의 경고를 받은 대통령의 언어와 행동이 많이 달라졌음을 반년이 지난 지금 뚜렷하게 느낀다. 일찍이 우리의 대통령이 오늘과 같았더라면 그동안의 분열과 국력의 손실이 없이 경제를 추스를 수 있었을 터인데 하는 아쉬움을 많은 사람이 지금도 토로하고 있다.

경제지표가 심상치 않게 가라앉은 해였다.

우리의 경제가 서서히 퇴보하는 극심한 타격을 입은 한 해였다. 모두가 경제 장래를 어둡게 보면서 우려의 목소리를 냈다. IMF로부터의 탈출을 성공적으로 했던 우리의 기록이 무색해지는 한 해였다. 무엇보다도 우선하여 다루어야 할 경제문제보다 정치의 핵심을 이루고 있는 사람들은 다른 무대 위에서 노래를 부르고 있는 듯하다.

한국 경제지표를 가장 잘 파악하고 있을 한국은행 조사국의 책임자도 "그동안 알려진 경제이론으로 요즘의 한국 경제를 설명할 수 없어 안타깝다"라고 말할 정도로 우리의 경제 장래가 밝지를 않다.

지난 7월 21일 서울 여의도 국회의원회관에서 "시장경제와 사회 안전망 포럼"이라는 주제를 걸고 여야의원들이 모여 심포지엄을 열었다. 이 자리에서 대표적인 경제인들이 울부짖은 다음의 말은 많은 사람들의 공감대를 형성하기에 충분하였다.

> 한국 경제 체질이 산성화되고 있다. 노화현상이 무엇인가? 일은 안 하고 욕구만 분출하는 형태다. 연봉 7,000만 원인 고소득기관에서 파업 철회 요건으로 두 자릿수 임금인상을 할 수 있는 나라, 국민과 언론이 안 된다고 말리지 않는 나라가 우리나라다.

　　우리가 개발도상국의 대열에서 벗어난 지가 언제인데 벌써 경제 체질이 산성화되고 우리 국민이 노화현상을 보인다면 이것은 심각한 우려를 자아내게 한다. 그렇게도 왕성하던 수출이 4개월째 둔화세로 돌아서고 있으며, 치솟는 유가 상승으로 수입의 증가율이 앞을 선다면 이것은 분명히 우리 경제에 위험신호를 알리는 징조임에 틀림이 없다.

　　그러함에도 불구하고 아직도 은행 대출을 받아 사교육비를 지출하는 현상을 비롯하여 생산을 위한 투자가 멈추고 있는 이러한 경제의 움직임은 어디인가 심상치 않다. 분배를 우선으로 생각하는 노동자들의 이기적인 집단 현상은 줄지 않고 극단적인 행위들이 난무한 경제 무대는 분명히 어두운 사연이다.

　　경제부총리는 이러한 모든 악조건 가운데서도 내년에도 국내총생산(GDP) 성장률을 5% 달성하겠다고 재확인을 하고 있다. 일자리는 내년에는 50만 개를 새로 만들겠다는 화려한 청사진을 펼쳐 보인다. 그런데도 이러한 발표를 그대로 신뢰하는 국민은 적다. 소비의 긴축은 더 심해지고 경기의 흐름은 막히고 있다. 해외로 우리의 산업시설이 급격히 빠져나가고 부동산 투기의 거물들이 한국인이라는 보도가 이어진다.

앞에서 언급한 경제인이 우리의 경제가 "당장 침몰하는 난파선은 아니지만, 여기저기 구멍이 많이 나 있는 배에 비유할 수 있다"라고 한 말은 경제를 염려하는 국민이라면 귀를 기울일 필요가 있다.

17대 총선은 정치판에도 심각한 변화를 몰고 왔다.

16대 선거는 여소야대의 정당 분포를 만들어 주었다. 그러한 분포 아래서 김대중 정권은 몹시도 어려움을 겪어야 했다. 나래를 펴려고 할 때마다 야당에 의하여 발목이 붙잡힌 채 좀처럼 걸음을 떼지 못한 4년을 보냈다. 정권의 재창출은 어려우리라 생각했지만, 민주당은 이러한 염려를 딛고 일어서서 집권당으로서 존속할 수 있었다. 그러나 18대 총선을 앞둔 대통령의 핵심 세력과 그 주변 사람들은 민주당에 머물고 있으면서도 동상이몽의 길을 걷고 있었다.

대통령의 권력 기반을 위한 정당으로서의 열린우리당은 집권자의 그늘이 아무리 거대하더라도 불안한 출발임에 틀림이 없었다. 민주당의 지혜롭지 못한 분열과 반목에 의한 반사이익을 열린우리당은 얻을 수 있었다. 그러나 그것만으로는 그들의 미래를 보장받을 수 없었다. 그 출발이 분명하지 않았고 누가 보아도 대통령 경호원들의 모임 같다는 평을 받기에 족하였다.

그러나 대통령이 탄핵을 받은 사건과 거기에 대한 저항의 물결은 모든 것을 바꾸어 놓았다. 거기에 더하여 우리의 한 번 뽑은 지도자에 대한 신뢰와 충정을 중요하게 생각하는 정신문화의 흐름은 대통령을 보호해야 한다는 편에 국민적인 여론이 쏠리고 있다. 거기에 더하여 개혁의 물결을 선호하는 젊은 층의 결집력은 또 하나의 힘을 형성하고 있다. 가장 흥미 있게 지켜본 것은 인쇄물만을 의존하고 있는 세대와 온라인을 중심으로 한 IT 세대와의 대결의 결과였다. 그 결과는 두말할 것 없이 인터넷을 전유물로 여기는 세대들의 승리였다. "신문만을 붙들고 있는 세대들의 참패"라는 말을 남기는 결과를 가져왔다.

결과는 열린우리당 152, 한나라당 121, 민주당 9, 민노당 10석이라는 놀라운 집계였다. 특별히 민주당의 참패는 많은 사람들에게 놀라움과 깊은 의미를 준 바 있다. 침몰하는 정당의 모습은 정치 무상을 느낄 정도였다. 회오리바람처럼 불기 시작했던 탄핵 반대의 함성은 민주당의 본거지에서마저 거세게 작동하였고 그 결과는 무참한 실패를 맞아야 했다. 그러나 그 후에 민주당에 대한 향수가 살아나는 흥미로운 모습을 보이던 한 해였다.

대통령 탄핵이라는 역사에 없던 수모를 당한 대가는 여대야소의 구도를 갖추는 데 절대적인 몫을 하였다. 안정적인 의회의 힘을 갖춘 노무현 정권이 얼마나 경제를 추스르고 정치 질서를 갖출 것인지 모두가 주시하였다. 연말이 다 되도록 기대치에 미치지 못하는 여당의 모습에서 많은 사람은 실망하기도 하고 아직도 남은 기간이 있기에 실낱같은 희망을 버리지 않고 2004년의 창을 닫고 싶어 한다.

이라크 파병의 찬반이 내내 지속되고 있다.

국제적으로 정당화될 수 없는 이라크 침공을 도와야 하는가에 대한 논쟁은 일찍이 파병 결정이 있기 전부터 계속되었다. 그러나 미국의 도움으로 국방을 유지하고 있는 우리의 현실에서는 그들과 공조해야 하는 현실론이 앞을 서게 된다. 그러나 김선일 씨의 납치와 죽음은 파병의 반대 여론이 우세하게 되었고 반미의 감정까지 불러일으키는 문제까지 몰고 왔다.

한 젊은 생명의 공개적인 죽음까지 감수하면서 우리의 파병 의지는 확고하였다. 눈물을 머금고 그대로 우리의 우방에 함께 동조할 수밖에 없는 현실을 가슴 아파하는 젊은이들의 수가 실로 많았다.

그런데 우리가 이해할 수 없는 이와 관련된 보도가 9월 3일에 나왔다. 그것은 부시 미국 대통령이 2일 밤 뉴욕에서 열린 공화당 전당대회에서 대선후보 수락 연설을 하면서 미국을 도와 파병해 준 우방국들을 하나하나 열거하는 가운데 우리나라의 파병은 언급이 없었다는 문제이다. 파병해 준 나라의 집권자들에게 그들의 "용기와 현명한 판단에 깊이 감사한다"라고 하면서 군대를 파견한 영국, 폴란드, 이탈리아, 일본, 네덜란드, 덴마크, 엘살바도르, 호주 등 8개국을 거명했다. 그러나 미국, 영국에 이어 세 번째로 많은 군대를 이라크에 보낸 한국은 언급하지 않았다. 이것을 우연한 실수라고 넘길 수 있을지 많은 지성인은 고개를 갸우뚱거리고 있다. 고의성이 아니었다 하더라도 또다시 미국의 부시 정부에 대한 부정적인 감정을 불러일으키게 하는 촌극이 아니라 하나의 사건이었다.

국론 분열이 심화하기 시작한 한 해였다.

예년과 달리 국론이 갈리는 쟁점이 2004년을 너무 오랫동안 장식하고 있다. 작은 나라에서 국론 분열이란 자유로운 토론과 개인의 의사를 표시하는 과정으로서 당연하다는 듯 해석한다. 사실 민주주의 나라에서는 자신의 지론을 얼마든지 펼칠 수 있는 자유가 있다. 그리고 그 토론의 장이 끝났을 때 함께 손을 잡고 행진하는 데 민주주의의 매력이 있다.

그러나 최근에 현 정부에 의하여 제기된 문제들은 단순한 토론의 무대에서 끝낼 수 없는 것들이 눈앞에 펼쳐지고 있다. 단순한 의견의 토론이 아니라 때로는 자신들의 생활과 신분에 직접적인 관계를 미치는 명제들을 국민 앞에 던지고 있다. 이러한 이슈들은 크게 3가지의 문제이다.

하나는 행정수도 이전의 문제이다. 서울이라는 거대한 몸체의 주역들은 이 결정을 "양보 절대 불가"로 규정짓고 있다. 서울의 핵심 부분이 빠져 나가는 것에 대한 반발이 예상된다. 그러나 수혜지역인 충청지역과 그 인근에서는 쌍수를 들어 환영하고 있다. 건축 경기가 위축된 지금 수혜지역만이 활성화되고 있다는 사실에서 충분히 그 찬성의 이유를 짐작하게 된다. 국토의 균형적인 발전을 위한 찬성의 목소리와 통일 이후를 고려하지 않고 있다는 반대론은 역시 서로가 양보할 수 없는 찬반이 엇갈린 문제임에 틀림이 없다.

둘째는 국가보안법의 폐지 또는 개정의 문제이다. 이 문제는 이 나라의 원로들로부터 양분된 양상을 보인 바 있다. 국방에 평생을 던진 원로들을 비롯하여 이 법을 시행하면서 정권을 유지했던 원로들은 세를 규합하여 절대 반대의 목소리를 높였다. 그러나 그 법으로 갖은 학대를 받고 수감생활을 하면서 민주항쟁을 벌였던 원로들은 보안법의 폐지를 강력히 주장하고 있다. 이 찬성의 대열에 나타난 원로들의 수는 적었지만, 그들은 과거에 피해를 입었던 분들로서 너무나 당연한 주장이라는 공감대를 형성하기도 했다.

셋째는 친일반민족행위 진상규명 특별법 개정에 대한 문제이다. 여당의 많은 수를 차지하고 있는 젊은 국회의원들은 민족의 정기를 바로잡자는 데 뜻을 같이하고 무거운 칼을 손에 들고 있다. 일제의 잔인한 통치에 편승하여 영욕을 취했던 사람들을 발본색원하겠다는 이 법안은 매우 민감한 반응을 일으키고 있다. 이 법을 추진하던 여당의 수장마저 자신의 선친이 일제 권력의 비호 아래 살았던 인물이라는 주장이 나올 때 활동을 멈추어야 했다. 그러한 가운데서도 여당은 바른 전통의 확립을 위한 노력의 손길을 쉬지 않고 있는 듯하다. 그러나 이 법이 통과되는 날 사회적인 망신과 입지가 어렵게 될 사람들은 생명을 내놓고 반대의 길을 찾고 있다. 이것은 국론의 분열보다는 생과 사를 판가름하는 일처럼 보인다.

부디 2005년만은 이러한 양분된 국론을 몰고 오는 쟁점들이 모두 해결되어야 한다. 지루한 싸움에 밀려 우리의 경제가 신음하고 선결되어야 할 산적한 과제들이 그대로 정체되어 있다면 이 나라의 2004년을 이끌어 온 집권 여당과 그 주역들은 깊은 반성을 해야 한다.

2005년, IT 시대에도 인성이 목회의 장이다

흐려져 가는 경제지표와 실업자를 생각하는 목회가 필요하다.

새해에는 우리나라의 화폐에 변화를 가져온다. 10만 원권의 지폐가 등장하면서 화폐통용에 새로운 물결이 일기 시작한다. 1973년에 1만 원권이 발행된 이후 그 10배에 달하는 고액권을 우리는 사용하게 된다.

여기에 대한 찬반의 논란이 매우 흥미롭다. 찬성하는 견해에서는 1만 원권이 발행된 이후 물가가 40배가 뛰었고 경제 규모는 100배 이상 뛰었기에 당연히 지폐도 변화해야 한다는 주장이다. 정부는 고액권이 발행되면 원화의 국제적 위상이 강화되어 "원화의 국제화"가 이룩되리라고 기대한다. 그리고 일본처럼 경기부양에 많은 도움을 주리라는 예상을 하고 있다. 반면에 반대의 의견도 많았다. 고액권 발행으로 인해 발생할 과소비에 대한 우려를 비롯하여 수표 추적이 필요 없기에 거액의 뇌물거래가 더욱 편리해진다는 주장이다. 그러나 고액권 발행은 새해에는 현실화할 것으로 예상된다. 현금을 거래하는 현장에서는 반기는 견해다. 그 이유는 10만 원권 자기앞수표의 발행비용과 위조수표에 대한 부작용이 사라지기 때문이다.

국민의 처지에서는 고액권 발행이 경기부양에 도움이 될 수 있다면 굳이 반대할 이유가 없다는 견해다. 그러나 현 사회는 고액의 지폐 발행 문제보다는 일자리 창출이 더 시급하다. 실직자가 득실대는 광장에 고액권의 등장은 오히려 위화감만을 더 심화시키는 결과를 가져올 것이다.

새해에는 경제지표가 점점 더 기울어져 감을 모두가 피부로 느끼게 될 것이다. 이러한 경제의 침체는 목회 현장에도 직접적인 영향을 끼치게 된다. 과거 IMF 때 교회가 겪었던 경험을 되새겨볼 때 이 사회의 경제의 기상도가 교회에도 얼마나 중요한 의미를 주고 있는지를 잘 알게 된다.

특별히 목회 현장에서 목회자의 가슴을 아프게 하는 것은 교인들이 실직하고 힘없이 나타나 예배를 드리고 있는 모습이다. 교인들의 직장이 순조롭고 사업이 발전한다는 소식을 접할 때 목회자는 가슴 뿌듯하다. 그리고 더 잘되기를 바라는 마음으로 기도한다. 그러나 일자리가 없어지고 사업이 기울거나 문을 닫았을 때는 자신이 받은 상처처럼 목사는 괴로워한다. 목회자는 단순한 영혼의 양식을 먹일 뿐 교인들의 육적인 삶의 터전에는 무관해도 된다는 목회 철학은 이제는 변화를 가져와야 한다. 내 자식의 직장을 염려하고 알선하는 아버지의 기본 마음도 이제는 목회자가 갖출 필요가 있다. 그들의 사업을 위하여 함께 염려하고 기도하는 어버이의 심정이 목회자에게 더 필요한 새해다. 그러나 여기서 기복신앙의 활용이나 강조는 매우 위험함을 다시 강조하고 싶다. 오직 땀 흘려 최선을 다하고 하나님께 감사하는 건전한 신앙을 심는 목회자의 노력이 어려운 경제 형편에서 필요할 뿐이다.

IT 시대에 교회의 인성교육이 시급하다.

우리의 사회에 최대한 빠른 속도와 영향력을 우리의 어린이들과 청소년들에게 끼치고 있는 것은 인터넷 문화의 확산이다. 말도 못 하고 글자도 모르는 어린아이가 컴퓨터를 켜고 자판을 마음대로 두드리면서 자신이 즐기고 있는 프로그램을 찾는 모습은 이제 예사로운 일이 되었다. 나이 든 어른보다 더 자연스럽게 인터넷 바다를 마음껏 항해하는 어린이들을 얼마든지 보게 된다.

이러한 현상은 IT 시대에 태어난 세대들이 가진 자연스러운 모습이며, 정보의 바다를 일찍부터 드나드는 것이 좋은 학습의 지름길이라고 평가할 수 있다. 그러한 생각을 하는 부모들은 그것을 교육의 최상의 도구라 여긴다. 그러한 사고도 일리가 있다. 실질적으로 나이가 들어 첨단의 기기를 만지지도 못할 뿐만 아니라 그 세계에 대한 가치나 효율성을 경험해 보지 못한 세대들보다는 훨씬 나은 일임에 틀림이 없다. 인쇄물에만 의존하려는 세대를 능가할 수 있는 어린 세대들의 잠재력 향상과 풍부한 지식과 정보의 공유라는 것은 매우 고무적인 것임에 틀림없다.

그러나 여기 IT 시대의 주역들로 성장하는 세대들에게 가장 시급한 문제점이 있다. 그것은 무엇보다도 "고립된 실존"으로의 전락이다. 이들은 세계의 오대양 육대주를 드나들고 대륙에 사는 동년배들과 인터넷으로 정보를 교환하는 데 시간이 아깝지 않다. 그러나 옆집에 사는 친구와는 함께 놀이하면서 뛰놀 수 있는 기본적인 출발은 엄두도 내지 않는다. 또 그러한 필요성마저 느끼지 못하고 인터넷 세계에서 만족을 누린다.

이러한 삶의 시작과 지속은 한 생명이 고립된 인격체로 형성되고 공동체를 경험하지 못한 홀로의 무대만을 찾는 기형적인 성격의 형성을 가져온다. 컴퓨터 앞에서 게임에 몰입되는 동안 어머니를 비롯한 누구와의 대화나 사랑의 교류도 불필요하게 된다. 여기서부터 인성교육의 상실이 심각하게 발생하게 된다.

여기서 우리의 교회는 새로운 과제를 발견한다. 하나님의 형상대로 지음을 받은 인간들이 지켜야 할 본래의 속성이 망가지고 있는 현실을 그대로 방관할 수 없다는 사실이다. 변화된 이 시대에 우리의 교회는 그리스도 안에 사는 신앙만을 심는 교육이 아니라 인간이 인간 되게 하는 인성교육을 맡아야 할 시점에 와 있다. 이것은 소수의 전문인에게 맡길 일이 아니다. 교회 전체가 깊은 관심을 가지고 시급히 착수해야 할 과제이다.

우리의 교회는 바르지 못한 삶의 길에서 방황하는 사람들을 찾아 그리스도이신 예수님을 영접하고 상실한 인간 본래의 자리를 찾게 하는 데 우선적인 사명이 있다. 이러한 사명은 너무나 당연하기에 그동안 우리의 교회는 특별한 관심을 기울이지 않았다. 그러나 시대는 급하게 변하고 있다. 오늘의 새로운 것이 하룻밤만 지나면 뒤따라 등장하는 것에 의하여 밀리는 현실이다. 이러한 시대적 환경은 우리의 교회가 이제는 정신을 새롭게 가다듬고 대처해야 할 중요한 사역들이 무엇인지를 알려주고 있다. 교회마다 바른 인간을 배출하여 하나님의 나라를 확장하고 그 의를 실현하는 이 소중한 임무가 2005년의 최우선적인 과제임을 생각해 볼 필요가 있다.

나도 육로로 금강산과 개성을 드나들 수 있을까?

이 질문에 대한 대답은 매우 긍정적이다. 중국으로 몰려갔던 산업시설들이 이제는 우리의 개성 땅에 공장을 세우는 망치 소리로 돌아오고 있다. 우리와 직접적인 관계를 맺고 있는 강대국들의 교묘한 방해 속에서도 우리의 희망은 서서히 현실화하여 가고 있다.

우리의 산업시설이 북녘땅에 세워지고 그곳에서 북한의 우리 민족이 일하게 되어 빈곤의 늪을 벗어난다는 것은 매우 귀한 의미가 있다. 다만 그들이 가난을 벗어날 수 있다는 단순 논리에서 그 의미를 찾는 것이 아니다. 여기에는 많은 의미가 있다. 무엇보다도 남과 북이 가까워진다는 큰 의미가 있다.

거기에 우리의 교회가 복음의 씨앗을 보이지 않게 뿌릴 좋은 기회라는 데 흥분을 감추지 못한다. 그러나 그곳에 출입하게 될 북한의 노동자들은 북한의 정치체제와 무신론 사상으로 철저히 무장된 사람들로 선별될 것이라는 예상을 먼저 해야 한다. 그러함에도 불구하고 우리의 복음이 역사적으로 어떤 역경이라도 뚫고 들어갔다는 선교의 기록은 우리를 더욱 고무시키고 있다.

흔히들 내 차를 타고 금강산과 개성공단을 드나들면서 관광의 기회로 삼으려는 생각을 가진다. 그러나 우리의 교회는 새로운 선교의 무대로 생각하고 조심스러운 전략과 실천을 시도해 볼 만하다. 하나님이 막혔던 문을 열어 주셨다고 믿을 때 거기는 우리의 할 일이 가득하리라 예상한다. 2005년에 우리의 교회에 주어진 또 하나의 과제다.

교회의 고령화 시대가 현실화하였다.

경제협력개발기구(OECD)에서는 우리의 훗날을 진단하는 데 반갑지 않은 보고를 내놓았다. 그것은 한국이 20년 후가 되면 고령화 사회로 변하게 되는데 그 비율이 세계 최고가 될 것이라는 보고이다. 그들이 발간하는 보고서에 나온 한 연구원의 보고에 의하면 55세 이상 고령 근로자 비율은 지난 2000년에 16.1%이던 것이 2025년에는 28.6%로 수직적인 상승을 할 것으로 예상한다. 이것은 세계의 어느 나라보다 앞선 지표로서 우리의 사회를 염려하게 만들고 있다. 이러한 현상은 2000년부터 오는 2025년까지 우리나라의 인구는 11.2% 늘어나는 반면, 노동 인구의 비율은 7.2%가 줄어 경제의 성장에 대단한 영향을 끼치게 된다는 결론이다.

노령화의 문제는 어느 단체나 사회보다 교회가 가장 일찍이 직면했던 아픔이었다. 국가의 종교를 그리스도교로 정할 정도로 왕성했던 선진국의 교회들이 사라지게 되고, 또 지금 시들고 있는 이유 중의 가장 큰 것은 교회의 노령화 문제이다. 교회를 이어서 지탱해 줄 차세대를 상실했을 때 이러한 슬픈 종착역에 도달하게 된다. 여기서 우리는 두 가지 과제를 안게 된다. 하나는 교회의 주종을 이루고 있는 노령의 교인들이 즐겁고 편안한 교회 생활을 여생에 어떻게 지속할 것인가에 대한 목회전략이다. 노인복지라는 차원이 아니라 젊은 시절 우리의 교회를 키우기 위하여 헌신했던 그들의 노고를 위로하고 여생을 건강한 육체와 신앙 속에 머물게 할 목회적 차원의 관심과 실천이 시급하다. 둘째는 그들의 자리를 이어나갈 젊은 세대들을 찾는 작업이다. 젊은 세대를 찾아 교회에 정착시키는 작업은 새해에 집중적으로 개발해야 할 목회의 최우선 과제이다. 우선은 시급하게 보이지 않는다고 생각하고 지내다 보면 곧 자신이 섬기는 교회에 위기가 도래함을 느끼게 될 것이다. 고령화된 우리의 교회를 젊게 만드는 것은 2005년의 목회에 주어진 중요한 임무이다.

2005년 목회에 유의해야 할 가장 소중한 장목에 귀를 기울이자.

2005년은 우리의 교회가 어쩔 수 없이 맞이하게 되는 위기의 출발이 시작된다. 그것은 주5일 근무라는 무서운 함정이 합법적으로 시작하기 때문이다. 이미 자가용 시대는 넘었다. 금강산과 개성을 비롯한 가고 싶은 곳들이 이제 문을 열고 주말에 수많은 사람을 유혹하고 있다. 미국 교회가 급격히 주저앉게 된 원인 중의 하나가 바로 70년 초에 도래한 마이카와 주5일 근무제였다는 사실을 아는 사람들에게는 불안과 초조가 밀려온다. 여가 혁명(Leisure Revolution)으로 인해 예배인구가 급감하였기 때문이다.

이제는 한국교회가 오수의 침상을 거두어야 한다. 설교 하나로 붙잡고 있던 회중을 새로운 차원의 예배에 머물도록 해야 한다. 여론조사의 결과에 나타난 대로 제의적 예전으로 가득한 교회로 이동하는 발길을 막을 수 있는 예배가 우리의 개신교에도 있어야 한다. 집회 일변도의 예배 분위기에서 벗어나 하나님과의 진지한 만남을 이룰 수 있도록 해야 한다.

그렇다고 해서 지금껏 지켜온 집회의 전통을 그만두어야 한다는 주장이 아니다. 집회를 부정적으로 보는 시각도 아니다. 여기에서 강조하는 것은 집회는 집회대로 이어가고 예배는 예배답게 이어가야 한다는 주장이다. 그동안 자신의 교회에서 집회만 이어졌다면 예배를 시도해야 하고, 예배만 고집되었다면 집회의 문을 열어야 한다는 뜻이다. 이러한 시도는 한국교회만이 실현할 수 있다는 점에서 용기를 갖게 한다. 갤럽 여론조사에서 나타난 다음의 도표는 집회만 있는 한국의 개신교가 얼마나 무력하고 우리 국민의 저변에 정착되지 못하고 있는지를 발견하게 된다.

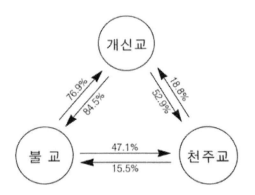

2006년도 회고와 전망

2005년, 활기를 잃은 한 해였다

통일을 향한 염원과 그 변화

광복의 감격이 올해로 60년을 맞는다. 60년 전에 맞이한 우리의 광복은 이 민족의 지도자들이 생명까지 내놓은 희생을 발판으로 이루어졌음이 분명하다. 그러나 우리는 우리의 군사력으로 일제의 마수를 물리친 것이 아니라 하나님이 우리에게 주신 은총으로 광복의 역사의 주인공이 된 것이다. 올 한 해는 그날의 감격을 되새기면서 60주년 기념행사들이 여기저기에서 이어졌다. 그러나 경축 행사에 발을 들여놓기 전 다음의 세 가지 주제를 생각해 볼 필요가 있다.

먼저는 우리 조국의 광복은 일제의 통치를 벗어났다는 사실과 함께 조국의 분단이 60년에 이른다는 의미를 내포하고 있다. 우리는 세계에서 유일한 분단국가로서 아직도 서로에게 대결의 총부리를 겨누고 있다. 강대국들에 의해 분단된 우리의 강토는 한 겨레로서의 모습을 상실해 가면서 60년의 세월을 보내고 있다. 그래서 온 국민은 지금도 민족의 분단이라는 상처가 조속히 치유되기를 염원하고 있다.

성급한 우리의 속성과는 달리 무척이나 더디지만 그래도 서서히 조금씩이라도 문이 열리고 대화가 열리는 모습을 보면서 갈증을 해소하고 있다. 금강산의 육로관광과 북을 향한 철마가 질주하는 소리를 들을 수 있는 것만으로도 폭죽을 터뜨리고 싶은 심정이다. 800만 평의 개성공단과 200만 평의 배후 공단을 오가는 것만으로도 감사하고 싶다. 중국으로 터전을 옮기는 수많은 우리의 기업들이 북한 땅으로 옮겨가 남북이 서로 유익한 결과를 이룩할 수 있게 된 것은 통일을 향한 걸음을 이미 내디뎠다는 증거이기도 하다. 비록 아직은 미완성의 6자 회담이지만 북에서 핵 폐기가 이루어지고, 그 문이 세계에 열려 국제적으로 인정받고 오늘의 어려운 경제를 해결해 간다면 우리는 동반자의 대열에 함께하면서 통일의 노래를 함께 부르기 위한 본격적인 준비를 할 수 있으리라 믿어본다.

두 번째는 그동안 우리의 인구 증가율과 수명의 변화를 본다. 1960년을 기준으로 하여 발표된 통계청의 발표는 매우 흥미롭다. 먼저, 인구 성장률을 보면 1960년에는 3.01%였고 1980년에는 1.57%였다가 2003년에는 0.57%로 줄어드는 현상을 보인다. 이 조사에서 젊은 세대들이 자녀를 많이 갖고 싶어 하는 종족의 번식욕보다 자녀로 인한 해산의 고통과 양육의 부담에 더 큰 비중을 두고 있음을 보게 된다.

한국인의 수명에 관한 기록이다. 1960년에 한국인의 수명은 52.4세였고 1981년은 66.2세였는데 2002년에는 77.0세라고 한다. 이 통계는 이제 우리 국민이 선진국들처럼 지극히 안전지대를 형성하고 있다는 뜻이다. 전쟁과 재해와 기아와 질병의 세계를 벗어난 증거이기도 하다. 그러나 이러한 통계는 노인층의 증가라는 사회적 문제를 유발하게 된다고 할 때 수명을 연장받은 노인층은 또 하나의 부담을 안게 된다.

자연의 이변에 비상한 관심을 기울이게 하였다.

2005년의 아침은 출발부터 온 세계가 어두운 소식으로 가득 차 있었다. 2004년 12월 26일 지진에 따른 쓰나미가 인도양 해안을 강타한 뒤 23만 2천 명이 숨지거나 실종된 자연의 이변은 온 인류를 놀라게 하였다. 이러한 자연의 재앙을 보면서 많은 사람은 마음 아파하면서도 남아시아가 미개발의 땅이기에 그러한 결과를 초래한 것으로 생각하고 벌써 망각의 세계로 묻어버리려고 한다.

그러나 전 세계인을 다시 놀라게 한 자연의 재앙은 또다시 지구의 한복판에서 지난 8월 28일에 발생하였다. 50년 만의 최대 강풍을 동반한 허리케인 카트리나가 재즈의 발상지로 유명한 미국 뉴올리언스시의 80%를 침수시킨 대이변이었다. 300억 달러 이상의 막대한 재산 피해와 수천 명에 이르는 인명 피해를 가져온 거대한 재앙이었다.

그뿐만 아니라 파키스탄 동북부 인도 국경 인근에서는 수백 년간에 가장 강력했던 지진으로 알려진 리히터 규모 7.8의 강진이 발생하였다. 이 지진으로 수만의 사상자가 발생하여 세계인들이 자연재해에 무참히 죽어간 생명을 보면서 불가항력적인 자연의 이변에 공포심을 갖게 한다.

이러한 자연의 재앙에 두려움을 안고 있는 지금 천문학자들의 연구발표는 지구의 장래를 더욱 어둡게 하고 있다. 그들의 발표는 지구와 혜성이 충돌하는 상황이 일어나면 지구상 국가 1~2개 정도가 흔적도 없이 사라지고 바다에서는 쓰나미(지진해일)가 일어 막대한 피해가 발생할 것으로 우려하고 있다. 그 시기를 30년 내로 보면서 천문학자들은 혜성이나 소행성과 지구의 충돌을 막기 위하여 소행성의 궤도를 변경하는 연구에 몰입하고 있다고 한다.

세계인들은 문명의 발달 여부와 관계없이 자연의 재앙은 인류의 뜻대로 조정하거나 방어할 수 없는 위력을 가지고 있다는 점을 실감하기에 이르렀다. 그리고 뜻이 있는 그리스도인들은 창조주 하나님을 새롭게 인식하고 인류의 종말에 대한 깊은 관심을 기울이면서 주님 다시 오실 그날에 대한 신앙적인 각성을 새롭게 하기도 하였다.

우리의 정치는 '방향타를 잃은 배'로 비유되었다.

젊은이들과 개혁 세력의 환호 속에 정권을 잡은 참여정부는 이제 집권 후반기에 들어서는 시점에 와 있다. 집권 초 50%에 달했던 지지도가 25%로 하락하면서 개혁의 의지와 진취적인 기상은 보이지 않는다. 대통령은 집권 초부터 이상한 발언을 하여 탄핵을 받은 바 있고, 지금도 집권 의지를 상실한 발언으로 국민의 지지기반을 흔들리게 하고 있다.

바로 이 시점에서 세계적 정치 컨설팅회사로부터 우리를 부끄럽게 하는 보고서가 나왔다. 이 보고서는 집권을 목표로 하는 어느 야당에 의한 것이 아닌 유라시아 그룹에 의한 것이다. 이들은 1988년 미국, 유럽, 아시아에서 550명의 전문가를 동원해 각국의 정치적 현황을 분석하는 기관이다.

이 보고서에 의하면 현 정권이 위험수위에 가까운 지지도를 받게 된 이유는 먼저, 대통령이 내세운 부패 척결 정책이 측근들의 비리에 따라 퇴색되었기 때문이다. 둘째는 대통령이 국민의 관심을 끌지 못하는 대연정 제안과 같은 정책의 방향과 이상하고 엉뚱한 대통령의 발언을 통하여 그의 정치적 신중성에 모자람이 나타나는가 하면 정치적 미숙함까지 보였기 때문이라고 한다. 셋째는 대통령이 자신의 직속 기관으로 23개의 위원회를 만들어 부처 간의 갈등과 혼란이 가중되었고, 이것은 나아가 정치적 안정과 정부의 효율성이 후퇴되었다고 이 보고서는 지적하고 있다.

그러나 우리 국민은 용서와 망각과 용납이 가득한 백성이다. 집권 후반기 동안 얼마든지 새로운 무대를 세우고 대통령을 비롯한 현 정부의 주체들이 새로운 연출을 할 수 있는 시간이 있다. 지난여름 일본 정치가들이 독도에 대한 망언을 터뜨려 전 국민의 분노가 치솟던 때 노 대통령의 단호한 태도는 "아- 대한민국"을 외치는 청소년을 비롯하여 국토의 수호를 위하여 피 흘린 세대의 공감대와 지지를 충분히 받은 바 있다. 그와 같은 자신력과 지도력이 발휘되는 집권 후반이 이어져야 이 나라의 국민은 내일에 새로운 지평을 쳐다볼 수 있다.

경제는 긴 터널을 거의 통과하는 고통이었다.

"지금 우리는 IMF 때보다 더 어려운 지점에서 시달리고 있다"라는 말을 이곳저곳에서 들을 수 있었다. 아직도 거센 노조의 붉은 머리띠는 그 빛이 여전하였던 한 해였다. 특별히 1억이 넘는 연봉에 불만을 가진 하늘을 나는 비행사들이 펼쳤던 파업은 절대다수의 국민에게 공감대를 형성하지 못한 채 막대한 피해만 안겨주고 막을 내렸다. 나라의 경제가 어려울 때 함께 허리띠를 졸라맬 생각은 염두에 두지 않고 자신의 이익만을 챙기는 지극히 이기주의적인 모습이었다. 자신에게 맡겨진 수백 명의 안전을 위하여 정확히 듣고 비행기의 이착륙을 해야 할 그들에게 최소한의 영어 공부를 요구하는 항공사의 요구도 거부하는 실로 부끄러운 파업의 현장이었다.

거기에 더하여 불로소득의 표본인 부동산 투기는 국민의 경제 질서를 혼돈에 빠지게 하는 또 하나의 주범이었다. 상대적 빈곤에 쌓여 허탈한 감정을 감출 수 없어 낙심과 비관의 밥그릇을 들어야 했던 국민이 실로 많았다. 다행스럽게 정부의 8·31 부동산 정책의 발표로 멈춤의 자세를 취하고 있으나 이 정책의 효과가 있을지는 아직 미지수다.

지난 한 해 동안 경제인들은 혼돈의 세계 속에서도 흔들림 없이 땀을 흘리면서 경기 불황이라는 내수의 어려운 여건을 뚫고 수출 집약에 노력하여 얻은 수확이 실로 컸다. 수출의 호조가 오늘의 한국 경제를 지탱하는 큰 힘이 되었다.

국가경쟁력 29위에서 17위로

모처럼 듣게 되는 반가운 소식이었다. 스위스 제네바에 있는 비영리 연구기관인 세계경제포럼(WEF)은 2005년 국가경쟁력 평가보고서에서 한국이 117개 조사대상국 가운데 17위를 기록했다고 발표하였다. 이 보고서에 의하면 조사대상국 가운데 우리나라 순위가 12단계를 뛰어넘어 가장 많은 진보를 보였다고 한다. 이렇게 높은 점수를 받게 된 이유는 IT 기술 수준, 금리, 저축률, 물가 등 거시경제 환경 분야에서 후한 평가를 받았기 때문이라고 한다. 특별히 북핵 문제를 놓고 실랑이를 벌여오던 6자 회담의 결과도 크게 보탬이 되었으리라는 분석이다.

그런데 이 기관의 책임연구원이 우리의 1인당 국민소득을 고려할 때 더 높은 점수를 받을 수 있었는데 각종 규제가 많아 아쉽게도 이 순위에 머물게 되었다는 주를 달았다. 아시아에서는 대만이 작년의 4위에 이어 올해의 5위, 싱가포르가 6위, 일본이 12위를 함으로 경쟁력이 높은 나라들로 꼽히고 있다.

이 보고서는 우리가 안고 있는 고질적인 병폐인 조세 행정의 불법 자금 만연, 조직범죄가 초래하는 기업 비용, 수출입행정의 불투명, 노사관계 협력의 미흡 등을 지적했다. 그리고 행정서비스 수준을 나타내는 지수는 지난해보다 한 단계 떨어진 42위에 머물고 있다. 이러한 지적은 내일을 위하여 오늘로 끝을 맺어야 할 항목들이라 본다. 이 보고서를 접한 사람들마다 우리가 조금만 잘하면 국가경쟁력이 상위에 진입할 가능성이 충분함을 보면서 아쉬워하고 있다. 특별히 우리의 교회가 올곧은 삶의 세계를 향하여 앞장을 선다면 우리의 장래는 밝다는 말들을 많이 하고 있다.

자살이 유행병처럼 번져간다.

우리의 문화는 생명의 존엄성을 무엇보다 많이 강조하면서 오늘을 지탱해 오고 있다. 어떤 전쟁이나 질병의 위험 속에서도 모질고 질기게 우리는 서로가 생명을 소중히 여기면서 살아왔다. 그런데 한국의 자살률이 경제협력개발기구(OECD)에 가입된 나라 가운데 가장 높다는 통계청의 발표이다. 참으로 놀라운 일이다. 몇 년 전에는 세계에서 이혼율이 가장 앞선 나라 중의 하나라는 발표를 보고 놀랐는데 이제 자살률이 세계의 으뜸이라고 하니 예사로 보고 넘길 수 없는 심각한 우리의 문제이다.

통계에 의하면 10년 전인 1994년에는 10만 명당 10.5명이었던 자살인구가 2003년에는 24.2명으로 배가 늘어났다고 한다. 우리 사회에서 최근 들어 급격하게 생명의 존엄성에 대한 평가가 달라지고 있다. 자살을 부추기고 돕는 사이트가 있는가 하면, 방종과 탈선의 세계에서 내일에 대한 희망을 상실하게 하는 현상들이 곳곳에서 발생하고 있다. 내일에 대한 설계보다 오늘을 만끽하고 그것을 전부로 여기는 풍조가 세차게 우리의 사회를 덮고 있다.

미소를 안겨준 일들

스포츠는 나라의 발전과 언제나 균형을 함께한다. 나라가 후진적인 요소로 가득할 때는 스포츠도 언제나 그 뒤에 서야 했다. 손기정 마라토너와 같은 스포츠는 예외일 수 있으나 축구나 골프 같은 경우는 나라의 건아들을 충분히 먹이고 뛸 수 있도록 하는 여건이 필요하다. 그럴 뿐만 아니라 아직도 대중화되지 못한 골프와 같은 스포츠는 특별한 배려와 후원이 없이는 세계의 무대에 나서기 힘든 항목들이다.

그럼에도 불구하고 우리의 건아들이 축구와 야구 등에서 세계인들 앞에 나타나 좋은 기록을 보여줄 때마다 국민들은 무척이나 행복해하였다. 특별히 한국의 딸들이 여자 골프 세계대회를 휩쓸고 있는 모습들은 대견스러움을 넘어 자랑거리로 등장한 한 해였다.

이 모두는 우리 민족의 우수성을 나타내는 대표적인 실례라고 보아도 무리가 아니다. 우수한 두뇌와 체력 기술을 가지고 국제무대에서 승전보를 보내올 때마다 우리 모두 "아 ~ 대한민국"을 외치고 싶고 더욱 힘찬 발길을 내디디고 싶어진다. 2005년의 스포츠의 기록보다 2006년이 더욱 왕성하기를 바라는 것은 너무나 당연한 기대이다. 특별히 2006년 독일에서 있게 될 월드컵 축구 경기에 우리의 기록이 또 한 번 세계를 놀라게 할 수 있기를 온 국민이 바라고 있다.

그 외에 IT 산업의 꾸준한 연구와 발전은 우리나라를 세계의 IT 강국으로 세우는 데에 확고한 공을 세웠을 뿐만 아니라 우리의 경제에 크게 이바지하였다. 이들의 노고는 우리 국민이 세계의 어느 구석을 가더라도 IT 강국의 국민으로서 긍지를 갖게 해 주었다. 반도체 산업의 연구실이 세계 최초의 작품들을 만들어 발표할 때마다 젊은이들은 더욱 희망을 안고 학교로, 연구실로 발길을 옮긴다. 21세기의 최고봉을 향하여 질주하고 있는 우리의 젊은이들이 IT 강국의 기록을 계속 보유할 수 있다면 하는 기대를 2005년을 넘기면서도 계속하고 있다.

2005년에 나타난 어느 교수의 복제 개 '스너피'

2004년 황우석 교수의 배아줄기세포 복제 성공은 국내뿐만 아니라 세계적인 관심을 끌었다. 얼마 전에는 모두 11명의 환자로부터 피부세포를 떼어내어 "척추 신경마비, 당뇨병, 면역결핍 등 환자의 세포에서 11개의 줄기세포를 만드는 데 성공했다"라고 밝혔다. 최근에는 DNA 구조가 사람처럼 복잡한 영장류라서 복제가 가장 어렵다는 개를 복제하여 '스너피'라고 명명하고 세상에 보여줌으로 세계를 놀라게 하였다.

의료기술과 생명과학기술이 첨단을 달리고 있는 미국을 물리치고 우리나라가 개 복제에 성공했다고 환호성을 질렀다. 과기부 장관은 그의 줄기세포 복제 성공을 "노벨과학상에 근접한 세계적인 업적이다"라고 높이 평가하고 있다. 여기에 더하여 생명공학계의 세계적인 거두들의 한국 방문이 잦아지고 있다. 또한 복제 양 돌리를 탄생시킨 영국 에든버러 대학 윌멋 박사도 "개 복제는 동물 복제 연구에서 최고의 정점을 찍은 큰 사건"이라고 평했을 정도다. 누가 뭐라 해도 이제 우리나라가 배아줄기세포 복제에 이어 동물 복제에서도 세계 선두권에 올라선 것은 사실이다.

그러나 미국에서는 일찍부터 인간 배아 복제에 반대하며 지원하지 않고 있다. 이유는 인간 배아 복제란 인간을 복제한다는 뜻이 담겨 있고 이것은 곧 "생명의 법칙을 깨는 행위"이기 때문이라고 한다. 혹자는 인간이 복제 된다면 전쟁에서 쓰이게 될 수 있다는 끔찍한 전망을 하는 사람들이 있다. 그래서 많은 나라가 이러한 연구를 금할 뿐만 아니라 로마 가톨릭을 비롯하여 그리스도교에서도 반대의 목소리가 높다.

이러한 평가와 전망을 듣노라면 우리는 이 연구의 결과에 과연 박수를 보내면서 기뻐할 것인지에 대한 의문을 제기하지 않을 수 없다. 어려운 동물 복제가 이룩된 지금 인간의 복제를 과연 시도하고 있지는 않은지 의아심을 품기도 한다.

여기서 우리는 알프레드 노벨(Alfred Bernhard Nobel)을 다시 생각해 본다. 그가 1867년 다이너마이트를 발명하여 그것이 공업용으로 쓰일 때는 인류에게 많은 편익을 주기도 했다. 그러나 그 무서운 폭발력이 전쟁 등에 부정적으로 사용되었을 때 그가 몹시 괴로워하다 못해 그 발명으로 축적된 부를 사회에 환원하면서 참회를 했다는 사실을 상기해 볼 필요가 있다.

2006년, 자살의 아픔에 공감하며 복지에 힘써 교회를 회복하자

교인을 피곤하게 하는 목회, 과연 현명한가?

새로운 시대에 새로운 목회를 시도하고 싶어 하는 것은 결코 무리가 아니다. 수십 년 동안 변화가 없는 목회의 장을 이어받은 목회자들이 신선한 목회의 바람을 일으키고자 하는 의도를 부정적으로 평가할 필요는 없다. 개혁교회가 개혁을 지속해서 추구하는 것은 출발부터 안고 있는 속성이기도 하다.

그러나 그 개혁이 기존의 모든 것을 부정해 버리는 결과를 가져올 때는 걷잡을 수 없는 혼돈이 따른다. 선임자들이 일구어 온 목회의 형태를 외면하고 자신의 새로운 것만을 내세울 때는 많은 문제가 유발된다. 자신이 개척하여 처음부터 일구어진 목회의 장이라면 문제는 예외이다. 그러나 자신의 목회 현장이 기존 교회라면 변화의 둥지는 조심스럽게 트는 것이 지혜로운 일이다. 성급하게 시도한 변화가 혼돈을 가져오고, 그 혼돈이 교회의 성장보다는 분열의 아픔을 가져온 교회가 최근 들어 늘어나고 있다.

최근에 이르러 어떤 목회자들은 새로운 목회 방법들을 무분별하게 도입하면서 대단한 의욕을 부리고 있다. 평화롭게 성장하고 있는 교회로 만족하지 못하고 자신의 목회 구상을 펼치면서 성급한 성장을 해 보겠다는 의욕들이 도를 넘고 있다. 순종이 미덕이라고 교육을 받은 교인들은 처음에는 잘 따라오는 것처럼 보이지만 서서히 그 교회를 떠나는 사례가 많다. 그들이 교회를 떠날 때 남긴 말들은 거의 같다.

"목회자가 시키는 훈련을 따르기에는 너무 무겁고 고단하다."

"가정이 있어야 교회가 있는데 목회자의 요구대로 한다면 내 가정은 포기해야 할 정도다."

"고단한 일터에서 돌아온 남편을 섬기고 위로하며 입시 준비에 시달린 자식을 보살펴야 하는 아내와 어머니의 기본 사명을 왜 교회는 인정하지 않는가?"

"내가 이렇게 고단하게 신앙생활을 해야 하는지 재고해 봐야 하겠다."

목회자가 한 번쯤 음미해 볼 필요가 있는 불평들이다. 생각해 보면 세계의 어느 나라 교회가 우리처럼 주일 낮과 밤의 예배, 수요기도회, 철야기도회, 구역기도회 그리고 매일의 새벽기도회에 빠짐없이 참석하라는 요구를 하고 있는지 생각해 볼 필요가 있다. 특별히 가정의 이혼율이 선두를 달리고 있는 우리의 현실을 생각해야 한다. 여성 교인들이 주종을 이루고 있는 한국교회는 그들이 속해 있는 가정의 평화를 도와주어야 한다. 목회자는 교인들의 가정이 즐겁게 그리고 가벼운 마음으로 하나님을 예배하는 공동체가 되도록 하는 데 깊은 생각을 할 필요가 있다.

최근에 대형교회로 교인들이 수평 이동을 하면서 남긴 다음의 말에도 귀를 기울이면서 새해 목회의 장을 설계해야 할 것이다.

"부담 없이 예배만 드리고 싶다."

"장로, 권사, 집사가 안 되어도 좋다. 자유롭게 우리 가족이 함께 손잡고 나아가 조용히 예배만 드리고 싶다."

공개된 나의 설교를 내가 먼저 클리닉해야 한다.

"빨라집니다. 빛의 속도로 빨라집니다. 대한민국 초고속 인터넷이 빨라집니다. 빛의 속도로 움직이는 대한민국!"

이 문장은 새로운 인터넷 서비스를 광고하는 어느 회사의 표어이다. 우리나라는 IT의 최강국 위치에 서 있다. 그중에서도 인터넷 보급률이 가장 활발한 나라이다. 이제는 교회마다 모두 홈페이지를 가지고 있다. 거기에는 어김없이 목사의 얼굴이 먼저 보이고 동영상으로 볼 수 있는 설교가 뜬다. 예배 시간에 단 한 번밖에 들을 수 없었던 설교를 이제는 몇 번이고 반복하여 들을 수 있다. 좋은 의미에서는 '우리 목사님'의 그 좋은 설교를 마음껏 들을 수 있어서 교인들이 좋아할 수 있다. 그리고 설교자는 자신의 설교를 반복하여 들으므로 더욱더 정확하게 메시지가 전달될 수 있다는 것에 만족할 수 있다. 이것은 한국교회가 누릴 수 있는 하나의 특권임에 틀림이 없다.

그러나 다른 측면에서 생각해 볼 때 이러한 시스템의 개발과 사용은 설교자에게는 대단히 큰 부담을 안겨주고 있다. 그 이유는 교인들이 자신이 속해 있는 교회의 홈페이지만 접속하는 것이 아니기 때문이다. 이들은 필요할 때면 언제나 다른 교회의 홈페이지를 드나들면서 많은 설교를 듣고 있다. 그리고 비교를 서슴지 않고 있다. 아무도 이러한 현상을 규제하거나 막을 길이 없다. 다시 말하면 한국교회 설교인은 자신의 설교가 이제는 세상에 노출되어 비교를 당하고 있는 세상의 한복판에서 설교 사역을 감당하고 있음을 마음에 두어야 한다. 이러한 상황에서는 다음 몇 가지의 과제가 따른다.

먼저, 이제는 남의 설교집에서 설교를 퍼올 수 없다.

그동안 부담 없이 남의 설교를 그대로 가져와서 설교하다가 어려움을 당한 설교자들이 허다하였다. 이러한 일들이 가능했던 것은 자신의 설교가 흔적을 남기지 않았기 때문이다. 그러나 이제는 자신의 설교가 정확한 기록으로 공개되는 시점이기에 '설교의 복사'는 이제 완전히 포기해야 할 주제가 되었다.

둘째, 비성실한 설교는 외면을 당한다.

설교의 성실성은 목사의 최우선적인 과제이다. 자신의 경험담이나 구수한 예화로 설교 시간을 채우는 일들은 이제는 빛을 발하지 못한다. 들으면 들을수록 달고 오묘한 진리가 솟구치고 새로운 메시지가 전달되는 설교를 내놓아야 한다. 수많은 교인이 설교자의 말이 아니라 하나님의 말씀을 설교에서 찾고 있음을 명심해야 한다. 그러하기에 '성언운반일념'(聖言運搬一念)이 설교 사역의 기본정신이 되어야 한다.

셋째, 설교자는 자신의 설교를 의무적으로 보면서 재점검하고 문제점의 발견을 서둘러야 한다.

건강의 비결은 건강할 때 늘 점검해야 한다는 말이 있다. 설교자가 자신의 설교에 대한 겸허한 자세가 없이 만족감에 젖을 때 그 설교는 이미 쇠퇴의 길을 걷게 된다. 교회 홈페이지에 공개된 설교를 자신이 맨 먼저 보면서 설교의 내용이 과연 하나님의 말씀을 운반하고 있는지를 점검해야 한다. 그리고 메시지의 구성과 표현에 있어서 무엇이 문제인가를 살펴야 한다. 그뿐만 아니라 전달에 대한 진단과 처방이 있어야 한다. 이러한 설교의 클리닉을 계속하여 받은 설교가 발전을 거듭하게 된다. 결코 설교 사역에 만점은 없다. 그러하기에 설교자는 말씀의 주인이신 하나님 앞에 송구스러운 자세를 언제나 갖게 된다.

우리 교인들을 계속하여 타종교로 보낼 수 없다.

　공신력을 자랑하는 한국갤럽조사연구소가 정기적으로 조사해서 발표한 '한국인의 종교와 종교의식'(2004)에서는 우리를 우울하게 만드는 통계가 나온다. 이 통계는 누구보다도 개신교 목사들에게 무엇인가를 깊이 생각하게 만드는 내용이 담겨 있다.

　이 조사는 1,900명을 무작위로 택하여 종교를 가지고 있는 사람 802명을 가려내어 그중에서 현재 가지고 있는 종교 이전에 타종교를 믿었던 130명을 찾아냈다. 그리고 개종 경험이 있는 이 사람들에게 과거에 무슨 종교를 믿었는지 물어보았는데 그 결과는 다음의 도표와 같다.

개종한 종교 개종 이전의 종교	불 교	개신교	천주교
불 교	-	70.0	34.4
개신교	78.9	-	59.2
천주교	18.0	22.9	-

　이 조사에 따르면 개신교에는 천주교로부터 22.9%가, 불교에서는 70.0%가 왔다. 불교에는 개신교로부터 78.9%가, 천주교로부터는 18.0%가 이동했다. 그런데 천주교에는 개신교로부터 59.2%, 불교로부터 34.4%가 이동했다는 통계이다. 개신교의 측면에서 볼 때 불교와의 사이에는 약 9% 정도의 손실을 준 정도에 불과하나 개신교에서 천주교로 빠져나가는 숫자에는 36.3% 손실이 발생했다는 보고이다. 다시 말하면 천주교에는 개신교와 불교로부터 이동해 온 사람이 많다는 보고이다. 우리처럼 극성스러운 전도 프로그램도 없는 듯한데 개신교로부터는 36.3%, 불교로부터는 26.4%의 이득을 취하면서 교회가 성장하고 있다는 결론이다. 한마디로 표

현하면 개신교는 열심히 전도하여 그리스도인으로 입문하게 하고 그들을 천주교로 가게 한다는 통계이다.

이러한 통계를 보면서 많은 생각을 해 본다. 많은 교회가 알파나 셀과 같은 수많은 프로그램을 개발하여 사용하고 있다. 교회마다 목회자들은 생명을 내놓고 목회를 하면서 교인 늘리기에 여념이 없다. 그런데 천주교에서는 개신교처럼 이러한 사생결단의 목회 현상들이 보이지 않는다. 과연 무엇이 교회에 머물던 사람들을 이끌어 가는 원동력인지 이제는 그 원인을 연구, 분석하며 대책을 세워야 한다. 그리하여 우리가 전도한 그리스도인들은 우리의 교회에 머물게 해야 한다.

자살률 세계 제1위의 벽을 그대로 방치할 것인가?

지난해를 돌이켜보면서 자살률 세계 제1위라는 놀라운 통계를 접하였다. 천하를 얻는 것과 비교할 수 없는 생명이 스스로에 의하여 죽임을 당한다는 보고를 우리 교회는 어떻게 받아들여야 할 것인지 생각해야 한다. 비록 교회 밖에서 일어나는 일일지라도 그것을 멀리서 구경만 할 수 없는 긴박한 현실이다.

특별히 60대 이상의 노인층이 전체 자살자의 28.8%에 이른다는 발표는 실로 놀라지 않을 수 없다. 통계청의 발표에 의하면 노인층 다음으로는 40대가 21%를 차지하고 있다고 한다.

분명히 문제가 있는 한국 사회이다. 지금의 60대는 이 나라의 아픔을 모두 겪으면서 오늘을 이룩하는 데 공을 세운 세대이다. 전쟁과 가난과 역경의 터널을 통과하면서 나라의 발전을 위해 땀과 눈물을 아끼지 않은 세대이다. 이러한 세대가 나라가 선진국 대열에 들어선 지금 자살의 길에 가장 많이 서 있다는 것은 이 나라의 큰 문제이다. 더욱이 노인들의 자살 원인 중에 하나가 자녀가 노부모를 학대하고 심지어 구타까지 하는 일이 많아 차라리 자살을 택한다는 보도는 많은 사람을 우울하게 만들고 있다. 우리의 교회가 2005년을 결산하면서 나타난 이 가슴 아픈 통계를 가지고 아무 대책이 없이 2006년을 맞이할 것인지 우리 서로가 물어볼 필요가 있다.

복지행정은 복지목회와 연결이 되어야 한다.

최근 들어 우리의 목회 현장이 하루가 다르게 늘 변하고 있다. 이 변화의 물결은 목회의 관심까지 달라지게 한다. 그 변화 중에서 가장 큰 것은 바로 사회복지에 관한 부분이다. 지난 국민의 정부가 들어서면서 이 나라의 복지정책은 큰 비중을 차지하고 있다. 나라의 예산에도 막대한 부분을 차지할 정도로 달라진 복지환경이 되었다. 그중에서도 노인복지를 비롯한 다양한 복지행정이 펼쳐지고 있다.

우리의 목회 현장이 이제 사회복지에 대한 국가의 관심과 동행할 필요가 있다. 그것도 그리스도교 정신을 바탕으로 사회복지를 이룩하는 일은 매우 중요한 일이다. 이러한 사회적 변화와 요구를 감지한 목회자들은 그리스도교 사회복지학에 관한 관심을 기울이면서 연구하는 모습들을 쉽게 볼 수 있다. 목회자가 사회복지사 자격을 취득하여 복지목회의 실현을 추구하려는 열의가 대단하다. 교회가 삶의 질을 높이고 어려운 이웃을 위하여 땀 흘리는 것은 초대교회부터 내려오는 아름다운 모습이다. 복음은 이제 말과 글로만 전달되는 데 그치는 것이 아니라 이웃을 내 몸과 같이 돌보는 실천하는 복음이어야 한다. 선진국들의 사회복지가 그리스도교의 정신에 근거하여 출발하였고 진행되고 있다는 사실을 우리의 교회는 새롭게 음미해야 한다. 그리고 2006년에는 복지사회를 추구하는 정부의 정책과 공동보조를 취하면서 복지목회에 대한 실제적 구상과 실천을 해야 할 것이다.

2007년도 회고와 전망

2006년, 허탈감으로 시작하여 핵의 공포로 막을 내렸다

혼돈 속에 허탈하고 맥이 빠졌던 연초(年初)의 한숨

지난해 6월 17일 사이언스지에 "환자 맞춤형 복제배아 줄기세포"라는 어느 교수의 논문이 제출되자 세계의 생명공학계는 매우 놀랐고, 우리나라는 그를 뛰어난 공헌의 주역으로 대접하였다. 이어서 우리나라에는 세계적인 생명공학계 거두들의 출입이 잦아지면서 매스컴에서는 "노벨과학상에 근접한 세계적인 업적", "개 복제는 동물 복제 연구에서 최고의 정점을 찍은 큰 사건", "11개의 줄기세포를 만드는 데 성공"이라는 화려한 기사들을 보도했다.

그러나 해당 교수의 논문은 진실성이 모자랐음이 판명되었고 학자들과 온 국민의 가슴에 큰 얼룩점으로 남겨지게 되었다. 그리고 미즈메디와 합작하여 만들었다던 맞춤형 줄기세포 연구에 얽힌 많은 이야기는 온 국민을 더욱 놀라게 하였다. 서울대 조사위에서는 그의 연구가 보여준 독보적인 배반포 기술은 인정하면서도 논문의 학자적 진실성에 무게를 크게 두어 결국 그를 교수직에서 면직하게 되는 슬픈 현상을 가져왔다. 그때 나라 안팎의 많은 사람들은 혼돈과 허탈과 무력감에 젖기도 하였다.

우리를 더욱 혼란스럽게 하는 것은 이러한 조사나 판결로 이 사건이 마무리되지 않고 있다는 데 문제가 있다. 17개 단체 20여만 명의 이름으로 해당 교수 살리기 운동본부가 조직되고 이들은 "줄기세포 게이트에 대한 특검 및 공개청문회 개최" 등의 요구를 각 정당에 보내는가 하면, 불교계를 중심으로 독지가들은 600억 원의 거금을 희사하면서 연구의 새로운 활성화를 촉구하고 있다.

황우석 사건이 터진 지 1년이 다 되어가는 지금 많은 학자는 그 교수가 그의 논문에 허위자료를 실음으로 세계의 학계에 국가적인 명예를 훼손시킨 그의 실수는 용서받기 힘든 부분이라는 데 일치한다. 거기에 더하여 "난치병을 고칠 수 있는 환자 맞춤형 줄기세포 배양에 성공했다"라며 줄기세포 허브에 환자로 등록할 것을 권했을 때 감격했던 난치병 환자들이 받은 실망의 상처는 실로 컸다. 그러나 소수의 시민들은 그가 언제 어디서라도 독지가들의 도움을 받아 그만이 가지고 있는 탁월한 실력이 발휘되어 놀라운 결과를 가져오는 재기의 소식이 있기를 기다리고 있다.

지지층을 잃어버린 참여정부 이야기

노무현 참여정부를 출범시킨 2002년 12월, 제16대 대통령 선거는 새천년 민주당의 노무현 후보가 48.9%를 얻음으로 46.6%를 얻은 야당의 이회창 후보를 물리치고 승리의 개가를 불렀던 선거였다. 이 선거는 한국의 선거 사상 세대 간 대결을 처음으로 보이면서 개혁 성향을 지닌 젊은 세대가 표를 몰아주었다. 그리고 호남지역에서 90%가 훨씬 넘는 표를 몰아줌으로 당선이 가능했던 특유한 선거였다.

그러나 집권 8개월 만인 2003년 11월에 자신을 대통령으로 만들어 준 정당을 쪼개어 "새롭고 깨끗한 정치실현, 중산층과 서민이 잘사는 나라 구현, 따뜻한 사회건설, 한반도 평화통일" 등을 정강으로 채택하면서 자신의 정당을 만들었다. 하지만 국민의 시각은 그리 따뜻하지를 못하였다. 야당은 그의 선거 중립 의무 위반과 측근 비리 등에 사과하고 재발 방지를 요구하다가 마침내 한국 정치사에서 보기 힘든 대통령 탄핵이 2004년 3월 12일 국회에서 통과되었다. 그러자 국민 여론은 처음 당한 대통령의 상처를 두고 양분화 현상을 빚었다. 특별히 젊은 세대들의 탄핵 반대의 촛불 시위는 밤마다 번져 나갔다.

다음달의 제17대 총선에서 열린우리당이 대통령 탄핵 역풍에 따른 반사이익으로 일약 제1당 자리에 오른 횡재를 맞게 되었다. 총선에서 믿기 어려울 정도의 성과를 거둔 사례이다. 그러나 당선자 152명 가운데 108명이 초선인 불안한 출발이었다. 이 약체는 많은 실수를 범하게 되었고 좌우의 이념적인 갈등을 국민에게 안겨주는 정치로 일관하였다.

2006년 5월의 지방의회와 자치단체장의 선거를 비롯하여 기타 보궐선거에서 집권 여당은 완벽한 참패를 당하고 자신들의 명맥 유지에 무척이나 불안해하고 있다. 이러한 현상은 최근의 한 여론조사에서 한나라당이 48.3%의 지지를 얻고 있으나 집권 여당은 15.3% 불과하다는 데 그 심각성은 더해지고 있다.

이러한 집권 여당의 낮은 지지도는 정치사회 전반에서 안정의 분위기보다 늘 불안한 인식과 현상이 확산하여 2006년 한 해는 새로운 정당을 만들면서 외쳤던 "잘사는 나라 구현", "따뜻한 사회건설"에 많은 차질을 가져왔다.

사학법 개정이 몰고 온 파장

참여정부의 많은 주역은 군사정권 아래에서 민주화와 개혁의 기치를 들고 갖은 수난을 겪었던 사람들이었다. 특별히 개혁의 대상으로 일찍부터 마음먹고 있었던 것은 사립학교법의 개정이었다. 이것은 한국 교육계에 대한 개혁을 단행해 보겠다는 참여정부의 의지로 모두가 인식하게 되었으며, 국민으로부터 지지를 받은 항목이기도 하였다. 부패사학을 척결하고 교육계의 만성적 부조리를 개선해야 한다는 기치는 국민적 동의를 얻기에 충분하였다. 솔직히 그동안 사립학교를 운영하는 사람들의 부조리는 보도를 통하여 늘 알려져 왔고 국민의 가슴에는 우리 사회의 만성적인 질병으로 간주하기도 하였다. 이러한 문제점의 개혁을 위한 참여정부의 사학법 개정은 사회의 여론에 편승하여 순풍을 단 정책의 하나로 해석될 수 있었다.

그러나 그 사학법 속을 자세히 들여다본 종교계, 특히 그리스도교에서는 전혀 수용할 수 없는 악법으로 선포하고 심각한 대립 현상을 보인다. 그리스도교는 일제의 탄압 속에서 이미 아픈 경험을 한 바 있기에 그리스도교 학교의 고유성에 손해를 끼치는 어떠한 법도 환영할 수 없는 뿌리를 가지고 있다. 일본 강점기에 사립학교에 일본인 시학관을 파견하여 교육내용과 교육활동을 감시케 하였던 악몽 같은 일들이 재발할 때는 순교의 각오로 반기를 들 수밖에 없는 것이 교회의 본질이다.

그리스도교 학교의 건학이념과 정체성을 훼손시킬 독소조항들이 국회를 통과한 개정된 사학법에 담겨 있다는 주장이다. 언제나 그리스도교 학교의 기본정신과 무관한 이사들의 진입이 가능하기에 그 위험성이 크다고 분석한다. 거기에 더하여 비록 철회되기는 했으나 어느 교육감의 이름으로 보낸 공문에는 예배를 드리는 일이나 성경과목을 가르치는 것을 금하려 했다는 보도는 그리스도교 학교에 대한 심각한 박해의 시도라고 보게 되었다. 다시 말하면 그리스도교 학교들의 선교사업의 길을 차단하게 되는 무서운 결과를 가져올 가능성이 개정된 사학법의 숨은 뜻이라는 해석을 하고 심각한 대립의 현상을 정부와 교회는 지속하고 있다.

이러한 대립과 불신의 현상에 앞서서 그리스도교는 그동안 안고 있었던 교육기관들의 부끄러운 사연들을 과감하게 도려내는 솔선수범을 보이는 일이 법의 재개정을 앞당기는 하나의 방편이 될 수 있다는 여론도 활발히 일고 있다. 사회나 정부에 반그리스도교적 정서의 뿌리가 내리지 못하도록 집안 단속을 먼저 하는 그리스도인의 지혜가 필요함을 경험할 수 있는 지금이다.

전시작전통제권이 몰고 온 사회의 분열

2006년 우리 사회를 보수와 진보로 갈라놓는 가장 격렬한 논쟁이 있었다면 그것은 전시작전통제권(전작권)의 문제였다. 6·25의 긴박한 상황에서 이승만 대통령이 미국에 넘겨주었던 전작권을 자주국방을 외치는 노 대통령이 지금 받아도 된다는 언급이 있자 사회는 소용돌이에 휘말리게 되었다. 윤 국방부 장관이 2012년경에 일차적으로 국방사업들을 마무리 지을 때를 전작권의 환수 시기로 언급할 때만 해도 이렇게 격렬한 반대의 기운은 없었다.

얼핏 들으면 우리나라의 수준이 이 정도의 궤도에 올라왔는데 전쟁이 발발했을 때 한미연합사에 전체 국군의 지휘권이 넘어가게 되고, 한미연합사의 미국인 총사령관의 명령대로 움직여야 한다는 것은 우리의 자존심을 상하게 하는 부분으로 해석될 수 있다. 이러한 단순한 논리는 전쟁 경험이 없는 젊은 세대들의 호응을 받을 수 있었다. 그러나 목숨을 내놓고 나라를 구하였던 이 나라의 원로들은 정반대의 소리를 내놓고 있다.

어느 전 국방부 장관은 "북한에는 600개의 스커드 미사일이 있다. 그 사정거리가 500km로 한반도를 벗어날 수 없다"라며 "북은 우리를 겨냥하고 있는데 정부는 한사코 북한 핵이 우리를 겨냥한 것이 아니라고 말하고 있다. 전작권을 가져오면 자동으로 한미연합사가 해체된다. 그러면 그 공백을 막기 위해 600조 원이 들고 국민 1인당 5천만 원의 세금을 내야 한다"라면서 전작권 환수의 반대에 앞장을 서고 있다. 이상과 같은 견해들은 국민에게 불안감을 안겨주었고 촛불 시위의 현장은 이제 젊은이들보다 중장년들이 점유하고 있는 현실이다.

　　그런데 문제는 제38차 한미연례안보협의회(SCM)에서 북한의 핵실험 강행에도 불구하고 전시작전통제권을 2009년 한국에 이양한다는 방침에는 변함이 없다는 견해를 밝힐 것이라는 보도는 이해가 가지 않는 부분이다. 이러한 현상을 보면서 어떤 이들은 "미국은 반미의 목소리가 높은 한국보다 차라리 미국의 입장에 언제나 함께하고 경제력이 있는 일본을 선호할 것이다. 일본을 재무장시켜 군사 강국으로 태평양 방어를 확보하려는 미국의 의도가 있을 것이다"라는 분석을 내놓고 있다. 그 증거로서 "한국이 그렇게 구입하기를 원했던 조기경보기를 일본에 팔고, 일본의 중거리 미사일 발사실험도 하와이 근해에서 하게 하고, 일본 육상자위대를 대거 증가시키는 것에 지지한 일 등이 있다"라는 주장을 편다.

　　모두가 우리에게는 달갑지 않은 보도들이다. 한반도에 언제나 드리워 있는 전쟁의 먹구름 때문에 우리는 서로의 불신과 분열의 아픔을 겪어야 한다. 그리고 거기서 긴장을 늦출 수 없는 삶을 연속해야 한다. 진정 하나님만을 쳐다보면서 울부짖는 기도가 한국교회에서 지속될 수밖에 없다는 사실을 또 한 번 실감한다.

우리의 안보 불감증과 북의 핵실험

　지난 7월 13일 버웰 벨 한미연합사령관 겸 주한미군 사령관은 우리 국회의원들 앞에서 우리 정부의 생각과는 달리 북한의 군사력이 매우 위험한 수위에 있음을 언급한 적이 있다. 그리고 무엇보다도 그는 남한의 안보 불감증에 대한 불만스러운 감정을 보인 바 있다. 그동안 "북한의 미사일은 누구도 겨냥하지 않았다"라는 우리 정부의 견해와는 달리 "북한 미사일은 남한으로 발사할 수도 있다"라고 말하면서 그는 "적의 의도를 짐작해선 안 된다"라고 경고하였다. 실질적으로 한•미 군 당국은 북한이 발사한 스커드와 노동 미사일에 생물, 화학 무기를 탑재할 때 남한에 치명적인 피해를 주게 된다는 분석을 내놓은 바가 있었다. 그러나 이러한 벨 사령관의 발표나 군 당국의 분석이 있을 때만 해도 여전히 우리의 안보 의식은 불감증에 젖어 있었다.

　10월 9일 북한의 핵실험 강행은 우리 국민 모두에게 놀람과 분노를 안겨주었다. 이러한 행위는 한반도뿐만 아니라 동북아의 안정과 평화를 뒤흔드는 중대한 위협이기에 국제사회 모두가 긴장하게 되었다. 그 실험의 성공 여부는 문제가 되지 않는다. 북한이 핵보유국으로 등장함으로 인해 달라질 군사력의 불균형이 몰고 올 파장이 심히 큰 문제이다.

　북한의 핵실험으로 인하여 대북 포용 정책이 우선하여 종언을 고해야 하고, 자주외교를 주창해 온 참여정부의 노선 변화가 따르게 된다. 그럴 뿐만 아니라 재래무기의 무력화(無力化)가 따르게 되므로 새 틀을 짜기 위한 부담과 노력은 헤아릴 수 없는 지경에 이른다. 주한 미 대사는 금강산이나 개성공단을 드나드는 사람들이 인질이 될 수 있다는 말을 서슴없이 할 정도로 남과 북의 관계는 개선이 아니라 개악으로 치닫게 된다. 그리고 경제의 발판도 그만큼 흔들리게 된다.

이제는 누군가 대북정책의 실패와 더불어 그 책임론을 따질 때 참여정부는 곤경을 면하지 못하는 지경에 이르게 되리라는 예견을 하고 있다. 김정일의 핵 도박이 1950년 한국전쟁 이후로 최대의 위기로 우리를 끌어들이고 있다. 세계를 대상으로 거뜬하게 게임을 벌이고 있는 북한의 실세들을 대화의 창으로 끌고 와 핵이라는 큰 칼만 차고 허기져 쓰러져가는 북한의 실상이 오지 않게 할 길은 진정 없는 것인지 이제는 하나님께 물어볼 수밖에 없는 시점이다.

2007년, 양극화 해소는 교회가 앞장서자

무디어진 안보의식을 깨우는 말씀과 기도가 필요하다.

한국인들이 해외여행을 다닐 때마다 흔히 듣는 말이 있다. 그것은 전쟁에 대한 공포와 불안에 우리 국민이 밤낮으로 얼마나 많이 시달리고 있는지를 묻고 위로하는 말이다. 그러나 그러한 말을 막상 듣고 있는 우리는 오히려 그들이 이상할 정도로 평온한 내 조국의 삶을 이야기한다. 다시 말하면 나라 밖에서 보는 한국과 나라 안에서 사는 사람들의 느낌과의 거리가 멀다는 이야기이다. 바로 이러한 현상에서 위기의식이 만성화되고 안보의식이 둔감해진 우리의 신경 체계를 본다.

하나님을 외면하거나 대적하고 사는 무리를 눈앞에 두고 한국교회 역시 그동안 이들에 대한 경계나 주의를 기울이지 않고 지난날을 살아왔다. 이 나라가 반공사상으로 철저히 무장되어 있던 시절에는 공산당을 계시록의 붉은 용이라고 지칭하면서 투철한 반공산주의적 메시지를 한국교회는 강단에서 거침없이 외쳤다. 그러나 소련 공산정권의 붕괴와 함께 그러한 사상은 서서히 자취를 감추었고 지금은 좀처럼 그러한 메시지를 듣기 힘들다. 더불어 이북의 공산정권도 함께 사라진 듯한 착각을 일으키면서 우리는 그들과 대화를 나누고 도움의 손길을 아낌없이 주고 있다.

그러나 북한의 정권이 국민은 기아선상에 놓여 있는데 핵을 소유하는 군사 대국으로 세계에 그 얼굴을 내밀고 있는 시점에 와 있다. 이것은 분명히 남한 땅에 머무는 우리에게 가장 큰 불안을 안겨주는 요소이다. 우리 교회는 진정한 평화는 핵의 포기에 있지 않고 하나님이 관여한 평화에 있다는 것을 알고 있다. 그러함으로 교회는 북한의 핵실험이라는 민족적 비극 앞에 새로운 안보의식을 가지고 온 국민이 하나님 앞에 매달리는 기도 운동과 말씀의 선포에 전력을 기울여야 할 것이다.

12월의 대선을 앞둔 나라

새해를 맞이하면서 목회자들이 염두에 두어야 할 또 하나의 큰일은 새 대통령을 선출하는 일이다. 이 쟁점은 자신이 선호하는 정당이나 정치지도 자를 지지하고 후원하는 차원이 아니다. 그 어느 때보다 심각한 국내외 사정을 생각해야 하고 북한의 문제를 현명하게 다룰 수 있는 정치지도자를 찾고 선출해야 하는 문제이다. 진정 새로운 이 나라의 지도자는 하나님의 섭리에 겸허히 순종할 수 있는 인물이어야 한다.

대선이 있을 때마다 교회는 많이 시달린다. 교회는 엄격히 중립을 지켜야 하지만 정치인들은 표가 집결해 있는 교회를 자기 지지기반으로 삼으려는 노력을 기울인다. 이때 목회자가 현명하고 지혜 있는 언행을 갖추어야 함은 하나의 상식이다.

우리나라는 선거 때마다 지방색이라는 병충해가 난무하는 아픔이 있다. 이때마다 목회자는 이러한 상처를 안겨주는 대열에 서지 않고 오히려 그 상처를 싸매주는 대열에 서서 본을 보이는 면모를 보이는 것도 깊이 생각해 볼 필요가 있다. 사회가 지역의 분열을 조장하더라도 교회만은 이러한 탁류를 초월할 수 있는 의지와 실천을 현장화할 필요가 있다.

새해에는 북한의 돌발적인 행위가 어떤 형태로 변질할지 아무도 모르는 나라 형편이다. 백년대계가 정확하게 서 있어야 할 나라에서 미래를 예측할 수 없는 상황이 발생하고 있을 때는 그 나라 지도자의 지혜와 혜안이 절대적으로 필요하다. 이러한 차원에서 하나님의 도우심을 구할 수밖에 없고, 하나님의 사람이 나타나 이 어려운 나라 형편을 책임지고 섬길 수 있게 되도록 우리의 모든 교회가 함께 하나님께 매달리는 한 해가 되어야 할 것이다.

심화한 양극화 현상을 소멸시키는 목회

한반도는 양극화 현상이 너무나 뚜렷하다. 남북한의 국가 형성과 이념에서 보인 양극화 현상은 우리의 사회에 깊이 뿌리를 내리고 있다. 이 현상은 분열과 대립이라는 무서운 사회악으로 우리 앞에 다가오고 있다. 특별히 자유시장경제를 바탕으로 하는 우리의 사회에서는 빈부의 격차에서 발생한 상·하의 계층 형성은 우리의 장래를 어둡게 하는 또 하나의 양극화 문제이다. 그 실상은 오늘도 머리에 붉은 띠를 두르고 거리를 점령하고 있는 시위의 현장에서 확실하게 나타나고 있다. 거기에 더하여 그동안 잠잠했던 보수와 진보의 새로운 형태의 이념분쟁이 거리를 메우고 있다.

그 거리의 한복판에 우리의 교회가 서 있다. 자칫 잘못하면 교회도 양극화의 파도에 휩싸일 가능성이 크다. 그 이유는 신학 자체가 언제나 보수와 진보의 양극을 먼저 보여주었고, 그 영향은 교회가 가장 먼저 받기 때문이다. 여기에 새해를 설계하는 목회자는 밝고 뛰어난 지혜의 눈을 떠야 한다. 이 예지(叡智)의 철학이 발동되지 않는다면 우리의 사회는 방향을 잃게 된다. 흑암과 혼돈의 회오리에 함께 설 땅을 잃게 될 것이다. 긴박하게 돌아가는 한반도의 정세와 어느 때보다 짙은 먹구름에 덮여 있는 우리의 세계이기에 여기는 서로가 반목과 질시를 펼칠 겨를이 없다. 서로가 하나가 되어 서로에게 도움의 손길을 주어야 하는 긴박한 상황이 전개되고 있을 뿐이다. 대립과 아집으로 진을 쳤던 장벽도 모두 거둘 수밖에 없는 시점이다.

바로 여기에 우리의 교회가 그 사명을 감당해야 하는 이유가 있다. 그러하기에 화평케 하시는 성령님의 역사를 알리는 메시지가 선포되어야 한다. 그리고 하나 되게 하는 그 놀라운 역사를 체험하는 신앙의 새로운 마당을 펼쳐야 할 때가 되었다. 1907년에 있었던 대각성 부흥운동의 기적의 폭풍이 다시 몰아치는 한반도의 교회가 새롭게 형성되는 길을 찾도록 해야 할 것이다. 진정 하나님만이 이 어두운 폭풍전야를 밝게 하실 수 있다는 믿음이 확산하여야 한다. 그 안에서 한반도가 하나 되고 동서가 하나 되어 새로운 예루살렘의 건설이 이룩되는 새해의 목회가 전개되도록 해야 할 것이다.

"오, 주님! 오시어 주님의 나라를 이룩하소서!"

2008년도 회고와 전망

2007년, 세계의 이목이 한반도에 집중했었다

세계지도를 펼치고 우리나라를 찾아보면 지극히 작은 한 점에 불과할 정도로 작은 영토의 나라이다. 그런데 세계 강대국들은 이 나라에서 발생한 사건들을 예사롭게 보지 않고 있다. 그것은 남과 북이 갈린 세계 유일한 분단국가라는 단순한 이유 때문만은 아니다. 우리가 위치한 동북아는 새로운 세기에 정치, 경제의 새로운 거점이 될 것이라는 미래학자들의 예단이 일찍부터 이어져 왔다. 바로 우리나라가 그 중심에 서서 세계의 정치, 경제, 종교에 중요한 파장을 몰고 올 가능성이 가장 크기에 우리의 한반도를 쳐다보는 시선이 예사롭지 않다.

지난해에도 부끄러운 일에서 자랑스러운 일에 이르기까지 숱한 사연이 발생하였다. 그중에서 다음의 몇 가지는 새해를 맞이하는 가운데에서도 목회자들이 마음에 두어야 할 것이다. 하나님의 말씀을 전해야 할 설교인들은 어제를 마음에 두지 않고 오늘과 내일을 말할 수 없다. 하나님의 역사하심은 언제나 현재성을 가지고 있기 때문이다.

미국 역사상 최악의 총기 난사 사건

지난 4월 16일(현지 시각)은 미국 전역을 놀라게 했던 한 청년의 총기 난사 사건이 발생한 날이었다. 미국의 버지니아 공대에서 발생한 이 사건은 33명이 숨지고 29명이 부상을 입은 미국 최악의 총기 난사 사건이었다. 미국 전역을 흔들었던 참극을 보고받은 부시 대통령이 "학교는 안전하고 범죄가 없는 배움의 전당이 되어야 한다"라고 말하면서 "미국의 모든 교실과 온 미국 사회가 충격을 받았다"라는 성명서를 낼 정도의 심각한 사건이었다. 그리고 상·하 양원은 희생된 학생과 교직원들을 기리는 묵념을 올렸다.

이 사건을 접하면서 한국인들은 사건의 주범이 조성휘라는 한국계 학생이라는 사실에 놀랐고 한편으로는 부끄러움을 느끼기도 했다. 은혜를 입고 사는 미국 땅에서 수십 명의 무고한 생명을 사살했다는 보도는 우리를 실로 큰 충격에 빠지게 한 일임에 틀림이 없다. 그의 아버지는 자살했고, 자기 자신도 자살을 시도했지만 생명을 건져 누나와 함께 살아왔던 가정환경이 한 젊은이의 사고와 삶의 형태를 바르게 돕지 못했음을 아는 이들은 안타까움을 느끼면서도 큰 충격을 안겨준 범인에게 선뜻 이해와 용서의 마음을 가질 수 없었다. 오직 미안하고 부끄러운 마음으로 미국 땅에 머무는 우리 민족은 불안한 나날을 보내고 있었다.

그런데 이 사건을 통하여 얻은 새로운 교훈이 있다. 그것은 버지니아대학 총장을 비롯한 미국인들의 너그러운 마음이었다. 우수한 한국 학생들을 보호하고 사랑하는 총장의 애정을 비롯하여 미국의 언론들이 오히려 마음에 상처를 받은 한국인들을 위로하였던 일은 우리에게 새로운 눈을 뜨게 하였다. 그리스도인으로서 지켜야 할 사랑과 용서의 뿌리가 깊이 생활화된 모습의 발견이었다.

만약에 주한미군이 우리나라의 대학에서 그와 같은 사건을 저질렀다면 '미군 철수'를 부르짖는 촛불 시위가 지금도 계속되고 있으리라는 생각을 하면 이 사건은 한국의 그리스도인들에게 많은 교훈을 남겨준다.

철마가 녹슨 혈맥을 뚫고 오가던 날

지난 5월 17일 한반도 전역은 잔잔한 감격으로 설레는 날이었다. 1950년 육이오라는 처절한 민족상잔의 비극이 있은 이래 57년 동안 남과 북의 철로는 지나간 세월만큼 녹이 슬대로 슬었다. 통일의 노래를 아무리 목이 쉬도록 부르고 불러도 아무런 메아리가 없었던 철마였다.

그런데 북에서는 '북남 철도련결 시험 운행'이라고 쓴 화환을 걸고 동해선의 금강산역에서 남측의 제진역으로 왔고, 남에서는 '남북 철도연결 시험 운행'이라는 화환을 달고 경의선의 문산역을 출발하여 개성역을 향하였다. 이 역사적인 장면이 TV를 통하여 전국에 생중계될 때 우리 민족은 가슴속을 꽉 채우는 벅찬 감정과 더불어 눈시울이 뜨거워짐을 숨길 수가 없었다. 이 철마들은 철통같은 철의 장막인 군사분계선을 안중에 두지 않고 그 큰 몸체를 자유롭게 넘나들었기에 더욱 이 민족의 가슴은 설레고 있었다.

그러나 한편 한국동란의 아픈 상처를 받은 노인층의 어른들은 철마의 오가는 것보다 북한의 대포동 미사일 2호의 움직임과 핵무기의 개발 위협에 더 신경을 곤두세우기도 하였다. 이들은 1950년 북한의 남침 준비가 완료되자 소련 군사고문단이 6월 남침 직전에 북한에서 철수하였던 남침 기도의 은폐 연출을 떠올리면서 지금의 현상에 너무 감상에 젖지 말 것을 당부하기도 하였다. 그래서 모처럼 남한 땅에 기적을 울리며 내려온 철마의 진실을 묻기도 하였다.

하지만 국민은 의문의 눈초리만 갖는 것을 거부하면서, 이 역사적인 사건은 남과 북의 하나 되는 수순이 시작되는 발길이며 우리의 소원인 통일이

다가오는 아름다운 한 폭의 그림으로 받아들인 사람들이 훨씬 많았다. 그리고 이 철마가 단순한 남과 북의 왕래가 아니라 우리 한반도가 유럽 대륙을 달리면서 경제 대국을 꿈꾸는 미래에 거대한 공헌을 해 주기를 바라는 마음으로 우렁찬 박수를 보냈다. 이제는 쉬지 않고 달리는 철마로 세계를 향한 한반도의 위력을 과시해 주기를 바라고 있다.

한미자유무역협정(FTA)

우리나라의 제한된 영토와 자원 속에서 "수출만이 살 길이다"라고 외치면서 경제발전에 눈을 뜬 지 반세기 만에 세계 경제의 중심국과 새로운 협정의 문을 열었다. 한국과 미국 두 나라는 지난 6월 30일에 넘기 힘든 장애들을 극복하고 미국 워싱턴에서 한미자유무역협정(Free Trade Agreement : FTA) 서명식을 가졌다. 지금은 양국의 의회 비준을 기다리는 중이다.

2006년 2월 3일 미 상원 의사당에서 한미 FTA 추진 발표가 있은 지 1년 반 만에 이루어진 이 협정의 목적은 한국과 미국 두 나라가 무역을 확대하고 한국의 경제 자유화를 통해 시장 접근을 늘리는 데 있다고 한다. 그리고 3년 안에 양국 교역액의 94%에 대해 관세를 철폐하여 양국의 기업과 근로자들에게 새로운 기회를 제공하게 될 것이라고 발표하였다. 정부의 발표에 따르면 한미 FTA는 상품, 무역구제, 투자, 서비스, 정부조달, 노동, 환경 등 무역 관련 제반 분야를 망라하는 포괄적 FTA이며, 북미자유무역협정(NAFTA) 이후 세계 최대 규모의 FTA라고 한다.

이로써 우리나라는 칠레, 싱가포르, 유럽자유무역연합(EFTA), 동남아시아국가연합(ASEAN)에 이어 다섯 번째 FTA를 체결하게 되었다. 우리는 여기에서 멈추지 않고 이러한 자유무역협정을 세계로 확산하기 위한 의지를 다지고 동남아시아국가연합(ASEAN)을 비롯하여 유럽연합(EU), 캐나다, 인도,

멕시코, 일본 등의 주요 교역국과 지금도 협정을 논의하고 있다. 이러한 한국 정부의 노력은 선진경제로의 도약과 전 세계 자유무역 경쟁에서 매우 유리한 고지를 선점하겠다는 우리의 의지임에 틀림이 없다.

이러한 자유무역협정을 열어야 함은 우리 경제발전에 필수적임을 아무도 부정할 수 없다. 특별히 세계 경제 대국인 미국과의 FTA는 우리가 어떤 장애물이라도 과감하게 넘어가면서 달성해야 할 이정표임에는 틀림이 없다. 그러나 여기에는 찬반의 목소리가 병존하고 있다. 찬성하는 측에서는 우리나라와 미국 간의 무역에 관세의 장벽 등을 철폐함으로써 지금보다는 훨씬 더 자유롭고 융통성 있게 무역 활동이 이루어져 우리 경제에 큰 발전을 안겨다 줄 것이라는 청신호를 내놓는다. 그러나 소비자 문제를 연구하는 시민모임들이 내놓은 의견은 "한미 FTA가 소비자에게 도움이 된다는 정부의 주장은 사실과 다르다"라고 하면서 "갑작스러운 시장의 확대로 미국산 수입품에 대한 철저한 검증이 진행되지 않는 데에 따른 보호책을 마련해야 한다"라고 주장하고 있다. 이러한 찬반의 열띤 반응을 보면서 나오는 일반적인 견해는 미국 농산물 수입으로 일부 농가 및 업종이 피해를 보겠지만 전체적인 소비 후생은 늘어날 것이라는 시각이 지배적이다. 그러나 지금의 어떤 평가도 정확할 수 없다. 양국의 의회가 인준한 후에 수년이라는 시간이 지나야 바른 평가가 나오리라고 본다.

탈레반에 피랍된 한국의 단기 봉사단원들

분당샘물교회의 23명의 젊은이가 아름다운 봉사 정신을 가지고 지난 7월 13일 인천공항을 떠나 7월 19일 탈레반에 피랍되었던 사건은 한국교회와 사회에 심각한 논쟁을 불러일으켰다. 이들이 피랍되어 한 명의 목사와 한 명의 평신도의 생명을 빼앗기고 43일만인 8월 30일에 석방되었을 때 이들을 보는 눈은 몇 갈래의 반응을 나타내고 있었다.

교회 일부에서는 이들을 복음을 들고 적진에 들어간 십자군들로서 순교의 장한 기록을 남긴 젊은이들로 평가하였다. 전통적으로 그리스도교인은 그 삶의 목적이 하나님의 영광을 위함에 있다는 데에 아무도 이론을 제기하지 않는다. 그리고 역사적으로 그 영광을 위하여 인간이 할 수 있는 최선의 길은 첫째는 순교이며 둘째는 준 순교이고 셋째는 덕행이라고 가르쳐 왔다. 이러한 차원에서 끝내 이교도들에게 굴하지 않고 꿋꿋하게 신앙을 지키다가 살해된 그들에게 순교자의 이름을 주는 것은 큰 문제가 없다.

또 하나의 평가는 이와 달랐다. 그것은 해당 관계자들이 여러 차례 그곳이 위험지역임을 밝히면서 출국을 만류할 때 오히려 그들을 사탄의 행위라고 규정하면서 기어이 떠난 봉사단의 행위등을 두고 부정적인 반응을 보이기도 하였다. 이들이 공항을 떠날 때 사진을 찍었던 자리가 바로 아래와 같은 경고문 앞이었다는 것을 알게 되었을 때는 매우 착잡한 마음이 들었다.

> "최근 아프간 탈레반이 수감 중인 동료 석방을 위해 한국인들을 납치한다는 정보가 있으니 국민 여러분께서는 아프간 여행을 자제해 주시기 바랍니다."

온 국민에게 심려를 끼쳤던 그들의 행진이 복음의 전사들로서 순교를 자청한 일이었다면 그 순교의 용기와 정신은 높이 평가되어야 하고 존경과 찬사의 박수를 받아야 함에 틀림이 없다. 그러나 그러한 뜻이 없이 단순한 단기봉사 차원으로 그리스도인들의 부주의한 발길이 이러한 엄청난 사회적 물의를 일으켰다면 거기에는 부정적인 평가도 있을 수 있다고 본다.

돌이켜보면 한국 선교사들이 위험을 무릅쓰고 전쟁지역까지 들어간

것은 이번이 처음이 아니다. 최근에는 2004년 4월에 선교사 7명이 이라크에 납치되었고, 그해 6월에는 젊은 신학도가 인질로 잡혔다가 목숨을 잃은 적이 있었다. 이때도 순교자의 칭호를 그에게 주어야 하는지가 논쟁의 중심이었다. 한국교회는 173개국에 선교사를 보내면서 땅끝까지 복음을 전하는 데 세계의 으뜸가는 교회가 되겠다는 열의가 치솟고 있는 교회이다. 한국교회 자체가 순교의 핏자국 위에 세워진 교회이기에 세계의 어느 교회도 따라올 수 없는 선교의 열정은 날이 갈수록 더 뜨거워지고 있다. 이번 아프간 탈레반 피랍 사건도 이러한 맥락에서 해석되어야 할 것이다. 그러나 무모한 용기와 선교의 열심을 혼동하지 않고 더욱더 지혜로운 선교의 열정을 가지고 모두가 존경과 찬사를 보낼 수 있는 복음의 전사들로 행진할 수 있도록 해야 할 것이다.

2007년 12월 대선을 향한 범여권의 슬픈 행보들

정치는 어제를 망각하고 내일은 안중에 두지 않은 채 오직 오늘만을 소중하게 여기는 생물이라고 표현한 것이, 12월 대선을 앞둔 범여권의 정치 놀음을 두고 하는 말 같다. 2002년 12월 보수라는 이름으로 맑은 정치를 도출하지 못했던 정당을 뒤로하고, 새로운 개혁의 정치 흐름을 희구했던 유권자들의 지지로 2.5% 더 많은 득표율로 오늘의 참여정부를 출범시켰다. 그러나 집권자는 권좌에 오른 지 8개월 만에 자신을 낳아준 정당을 버리고 새로운 정당을 만들어 '열린우리당'이라는 간판을 내걸었다.

야당은 선거 중립 위반을 쟁점으로 하여 탄핵을 묻게 되었고, 그는 대한민국 정치사에 최초의 탄핵받은 대통령이 되었다. 그러나 이 탄핵 사건은 역풍을 몰고 왔고, 거기에 따른 반사이익을 얻어 일약 17대 총선에서 제1당의 자리에 오르는 횡재를 만나게 되었다. 그러나 152명의 여당 의원 중에 108명이 초선이었던 결과는 뿌리 깊은 정치를 이어가는 데 실패를 안겨주고 말았다. 17대 대통령 선거를 눈앞에 둔 이들은 분열과 봉합을 거듭하면서 새로운 형태로 '헤쳐 모여'를 거듭하였다. 그러나 그 결과는 여전히 같은 얼굴들의 만남이었고, 그들을 향한 국민의 반응은 냉담하기만 하였다. 거기에 더하여 대통령 후보를 뽑는 경선의 모습은 국민의 관심이나 찬사를 받기에는 너무 먼 거리에 서 있는 형편이다. 참신한 정치인이라고 스스로 평가하는 사람들의 모습에 금이 가는 사연들이 최근에는 지상에 자주 보도되고 있기 때문이다.

아직도 야당을 못마땅하게 생각하는 유권자들이 많다. 군사정권에 뿌리를 두고 갖은 모순과 부정부패를 일삼았던 뿌리를 가지고 있는 야당을 싫어하는 유권자들이 적지 않다. 오늘의 집권층이 언어나 일에 있어 실수를 범하는 일은 있었으나, 과거와 같은 부정부패나 용납할 수 없는 일들은 크게 나타나지 않았다고 평가하면서 범여권의 정상화를 기다리는 유권자들이 분명히 있다. 아직도 개혁과 변화의 신선한 정치를 참신한 민주 세력이 보여주기를 기대하는 대열이 있다. 이러한 기대가 살아날 수 있는 징조들이 범여권에서 나타나기를 바라는데, 새롭게 출발한 정당은 한 자리 숫자의 지지도를 나타내고, 야권의 대선 후보는 높은 지지율을 보이는 오늘의 정치 현장이다. 신선한 바람을 일으키겠다던 범여권은 무차별적인 자중지란의 모습으로 국민에게 실망을 안겨주고 있는 진기록을 남기고 있는 지금이다.

남북의 정상이 보여준 기록은 진정 새로운 희망인가?

2007년은 남과 북이 함께 하는 일들이 보이기 시작한 한 해였다. 6자 회담이 북한의 핵무기 불능화를 가시화하는 것을 비롯하여, 남북을 이은 철로 위를 달리는 철마의 개통과 개성공단의 활발한 산업활동 등을 예사롭게 넘길 일은 아닌 듯싶다. 이제 남과 북이 전쟁의 긴장보다는 서로가 돕고 사는 한민족의 모습을 활발하게 탐색할 듯한 징조들이 보인다. 이 땅의 그리스도인들은 지난 62년 동안 쉼 없이 울부짖으면서 간구한 이 땅의 평화와 통일의 창문을 하나님이 열어 주실 것만 같은 느낌이 들면서 긴장감을 감추지 못한다.

10월 2일, 우리 대통령이 북한 땅을 육로를 통하여 가다가 휴전선에서 차를 멈추고 걸어서 분단의 선을 넘었을 때, 우리 국민은 비록 지금은 아니지만 언젠가는 우리의 오고 가는 것이 이룩되리라는 희망을 품게 되었다. 뿐만 아니라 세계인들이 또 한 번 우리에게 시선을 집중하게 하는 큰 변화의 모습이었다. 우리 민족은 언제 어디서나 우수한 민족임을 세계인들이 잘 알고 있다. 그칠 줄 모르는 우리 민족의 끈기와 근면과 도전은 어떤 장벽도 언젠가는 뚫게 되고, 새로운 세계를 이루게 된다는 역사적인 사실을 아는 세계인이 많다. 그러한 까닭에 그들은 이번 남과 북의 정상의 만남을 예의 주시하였다.

두 정상이 발표한 합의문에 담긴 내용 중에 추상적인 합의를 제외하고 구체적이고 실현 가능성을 보여준 핵심적인 내용을 보면 다음과 같다.

11월에는 남북 총리회담과 남북 국방장관회담을 개최하고 남북정상회담을 정례화하는 데 원칙적 합의를 하였다는 발표이다. 뿐만 아니라 충돌이 빈번한 서해를 공동어로 수역으로 정하고, 평화협력 특별지대로 설치하여 사전에 충돌을 막겠다는 의지의 표현은 우리를 반갑게 하였다. 그리고 남과 북이 서로가 가까워지도록 통일 지향적으로 남북의 제도와 법률을 정비하겠다는 말은 우리를 놀라게 했다. 62년간 서로가 제각기 굳어진 사고의 틀과 사회의 구조를 이끌어 왔던 법률을 어떻게 손질할 수 있을 것인지 매우 흥미를 돋우는 부분이다. 거기에 더하여 이산가족들의 상봉을 확대하며, 영상편지 교환사업을 추진하겠다는 것과 백두산 관광을 시행하기 위하여 백두산과 서울 간의 직항로를 개설키로 합의했다는 사실은 이산가족과 남쪽의 모든 국민을 들뜨게 하는 항목이다. 그리고 내년에 열리는 베이징 올림픽에 남북 단일팀을 내보내겠다는 합의 등은 상상만 해도 우리의 가슴이 뿌듯하다. 그리고 전쟁을 종식하고 항구적인 평화 체제를 구축하기 위하여 3자 혹은 4자 회담을 추진하여 한국전쟁의 종전을 선언하도록 하겠다는 두 정상의 발표문은 통일의 소원이 진일보하고 있다는 생각을 하게 한다.

우리는 이번 정상회담에서 나온 화려한 합의문을 보면서 2000년 6월 15일에 김대중 대통령과 김정일 국방위원장이 서명하고 발표했던 공동선언문을 다시 한 번 상기해 본다. 그 실천이 얼마나 되었는지, 그리고 그 이후에 어떤 일들이 있었는지를 생각하면 공동선언문의 잉크가 마르기 전에 북한은 서해에서 도발하였고, 핵무기의 개발과 대포동 미사일을 시험 발사하는 등의 실로 아연실색할 수밖에 없는 행위들을 보여주었다. 그리고 그 내용은 지극히 제한적으로 이루어졌다. 그러하기에 이번 남북 정상 공동선언문을 보는 일부 국민은 냉담하거나 담담한 감정을 갖기도 하였다.

그러나 설혹 이 선언문의 내용이 50%의 실현만 가져와도 우리는 다행으로 생각해야 한다. 그 이유는 이러한 만남이 자주 이루어지고 지키지 못한 약속들이 되풀이되다 보면 그 언젠가는 변화가 오고야 말 것이기 때문이다. 서로의 불신이 종식되는 날, 아름다운 약속은 기쁨과 감사의 사절로 우리 앞에 다가올 것이라는 신념을 우리는 끝내 버리지 말아야 한다.

2007년! 진정 남과 북이 항구적인 평화 체제를 구축하게 되는 원년이 되기를 소망한다. 그리고 하나님이 우리 한반도에 함께하셔서 한 지붕 밑에 한민족이 오순도순 살아가는 감격이 어서 오기를 기다린다.

2008년, 부정부패 개선에 한국교회가 나서자

한국교회가 부정부패지수를 낮추는 길을 찾는 데 앞장서야 한다.

지난해 3월에 한국인은 부끄러운 보도를 접한 적이 있다. 그것은 아시아 13개국 기업인들이 체감하는 한국의 부정부패 정도가 중국보다도 심각하다는 보도였다. 이 보도는 홍콩에 있는 위험컨설팅회사인 정치경제위험자문공사(PERC)가 발표한 아시아부패지수였다. 이 발표에 따르면 한국은 6.30을 기록하여 지난해의 5.44보다 악화한 것은 물론 이번 조사에서 6.29를 기록한 중국에도 뒤졌다는 내용이다. 아래의 도표를 살펴보면 우리의 현주소를 더욱 정확히 알 수 있다.

국 가 명	2006년 지수	2007년 지수
싱가포르	1.20	1.30
홍 콩	1.87	3.13
일 본	2.10	3.01
마 카 오	5.11	4.78
대 만	6.23	5.91
말레이시아	6.25	6.13
중 국	6.29	7.58
한 국	6.30	5.44
인 도	6.67	6.76
베 트 남	7.54	7.91
인도네시아	8.03	8.16
태 국	8.03	7.64
필 리 핀	9.40	7.80

이러한 발표를 보면서 한국교회는 생각을 거듭해야 한다. 한 사회에 같은 이념을 따르는 집단이 10%를 차지하게 되면 그 사회를 움직일 수 있는 동력이 된다는데, 우리의 교회는 25%를 차지하고서도 아무런 영향을 주지 못하는 힘없는 집단으로 전락하고 있다. 오히려 사회로부터 교회의 부조리와 부패의 항목들이 지적당하고 비판의 대상이 되는 현실이다.

4천 7백만 인구의 18.3%가 개신교이며, 10.9%가 천주교라는 통계가 참으로 부끄러운 현실이다. 전 인구의 29.2%를 점유하고 있는 하나님의 자녀들이 아직도 하나님 나라의 흔적조차도 보여주지 못하고 있음을 본다. 도시마다 십자가의 네온사인은 가득한데 거기에 수반되어야 할 그리스도인들의 삶의 미담은 들리지 않는 지금이다. 그리스도인이라는 이름은 가득한데 그 냄새는 전혀 다른 차원의 것이라는 데 문제의 심각성이 보인다. 오히려 '예수쟁이'들이 부정과 부패의 놀음을 더 만끽하고 그 무대에서 더 즐거운 춤을 추고 있지는 않은지 돌아보아야 한다. 교회마다 찬송하고 말씀을 듣고 기도를 하는 무리가 가득한데 '행함이 없는 믿음'의 주역들로 얼마나 힘없이 살아가기에 이 나라의 부정부패지수가 갈수록 높아가는지 한탄을 금할 수 없다.

새해를 맞이하는 목회자들은 이 사회의 높은 부정부패의 지수에 대한 책임을 느끼고 자성의 옷깃을 여밀 때가 되었다. 이제는 정직한 말씀의 영을 받기 위하여 맑은 영성과 살아있는 말씀 속에 먼저 파묻혀야 한다. 거기서 사랑하는 양들에게 외쳐야 할 정직과 청렴의 메시지를 받아 전해야 한다. 그리고 다음의 질문을 해야 할 것이다.

한국교회는 단순히 "예수 믿고 천당 가라" 는 구호만을 외치는 목회의 선상에 계속 머물 것인가? 아니면 하나님 나라의 맑고 정직한 강물이 이 사회에 흐르도록 노력을 기울일 것인가?

새로운 정부의 출현에 이제는 관심을 기울여야 한다.

한국의 개신교는 아무런 힘이 없는 듯 살아왔다. 모두가 개교회 중심으로 교회의 성장에만 심혈을 기울여왔다. 참여정부의 핵심들은 이러한 교회들을 보면서 교회를 평가절하하였고, 그 결과 사학법 개정까지 추진하였다. 그러나 교회란 핍박을 받으면 받을수록 더욱 강하게 뭉치고 일어서서 피를 흘리는 것을 주저하지 않는 독특한 공동체임을 그들은 전혀 모르고 있었다. 교회는 자신들이 선교를 목적으로 하여 세운 그리스도교 학교가 더는 선교활동을 할 수 없게 만드는 악법의 철폐를 위하여 일어섰고, 교계 지도자들은 삭발하고 처절한 투쟁을 벌였다. 마침내는 만족할 만한 재개정은 아니지만 교회가 살아있음을 입증하여 그들에게 두려움을 갖게 하였다.

이러한 일이 발생할 무렵 한 연구기관의 매우 흥미 있는 발표가 있었다. 그것은 정치권에 개신교가 가장 큰 영향력을 가지고 있다는 설문조사의 결과였다. 이 설문조사에 응한 3백 명의 종교지도자들은 정치권에 대한 영향력이 가장 크다고 생각하는 종교로 개신교(47.0%)를 꼽았고, 그다음은 천주교(30.9%), 불교(20.4%)를 꼽았다. 그리고 선거 시 득표력이 가장 높은 종교로도 개신교(54.1%)를 꼽았으며, 불교(28.6%), 천주교(13.9%)가 뒤를 이었다.

이러한 설문조사의 결과는 정치인들에게 개신교가 자신들의 당락을 좌우하는 힘이 있음을 보여주는 좋은 증거이기도 하다. 교회는 이러한 힘을 개교회의 이익을 챙기는 데 사용하지 않고 성실한 정치인을 뽑는 데 활용하게 된다면 하나님 나라의 확장에 일조할 수 있을 것이다. 그럴 때 사학법 재개정과 같은 선교를 침해하는 행위들을 예방할 수 있게 될 것이다.

2008년은 제18대 국회의원을 선출하는 해이다. 4년마다 국민의 주권을 행사하는 소중한 기회이다. 이 기회를 우리의 교회가 선용할 때 정치인은 교회의 소중함을 알게 된다. 또다시 교회가 운영하는 학원 선교와 같은 일들을 등지는 행위를 저지르는 정치인들이 등장하지 않도록 함이 우리의 정당한 권리의 행사이다. 새해에는 그리스도인의 옷을 갑작스럽게 갈아입고 교회를 찾아오는 정치 지망생들이 많을 것이다. 목회자들이 이들을 대할 때마다 사사로운 이익에 집착하는 대화보다는 이 땅에 하나님의 정의를 강같이 흐르게 할 수 있는 일꾼이 되어달라는 부탁이 더 시급한 대화의 주제가 되어야 할 것이다.

새 대통령께 이런 진언을 하고 싶다.

모든 것이 다 고속으로 변하는데 정치의 변화만은 참으로 더디게 움직이고 있는 것이 바로 우리의 정치실태이다. 정권이 바뀔 때마다 새로운 이름을 걸고 정당이 탈바꿈하면서 역사성이 없는 신흥정당들로 정권의 창출에만 급급한 수준이다. 그래서 집권자의 임기가 끝나는 순간 백년대계를 세우고 출발했던 정당도 함께 문을 닫고 새로운 대문을 연다. 그리하여 우리나라의 정당사를 보면 지난 반세기 동안 한국 정치사에 등장한 정당의 이름만 수십 개에 이른다.

이러한 정치 역사를 반복하면서 우리 국민은 새로운 대통령을 선출하고 2008년 2월에 새로운 정치 질서를 세우게 된다. 새로운 대통령이 하나님과 국민 앞에 어떤 자세를 갖추는가에 우리의 교회는 깊은 관심을 기울인다. 단지 관심만을 두는 것이 아니라 교회는 이를 위하여 기도하는 가장 선한 모습을 보인다. 그렇다면 교회는 주일마다 하나님을 예배하면서 새 대통령을 주신 하나님을 향하여 이제 무엇을 간구할 것인가? 다음 몇 가지를 생각해 본다.

먼저, 하나님을 예배하는 모습을 철저히 보이는 대통령이기를 바란다. 그러나 목사나 신부를 불러 청와대에서 예배를 드리는 행위는 삼가기를 바란다. 그 이유는 예배란 하나님의 자녀가 작은 부활절이라 일컫는 주님의 날에 거룩한 곳에 나아가 백성들과 함께 드리는 것이 정상이다. 예배란 단수의 개념으로 드리는 것이 아니라 복수의 개념으로 드려야 하기 때문이다. 아무리 경호에 문제가 있다 하더라도 이것만은 제1의 신조로 삼아야 할 것이다.

둘째, 새 대통령은 필요한 지혜를 인간의 교묘한 조언에서 구할 것이 아니라 스스로 기도하며 하나님의 말씀을 읽고 명상하는 가운데서 얻게 되기를 바란다. 어두운 밀실의 정치인이 아니라 맑고 청렴한 삶을 보이는 대통령이기를 바란다. 검은 손길이 감히 미칠 수 없는 카리스마를 주변에서 스스로 느낄 수 있는 신실한 마음과 모습이 갖추어지기를 바란다.

셋째, 높은 도덕적인 기준이 삶으로 알려지기를 바란다. 거기에 더하여 사용하는 언어 수준을 비롯하여 인격과 품행이 모든 국민이 우러러 존경을 표할 수 있게 되기를 바란다. 모든 국민 앞에서 여과 없이 보여주어야 하는 삶의 주인이기에 거기에 필요한 노력을 기울여 달라고 부탁한다.

넷째, 언제나 물러난 후에 남게 될 기록을 소중하게 여겨 역사 앞에 한 점의 부끄러움이 없는 자랑스러운 업적이 가득하게 해야 한다. 지연과 학연을 비롯하여 개인적인 사연에 매달리는 작은 그릇의 대통령이 되기를 원치 않는다. 노력의 대가를 언젠가는 받을 수 있는 사회를 구현해 주기를 바란다. 그리고 골고루 더불어 잘살 수 있는 경제정책을 개발하여 잘사는 나라로 만들어 주기를 바라는 국민적 염원을 마음에 두기를 바란다.

다섯째, 전임 대통령들이 쌓아놓은 탑들을 함부로 무너뜨리지 않고 좋은 역사의 계승을 소중히 여기는 넉넉한 마음을 소유하는 대통령이 되기를 원한다. 특별히 이제 겨우 남북 평화공존의 문고리를 잡기 시작했는데 그 문을 닫지 않고 더 시원스럽게 열어 이 민족이 그렇게도 애절하게 소원하는 통일의 행진을 계속해 주기를 바란다.

끝으로, 물질 만능의 사회적 풍조에 국민이 침몰하지 않고 높은 가치관을 가지고 사는 나라를 만들 수 있는 대통령이기를 바란다. 동방예의지국으로 아름다운 효의 문화 상실과 더불어 높은 이혼율과 자살률을 보면서 가슴 아파하는 대통령을 우리는 원한다. 이 민족이 필수적으로 따라야 할 기본이념(Ethos)을 세워 선정을 베푸는 대통령을 우리 국민은 모시고 싶어 한다.

2009년도 회고와 전망

2008년, 안정을 취할 수 없었던 한 해였다

17대 대통령의 출현

2007년의 연말과 2008년의 연초는 17대 대통령 선거와 당선인의 행보에 모든 국민의 초점이 모이고 있었다. 1987년 대통령 직선제가 시행된 이후로 가장 높은 지지율인 48.7%라는 높은 득표는 많은 사람을 놀라게 했으며, 타후보의 지지자들에게는 그만큼 큰 실망을 안겨주었다.

나라의 경제가 심상치 않게 하향 조짐을 보이던 때이기에 경제형 지도력을 강조하면서 경쟁과 성장과 효율을 중시하는 CEO 출신 이명박 후보는 국민의 기대를 모으기에 충분하였다. 비록 BBK를 비롯한 선명하지 못한 기록들이 들추어졌어도 경제 발전을 바라는 국민의 관심 속에 모두 파묻히게 되었다.

2월 25일 새 정권의 태생을 위한 대통령 인수위는 바로 가동되었으며, 거기서 홍수처럼 쏟아진 정책은 때로는 황홀하고 실현 가능성에 대한 혼돈이 거듭되기도 하였다. 그중에서도 2008년 경제 6% 성장과 임기 5년 내 국민소득 4만 달러 달성이라는 발표는 모든 국민의 기대를 모으기에 충분하였다. 그러나 "한반도 대운하 2009년 2월 착공" 등의 발표는 국민의 여론을 하나로 묶는 데 지금까지 난항을 겪고 있다.

지난 10년간 국민의 정부와 참여정부가 지향하던 개혁과 진보의 정책은 여당에서 보수와 경제성장이라는 쟁점을 들고나오면서 정권의 방향이 바뀌게 되었다. 거기에 북한과의 관계 유지도 우호 관계보다는 대립 관계의 정책을 표방하고 나섰다.

특별히 새 정권 주역들의 구성은 국민들이 쉽게 이해하기 어렵게 되었다. 우선 '고소영'이라는 신조어를 만들 만큼 대통령이 소속된 범주의 사람들로만 구성이 되고 그 외의 사람들은 철저하게 외면함으로 인하여 소외당한 절대다수의 학력, 지역, 종교에 속한 사람들은 그 불쾌감을 정권 초기부터 노골적으로 나타내기 시작하였다. 경제성장을 위하여 열렬한 지지를 보냈던 사람들마저 의아함을 금치 못하였다. 거기에 더하여 새 정부의 각료들이 거의 수억에서 수백억의 재산을 소유한 인물들로서 서민들과는 거리가 먼 사람들이라는 데서 더욱 국민과의 괴리감이 짙어질 징조를 안고서 이명박 정부는 출현하였다.

소고기가 몰고 온 촛불 시위의 거대한 물결

대통령에 대한 지지율이 집권 초부터 매우 불안하였다. 집권 초인 3월 12일에 발표한 어느 여론조사에 의하면 이명박 정부에 대한 국민의 지지율이 53.1%였는데, 집권한 지 두 달도 안 된 4월 7일에는 25.4%로 떨어진 보기 드문 현상이 나타나고 있었다. 심지어 그의 지지기반이었던 부산·경남·울산에서 28.2%, 대구·경북은 28.5%라는 민심 이반 현상을 보였다.

지지율 폭락의 최대 원인은 여론분석가들에 의하면 다양하였다. 영어

몰입교육 방침에 대한 충격과 한반도 대운하 추진 문제를 비롯하여 부자들로 구성된 내각과 청와대 인물들, 그리고 독주의 인상을 풍긴 대통령의 지도력 등이 국민의 호응을 받기에는 매우 난항이었다고 한다. 그러나 무엇보다도 국민의 반감을 몰고 온 것은 집권한 지 두 달도 되지 않은 4월 18일에 정부가 미국과의 쇠고기 협상에서 소의 나이와 상관없이 뼈를 포함한 미국산 쇠고기 수입을 전면 허용하기로 합의했다는 발표였다.

일본 정부는 이미 지난 2006년 초 국제수역사무국(OIE)에 "살코기에서도 광우병을 유발하는 변형 프레온이 발견되었다"라는 내용의 공문서를 보내면서 미국 정부의 압박에도 20개월 미만 쇠고기만을 수입하는데 왜 우리는 광우병에 대한 철저한 대책 없이 수입하는지에 대한 국민의 불만은 서서히 싹트기 시작하였다. 여기에 더하여 한 TV 방송에서 광우병에 대해 보도함으로써 여론의 불길은 걷잡을 수 없게 타오르기 시작하였다.

시민들을 놀라게 한 것은 10대 여중·고생들이 "미국산 쇠고기 수입 반대 촛불 문화제"를 주도하고 마침내는 초등, 중·고등학생부터 유모차를 끌고 나타나는 가정주부들과 일반시민들이 스스로 나섰다는 점이다. 6·10 항쟁 21주년을 맞아 절정을 이루었을 때는 경찰 추산 8만 명, 주최 측 추산 70만 명이라는 규모까지 이룬 적이 있었다. 이 촛불 시위는 평화와 비폭력의 원칙이 지켜져서 경찰과의 충돌을 면하는 성숙한 자정능력을 보여주는 보기 드문 대규모의 시위였다. 뿐만 아니라 시위가 끝난 후에는 어김없이 10대 청소년들이 자발적으로 초와 쓰레기들을 치우고 따로 거둬 가는 장면이 보도되었다. 쓰레기들을 현장에 남기면 보수언론 등에서 이를 트집잡아 "미국산 쇠고기 수입 반대 촛불 문화제"를 매도할 것이기에 어떤 구실도 주고 싶지 않다는 어린 그들의 모습은 많은 것을 느끼게 한다.

촛불 시위의 이러한 순수성을 인정한 종교단체들의 합류는 촛불 시위에 새로운 전기를 마련하였다. 천주교 사제들이 촛불 현장에서 미사를 가짐으로 개신교와 불교도 각각 종교행사로 촛불 시위를 지원하는 풍경이 그려졌다. 이러한 현상은 건국 사상 초유의 현상들이었다.

가시화된 불교계의 예사롭지 않은 저항

한국은 여러 종교가 공존하면서 그동안 큰 마찰을 일으키지 않고 오늘에 이르렀다. 그러나 최근에 이르러 불교계의 반응이 과거의 기록을 깨고 있다. 불교는 역사적으로 호국 종교로서 수천 년의 역사를 이어온 전통이 있다. 그래서 개신교나 천주교가 독재정권에 저항하면서 갖은 희생을 치르고 인권 보호나 민주화를 외칠 때 불교는 침묵을 지켰고, 그러한 침묵을 보면서도 불만의 말을 하지 않은 것이 불교를 대하는 타종교의 자세였다. 그러나 최근에 이르러 불교의 움직임은 과거의 자세를 크게 벗어나고 있음을 본다. 특별히 한국의 그리스도인들이 정치, 경제, 사회의 주역들로 등장할 때마다 불교의 시선은 그리 곱지 않다.

새 정부가 들어서자 바로 불교신문에서는 내각과 청와대 수석들의 종교를 예전과 달리 철저히 분석하면서 개신교가 장관 63%, 청와대 수석 50%, 대통령 비서관 39%를 차지한다는 발표를 하였다. 그리고 새 정부는 '개신교의 정부'라는 이름을 붙이고 정부를 향한 성토 분위기를 조장시키고 있었다. 그 구체적인 예로 불교계의 한 신문사는 인터넷 설문조사를 통하여 새 정부 주요 인사의 개신교 비율이 높은 것에 대한 불교계의 부정적인 여론이 무려 90%에 육박했다고 발표하였다. 그리고 최근에는 종단의 지도자가 탄 차를 말단의 경찰이 정지시키고 조사한 일을 가지고 대통령의 사과를 들고나올 정도로 불교계의 목소리는 예전과 달리 시중에서 매우 강하게 외치고 있었다.

한국의 종교들에 관한 연구를 계속해 온 학자들은 한국에는 종교가 유난히도 많은데 싸움이 없이 공존하는 것은 매우 이례적인 일이라고 칭찬을 하면서 우리 국민의 의식을 높이 평가한 바 있다. 그동안 우리 민족은 이 땅에 종교의 자유가 있기에 서로가 선의의 경쟁을 할 수 있다는 견해를 잘 지켜왔다. 그러나 종교 간에 반목과 질시가 이어진다면 외국처럼 이것은 종교전쟁으로 비화할 첫 발걸음이 될 것이고 어느 때인가 종교전쟁이라는 가장 비참한 결말을 초래하게 될 것이다.

태안반도의 기름 유출 사고와 교회의 눈부신 봉사활동

UN은 2008년을 '지구의 해'로 정하였다. 지구의 생명을 살리고 보존하는 일에 전 세계가 관심을 기울이고 준비하고 있던 2007년 12월 7일에 태안의 앞바다에서 홍콩 선적 허베이 스프리트호가 운항 중 다른 배에 들이받히면서 원유 1만 810t이 바다로 유출되는 사고가 발생하였다. 이 사고는 1995년 7월 남해안 여수 앞바다에서 일어난 시프린스호 사건의 2배 규모였다.

이 사건은 '검은 재앙'이라고 불릴 정도로 심각하였다. 하루아침에 서해안 주민들이 삶의 터전을 잃어버렸고, 생태계의 오염으로 수중의 생물들이 폐사하는 가슴 아픈 일이 일어났다. 인간의 실수로 아름다운 생명체들이 죽어가고 있다는 보도는 국민의 가슴에 상처를 주게 되었다. 각 언론기관은 예전과 달리 적극적으로 취재에 임하였고, 그 결과 보도가 나간 지 하루가 채 되지 않아 자원봉사자들의 발길은 태안으로 향하고 있었다. 그들이 방제복을 입고 장화와 고무장갑을 끼고 손에 헝겊을 들고 조약돌에 입혀진 기름을 닦고 기름띠를 떠내는 모습이 날마다 이어져 우리 국민의 하나 된 모습을 세계에 알리게 되었다.

120만의 자원봉사자들은 50년이 걸려야 회복이 된다고 하던 태안 앞바다를 5개월 만에 거의 회복시켜 잃었던 해수욕장을 개장시키는 놀라운 기적을 이룩하였다. 이러한 기적의 현장은 세계 기네스북에 최단 시간에 세계에서 가장 많은 자원봉사자가 몰린 현장으로 기록되었다. 우리의 한국교회는 하나님이 만든 아름다운 창조 질서를 인간의 실수로 오염시킨 잘못을 '생명 살리기 운동'의 차원에서 조직적으로 봉사활동을 하여 교회 밖의 사람들로부터 높은 평가를 받기도 했다. 생각해 보면 한국의 그리스도인들이 서해안 지역의 방제를 위하여 27만 명이 동원되었고, 10억 5,000만 원이 순수헌금으로 전달되었다는 것은 실로 놀라운 일이다. "이웃을 내 몸과 같이 사랑하라"는 주님의 명령이 얼마나 우리의 몸에 깊이 새겨져 있는지를 보여주는 좋은 기회였다.

세계인을 불안과 위기로 몰아넣은 미국의 금융위기

2008년의 연말은 칠흑같이 어두운 밤에 밀어닥친 거대한 토네이도 속에 세계인들이 숨을 죽이고 방황하고 있었다. 세상이 회오리바람에 휩싸이고 무수한 사람들이 지금 중심을 잃고 넋을 잃고 있다.

우리나라는 2000년을 넘어서면서 유가 상승이 1천 원대에 진입했을 때도 부담을 느꼈는데 지금은 1,700원대를 넘나들고 있다. 우리는 석유 소비 세계 6위를 달리고 있는 국가로서 긴장하지 않을 수 없었다. 그러던 차에 2007년 2월에 들어서면서 미국의 서브프라임 모기지는 전 세계 경제에 비상 신호를 보내고 있었다. 이것은 우리말로는 비우량주택담보대출이다. 그 내용은 신용도가 낮거나 수입이 적은 사람들이 사고자 하는 주택을 담보로 하고 높은 금리를 적용하여 대출을 받는 제도이다.

문제는 2007년 초부터 보인 미국의 주택가격 하락과 함께 대출을 받은 사람들이 이자 상환능력이 없어지자 주택들은 압류사태로 이어지고 압류된 물건들은 정상가격에 처분되지 못하는 부동산 악순환이 이어졌다. 이 악순환의 중심에 서 있던 거대한 회사였던 서브프라임은 무너지고 그 은행에 돈을 빌려준 거대한 은행들이 연쇄부도를 일으키게 되었다. 마침내 150년간 미국 월가의 터줏대감이었던 리먼 브러더스가 파산보호를 신청하게 되자 세계 금융시장에 잠재되어 있던 뇌관은 폭발하고 말았다.

이 결과 미국 경제의 영향권 아래 있는 한국을 비롯한 대부분의 나라가 주식시장을 비롯한 금융계에 극심한 손해를 입었다. 마침내는 미국 정부가 7천억 달러라는 천문학적 구제금융을 투입해 이 엄청난 경제위기를 해결하려는 몸부림을 치고 있다. 그러나 소비자들은 실물경제의 현장에서 이 위기를 목격했기에 스스로가 모두 비상사태로 긴장을 하고 소비를 멈춘 상태다. 그 결과 시장의 경제 순환도 멈추어 버렸다. 이것은 미국 국내에서 볼 수 있는 현장이 아니라 한국을 비롯한 세계인들의 모습이다. 이러한 현상을 보면서 이것이 자본주의가 무너지는 종말의 현상이 아닌지를 여러 분야에서 염려하고 있다.

분노를 몰고 온 중국산 먹거리

양어장의 물고기들이 사료를 먹고 떼죽음을 당하고, 분유를 먹은 5만여 명의 아이들이 건강에 해를 입고 그중에 수백 명이 중태이고 일부 어린이들은 사망했다는 보도는 실로 섬뜩한 일이었다. 미국에서는 지난해 5월 중국에서 수입한 애완동물 사료 때문에 개와 고양이 수천 마리가 죽었다. 이러한 끔찍한 일들이 지난해에 발생했는데도 베이징 올림픽 때문에 전혀 발표조차 하지 않고 있다가 뒤늦게야 문제가 되었다는 자체가 한심스러운 일이었다.

2008년을 넘기기 전에 한국은 멀게는 미국에서, 가까이서는 중국에서 밀어닥친 경제위기와 멜라민의 쓰나미로 인해 몹시나 요동을 치는 한 해를 마무리하고 있다.

　우리나라 국민이 일상적으로 먹는 음식의 80%가 수입품이며 그중에 중국산이 반절 이상이다. 그러하기에 중국에서 수입된 식료품에 나타난 불길한 소식들은 우리 국민의 마음을 무척이나 불안하게 한다. 중국에서 멜라민을 먹여 키운 돼지고기, 소고기, 닭고기가 우리의 식탁에 오르고 있으며, 발암물질인 쑤단훙(蘇丹紅) 색소를 첨가한 오리알, 농약 만두, 골판지 만두 등 수많은 먹거리가 한국 시장을 점령하고 있다는 보도는 한국인을 무척이나 우울하게 만들고 있다.

　최근에 가장 문제가 되는 멜라민이라는 물질은 원래 공업용 화학 물질로 주로 플라스틱, 염료, 접착제, 비료 등의 원료로 사용된다고 한다. 무색의 결정성 물질인 멜라민은 물에는 잘 녹지 않는 약한 수용성이며 단백질의 주성분인 질소가 많아 단백질 함유량 표시 수치를 높이기 위하여 중국에서는 분유를 비롯한 각종 사료에 흔히 사용해 왔다고 한다. 멜라민은 저항력이 약한 유아에게는 신장질환을 일으켜 사망에까지 이르게 하는 매우 위험한 물질이다.

　이러한 위험 물질이 중국의 분유를 사용하는 각종 제품에 포함되어 있다는 조사 결과는 청결한 삶을 즐기는 한국인들에게는 매우 충격적인 일이었다. 한국의 주문자상표부착방식으로 생산된 해태제과의 '미사랑 카스타드' 등을 비롯하여 일본의 마루다이 식품 4개 품목, 미국의 세계적인 식품회사인 하인즈의 유아용 채소 시리얼 등에서 멜라민이 검출되었다는 보도는 세계인들을 공포 속에 떨게 하였다. 미국의 식품의약처(FDA)에서는 이토록 멜라민 공포가 세계적으로 번져 나가자 중국산 인스턴트커피와 밀크티 제품의 위험성을 경고하였고 리콜 조처를 한 바 있었다.

　우리나라 식약청은 멜라민 섭취량이 일일 섭취 허용량에 도달하지 않은 정도라는 발표를 한 바 있었다. 그러나 저항력이 약한 아이들에게 멜라민이 함유된 과자를 먹일 부모는 없다. 먹는 음식만은 정성을 다하는 것이 우리 국민의 오랜 생활 습관이다. 비록 허용량에 미치지 못해도 위험성이 있는 물질이 함유된 먹거리라면 조금이라도 용납하지 않는 것이 우리의 식생활 문화이기에 우리 국민은 멜라민을 만지는 사람들을 향하여 분노하면서 한 해의 문을 닫았다.

2009년, 사회적 아픔을 교회가 묵과하지 말아야 한다

세 번째의 장로 대통령과 한국교회의 책임

한국교회는 세 번의 장로 대통령을 뽑는 데 열을 올렸고 주일예배 때마다 한국교회의 예배 현장에서는 대통령을 위한 기도가 끊이지 않았다. 그런데 지난 두 번의 장로 대통령이 남긴 기록은 한국교회에 보탬이 되는 것은 아니었다. 초대 대통령 이승만 장로는 독재자로서 그의 아름다운 신앙과 공적은 찾을 길이 없이 비참한 몰락을 가져왔다. 그리고 14대 대통령 김영삼 장로는 문민정부로서의 소임을 잘 감당하였으나 각종 인재의 발생과 IMF라는 경제위기를 초래함으로써 그 종말은 실패로 끝을 맺었다. 17대 대통령 이명박 장로는 그 등장과 함께 몰아친 회오리바람에 교회는 머리를 들지 못하고 기도만 계속할 뿐이었다.

소고기 파동을 비롯하여 물가와 유가의 상승, 경제성장을 가로막고 오히려 위험한 고비에 오르게 된 미국의 금융위기 등은 국민을 피곤하게 할 뿐만 아니라 경제에 통달한 이미지를 심어주면서 대통령의 자리에 올랐던 장로 대통령을 역풍에 시달리는 항해사로 만들었다. 거기에 더하여 그리스도교의 장로 대통령은 마음과 뜻과 신앙이 통하는 사람들을 등용하여 나라를 섬겨 나가는 데 타종교의 질시를 남달리 받고 있다.

그러나 장로 대통령은 좌우의 반 그리스도인들의 말에 너무 귀를 기울이지 말고 하나님을 의지하는 순수한 장로의 정신과 신앙을 고수해야 한다. 음주를 멀리하는 대통령과 식탁 앞에서 하나님을 향한 감사의 기도를 드리는 대통령, 그리고 철저히 주님의 날에 선별된 예배당에 나아가 하나님을 예배하는 대통령의 모습을 보여야 한다. 그럴 때 한국교회는 더욱 뜨겁게 대통령을 위한 기도를 계속할 것이다. 그리고 하나님은 장로 대통령을 솔로몬과 같은 지혜로 이 땅에 가장 아름다운 기록을 남기게 하시리라 믿는다.

한국교회는 이번만은 장로 대통령이 실패하지 않고 혁혁한 공을 세우는 대통령이 되도록 힘을 써야 한다. 별다른 일도 착수하지 못한 채 1년을 넘기고 있는 장로 대통령을 보면서 안타까워하는 그리스도인들이 많다. 2009년에는 하나님 앞에 떳떳하고 국민 앞에 진실한 장로 대통령으로 소중한 기록들이 가득하도록 우리의 힘을 모아야 한다. 그를 통하여 이 땅에 하나님 나라가 크게 확장될 수 있도록 한국교회는 최선을 기울일 필요가 있다. 한국교회가 우리의 곁에서 함께 예배하던 장로가 나라님이 되어 땀 흘리는데 우리의 뜨거운 마음의 격려와 냉철한 비판의 진언을 해 주는 것이 어느 때보다 절실하다.

환율 인상과 선교 정책의 적신호 앞에 선 한국교회

세계 교회 중에 가장 많은 선교사를 파송하고 있는 한국교회에 적신호가 보인다. 그것은 환율 인상에 따른 교회의 부담이 새해에는 커지게 된다는 점이다. 교인들은 경제위기를 헤쳐나가느라 애를 쓰는 새해가 될 것이다. 긴축 정책을 하고 있는 직장에서 일터를 잃게 되는 교인들을 비롯하여 수출입의 불균형에서 발생한 손실에 못 이겨 기업의 도산이 발생하게 될 것이다. 그리고 소비의 위축에서 온 사업의 부진 등이 뚜렷할 것이며, 유학을 보낸 자녀들의 학비 송금에서 환율 차에 따른 부담이 막중하게 될 것이다.

이러한 경제 여건에 따라 교인들의 주일헌금도 줄게 될 것이 확실하다. 이러한 현상은 교회의 예산에 차질을 빚게 되고 그 여파는 선교비 송금에까지 영향을 미치게 될 것이다. 이때 우리의 교회는 선교의 촛대를 옮겨 놓으시고 진행하시는 하나님 앞에 어떤 결단을 내려야 할 것인지 진지한 기도와 좋은 지혜를 찾아야 할 것이다.

여기서 교회가 생각해야 할 것은 복음을 땅끝까지 전하는 일이 최우선이 되어야 함이다. 육신의 삶이 예전과 달리 고단한 궤도에 진입하더라도 주님의 복음을 땅끝까지 전하는 일만은 뒤로 할 수 없다. 복음 전파는 역사적으로 생명과 맞바꾸는 일이기에 선교를 위한 힘찬 행진만은 위축되지 않아야 할 것이다. 그럴 때 하나님은 한국교회에 "잘하였도다"라는 치하를 주실 것이며 더 큰 세계를 우리에게 펼쳐주실 것이다.

높은 자살률에 대한 교회의 책임은 그리스도인의 신앙과 무관한 것인가?

최근에 있었던 인기 탤런트의 자살은 많은 사람에게 충격을 안겨주었다. 최근에 그가 이혼 이후 시들했던 자신의 삶에 새로운 결단을 내리고 오뚝이처럼 일어서서 연기 활동을 하기에 모두는 박수를 보내면서 좋은 본을 보여줌에 고마움까지 느꼈다. 그러한 그가 갑자기 자살을 택하자 많은 사람들은 당혹감과 안타까움을 감추지 못했다. 객관적으로 볼 때 그녀가 자살을 택해야 할 이유가 희박했는데 어찌 자신의 생명을 그렇게 스스로 끝을 맺었는지 알 수 없다는 것이 시민들의 반응이다.

문제는 그녀가 새벽기도회까지 나와 기도했던 그리스도인이었기에 교회의 충격은 아물지 않고 있다. 최근에 자살을 택한 5명에 가까운 연예인 모두가 그리스도인이었다는 데 문제의 심각성은 더욱 깊어진다. 한국교회는 고단한 삶의 장에서 상처를 받고 우울증에 시달리다가 세상을 스스로 떠난 사람들이 속출하는 데 책임을 느껴야 한다.

세계에서 가장 새벽기도회에 충실한 한국교회, 가장 뜨거운 선교 열정을 안고 있는 한국교회, 십일조를 가장 성실하게 하는 한국교회, 성경을 가장 열심히 읽는 한국교회가 있는 이 나라에서 OECD 국가 중에 가장 높은 자살률을 내고 있다는 것은 실로 큰 모순이다. 설교단에서 나오는 유창한 메시지만을 통하여 교인들을 잘 섬기고 있다는 안일한 목회 의식에 문제가 있다. 한국교회의 3분의 2가 여성들인데 모든 상담은 남성 목사에게 해야만 하는 이 모순된 교회의 구조부터 우리는 관심을 두어야 한다. 한국교회의 여성들은 여성의 내면 깊이 박혀 있는 고민을 남성 앞에 터놓고 말할 수 없어 일반 상담실을 찾고 있는 현실이다.

한국교회의 여성들이 갈 길을 못 찾아 자살이라는 슬픈 종말을 맞고 있는 사례가 많아지고 있다. 왜 여성 목사를 동역자로 맞아 동성끼리의 이해와 사랑 속에서 상담의 문을 열도록 배려하지 못하는 한국교회가 되었는지 참으로 한심스러운 일이다. 새해에는 많은 교회가 앞을 다투어 가부장제도의 철저한 관습을 벗어나리라 기대를 걸어본다.

2009년의 목회는 생명을 아끼는 목회로 이어져야 한다. 삼라만상의 생명보다 인간의 생명이 소중한데 '최고의 자살률'이라는 오명을 벗는 데 우리의 교회는 최선을 다하여야 할 것이다.

은퇴한 인재의 활용을 모색하는 목회 구상

우리나라는 이미 노령화 사회로 진입하였다. 1960년 군사정권의 산아제한정책이 이제야 가장 실패한 정책이었으며 하나님 앞에 큰 죄를 범했다는 결론에 도달하였다. 인위적으로 일구어진 인구정책의 결과는 젊은이는 없고 노인들만 가득한 한반도가 되었다. 교회는 과거에는 어린이들이 교회마다 가득하였고 중고등부 그리고 청년부, 장년부로 이어지면서 피라미드 형태의 교회 구성원을 나타내었다. 그러나 지금은 역피라미드의 현상이 되었다. 어린이는 한두 명 보이고 청소년은 몇 명만 힘없이 드나들고 노인들은 가득한 한국교회가 되었다.

노령화 사회의 모습이 교회에 그대로 나타나고 있다. 그 결과 목회자는 매주 장례를 집례하는 데에 목회의 많은 시간을 보내야 한다. 이제는 어려서부터 교회에 와서 하나님을 예배하면서 생의 종착역을 바라보고 있는 노인들에 대한 목회의 배려가 있어야 한다. 여기저기서 교회의 이름을 붙이고 점심 한 끼를 대접하는 봉사의 모습은 좋은 일이다. 그러나 목회자는 좀 더 새로운 시각을 갖출 때가 되었다. 노인들이 함께 모여 교회 안에서 활동하고 일할 수 있는 자리를 만들어 주고 찾아주는 목회도 실행해야 할 때가 되었다.

복지사회의 선두를 달리고 있는 독일교회의 디아코니아 재단들에서는 삶의 끝자락에 놓인 노인들이 무의미하게 생을 마무리하지 않고 작은 일이라도 의미 있는 일을 하다가 세상을 떠날 수 있도록 노인 일자리를 마련해 주는 데 큰 노력을 기울이고 있음을 본다. 한국교회도 교회들끼리 연계하여 디아코니아의 참 정신을 살리는 운동이 있어야 할 시점에 도달했다고 본다.

2010년도 회고와 전망

2009년, 사회의 갈등이 두드러지게 많았던 한 해였다

경제 한파가 남긴 상처들이 많았다.

2007년 미국의 서브프라임 모기지에서 일기 시작한 경제 한파는 미국의 5대 투자 은행 중 하나였던 리먼 브라더스를 덮쳐 2008년 9월 16일 파산보호신청을 함으로써 세계 경제가 흔들리기 시작하였다. 미국의 다우존스 지수는 9·11 테러 이후 최대폭락을 가져왔고, 세계의 금융시장이 함께 혼미의 상태를 거듭하게 되었다.

그로부터 1년이 지난 지금 세계의 모든 나라는 경기회복을 위하여 피나는 노력을 하고 있다. 글로벌 시대의 경제권 속에서 움직이고 있는 우리나라도 그 고통의 늪에서 벗어날 수 없었다. 그러나 우리 국민의 민첩한 대처와 경제인들의 눈물어린 인내와 도전은 다른 어느 나라보다 앞질러 경기회복의 신호를 발산하고 있다. 경기상황을 종합적으로 보여주는 경기동행지수가 8월까지 6개월 연속 상승지표를 보여주고 있다. 그뿐만 아니라 전국경제인연합회가 조사한 기업경기실사지수나 한국은행의 '9월 기업경기 조사 결과' 등이 모두 경기가 회복세를 타고 있다고 보고하고 있다. 참으로 고맙고 다행스러운 보고이다. 한국이 1997년 외환위기 때도 탈출의 모범사례가 되었는데 지난해 글로벌 금융위기에서도 빠른 경기회복세를 보이는 나라가 되었다는 것은 대단한 자랑거리임에 틀림이 없다.

생각해 보면 경제의 침체는 한국교회에 대단한 부담을 안겨주었다. 2만 명에 가까운 선교사를 해외에 파견한 한국교회는 선교사들의 생활비를 제대로 보내지 못할 정도로 매우 심각한 상처를 안고 있었다. 이러한 상처를 껴안고 한국교회는 절약의 인내심을 발휘하면서 선교의 줄만은 놓고 싶지 않아 몸부림치면서 기도하였다. 이제는 기쁨과 감사의 마음으로 선교에 지속적인 관심을 기울이게 되었다.

그러나 우리 주변에는 경제침체로 인하여 수많은 실직자가 거리를 방황하고 있다는 사실을 우리 교회가 직시해야 한다. 최근 「뉴욕타임스」는 한국의 경제위기에 나타난 실직자의 현상을 "한국의 실직자들, 수치를 무릅쓰고 육체노동 택해"라는 제목으로 기사화하였다. 이 기사에서 "실직한 사무직들이 어쩔 수 없이 게잡이 어선이나 때밀이 등의 고된 직업을 택하고 있지만, 경쟁과 사회적 지위를 중시하는 분위기 속에서 수치심이라는 이중고까지 겪고 있다"라고 보도했다.

여기서 우리 교회는 경제의 아픔이 남긴 상처가 교회 구성원들 속에 남아 있음을 명심할 필요가 있다. 그들을 향한 치유의 손길은 아직도 멀게 느껴지는 한 해의 경제 현실이었다.

2009년은 이 민족의 지도자들을 떠나보낸 특별한 해였다.

▶ **김대중 15대 대통령이 떠나다.**
최근 미국의 유력한 시사주간지 「뉴스위크」 인터넷판은 제64차 유엔총회 개막(9.23)을 맞이하여 매우 흥미로운 기사를 발표하였다. 그 내용은 혁신적인 국가 개혁에 성공한 현대 세계의 탁월한 정치지도자(트랜스포머) 11인 선정에 관한 것이었다. 그 중에는 한국의 김대중 전 대통령을 비롯하여 마거릿 대처 전 영국 총리, 헬무트 콜 전 독일 총리, 레흐 바웬사 전 폴란드 대통령, 덩샤오핑 전 중국 중앙군사위 주석, 넬슨 만델라 전 남아공 대통령 등과 같은 인물들이 들어 있다. 이러한 보도가 우리 일부 보수언론에서는 한 줄도 취급되지 않을 정도로 외면당했지만, 세계뉴스를 지켜본 사람들의 가슴에는 매우 의미 깊게 각인되었다.

이토록 국제적인 정치지도자로 인정받은 한국의 15대 김대중 대통령이 85세를 일기로 지난 8월 18일 서거하자 각 나라의 주요 외신들은 그의 험난한 정치 일생과 업적을 집중적으로 앞다투어 조명한 바 있다.

「뉴욕타임스」(NYT)는 김 전 대통령이 한국의 민주화와 남북관계 개선에 지대한 공헌을 했다고 평가하면서 1970년대 중앙정보부(현 국정원)에 의해 납치되어 죽을 고비를 맞기도 했던 그의 삶을 상기시켰다. 일본의 산케이 신문도 김 전 대통령이 50여 년이 넘는 정치 생활에 국회의원 선거와 대통령 선거에서 각각 3번의 낙선, 6년간의 투옥 생활과 3년간의 망명 생활, 6년 반에 걸친 자택 연금, 차량 테러와 납치 사건, 사형판결 등 평탄치 않은 험난한 정치 인생을 극복한 훌륭한 정치지도자로 극찬했다.

그 외에도 수많은 외신에서 그의 업적을 칭송하는 데 지면을 아끼지 않았다. 주요 외신은 2000년 남북정상회담 개최와 햇볕정책의 이행으로 남북의 긴장 완화에 이어 철도 연결과 개성공단 건설 등 남북관계를 크게 진전시킨 일을 가장 큰 업적으로 꼽았다. 「뉴욕타임스」는 김 전 대통령의 노벨평화상 수상은 민주화 운동가로서 그가 겪었던 고난과 노력의 보상인 동시에 전쟁 후 50년이 넘는 남북 간의 불신과 적개심을 떨쳐내는 계기를 마련한 대가라고 평가하였다. 다만 일본 산케이신문은 그가 시작한 남한의 "무조건적 지원으로 북한은 핵 개발을 발전시켰고 인권 문제도 전혀 개선되지 않았다"라는 평가를 함께 싣기도 하였다.

그가 서거하자 아무도 맞설 수 없는 소중한 평가들이 여기저기서 쏟아지고 있었다. 무엇보다도 공산주의자로 몰아세우는 매카시즘과 지역 패권주의라는 시대의 괴물과 싸우면서 그가 최초의 정권교체를 이룩한 대통령이 되었다는 점과 한국전쟁 이후 최대의 위기라고 했던 IMF 환란을 극복한 점 등을 높이 평가하고 있다. 어떤 평가에서는 "백범 김구가 40년 식민 시대를 대표하는 자랑스러운 인물이라면, DJ는 60년 분단 시대를 대표하는 자랑스러운 인물임이 틀림없다"라고 말하기도 한다. 생각해 보면 분명히 그는 세계 유일의 분단국으로 반세기를 훨씬 넘기고 있는 나라의 대통령으로서 민족 화해를 누구보다 앞서서 실천했음에 틀림없다.

그는 지난 여러 대통령보다 탁월한 기록을 남겼음은 분명한 사실이다. 특별히 그의 긴 세월의 험난한 정치 여정을 통하여 보여준 '인동초'의 삶이 주는 교훈은 깊은 인상을 남겼다. 그뿐만 아니라 이 땅의 민주화와 남북의 평화공존이라는 신념을 위하여 흔들림이 없었다는 기록은 많은 감명을 국민에게 안겨주었다. 거기에 더하여 그가 집권자의 자리에 올라서도 자만의 모습을 보이지 않은 부분과 권좌에서 흔히 보여주는 정치적 보복을 외면하였던 그의 관용과 포용력은 후대의 정치가들이 본받아야 할 부분임에 틀림이 없다. 그리고 그가 남긴 다음의 말은 많은 사람들이 귀를 기울여야 할 명언이다.

> "삶의 방식에는 두 가지 길이 있다고 생각합니다. 하나는 '무엇이 되느냐'에 의미를 두는 것이고, 다른 하나는 '어떻게 사느냐'를 중시하는 것입니다. 어떤 사람들은 '무엇'이 되기 위해서 '어떻게'를 무시합니다. … 수단과 방법을 가리지 않고 목표를 달성하는 것에 삶의 의미가 있는 것이 아니라 수단과 방법을 가리며 사는 바로 그 삶에 의미가 있습니다.

그렇게 살면서 목표를 달성하면 좋고, 설사 목표를 이루지 못해도 그 인생은 값진 인생이라 믿습니다."

▶ 노무현 16대 대통령이 떠나다.

5월 23일 노무현 전 대통령이 자택 뒷산 바위에서 투신하여 스스로 목숨을 끊었다는 소식은 온 국민에게 큰 충격이었다. 그는 2002년 제16대 대통령으로 당선된 입지전적인 인물이었다. 한때는 자신의 지지 정당으로부터도 비판을 받아 2004년 3월 국회로부터 대한민국 헌정사상 최초로 탄핵소추를 당해 대통령 권한이 정지되는 아픔을 겪기도 하였다. 그러나 그는 집권하는 동안 개혁의 소신을 굽히지 않아 보수 기득권과의 충돌이 심했던 대통령으로 임기를 마쳤다.

이러한 보수와 진보의 갈등에서 고생하면서도 그가 남긴 다음 몇 가지의 남다른 노력과 결실은 매우 긍정적으로 기록되고 있다. 무엇보다도 그의 참여정부는 탈권위주의를 추구하면서 검찰에 자율성을 주고 권력을 무기로 삼지 않고 진행하는 정치를 추구했다. 그리고 미디어를 개혁해야 한다는 주장을 굽히지 않았다. 그러나 그는 그 두꺼운 장벽을 무너뜨리지 못하고 끝내는 자신을 향한 검찰과 언론의 칼날에 비극적인 최후를 맞이하였다.

둘째로, 그가 집권하는 동안 두 자릿수에 달하는 수출 증가율에 도달하였고, 국민소득 2만 달러의 문을 열기도 하였다.

셋째로, 참여정부는 역대 어느 정부보다 균형 잡힌 나라의 발전에 힘을 기울였다. 비대해진 수도권 위주의 정부를 일부나마 지방으로 옮기면서 지방분권화의 정책을 펼치는 데 노력을 기울였다.

끝으로, 그는 과거의 자신을 생각하면서 소탈한 지도자로서 인권을 소중하게 생각하고 약자에 대한 배려에 매우 큰 관심을 기울여 서민 대통령으로서의 이미지를 남겼다. 이러한 정책을 펼쳤던 참여정부는 양극화 현상을 완화하는 데 노력을 기울이면서 많은 시민이 민주주의 성취를 누리게 하는 데 공을 세웠다는 평가를 받고 있다.

그러나 당선 직후 "이권이나 인사 청탁에 개입하면 패가망신시키겠다"라며 도덕성을 최고의 덕목으로 내세웠던 노 전 대통령에게도 역대 대통령이 빠졌던 함정이 있었다. 청와대를 나온 지 1년 만에 친인척들이 줄줄이 검찰수사를 받으면서 그는 친인척 관리에 실패한 대통령이라는 불명예를 떨칠 수가 없었다. 자신의 오랜 후원인으로부터 가족이 600만 달러를 받았다는 검찰의 폭로는 국민에게 충격과 분노를 안겨주었다. 여기에 보수언론의 앞서간 보도와 검찰의 칼날은 노 전 대통령의 목을 더욱 조이고 있었다.

이 결정적인 사건으로 결국 목숨을 스스로 끊었던 노 전 대통령에 대한 「뉴욕타임스」의 다음과 같은 보도는 매우 객관적인 서술을 하고 있다.

> "1979년부터 1993년까지 한국을 통치한 군사독재자 전두환과 노태우는 쿠데타로 집권하고 대기업에서 수억 달러를 강탈한 혐의로 유죄판결을 받았다. 이들은 각각 종신형과 17년형을 선고받았지만 2년 복역 후 사면되었다. 노무현의 전임자들인 김대중과 김영삼도 아들들이 뇌물을 받고 광범위하게 영향력을 행사한 혐의로 유죄판결을 받는 바람에 집권 말기 명성에 얼룩이 졌지만, 검찰은 이들을 소환하지 않았다.
> 이 때문에 많은 사람이 노무현 전 대통령에게 배신감을 느끼면서도 검찰과 보수언론이 삼성이나 현대와 같은 재벌 총수를 조사할 때는 보인 일이 거의 없는 맹렬한 기세로 노 전 대통령 가족을 집요하게 추적해 몰아세우자 정치적 반칙을 의심하고 불공평하다는 생각하게 되었다. 그러던 차에 노 전 대통령이 자살하자 이런 감정들이 대중적인 분노로 폭발했다."

이러한 보도는 많은 사람의 가슴에 이미 자리잡고 있었던 내용이었다.

그러하기에 스스로 목숨을 끊으면서 검찰의 혹독한 표적 수사에 항거한 그에게 수많은 국민은 수사의 내용보다 그의 아픔에 동참하면서 괴로워했다. 그러나 인간의 생명은 하나님이 주시고 거두신다는 기본적인 진리를 외면한 행위는 어떤 경우도 정당화될 수 없다.

그가 세상을 떠나기 전에 후임 대통령에게 보내려 했던 편지에서 보여준 다음의 말은 우리 모두에게 시사하는 바가 크다.

> "저는 야망이 있어서 준비하고 단련해 왔지만, 그들은 아무 준비가 없었습니다. 아무 준비도 되지 않은 사람들을 위험한 권력의 세계로, 제가 끌고 들어온 것입니다."

▶ 김수환 추기경이 떠나다.

김수환 추기경이 2월 16일에 향년 87세를 일기로 하나님의 품으로 떠났던 사건은 우리 국민에게 큰 별을 잃은 듯 아쉬움의 감정을 느끼게 하였다. 비록 종단은 다르지만 성삼위일체 하나님을 믿는 교회이기에 그 종단을 이끌고 있었던 김수환 추기경의 선종은 개신교 역시 가볍게 넘길 수 없었다. 특히 전 국민이 보여주는 그의 죽음에 대한 애도의 물결은 많은 사람을 놀라게 하였다. 지금까지 주요 방송사에서 종교지도자를 보내는 장례의 모든 절차를 그토록 상세하게 보도한 적은 일찍이 없었다. 그 결과 그는 단순한 천주교의 수장으로서의 죽음이 아니라 마치 이 민족의 정신적 세계의 대표적인 지도자로서 살다가 떠난 고결한 인물로 비추어졌다.

실질적으로 그는 이 땅의 독재자들이 판을 칠 때 많은 종교지도자들이 독재자의 손을 들어주는 판국이었는데 김수환 추기경은 이 민족의 민주화를 위하여 바른 소리를 내는 아주 드문 종교지도자였다. 특히 그는 1969년 47세의 나이로 교황 바오로 6세에 의하여 최연소 추기경이 된 이후로 유신

독재 정권의 대항마가 되는 데 주저하지 않았고, 민중과 함께 하는 교회를 주장하는 그의 기치는 1970년대와 80년대를 거치면서 사회 속으로 파고들어 이 땅에 천주교가 매진하는 데 큰 발판을 이룩하였다. 김 추기경은 "너희와 모든 이를 위하여"라는 사목 표어를 앞세우고 이 땅 모든 곳에 예수님의 사랑이 실현되기를 바랐던 성직자였다. 그리고 그는 단순한 성직자의 자리에 머물지 않고 한국 현대사의 격동기에 종교지도자로, 사회의 원로로, 높은 도덕률의 본이 된 인물로 큰 영향을 끼쳤다. 그를 보내면서 그가 30여 년 전에 남긴 강론을 읽노라면 오늘의 교회가 음미해야 할 메시지가 우리의 가슴에 파고든다.

> "하느님은 교회가 진실로 가난한 자, 버림받은 자, 소외된 자들의 벗이 되기를 원합니다. 그런데 오늘의 교회는 그들이 교회에 오는 것조차 귀찮게 생각하고 있습니다. 한국의 가난한 밑바닥 인생은 도대체 어디로 가야 합니까?"

2009년 새해의 창이 열리자 터지는 북한의 위협

새해의 창이 열리자 이 땅에는 새로운 긴장을 불러일으키는 불길한 바람이 북에서 남으로 불어오고 있었다. 그것은 1월 17일 북한군 총참모부 대변인이 군복을 입고 나와서 이명박 대통령을 맹비난하면서 "전면 대결 태세에 진입할 것"이라는 매우 강도 높은 선언이었다. 이 선언이 발표되자 북한에서는 이 성명을 지지하는 대회와 각종 캠페인을 벌이면서 유엔안전보장이사회에 자신들의 성명을 회원국에 배포하도록 요청한 바 있었다. 그로부터 2주 후인 30일에는 북한 조국평화통일위원회가 성명을 통해 "정치·군사적 대결 상태 해소와 관련한 북남 합의는 아무런 의미도 없게 됐으므로 우리는 그 합의들을 전면 무효로 하였다는 것을 정식 선포한다"라는 선언을 하고 나섰다. 이러한 성명은 그동안 풀리기 시작한 남북관계가 갑작스럽게 군사적인 대결국면으로 전환하는 듯이 보여 긴장의 지수는 갑자기 높아지기 시작하였다. 이러한 현상을 보면서 이 분야의 전문가들은 "우발적 충돌 가능성이 그 어느 때보다 커졌다"라는 논평을 내놓았다.

5월 25일 아직도 노무현 전 대통령 타계의 충격에서 헤어 나오지 못한 시점에 북한에 의하여 또 다른 대형사건이 발생하여 우리뿐만 아니라 세계에 충격을 던져주었다. 그것은 북한이 1차 핵실험이 있은 지 2년 7개월 만에 2차 지하 핵실험을 성공적으로 마쳤다는 보도였다. 그들이 "사회주의 강성대국 건설의 일대 비약"의 단계라고 고함을 지를 때 우리 국민은 할 말을 잃고 있었다.

이에 유엔안전보장이사회는 전체 회의를 열어 북한의 2차 핵실험을 강력히 비난하고 대북 제재를 확대하기 위한 새로운 대북 결의안을 채택했다. 그 내용은 북한을 오가는 화물에 대한 영해·공해상 검색과 글로벌 금융 제재, 무기 금수 등을 골자로 하는 것이었다. 이번 결의안은 안보리가 채택했던 대북 결의안 가운데 가장 강도 높은 제재 내용을 담고 있었다. 이 결의안이 채택된 이후 곳곳에서 각종 무기를 수송하는 것으로 의심되는 북한의 선박은 수색을 받을 뿐만 아니라 금융자산의 동결이 현실화하고 있었다.

후퇴할 수 없는 민주주의 경험 때문에

지난해 2월 25일에 공식 출범한 새 정권은 "잃어버린 10년"을 자주 언급하였다. 무엇을 10년 동안 잃어버렸는지에 대한 설명이나 공식 언급은 명확하지 않다. 그러나 일반 대중은 지난 10년간 국민의 정부와 참여정부에서 어느 때보다 보호를 받았고 정당한 권리를 모처럼 주장하면서 민주주의의 참맛을 즐길 수 있었다는 것이 일반 서민들의 정서이다. 비록 무질서의 사회가 되어간다는 우려도 컸다. 새 정부가 들어서면서 민주사회의 자유와 질서의 충돌이 발생한 곳이 바로 용산참사였다.

이제 막 취임한 정운찬 국무총리가 추석인 3일 오전 특별히 찾은 곳이 있었다. 그곳은 지난 1월 20일 철거민들의 저항을 지나친 공권력으로 막다가 5명의 사망자와 20명의 부상자를 낸 용산참사 현장이다. 총리는 "다섯 분의 고귀한 생명을 앗아간 불행한 사태가 발생한 지 250여 일이 지나도록 장례조차 치르지 못한 것에 대해 자연인으로서 무한한 애통함과 공직자로서 막중한 책임감을 통감한다"라는 위로의 말을 남겼다.

용산 철거민 사건은 새해 벽두에 발생한 대단히 비극적인 사건이었다. 용산 철거사태 논란은 일파만파로 확산하여 '공권력에 의한 타살'로 규정하고 거센 비난이 확산하였다. 이명박 정부가 들어서면서 민주화의 이름으로 흐트러진 사회의 기강을 바로잡겠다는 근본 취지와는 달리 민주화로 이룩한 국민의 숨통을 공권력으로 훼손시킨다는 비난을 면하지 못하였다. 그 결과 천주교 정의구현사제단이 한 손에는 십자가를, 한 손에는 촛불을 들고 2월 2일 거리로 나서면서 공권력보다는 민주화를 추구하는 사람들의 환영을 받기도 하였다. 그런데 그들이 남긴 외침 속에는 오늘의 정부가 귀를 기울여 들어야 할 소중한 지적들이 다음과 같이 열거되어 있었다.

먼저, "국민 분열의 죄"로서 함께 가난해지고 함께 넉넉해지는 '환난상휼'과 '공생공락'의 믿음을 깨뜨리고 부자들의 세금을 우선 걱정하는 일을 지적하였다. 둘째는 "역사 왜곡과 폄하의 죄"로 4·19 혁명을 데모라고 깎아내리며 동영상 교과자료에서 80년 광주민주화운동과 6·10 항쟁은 언급도 하지 않는 등 한국 사회가 희생과 투쟁으로 일궈낸 귀중한 역사를 노골적으로 경멸함을 언급하고 있다. 셋째는 "민주주의 파탄의 죄"로 소통의 도구인 방송과 인터넷 장악을 끊임없이 시도하고 공영방송과 은행 등 각종 공적인 가치들을 재벌이나 족벌신문에 나눠주려는 의도가 독재권력의 악행으로 재출현할 조짐이라고 지적하였다.

국민을 위로해 주었던 스포츠계의 젊은 건아들

2009년은 실로 밝은 사연보다는 어두운 사연이 많아 우리 국민에게서 미소를 빼앗아간 한 해였다. 새해가 시작되자마자 날아온 북녘의 어두운 소식, 용산참사, 경제 한파, 두 대통령의 서거, 존경받던 종교지도자의 떠남 등은 모두 국민의 마음을 착잡하게 만든 사건들이었다. 지난 어느 해보다 우리 국민이 삶의 즐거움을 누리는 데 도움을 주지 못했던 한 해였다. 그러나 우리 건아들이 스포츠에서 보여준 모습은 우리 국민이 모처럼 손뼉을 치고 만면에 미소를 짓게 하였다.

먼저, 피겨스케이팅 선수 김연아이다. 열아홉의 아름다운 대한민국의 딸 김연아가 2009년 세계선수권대회와 4대륙선수권대회에서 환상적인 연기를 펼치고 챔피언십을 획득하던 모습은 단순한 스포츠가 아니라 온 국민을 매료시킨 최상의 예술이었다. 뿐만 아니라 김연아가 쇼트프로그램, 프리스케이팅, 총점에서 모두 세계최고기록을 보유하고 있으며, 2009년 세계선수권대회에서는 총점 207.71을 기록해 여자 선수로는 처음으로 200점을 돌파하였다는 기록은 우리의 자랑이 되었다.

둘째, 세계의 무대에서 성공한 박세리에 자극받은 한국의 여자 골퍼들의 행렬과 그 성과는 이 한 해에도 국민에게 흐뭇한 기록을 안겨주었다. 해마다 몇 차례 이어지는 미국 여자프로골프대회(LPGA-Ladies Professional Golf Association) 때마다 한국의 딸들은 10위권 안에 보통 3~4명이 들어 있다. 어떤 대회에서는 1, 2, 3위를 석권하면서 7명이 10위권에 들 정도이다. LPGA

2009년 9월을 기준으로 상금순위를 보면 1위가 신지애, 5위가 김인경, 10위가 최나연으로 기록될 정도로 한국의 딸들은 여자 골프 세계의 무대를 주름잡고 있다. 이러한 보도는 우리 모두를 흐뭇하게 하는 소식이었다.

셋째, 지난 3월을 뜨겁게 했던 제2회 월드베이스볼클래식(WBC)은 한국의 야구팬들뿐만 아니라 야구와 무관한 국민도 함께 높은 관심과 응원을 아끼지 않았다. 김인식 감독이 이끈 우리의 야구 건아들은 일본과의 처절한 '야구 전쟁' 끝에 비록 준우승에 머물고 말았지만, 한국 야구가 세계 무대에 위대한 도전장을 던지는 첫걸음이 되었다. 일본의 고교팀 수가 4천100개가 넘는 데 반하여 한국의 전국 고교팀이 55개에 불과할 정도로 우리의 야구 기반은 매우 열악하다. 그럼에도 불구하고 우리의 건아들은 야구 종주국 미국을 비롯해 메이저리그 선수들이 즐비한 중남미의 야구 강국들을 제치고 결승까지 진출해서 일본과 막판까지 치열한 대결을 하였다는 것은 야구 세계에서도 우리가 선두를 달릴 수 있다는 확신을 심어주는 실로 뜨거운 감격의 기록이었다.

2010년, 저출산은 교회의 문제이니 먼저 고민하자

서번트 리더십(SERVANT LEADERSHIP)을 실천하는 목회자가 산다.

지금까지 목회자는 주의 종 또는 하나님 말씀의 사자로 수 세기 동안 인식되어 왔다. 개교회가 갖는 부흥회 때마다 강사들은 주의 종에게 순종하고 그 종을 잘 섬기는 길이 바로 복 받는 지름길이라고 가르쳐 왔다. 눈앞에 보이는 주의 종을 잘못 섬기는 사람이 어찌 보이지 않는 주님을 잘 섬길 수 있겠느냐는 논리를 전개하면서 주의 종을 잘 섬기고 복 받은 사례를 수 없이 들어가면서 가르쳐 왔다. 이러한 가르침은 이 사회가 수직 문화에 있을 때 매우 효과적으로 받아들여졌다. 거기에 더하여 목회자의 수가 부족했을 때는 이러한 교육이 매우 효과적이었다.

그러나 지금은 시대의 물결이 과거와는 전혀 다른 지경에 이르렀다. 목회자는 차고 넘쳐 목양지가 없는 목회자가 줄을 서고 있다. 이제는 목사가 교회를 고르는 것이 아니라 교인들이 목회자를 마음껏 선별하는 처지이다. 목회자를 찾는다는 신문광고를 내는 교회마다 목사의 이력서가 때로는 수백 통에 이른다. 그뿐만이 아니다. 자신들이 이미 모시고 있는 목회자도 조금이라도 마음에 들지 않으면 마음대로 내보내고 새로운 목회자를 불러오는 슬픈 사연들이 이곳저곳에서 들려온다. 이때마다 다음의 질문을 던진다.

무엇이 문제인가? 이 현상은 과연 정상인가? 목회자의 권위는 이제 멀리 사라졌는가? 어떤 대책이 이 시점에 필요한가?

여기에 대한 대답은 매우 단순하다. 무엇보다도 목회자는 먼저 시대의 흐름을 직시해야 한다. 수직 사회가 수평 사회로 변하면서 사람들이 우러러보아야 할 사람에게는 무관심하고 대등하게 쳐다보면서 편안함을 느낄 수 있는 사람을 좋아한다. 그리고 땀 흘려 섬기는 대열보다는 시원한 그늘에서 섬김을 받는 대열에 서기를 원한다. 문제는 섬기려는 사람은 없고 섬김을 받으려는 목회자와 교인들만 있는 교회가 문제이다. 이때 어느 편인가 섬김을 받는 대열에서 나와 섬기는 대열에 서야 조화가 이루어지고 평화가 찾아온다. 이 지점에서 목회자의 자기 정체성을 새롭게 확인해야 한다. 주의 종은 섬김을 받으러 목회하는 것이 아니라 섬기기 위하여, 심지어는 자신의 생명까지도 바칠 준비를 해야 한다. 이유는 간단하다. 자신을 부르시고 세워주신 주님이 그러한 본을 보이셨기 때문이다.

"이 시대의 지도자는 자기의 헌신적인 노력을 실증해 보이지 않고서는 통치할 수 없다"라고 갈파한 미국 국무장관이었던 헨리 키신저의 말을 굳이 빌리지 않더라도 제자들의 발을 손수 씻어 주신 예수님의 가르침이 제대로 실현되어야 할 시점이 바로 지금이기 때문이다. 새해부터의 목회는 누가 양들을 잘 섬기고 돌보느냐에 따라 그 성패가 좌우될 것이다.

목회자의 도덕률이 시들지 않도록 하자.

최근에 사회의 분노를 폭발시킨 나영이 사건에 우리 목회자들이 엉뚱한 누명을 쓰게 된 일이 있다. 어린아이가 성폭행을 당한 장소가 교회 화장실로 알려지자 누리꾼들이 범인의 직업을 목사로 추정하고 글을 올리기 시작하자 삽시간에 인터넷에는 범인이 교회 목사라고 알려지게 되었다. 여기에 근거하여 매일경제신문이 범인 조 씨의 직업을 목사로 보도하자 목회자에 대한 분노가 들끓게 되었다. 바로 그 신문은 정정보도를 내고 그리스도 교계와 목회자들에게 사과의 뜻을 표했지만, 개신교 목사들에게는 치명적인 사건이 되었다.

이러한 일을 하나의 허무맹랑한 돌발사건으로 취급하고 무관심하기에는 너무나 상처가 크다. 지금 우리 주변에는 세파에 휩싸이지 않고 청빈과 성실의 삶을 살면서 하나님의 칭찬을 받고 인간들의 존경을 받는 훌륭한 목사가 많다. 그러나 문제는 시대의 변천이 급변하면서 오늘의 목사들이 전통적으로 지켜온 도덕률을 지키는 것을 힘들어하고 있다는 데 문제가 있다. 실질적으로 목사라는 직분을 가지고 사이비 이단을 만들어 국제적인 망신을 사는가 하면, 일반상식으로는 이해가 가지 않는 사건에 연루되는 일들이 비일비재하다.

현대인들은 자신들은 비도덕적인 삶의 길을 걸으면서도 목사와 같은 종교지도자들은 높은 도덕률을 지켜주기를 바라고 있다. 그 이유는 종교와 도덕은 언제나 함께해야 한다는 기본 인식 때문이다. 일찍이 임마누엘 칸트는 그의 인식론에서 도덕은 종교의 결과이기 때문에 어떤 경우도 도덕은 종교에서 독립하지 못한다고 말하고 있다. 그리고 그 도덕이란 언제나 신선해야 함을 강조하였다.

다시 말하면, 종교지도자는 사회인이나 교인들보다 한 단계 높은 도덕률을 유지하기 위하여 쉼 없이 몸과 마음을 갈고 닦아 언행심사가 높은 경지에 머물도록 해야 한다. 교회를 향한 돌팔매가 날이 가면 갈수록 많아지는데 목사가 그 목표물이 되지 않도록 노력함이 새해에 더욱 절실하게 필요함을 느낀다.

교회가 먼저 저출산의 문제를 심각하게 고민해야 한다.

가난한 나라에 인구증가만 계속되던 시절 박정희 대통령은 산아제한을 매우 시급한 정책으로 추진하여 성과를 거두자 세계가 한국을 산아제한의 모델로 삼기도 하였다. 이 정책은 80년 초반까지 이어지면서 전국 방방곡곡에 다음과 같은 구호들이 연도를 따라 내용을 달리하면서 벽에 붙어 있었다.

> "알맞게 낳아 훌륭하게 기르자" (61년), "덮어놓고 낳다 보면 거지꼴을 못 면한다" (63년), "딸 아들 구별 말고 둘만 낳아 잘 기르자" (71년), "잘 키운 딸 하나 열 아들 안 부럽다" (80년).

이상과 같은 정책은 우리나라 출산율이 경제협력개발기구(OECD) 30개국 중 평균인 1.6명에 한참 못 미치는 세계 꼴찌 수준이며, 출산율 감소 속도 역시 세계에서 가장 빠르다고 한다. 그 결과 우리나라는 유년 인구의 감소를 가져왔고, 고령화 사회에 매우 빨리 진입하여 곧 초고령화 사회에 진입하게 될 전망이다.

정부는 저출산 정책의 결과가 얼마나 심각한 결과를 가져왔는지를 뒤늦게야 깨닫고, '저출산 고령사회기본법'을 만들어 2005년 4월에 국회를 통과하고 5월에 공포한 바 있다. 생각해 보면 오늘의 결과는 생육하고 번성함이 창조의 질서인데 인위적으로 그 질서를 흐트러지게 한 결과에 우리나라는 아픔을 겪기 시작하였다. 혹자는 이를 가리켜 이것은 무서운 재앙을 자초한 결과라고 평가하기도 한다.

여기에 교회가 정부의 정책만을 믿고 기다리는 수동적인 자세로만 머무를 수 없다. 이제는 비록 경제 여건이 어렵더라도 적극적으로 하나님이 주신 "생육하고 번성하라"는 명령에 순종하는 젊은 부부들이 되도록 독려하는 목회의 방향이 필요하다.

30대 여성들의 미혼율이 급격히 증가하면서 저출산 현상의 핵심 원인이 되는 것으로 나타났다. 최근에 통계개발원이 발표한 '한국의 출산력 분석' 보고서에 따르면 지난 2000년부터 2005년까지 5년 사이 결혼을 하지 않은 여성 비율은 30~34세가 10.5%에서 19%로, 35~39세가 4.1%에서 7.6%로 거의 배가량 증가했다고 한다. 이러한 통계를 보면서 교회가 미혼 여성들의 결혼을 장려하는 상담도 이제는 적극적으로 할 필요가 있다.

이러한 목회는 남성 목회자들만 가득한 교회에서는 역시 어려운 일이다. 여성의 상담은 여성이 더 효율적이라는 평범한 상식을 우리 교회는 인정하고 여성 목회자들의 영입에 문호를 개방할 필요가 있다.

역피라미드의 목회 현장에 깊은 관심을 기울이자.

　　최근 교회가 너무 조용하다. 아이들이 뛰어다니는 발소리가 들리지 않고 떠드는 소리가 들리지 않는 교회가 되어가고 있다. 적막한 절간처럼 소리 없이 사뿐히 걷는 고령자들만이 날이 갈수록 늘어나는 현실이다. 목회자는 노환으로 임종을 앞둔 분들을 심방하고 그분들의 장례를 치르는 일에 많은 시간을 내놓아야 한다. 열심히 전도하여 새 교인이 오는데 그 수만큼 소천 받아 세상을 떠나고 있다. 이것이 바로 노령화 사회의 한복판에 있는 한국교회의 모습이다.

　　앞에서 언급한 저출산 고령사회가 가져다주는 슬픈 현상이다. 그러나 교회가 여기서 주어진 여건에만 따라가게 되면 그 종말은 참으로 슬프게 된다. 출산이 정상적으로 이루어져 인구문제가 염려 없는 나라에서도 교회가 100년을 넘기면 젊음을 잃기 마련이다. 그러나 사람의 노쇠현상도 젊음을 향한 노력이 계속될 때 10년, 20년은 더 젊게 보이고 즐기고 살 수 있다는 것이 요즘 우리 주변에서 듣게 되는 이야기이다.

　　교회에서 어린이들이 점차 사라지고 있는 것을 저출산의 탓으로만 돌리고 있는 목회자는 교회의 역피라미드 현상을 막을 길이 없다. 초등학교나 중·고등학교 정문에 버티고 서서라도 그들과의 만남을 시도하고 그들의 발길을 교회로 돌리게 하는 데 목회자가 열을 올려야 한다. 순피라미드의 회복을 서두르는 교회는 젊어지고, 그렇지 못한 교회는 노쇠하여 유럽의 교회들처럼 문을 닫게 될 날이 다가올 것이다.

　　유·초·소년부와 청소년부를 위한 예산에 인색함이 없이 적극적으로 지원하여 그들을 위한 공간과 프로그램에 적극 투자해야 한다. 어린이들이 뛰고 놀 수 있는 천국이 교회가 되도록 하고, 동네 청소년들이 마음껏 활용하면서 드나들 수 있는 휴식의 공간이 바로 교회가 되도록 하는 배려가 있어야 한다. 그럴 때 고령의 교인들로 적막하게 느껴지던 교회가 젊음이 넘치는 공동체로 변화를 일으킬 수 있을 것이다.

교회는 어른 계층의 교회에 머물 수 없다. 어린 생명부터 노년에 이르기까지 모든 계층의 집(home)이어야 한다. 그럴 때 교회는 세대의 순환이 이루어지고 생기가 차고 넘치게 된다. 비록 저출산의 아픔이 교회에서도 느껴지는 현실이지만 아직도 우리 주변에는 교회로 불러와야 할 어린 생명과 젊은 생명이 가득하다. 문제는 우리의 열과 정성이 그들을 향하여 얼마나 달려가고 있는지가 문제이다.

2011년도 회고와 전망

2010년, 놀람과 두려움과 기쁨이 얽힌 한 해였다

지구촌 곳곳의 지각 변동이 심상치 않았다.

2010년의 창을 열자 지각 변동의 피해가 속출하였다. 지구 내부의 원인 때문에 생기는 지각의 동요와 변형은 지구촌의 곳곳에서 지진과 화산 폭발이라는 무서운 공포의 실상을 인류에게 안겨주었다. 1월 12일 아이티에서는 리히터 규모 7.0의 강진으로 그 피해는 대단하였다. 아프리카계 노예 후손들이 주종을 이루고 있는 인구 900만의 나라에서 대통령궁과 국회의사당을 포함한 90%의 건물들이 붕괴하고 22만의 사망자가 발생하여 300만여 명이 지진 피해를 보았다는 연초의 소식은 지구촌의 모든 사람에게 깊은 동정과 우려를 안겨주었다. 이러한 지진이 발생한 지 한 달 반 후인 2월 27일 칠레에서는 8.8이라는 보기 드문 강진이 발생하여 1,000여 명의 생명을 잃게 되는 연속된 지진의 공포가 세계를 휩쓸었다. 외신들은 칠레가 아이티보다 훨씬 강한 지진을 당하면서도 최소의 인명 피해와 재산 손해를 입게 된 점에 주의를 기울이는 보도가 우리의 눈에 들어왔다. 외신들은 칠레는 수없이 찾아온 지진에 대한 철저한 대비책을 세우고, 정부와 국민이 지진으로 인한 피해를 줄일 수 있는 만반의 준비태세가 탁월함을 알리는 데 지면을 아끼지 않았다.

활발하게 나타나는 지진 현상을 보면서 우리나라도 예외가 아니라는 목소리가 여기저기서 들려왔다. 기상청에 따르면 지난달 9일 경기도 시흥에서 리히터 규모 3.0의 지진이 발생한 것을 비롯하여 지난해에만 60건의 크고 작은 지진이 발생한 것이 관측되어 지진이 최근 몇 년 사이 많이 증가하고 있음을 알리는 보도가 활발하였다.

지구의 지각 변동은 두 나라의 지진으로 끝나지 않았다. 아이슬란드 남쪽 에이야프얄라요쿨 화산이 4월 14일에 폭발하자 빙하는 녹아내리고 홍수가 발생하는가 하면, 화산재가 유럽의 하늘을 뒤덮어 공항들을 폐쇄해야 하는 대혼란이 발생하였다. 2차 대전 이후 최대의 공항 대란이라는 아이슬란드 화산 폭발은 인간의 어떤 연구나 힘으로도 막을 수 없는 초자연적인 사건임을 실감하게 하였다.

거기에 더하여 지구의 온난화로 가져온 기후의 변화는 우리나라에까지 영향을 심각하게 끼치고 있다. 따스한 봄을 즐기던 4월의 중순에 접어들었음에도, 중부지방 기온이 0도 가까이 떨어지는 등 45년 만에 처음 있는 봄의 현장이었다. 여름은 폭서와 폭우로, 겨울은 폭설과 혹한으로, 기후의 변화가 우리 앞에 일고 있다. 이로 인하여 배추 파동과 같은 이변이 일어나고, 앞으로도 우리나라 곡물 재배에 어떤 이변이 일어날지 아무도 예측할 수 없는 지경에 이르고 있다. 이러한 기후의 변화와 자연의 재해, 그리고 지진과 화산의 폭발을 보며 지구의 지각 변동이 예사롭지 않음을 예감하면서 "민족이 민족을, 나라가 나라를 대적하여 일어나겠고 곳곳에 기근과 지진이 있으리니 이 모든 것은 재난의 시작이니라"(마 24:7-8)고 하셨던 주님의 말씀을 깊이 마음에 새겨야 할 한 해였다.

서해안에서 발생한 천안함 침몰 사건은 충격이었다.

1월과 2월의 아이티와 칠레의 대지진의 희생자들을 위하여 위로의 손길을 펴기에 바빴던 3월 26일, 서해안 백령도 해상에서 우리나라 해군 초계함 천안함이 격침되어 승조원 104명 중 58명이 구조되고, 46명의 해군 병사를 잃게 된 큰 사건이 일어났다. 이 사건은 온 나라를 뒤흔들 뿐만 아니라 휴전 중인 한반도에서 터진 문제이기에 세계의 이목이 쏠리는 초미의 사건이었다. 3월 30일에는 UDT 대원인 한주호 해군 준위가 작업 중 순직하였고, 4월 2일에는 저인망어선 금양98호가 실종자 수색에 함께 했다가 침몰하여 탑승 선원 9명의 생명을 잃기도 하였다. 사건 후 천안함 뱃고물의 행방을 찾는 데 20여 일이 걸리면서 사건의 보도는 열기를 더했으며, 그 원인 규명에는 다양한 목소리가 나오고 있었다. 초기에는 북한의 어뢰와 기뢰에 의한 폭파설을 비롯하여 내부 폭발설과 좌초설 등이 떠돌았다.

정부는 천안함 침몰 원인을 규명하기 위하여 민간과 군인 합동조사단을 구성하였고, 한국을 포함한 오스트레일리아, 미국, 스웨덴, 인도네시아 70여 명의 전문가로 구성된 합동조사단을 구성하였다. 이들 조사단은 5월 20일 천안함이 북한의 어뢰 공격으로 침몰한 것이라고 발표하였다. 이 조사의 발표는 바로 미국, 유럽연합, 일본을 비롯하여 비동맹국들의 지지를 얻게 되었다. 마침내는 UN 안전보장이사회의 안건으로 돌려보내 천안함 공격을 규탄하는 내용의 안보리 의장성명의 채택으로 이어졌다. 그러나 북한은 자신들과는 무관한 사건이라는 주장을 펼쳤고, 여기에 중국과 러시아가 반대하면서 북한을 직접적으로 강력하게 비난하는 내용을 담지 못하는 아쉬움을 남기기도 하였다.

천안함 사건은 이상과 같은 과정으로 종지부를 찍게 되었는데, 좀 더 명확한 증거를 제시하여 북한의 소행임을 국민에게 확신시키는 데는 그 아쉬움이 적지 않다는 결론이다. 그리고 무엇보다도 천안함 침몰 당시 그곳에서 한미 해군이 독수리훈련(Fol Eagle) 중이어서 미 이지스함 2척과 한국 이지스함 1척을 포함한 최첨단 해군력이 서해안에 집중되어 있었다는 보도는 우리 국민을 의아하게 만들었다. 즉, 군 전력 및 한미 연합 방어태세의 허술함이 보인다는 데에 우리는 불안감을 감추지 못하였다. 끝으로, 그동안 남과 북의 냉전체제에서 벗어나 경제협력을 통하여 북한을 개방의 세계에 접근시켜 보려는 우리의 노력은 흔적을 감추게 되었고, 다시 적대 감정으로 남과 북이 대치해야 하는 것은 참으로 아쉬운 문제임에 틀림이 없다.

스포츠 강국을 만든 대한의 딸과 아들들이 참으로 고마웠다.

지난해부터 이어진 세종시 문제와 4대강 살리기 사업에 대한 찬반으로 국론이 분열되어 서로가 얼굴을 붉히면서 우리는 새해를 맞이하고 있었다. 지지와 반대의 차원을 넘어서 누구나 답답한 심정으로 하루하루를 보내면서 문제의 해결이 어떻게 될지 불안한 상태였다. 거기에 더하여 나라 밖에서는 아이티의 지진으로 자연의 재해를 두려워하는 마음이 깔려 있었다. 바로 그 무렵에 캐나다에서는 2010년 제21회 밴쿠버 동계올림픽이 2월 13일부터 3월 1일까지 열리고 있었다.

우리나라 선수들이 출전했지만 국민의 기대가 그리 크지는 않았다. 그러나 우리의 건아들, 이정수, 모태범, 이승훈, 이상화가 쇼트트랙과 스피드스케이팅에서 금메달을 휩쓸고, 그 외의 선수들이 은·동메달을 차지하게 되자, 온 국민은 흥분을 감추지 못하고 TV 앞에서 힘찬 응원을 거듭하였다. 특별히 대한의 자랑스러운 딸 김연아가 세계의 주목을 한 몸에 받으면서 피겨스케이팅의 여왕으로 금메달을 목에 걸자, 우리 국민은 눈물을 훔치며 뜨거운 찬사를 보내는 행복한 순간을 만끽하였다. 특별히 일본의 아사다 마오를 여유 있게 물리치고 따낸 승리의 금메달이기에 일본을 반드시 능가해야 한다는 국민적 정서가 함께한 승리의 함성을 지르기도 하였다. 생각하면 참으로 자랑스러운 우리의 딸과 아들들이다. 우리가 아직껏 명함도 제대로 내놓을 수 없는 스포츠 분야로 알고 있었는데, 세계의 강국들을 물리치고 5위의 월계관을 썼다는 것은 우리 모두 승리의 개가를 부르지 않을 수 없게 만들었다. 이 승리의 전적은 2018년 동계올림픽 유치를 위해 애쓰고 있는 우리를 새로운 시각으로 보게 하는 큰 결실이었다.

그보다 더 진한 행복의 핵폭탄은 9월 26일에 한반도에 투하되었다. 그것은 17세 미만의 대한의 어린 딸들이 국제축구연맹(FIFA)이 주최한 대회에서 우승컵을 차지한 사건이다. 이 사건은 1882년 축구가 한국 땅에 처음 선보인 지 128년 만에 이뤄낸 쾌거였다. 연장전을 거쳐 승부차기까지 가면서 지칠 대로 지친 어린 소녀들이 5대 4로 승리를 했을 때 우리 국민 모두는 일어서서 환호성을 지르고 있었다. 그것도 일본과의 마지막 접전에서 승리를 거두었기에 모두는 얼싸안고 행복의 눈시울을 적셨다. 그동안 전문가들은 결승전이 '창과 방패의 대결'이 될 것으로 예측했기 때문에 우리 딸들의 승리는 더욱 돋보였다. 그 순간 우리 국민은 대한민국 축구의 역사를 새로 쓴 우리 아이들에게 고마움과 함께 미안한 마음을 갖게 되었다. 그 이유는 U-17이라는 이름마저 모르고 있었던 그동안의 무관심 때문이었다. 지금도 우리를 그렇게 행복하게 만들었던 17세 미만의 여자축구 주장이 남긴 "우리가 이렇게 성적을 냈기 때문이 아니라 항상 관심을 가져주셨으면 좋겠다"라고 했던 뼈있는 그 한마디가 지금도 가슴에서 떠나지 않고 있다.

세종시의 문제는 장시간의 대단한 드라마였다.

2010년을 마감하면서 회고해 보노라면, 국내에서 가장 오랫동안 뜨거운 쟁점이 되었던 것은 세종시의 문제가 아닌가 싶다. 세종시의 문제는 그 진전과정이 한 편의 드라마처럼 엮어졌고, 약 8년 만에 그 막을 내렸다. 그 시작은 2002년 9월 노무현 대통령 후보의 출범식에서 "한계에 부딪힌 수도권 집중을 억제하고, 낙후된 지역경제 해결을 위해 충남권에 행정수도를 건설하겠다"라는 공약이 그 출발이었다. 이 선언은 대선에서 홈런이 되어 충청인의 지지를 받게 되었고, 대통령에 당선되는 큰 결실을 보았다.

노 대통령은 2003년 12월 신행정수도 특별조치법을 국회에서 통과시키고 이 공약의 실천에 착수했다. 그러나 다음해 10월에 이 법은 위헌 결정을 받게 되었다. 그러자 바로 정부와 여당은 수도 이전 대신 12부 4처 2청을 이전하는 '행정복합도시건설'로 방향을 선회하여, 2005년 3월에 국회에서 '행정중심복합도시 건설특별법'을 가결하게 되었다. 이때 야당이었던 한나라당도 충청도민의 표를 의식하여 행정복합도시건설에 찬성하고 도시의 이름을 세종시로 하게 되었다. 2007년 대통령 선거가 시작되자 이명박 당시 후보는 물론이고, 박근혜 한나라당 전 대표는 충청권에서 유세하면서 행정복합도시는 자신들이 집권해도 차질 없이 추진하겠다고 여러 번 공약하였다.

그러나 이명박 대통령은 2009년 11월 대선 당시의 세종시 공약에 수정 방침을 공식 발표하였다. 그 내용은 정부 부처가 이전하는 행정복합도시 대신 교육과학 중심 경제도시를 세우도록 하는 것이었다. 이 수정안은 정운찬 총리가 맡아 추진하였고, 정부는 올해 1월에 세종시 수정안을 공식적으로 발표하기에 이르렀다. 지난해 9월에 부임한 정 총리는 막대한 국정 수행보다 본 수정안의 국회 통과를 위하여 동분서주하는 모습만 보이고 있었다. 대통령은 공약 변경에 따른 사과를 하였고, 전직 대통령까지 "대단한 용기요 결단이었다"라고 하면서 지원한 바 있다. 여당 일부에서는 정치는 신의를 잃어서는 안 된다는 목소리를 내면서 원안 고수를 주장하기도 하는 혼란의 연속이었다.

마침내 7개월 동안 찬반의 열기를 토했던 세종시 수정안은 국회에 상정되었고, 6월 29일 이 안건이 국회 본회의에서 부결됨으로 혼란스러웠던 세종시 문제는 원안대로 돌아갔다. 그로부터 한 달 반이 채 못 된 8월 11일에 총리도 사임하는 장시간의 드라마는 끝을 맺게 되었다. 그럴 뿐만 아니라 이명박 정부의 중간평가 성격이 짙은 것으로 여겨지는 6·2 지방선거에서 한나라당이 패배하게 되는 원인 중의 하나가 되기도 했다.

IT 세계의 변혁을 일으킨 스마트폰이 세계인을 붙잡았다.

1970년 말 IBM이 PC를 개발하고 마이크로소프트(MS)가 윈도우라는 운영체제(OS)를 만들어 PC를 개인의 책상 앞에 놓게 하고, 이어서 인터넷을 통하여 세계 곳곳에 있는 정보의 바다를 마음껏 다니게 할 때 세계인들은 삶의 새로운 장을 열었다. 그리고 거기에 예속된 문화를 수용하면서 생활의 변화를 가져왔다. 거기에 더하여 카메라와 전자수첩 등이 결합된 전화를 손에 쥐고 다니면서 발전하는 세상의 맛을 즐기고 있었다. 한국의 전자업계는 세계의 휴대폰 시장을 석권하면서 IT 세계 선두주자의 위치를 확보한 것처럼 자랑스럽게 최근의 몇 년을 살았다. 지금 생각하면 PDA(personal digital assistant) 수준을 조금 넘은 스마트폰을 가지고 만족하는 모습들이었다.

바로 이때 애플사가 휴대폰과 개인 휴대단말기의 장점을 결합하여 데이터 통신 기능을 강화하고, 과거와는 달리 수많은 응용프로그램을 사용자가 원하는 대로 설치할 수 있는 기기를 아이폰이라는 이름으로 발표하였다. 그러자 세계는 애플의 아이폰을 제2의 IT 혁명이라고 평가하게 되었다. 한국을 비롯한 기타의 IT 산업체들은 추락의 위험을 느끼면서, 이 고지의 탈환을 위하여 구글의 안드로이드 운영체계를 가지고 아이폰의 대항마들을 생산하면서 치열한 도전장을 내밀고 있다. 이것이 2010년에 경험한 IT 세계의 최대의 격전장이라 해도 과언이 아니다.

이토록 세상을 떠들썩하게 만든 스마트폰의 등장은 단순한 첨단기기가 아니다. 21세기를 살아가는 사람들이 데스크톱에 얽매여 있던 것을 언제 어디서나 스마트폰 하나로 정보습득, 업무수행, 사회적 관계형성, 여가활용 등을 해결하게 해 주는 생활의 필수품이다. 이제는 이러한 문명의 이기(利器)를 효율적으로 활용하는 사람들이 남녀노소와 관계없이 현대인의 모습을 갖춘 것처럼 여겨지는 시대에 돌입하였다.

그러나 이러한 스마트폰의 변혁과 반응을 눈여겨보면서, 스마트폰에 예속되고 삶의 본질이 상실되어 가는 모습에 진솔한 충고를 보내는 사람들이 많다. 지난 9월 IT 부문 20년 이상 경력의 스캇 R. 블로거가 게재한 "스마트폰이 우리를 '바보'로 만든다?"라는 글은 음미해 볼 만한 충고 중의 하나이다. 그는 스마트폰 증후군에 걸린 사람들로 인해 세상은 여러 면에서 불편해지고 있다고 지적하면서, "우리는 길을 걸으면서 바로 내 눈앞에 있는 현실에 대한 인지보다 스마트폰 스크린에 더욱 주목하는 많은 사람을 보게 된다"라며, "이러한 사려 깊지 못한 행동에 따른 주의력 상실로 목숨을 잃게 된다면 누구를 탓하겠는가?"라고 개탄한 바 있다. 생각해 보면 수많은 전화번호를 척척 외우고, 웬만한 정보는 내 두뇌가 다 알아 정리해 주던 가장 현명하고 유용한 우리의 두뇌를 멈추게 하는 일들이 스마트폰의 등장으로 여기저기서 나타나고 있다. 그럴 뿐만 아니라 눈과 눈을 마주치고 나누는 정담의 시간이 사라지고, 나와 정보만이 존재하는 삭막한 세상으로 변질하는 것도 또 하나의 부산물이다.

여기서 우리는 아이폰과 같은 기기를 우리 두뇌를 쉬게 하는 도구가 아니라, 오히려 인간의 마음과 정신이 건실하게 움직이게 하는 일들의 창출에 활용할 필요가 있다. 인간이 정보통신기기를 통하여 잃어버린 '사람 사는 동네'를 더 훌륭하게 만들 수 있다면, IT의 변화와 발전은 오히려 유익한 삶의 도구가 되리라 본다.

대운하 4대강 정비 사업은 투명해야 한다.

인천에서 부산까지 이어지는 대운하를 4년 만에 건설하겠다는 대통령 선거 공약이 나왔을 때 국민은 어리둥절하였다. 그 타당성에서부터 효율성에 이르기까지 국론은 찬반으로 갈라지고 있었다. 그러나 2007년 12월 대통령 당선 이후 본격적으로 추진되었던 이 계획은 2008년 6월 대규모 촛불시위 후에 있었던 이명박 대통령의 특별기자회견에서 "대운하 사업도 국민이 반대한다면 추진하지 않을 것"임을 밝힘으로 끝이 난 줄 알았다. 그러나 이 사업이 4대강 정비 사업으로 변경되고 그 공사 규모가 단순한 정비 사업의 단계를 벗어나자, 이곳저곳에서 대운하를 위한 사전작업이라는 의혹을 제기하면서 종교단체와 시민단체들의 반대가 쉬지를 않고 있다.

2008년 12월 29일, 한승수(韓昇洙) 당시 국무총리가 4대강 사업 착공식에서 이 사업이 "단순한 건설 공사가 아니라 경제를 살리고, 균형 발전을 촉진하며, 환경을 복원하고, 문화를 꽃피우는 한국형 뉴딜 사업"이라고 했을 때, 그 화려한 청사진에 전문지식이 없는 국민은 호감 어린 눈길을 보내고 있었다. 한강, 낙동강, 금강, 영산강 등에 2012년까지 총 14조 원을 투입해 노후 제방 보강과 하천 생태계 복원, 중소 규모 댐 및 홍수 조절지 건설, 하천 주변 자전거길 조성, 친환경 보(洑) 설치 등을 추진한다는 화려한 내용을 보면서 시원스러운 박수를 보내고 싶었다.

그러나 이 정비 사업이 대운하로 가기 위한 명칭만 변경한 듯한 인상들이 여기저기서 발견되던 때인 2008년 5월 국책연구원에서 국토해양부의 연구 과제를 맡고 있던 한 연구원의 양심선언이 있었다. 그는 "매일 매일 국토해양부 전담반으로부터 대운하 반대 논리에 대한 정답을 요구받고 있습니다. 그러나 아무리 머리를 쥐어짜도 반대 논리를 뒤집을 대안이 없습니다"라고 하면서 "한반도 물길 잇기와 4대강 정비 계획의 실체는 운하계획"이라는 의미심장한 고백을 하였다.

그로부터 4대강 정비 사업은 오늘까지 시원스럽게 국민의 지지를 받지 못하고 있다. 어느 방송국에서 2009년 6월 29일~30일 양일간 전국 20대 성인 남녀 2,913명을 대상으로 인터넷 및 ARS 여론조사를 한 결과는 매우 부정적으로 나타나고 있었다. 무엇보다도 국민은 이명박 대통령의 대운하 포기 선언을 대다수가 여전히 믿지 않고 있으면서 다음과 같이 응답하고 있다는 보도이다. 그 내용은 4대강 사업 자체에 대해 반대 66.6%, 찬성 의견 27.1%이고, '4대강 사업과 대운하 사업 관계는 무늬만 다를 뿐 대운하 사업이다'가 54.7%, '별개지만 대운하 연결 가능성 있다'가 34.9%, '완전히 별개 사업이다'가 7.8%로 나타나 있다.

이러한 반대의 의견이 있는 이유는 다양하다. 그 예산이 애초의 22조 원을 넘어 30조 원 이상이 넘을 것이라는 국회 국정감사의 의견이다. 이러한 예산은 결식아동 급식 지원까지 전액 삭감하면서 4대강에 쏟아 부어야만 하는 금액이다. 대한하천학회와 운하 반대 전국 교수 모임은 이명박 대통령이 국민과의 대화에서 한강에 수중보가 설치돼 수질이 깨끗해졌다고 말했지만, 실제로는 보로 인해 물길이 정체되면서 한강 수질이 더 나빠졌다는 지적을 하고 있다. 4대강 정비 사업이 홍수를 예방하는 목적이 있다고 하지만, 많은 전문가와 시민단체는 홍수는 4대강이 아니라 지천과 샛강에서 발생하고 있으며, 준설과 대형 보 위주의 4대강 사업으로 홍수를 막을 수 없다고 하면서 정부 주장을 반박하고 사업 중단을 요구하고 있다.

국제적 지명도를 가진 하천 전문가 콘도르를 교수는 준설작업으로 강바닥이 드러난 현장을 보면서 "강을 복원한다는 명목으로 대규모 준설이 이뤄지는 데 큰 충격을 받았다"라며, "정부 계획대로 6~7m씩 준설될 때 수심이 깊어지고 물의 양이 늘어나면서 다리가 더 큰 압력을 받게 돼 붕괴 위험이 커질 것"이라고 우려했다.

이러한 반대의 목소리가 온 나라에 퍼지면서 국론의 분열은 그 골이 더욱 깊어간다. 22조 원이 넘는 천문학적인 예산이 집행되는 이 거대한 사업이 하나의 국론으로 모이지 않고 있다는 것은 참으로 불행한 일이다. 이러한 때일수록 이 사업을 추진하는 주체는 모든 것을 숨김없이 투명하게 보이면서 국민의 동의를 받아야 함은 하나의 상식이다. 그리고 반대 의사가 있는 정치인들과 시민들은 준공 때까지 반대만을 반복하다 두 손을 들 것이 아니라 뚜렷한 수정안을 내놓고 4대강이 국민이 원하는 순수한 정비 사업으로 끝나도록 철저한 감독과 협조를 아끼지 말아야 한다.

G20 정상회담 개최와 한국인의 행복도를 비교해 본다.

이명박 대통령은 지난해 9월, G20 정상회의 유치보고 특별기자회견에서 "정상회의 개최는 대한민국이 세계의 중심에 서게 되었다는 것을 의미한다"라고 평가하면서, 현 정부의 최대의 경사처럼 발표하였다. 이어서 11월 11일 1박 2일 일정으로 서울에서 세계 경제를 이끌어가는 20개국의 정상들과 기타 정상급 관계 인사들 37명의 회의를 성공적으로 완수하기에 총력을 기울였다.

생각하면 가슴 뿌듯한 일임에 틀림이 없다. 오랜 일제의 식민지 생활과 한국전쟁의 참화 속에 빈곤국으로 영원히 남게 될 것처럼 여겨졌던 우리나라가 세계 경제 10위권의 나라가 되고 오늘과 같은 정상들의 모임을 주최하는 의장국이 되었다는 사실은 한국을 아는 세계인들에게는 매우 놀라운 일이다. 그것도 지금까지 선진국들이 만든 규칙을 따라가기만 했던 우리나라가 세계 경제 질서를 관리하기 위한 규칙을 만드는 최상위 협의체의 주체로서 회의를 성공적으로 주관하는 모습을 지켜본 우리 민족의 가슴은 새로운 자부심과 용기와 자신감을 갖게 되었다. 거기에 더하여 대한민국이 국제사회에서 새로운 역할과 의무를 부과받은 선진국이 되었다는 긍지가 대단하다.

더욱이 세계의 경제가 회복의 둔화 속에 몸부림치는 와중에 우리나라는 올해 상반기 수출이 사상 세계 7위를 기록했고, 경제성장률은 OECD 가입국 중 1위를 기록했다. 국제통화기금(IMF)의 조사에 따르면, 구매력 기준으로 올해 우리나라의 국민소득은 2만 9,350달러에 이르렀다는 보고이다. 이러한 보고는 우리가 G20 정상회의 의장국으로서의 자격이 있음을 실증해 주고 있다.

여기에 더하여 지난 8월의 미국 시사주간지 「뉴스위크」는 전 세계 100개 국가를 삶의 질, 경제 역동성, 교육 수준, 국민 건강, 정치 환경의 5개 부분으로 나누어 평가하면서 대한민국의 위상을 매우 높이 평가한 바 있다. 한국을 세계에서 15번째의 살기 좋은 나라로 선정하면서, 우리나라의 교육과 경제적 경쟁력은 각각 2, 3위를 차지했다고 보도하였다. 그리고 이명박 대통령은 세계의 10대 리더 중에 7위에 올랐다는 보도까지 하였다.

이러한 보도들만 보게 되면, 우리는 모두 가슴 뿌듯하고 행복감의 수치가 높아져야 함이 당연하다. 그러나 다음의 기록들은 한국인의 마음을 어둡게 한다. 먼저, 소득 불균형과 실업률, 성차별, 살인사건 비율 등으로 평가한 삶의 질 부분은 29위를 기록했다. 한국심리학회의 '2010 한국인 행복 지수'의 발표에 의하면, 한국은 97개국 중에 58위라고 한다. 한국인의 '행복 성적표'는 1인당 국내총생산(GDP)이 절반에도 못 미치는 남아프리카공화국(5,693달러), 터키(1만 471달러), 페루(4,452달러) 등과 비슷한 수준이다.

현재 미국 일리노이대 석좌교수로 행복 과학 분야의 세계적인 권위자인 에드 디너 교수는 지난 8월 한국심리학회가 주최하는 연차학술대회에서 '한국 사회의 행복도'를 주제로 기조연설을 하면서 의미심장한 다음의 말을 남겼다.

> "한국은 지나치게 물질 중심적이고, 사회적 관계의 질이 낮다. 이는 한국의 낮은 행복도와 밀접하게 관련된다. 특히 물질 중심주의적 가치관은 최빈국인 짐바브웨보다 심하다. 물질 중심주의적 가치관 자체가 나쁜 것은 아니지만, 사회적 관계나 개인의 심리적 안정 등 다른 가치를 희생하고 있어 문제이다."

디너 교수는 '돈이 있으면 행복할 것'이라는 믿음은 행복에 대한 오해 중 하나라고 언급하면서, "돈의 효용에도 한계 체감의 법칙이 적용되기 때문에 사회적 관계나 심리적 안녕 등 다른 가치에 대한 태도를 키우지 않으면 결코 행복해질 수 없다"라고 강조했다. 그러면서 그는 우리에게 "한국 사회가 이 상태로 간다면 경제적으로 더 잘살게 되더라도 행복도는 증가하지 않을 것"이라는 아주 중요한 경고를 남겼다. 그의 말을 다시 풀어보면, 한국인은 돈을 버는 데 온 정성을 기울이고 사회적 지위나 경쟁에 집착함으로 내면의 즐거움을 주는 가족관계나 개인의 취미로부터 얻을 수 있는 행복을 놓치게 된다는 뜻이다.

G20 정상회담이 열리는 이 나라에 사는 국민이 그 위상에 맞는 행복지수를 수반할 수 있는 날은 언제일지 알 수 없는 오늘의 실상이다. 그러나 모두를 일시에 달성할 수는 없다. 그 목적을 향하여 쉼 없이 온 국민이 노력한다면 그 결실은 주어질 것이다. 임마누엘 칸트가 남긴 다음의 말이 새롭게 떠오른다.

> "하나님은 우리에게 충분한 선을 준 것은 아니다. 그것은 다만 우리가 올바르게 살 가능성을 보증하였을 뿐이다. 그러기 때문에 누구나 자기의

힘으로 자기를 더욱 이끌어가기에 노력하지 않으면 안 된다."

2011년, 천주교의 부흥을 묵과하지 말아야 한다

한국 천주교가 부흥한 요인을 눈여겨보자.

전철이나 길거리에서 전도지를 들고 복음을 전하는 전도인들을 우리는 쉽게 만나게 된다. 그들은 한결같이 모두 개신교인이며, 천주교인은 한 사람도 만나본 적이 없다. 그런데도 천주교는 10년간 74%라는 놀라운 성장을 하고, 개신교는 침체상태에 빠지고 있다는 통계가 발표되고 있다. 이러한 현상을 끝내 외면하는 것이 정상인지, 아니면 그들의 내면을 좀 더 깊숙이 파고 들어가 그 요인들을 눈여겨보는 것이 정상인지 생각을 거듭해야 할 시점이다.

개신교 목회사회학연구소는 천주교가 스스로 말하는 그들의 성장 요인을 듣기 위하여, 2006년 11월 "현대인의 마음을 사로잡은 가톨릭 성장"이라는 주제로 한국교회100주년기념관에서 공개포럼을 열고, 인천 가톨릭대 오경환 명예교수의 발표를 들은 바 있다. 오 교수가 이 자리에서 발표한 "가톨릭 신자의 괄목할 만한 증가와 그 요인"에서 개신교 목회자들이 유의해야 할 항목만을 간추려 보면 다음과 같다.

먼저, 천주교의 중앙집권적인 제도 아래서 형성된 결속력을 들었다.

한국 천주교는 15개 지역 교구가 독자적으로 활동하지만, 교구를 맡은 주교들은 봄, 가을 정기총회와 25개 위원회에서 많은 사안을 공동으로 논의하고 결정하여 그 사목의 통일성과 결속력을 지탱한다. 예를 들어 천주교 신자들이 먼 곳으로 이사를 하면 그 근처의 성당으로 이명하도록 권고하여 천주교의 하나 됨을 실감하게 한다. 신부들도 인사이동 규정에 따라 농촌과 도시, 크고 작은 성당의 보직을 순환적으로 맡아 '나의 성당이 아니라 우리의 성당'의 개념을 갖게 한다.

둘째로, 신부나 수도자들의 청렴과 청빈을 중요시함을 강조하였다.

천주교회는 성직자들의 훈련과 양성 과정에서 예수 그리스도를 철저하게 본받도록 하는 매우 엄한 영성 훈련에 중점을 둔다. 신부나 수도자들은 규정에 따라 생활비와 활동비를 수령하고, 교구 또는 수도회가 주거, 노후 생활, 질병 치료를 모두 돌봐주기 때문에 주택을 소유하거나 재산을 모으는 데 전혀 관심을 두지 않고 살 수 있다. 그러므로 신부나 수도자들의 청렴과 청빈에 있어서 상대적으로 부패의 여지가 적다.

주일헌금도 신부가 일절 손을 대지 않고 여러 신자가 집계와 기록을 하며, 모든 성당의 수입과 지출은 매달 교구청에 보고하고 주보에도 공지함으로써 투명하게 처리한다. 그리고 신자들의 헌금 명단을 공개해 경쟁을 시키거나 심리적으로 압박하지 않는다.

셋째로, 사회가 필요로 하는 정의와 인권 활동을 복음화 활동과 연계함을 강조하였다.

천주교회는 선교와 복음화 활동을 가장 기본적 사명으로 본다. 동시에 사회 교리에 근거한 정의 활동 또한 교회가 결코 외면할 수 없는 필수적 활동으로 인식한다. 그래서 천주교는 노동자들의 권익 보호와 부당한 고용 환경 개선 운동을 비롯하여 정부를 향한 정당한 목소리를 내는 정의 활동을 당연시한다. 그 사례로 천주교는 1972년 유신헌법 이후 사회 정의와 인권 활동이 활발해지면서 신자증가율이 점차 높아지기 시작해, 1987년 개헌으로 민주화될 때까지 높게 유지되다가 1994년 이후 예전 수준으로 내려갔다는 보고이다.

넷째로, 조상 제사와 장례 예식에 대한 유연한 태도가 성장 요인 중의 하나였다고 한다.

천주교가 이 땅에 들어왔을 때는 1742년 교황 베네딕토 14세가 발표한 조상 제사 금지령 아래서 복음을 전했기 때문에 약 100년간 1만여 명이 순교하는 박해를 받게 된 한 원인이 되었다. 그러나 제2차 바티칸공의회(1962-1965) 이후로 획기적으로 달라진 조상 제사와 장례 예식에 대한 유연한 태도는 한국인들에게 감명을 주고, 천주교에 입교하겠다는 결심을 하게 하는 중요한 계기가 되었다.

오 교수는 이상과 같은 발표의 끝에 "교회에 대한 호감은 교회 밖 사람들이 스스로 교회를 찾게 하거나 누군가 권유할 때 비교적 쉽게 응답하게 만들며, 기존 신자가 교회를 떠나지 않고 계속 머물게 하는 요인"이라는 말을 남겼다.

개신교에서 교인들을 천주교로 밀어내는 요인들을 본다.

앞에서 언급한 포럼에서 또 하나의 흥미를 끄는 분석이 박영신 교수(실천신학대학원 석좌교수)에 의하여 발표되었다. 이 발표는 개신교로부터 천주교로 이탈한 사람들을 만나보고 직접 듣고 분석한 것이었다. 그중에 천주교가 개신교인들에게 매력을 느끼게 하는 요인들만 정리해 본다. 이 요인들은 목회자들이 관심을 두어야 할 중요한 부분들이다.

먼저, 개신교는 세속 같은 교회이지만, 천주교는 성스러운 교회이다. 성당의 엄숙한 분위기는 '시끄럽고 가벼운' 교회 분위기와 대비된다. 개신교의 개방된 분위기에 있다가 천주교의 엄숙한 분위기에 함께하다 보면, 내가 죄인이라는 사실을 깨닫고 더 나아가 용서받는 것 같은 감동을 받을 수 있다.

둘째, 개신교의 목사는 가정을 가지고 세속의 삶을 교인들과 같이 살고 있기에 가정 경제를 비롯하여 기타의 모든 삶이 세속적 이미지를 벗어나지 못하는 듯하다. 그러나 천주교의 신부는 그 반대로 성스러운 성직자로 살고 있기에 존경할 수 있다.

셋째, 개신교는 자신의 내면의 모습을 성찰하고 성경의 가르침을 묵상하기보다는 빠른 박자의 찬양을 부르며 자신의 신앙을 표출하기에 애쓴다. 설교나 성경에 대한 가르침에 대해서도 깊이 숙고하기보다는 '덮어놓고 믿는 식'이며, 목사님의 말씀에는 '할렐루야'와 '아멘'의 화답을 강요한다.

넷째, 교회에서 교인들이 보이는 친절이 진정성에 바탕을 둔 것이 아니라 단순히 신자를 끌어들이기 위한 가식처럼 느껴진다. 그에 비해 천주교는 '미온적'이고, '너는 너, 나는 나'로 성도의 교제가 약하지만, 반면에 사생활 침해는 하지 않으려고 노력하는 것이 프라이버시를 중요하게 생각하는 현대인의 마음에 든다.

다섯째, 목사의 설교에서 진실성을 찾기 힘든 말이 되풀이되며, 싸구려 농담과 반말과 비속어에 신물이 난다. 설교가 세상의 잡다한 말로부터 구별되고 선별된 말씀으로서 성스러움을 확인할 수 있어야 하는데 그렇지 못하다.

여섯째, 교회가 헌금을 지나치게 강요하는가 하면, 초신자에 불과한 사람이라도 헌금을 많이 내면 바로 집사가 됨을 본다. 그럴 뿐만 아니라 목사를 하나님처럼 모시면서 장로나 권사가 되기 위한 운동이 심한 거부감을 준다.

천주교인들이 개신교에서 느낄 수 있는 매력은 진정 없는가?

한국의 개신교는 천주교보다 100년 늦게 이 땅에 들어와 복음을 외치면서 오늘을 살아오고 있다. 놀라운 것은 100년 앞선 천주교보다 개신교가 그 양적인 성장이 우월하다는 사실을 우리는 먼저 인식해야 한다. 그리고 천주교는 한 교단 규모의 교회로서 오늘까지 지탱해 왔다. 이러한 현상은 개신교가 천주교보다 한국인들에게 훨씬 쉽게 접근할 수 있었고, 구원의 진리가 한국인의 가슴을 두드리는 데 우월했다는 증거이다. 그뿐만 아니라 이 땅에 들어와 복음을 전했던 우리의 '야소교'가 얼마나 성스러운 종교였으며, 얼마나 크게 영향력을 발휘하고 있었는지는 수많은 기록에서 쉽게 찾아볼 수 있다. 문제는 개신교가 120년을 넘기면서 초기의 순수성과 신실성이 퇴색되었고, 물질 만능의 세속주의에 흔들릴 뿐만 아니라 휩싸이고 있다는 데 문제점이 있다.

개신교가 본래의 모습을 회복하고 그 정체성을 그대로 올곧게 지킬 수 있다면, 천주교인들뿐만 아니라 그 이외의 종교인들도 교회 안에 머무는 데 주저하지 않게 되리라 본다. 여기 우선 천주교와 비교하여 다음의 몇 가지 항목을 정리해 본다.

먼저, 개신교는 하나님의 말씀인 성경을 직접 손에 들고 말씀을 읽고 묵상하는 삶이 보편화되어 있다.

천주교는 1965년에 제2차 바티칸공의회에서 각국의 언어로 성경을 번역하는 것을 허락하기까지 평신도의 손에는 성경이 없었다. 우리나라에서는 1976년 공동번역이 최초로 천주교인들에게 주어졌다. 개신교의 큰 장점은 루터가 모국어로 성경을 번역하여 종교개혁을 완성한 것을 기억하며 하나님의 말씀을 내 머리맡에 두고 언제나 영혼의 양식으로 삼을 수 있다는 것이다. 그래서 한국 개신교의 성경공부는 천주교보다 훨씬 앞서 있다.

둘째는 하나님의 말씀을 선포하고, 해석하고, 적용하는 설교가 개신교의 특징이다.

하나님 앞에 예배하는 무리가 마음을 열고 하나님의 말씀을 경청하는 것은 개신교의 으뜸가는 예배의 특성이다. 천주교도 제2차 바티칸공의회 이후 미사 시간에 설교하도록 했지만, 우리보다는 450년이 뒤떨어진 짧은 설교의 역사이다. 그래서 개신교는 하나님의 말씀이 올바르게 선포되고, 정확하게 해석되고, 효율적으로 회중의 삶에 적용될 때 교회가 살고, 그렇지 못할 때 교회는 죽는다고 말하게 된다. 문제는 이 설교 사역이 탈선될 때 교회는 침몰의 위기가 온다는 것도 함께 명심해야 한다.

셋째는 하나님 앞에 직접 아뢰고, 구하는 기도의 생활이다.

하나님 앞에 하나님의 자녀 된 신분으로 엎드려 하나님을 경배하며, 자신의 죄를 고백하면서 용서를 직접 구할 뿐만 아니라, 삶에 필요한 성령님의 도움을 간구하는 기도의 삶은 천주교에서 신부 앞에 고해성사하는 기도의 삶과는 매우 대조적이다. 재래 종교를 통하여 기도 생활에 익숙한 한국이기에 그리스도교 기도의 본질을 아는 교인들은 오늘도 새벽 제단을 떠나지 못함을 본다. 그러나 기도가 기복 신앙에 뿌리를 내리고, 하나님의 나라와 의를 구하는 본질을 벗어났을 때, 그것 또한 심각한 부작용을 수반하게 된다.

끝으로, 천주교에서 매주 드리는 미사는 개신교의 성찬성례전과 같다. 문제는 성당의 미사에서는 미사가 주종을 이루지만, 개신교에서는 설교가 예배의 전부가 되어 성찬성례전이 겨우 1년에 2회 또는 4회로 끝남으로 제의 문화에 사는 한국인들의 눈에는 성스러움이 결여된 예배로 보이기 마련이다. 그러나 목회자가 최소한 한 달에 한 번 이상의 성찬성례전을 성스럽게 집례하면, 예배자들은 말씀과 함께 진지하고 경건한 예배를 경험하게 될 것이다. 개신교의 목사들은 "매주 성찬성례전에 참여하지 못하게 함은 악마의 농간이다"라고 말한 칼뱅의 말을 마음에 새길 필요가 있다.

2012년도 회고와 전망

2011년, 국내외가 어수선하였다

2011년의 벽두는 농가를 울린 소식으로 시작되었다.

우리의 농가를 울린 구제역과 조류인플루엔자에 의한 가축들의 살처분이 무더기로 진행되면서 새해의 창은 열렸다. 2010년 11월에 경북 안동에서 시작된 구제역이 제주도를 제외한 전국으로 번지면서 가축을 매몰해야 하는 우리의 농가들은 단순한 시름의 차원을 넘어 마음의 상처와 재산의 큰 손실을 보아왔다. 구제역 발생 3개월 만에 1,000만 마리 넘게 살처분해야 하는 전대미문의 가축 재앙이 이 땅에서 발생하였다.

도시인들이 경험할 수 없는 뜻밖의 아픔이 우리의 농가에서 발생하여 농촌목회의 현장에 어려움이 다가왔던 새해 벽두였다. 구제역이라는 전염병이 가축만을 사지로 몰아넣은 것이 아니라 해당 농가와 거기에 관련된 산업들이 함께 몰락하는 여파가 이어졌다. 축산업 현장의 수많은 일자리를 비롯하여 사료업체와 도축장, 그리고 한우 식당까지 줄줄이 도산하는 안타까운 일들이 이어지고 있었다.

살아있는 그 많은 소와 돼지들을 매장하는 현장을 TV를 통해 보는 사람마다 아픈 마음을 경험해야 했다. 무엇보다도 살아있는 생명체를 그대로 매장해야 하는 안타까운 현실이었다. 현장에서 이러한 일을 수행했던 공무원들과 인부들이 정신질환에 걸릴 정도로 심각한 충격을 받았다는 보도는 많은 사람에게 공감대를 형성하면서 동정을 금하지 못하였다. 이어서 구제역 침출수가 지하 수질을 어떻게 만들 것인지 깊은 우려를 하기도 했다. 그러면서 이러한 비극을 예방할 수 있는 길은 진정 없었는지 의문을 가지면서 정부 차원에서 재발 방지를 위해 철저히 노력해 주기를 주문하기도 하였다.

이슬람채권법(수쿠크법)과 한국 개신교의 대응

2009년 1월 13일 서울의 한복판 소공동 롯데호텔에서 '이슬람 금융 세미나'가 열리고 있었다. 이 모임은 우리나라 금융위원회·금융감독원과 이슬람 금융서비스위원회(IFSB)가 준비한 행사였고, 그곳에는 국내외 금융계 인사 300여 명이 성황을 이룬 자리였다. 당시는 2008년 미국의 금융 파동이 한국에까지 영향을 끼쳐 정부의 경제실무진이 초긴장하고 있던 때였다. 외국의 투자자금이 주식시장에서 대거 이탈하고 코스피지수가 1,100선까지 내려가자 우리의 정부가 외화 확보에 지대한 관심을 가지던 무렵이었다. 이 세미나에서 당시 금융위원장이 대독한 대통령의 메시지는 다음과 같다.

> "… 실물경제에 대한 금융의 책임을 중시하는 이슬람 금융은 앞으로 논의될 국제 금융 질서의 개편 과정에서 매우 중요한 역할을 하게 될 것으로 보입니다. 특히 … 이슬람 금융은 국제시장의 새로운 자금 공급처이자 투자처로 전 세계로부터 주목을 받고 있습니다."

이러한 대통령의 오일달러에 대한 견해와 방향 제시는 바로 이른바 '이슬람채권법' 혹은 '수쿠크법'이라는 이름으로 기자들의 자유로운 출입까지 제한했던 공청회를 거쳐 국회 기획재정위원회 소위원회를 통과하였다. 그리고 지난 2월 18일 임시국회 상정을 서둘기에 이르렀다.

이 법안의 형성과정에서 그리스도교는 그 내용을 소상히 알지 못하여 소극적이었다. 그러나 이 법안이 목적한 이슬람 금융의 본질과 운영이 어떤 것인지 늦게야 알려지면서 한기총을 비롯한 교계의 지도자들은 적극적인 반대운동에 나서기 시작하였다.

유럽의 몇 나라가 이슬람 금융을 받아들인 지 몇 년이 지나자 그 나라들에는 샤리아 법정이 들어서서 이슬람법으로 재판을 하면서 이슬람의 영향권을 확대하고 있는 현실이다. 거기에 더하여 이 금융은 이슬람 율법인 샤리아를 철저히 신봉하는 원리주의자들에 의해서 운영되고 있음을 알게 되자 긴장은 더욱 고조되었다. 이 원리주의자들이 신봉하는 코란에 실린 다음의 말만 보아도 끔찍한 미래를 짐작하게 된다. "알라와 무함마드를 반대하는 자들은 목을 쳐 죽여야 한다"(꾸란 8:12-13). "온 세상의 종교가 알라의 이름으로 통일될 때까지 전쟁을 계속하라"(꾸란 8:39).

이러한 가르침을 철저히 실천에 옮기고 있는 그들이 한국에 돈줄을 가지고 정착을 하게 된다면 한국의 토착 종교들과 그리스도교가 지금까지 공존하는 분위기와는 전혀 다른 세계가 펼쳐질 것이 분명하다. 그뿐만 아니라 한국을 이슬람의 제2의 성지로 삼겠다는 그들의 야욕이 활발히 전개되고 있는 현실이기에 우리의 교계는 이 법안의 국회 통과를 저지하려는 것에 열을 올리고 있었다.

지금 2011년 10월 현재 이 법안은 모든 절차를 끝내고 전체 회의 상정만을 남겨놓고 있다. 다행히도 제18대 299석 국회의원 가운데 그리스도인이 119명으로 39%를 차지하고 있기에 한국교회는 그들의 현명한 판단과 성실한 노력을 기대하는 중이다.

21세기 초반은 대지진의 엄습으로 이어지고 있다.

　잊을 만하면 찾아와 인류를 당황하게 만드는 것이 바로 대지진이다. 21세기에 접어들어 대지진의 사건은 어느 때보다 자주 발생하면서 인류를 놀라게 하고 있다. 2004년 인도네시아의 근방에서 발생했던 9.1 규모의 지진으로 인한 쓰나미가 동남아 여러 나라에서 22만 명의 목숨을 앗아간 사건이 있은 후 2008년 5월에는 중국 쓰촨 성(四川省) 지방에서 8.0 규모의 큰 지진이 발생하였다. 그로부터 4년 후인 2010년 1월에 아이티에서 발생한 7.0 규모의 지진은 23만 명의 생명을 잃게 만들어 온 인류의 가슴을 아프게 하였다. 2011년 3월 11일에는 일본 도호쿠 지방 앞바다의 대지진과 지진해일(쓰나미)로 인하여 후쿠시마 제1 원자력발전소까지 무너뜨려 방사능 누출에 극심한 피해를 주기도 하였다.

　이웃 나라에서 발생한 이러한 참상을 보면서 우리나라의 구조대는 방사능이 누출된 현장에 뛰어가 도움의 손길을 주었고, 우리 국민과 교회는 도움의 손길을 주는 데 인색하지 않았다. 이처럼 인정이 많은 우리 국민은 과거의 아픈 감정을 뒤로한 채 이웃의 아픔에 동참하였는데, 그 와중에서 일본은 독도의 영유권 문제를 들고나와 우리의 감정을 상하게 하였다. 이 일은 일본을 향한 용서의 마음을 다시 닫게 하는 일이었고, 대지진의 격랑 속에서도 버리지 못한 그들의 야욕이 드러난 또 하나의 불행한 일이었다.

　금세기 들어 나타나는 빈번한 지진과 폭풍과 폭우와 가뭄의 지각 변동이 해저와 대륙에서 이어지는 현상 앞에 학자들은 지구물리학적인 진단과 분석을 하는 데 그치고 있다. 여기에는 어떤 예방이나 대안이 없다. 우리 인간은 지진, 홍수, 태풍 따위의 자연에 나타난 재앙을 저항할 아무런 힘이 없다. 속수무책으로 이 천재지변의 참혹한 현장의 한복판에 서서 그날그날을 살아갈 뿐이다. 여기서 제한된 인간세계를 다시 깨닫게 된다.

이러한 현상들은 "민족이 민족을, 나라가 나라를 대적하여 일어나겠고 곳곳에 기근과 지진이 있으리니 이 모든 것은 재난의 시작이니라"(마 24:7)라는 주님의 말씀을 새롭게 음미해 볼 금세기의 현상들이라고 생각한다.

4.27 재·보궐선거와 8.24 서울시 주민투표는 민심의 심판이었다.

2006년 지방선거에서 한나라당은 호남권 3곳 이외의 전 지역에서 대승을 거두었다. 그러나 4년 후 2010년 6.2 지방선거에서는 크게 패배한 바 있다. 정부와 여당이 받은 충격은 매우 컸다. 이 선거 결과를 보면서 이명박 대통령은 "선거 결과를 성찰의 기회로 삼고 경제 살리기에 전념할 것"을 선언하였다. 그러나 대통령의 선언은 선언으로 끝났을 뿐 성찰과 개선을 국민은 느끼지 못하였다.

올해 4월 27일의 재·보궐선거를 접하게 되자 정부와 여당은 또다시 패배를 당할 수 없다는 절박한 상황 속에서 뜨거운 열기를 품고 선거에 임하였다. 특별히 이 선거는 이명박 정부 임기 3년에 대한 국민의 심판이 어느 정도인가를 말해 주기 때문에 그 중요성이 더하였다. 그러나 결과는 참패였다. 한나라당 홈타운처럼 여겨졌던 경기 성남 분당을 국회의원과 강원도지사 선거에서도 완패를 가져왔다. 그 외 기초단체장 선거에서도 서울 중구청장과 울산 중구청장 등을 제외하고는 전국 곳곳에서 패배의 잔을 마셨다. 겨우 김해 한 곳에서 국회의원을 확보했을 뿐 무참한 패배를 당하였다.

거기에 더하여 8월 24일 서울특별시의회 무상 급식 정책을 반대하는 주민투표 강행은 또 하나의 패배작으로 기록을 남겼다. 득표율 33.3%를 넘어야 개표를 하게 되는 주민투표는 25.7%를 기록하여 투표함은 개봉도 하지 못하고 부결처리 되었다. 그 결과 이 투표를 강행했던 서울시장이 약속대로 물러나는 소동이 있었다. 그리고 주민투표는 결과적으로 막대한 예산을 낭비한 또 하나의 여당 패배로 이어졌다. 생각하면 이번의 주민투표는 그 발상부터 무리가 따르는 일이었다. 여당의 어느 의원 말처럼 "한 교실 안에서 소득 50% 이상 계층은 돈 내고 밥을 먹고, 소득 50% 이하 계층은 무료로 먹는 것은 초등학교 의무교육 정신에 반한다"라는 문제를 안고 있었다. 바꿔 말하면, 빈부의 격차를 초등학교 급식에서부터 나타나게 하는 발상이었다. 이 문제는 이미 전국의 16개 시도 중 15개, 기초자치단체는 80%인 183곳이 초등학교 무상 급식을 이미 시행하고 있는데, 이를 외면한 서울 시장의 주민투표 시행은 처음부터 무리가 따른 것이었다고 보는 견해가 지배적이다.

북아프리카와 중동 지역을 누비는 "아랍의 봄"은 최대의 관심사였다.

민주주의와는 거리가 먼 독재자들이 장기간 권력을 행사하던 북아프리카와 중동지역에 전례가 없는 반정부 시위운동과 항의의 혁명 물결이 일기 시작하였다. 대규모 반정부 시위가 일어났던 곳은 알제리, 바레인, 이집트, 이란, 요르단, 리비아, 모로코, 튀니지, 예멘 등 중동과 북아프리카 일부 지역이었다. 그리고 소규모의 반정부 시위가 발생한 곳은 이라크, 쿠웨이트, 모리타니, 오만, 사우디아라비아, 소말리아, 수단, 시리아 등이었다.

그 시초는 2010년 12월 경찰 부패와 이에 대한 대처법을 놓고 불거진 튀니지 시위자들의 집단행동이었다. 이 시위의 불길이 걷잡을 수 없게 확산하자 23년간 혁명으로 집권했던 벤 알리 대통령은 올해 1월 15일에 드디어 사우디아라비아로 망명하기에 이르렀다. 튀니지에서 이러한 성공을 거두자 같은 형편에 있던 인접 국가들의 시민들도 새로운 희망을 품고 혁명을 위한 반정부 시위의 횃불을 들었다.

이집트에서는 독재자로서 30년간을 집권해 온 무바라크 대통령이 퇴진을 요구하며 반정부 시위를 벌인 시민들 앞에 굴복하고 2월에 군부에 모든 권력을 이양하고 대통령직에서 물러나기도 했다. 그리고 리비아에서는 '중동의 미친개'라는 불명예스러운 별명을 가진 카다피가 권좌의 탐욕을 끝내 버리지 못하고 시민군에 쫓기는 몸이 되다가 몰락의 지점에 이르렀다. 그는 1969년 육군 대위로 쿠데타를 일으키고 왕정을 몰아내 1970년 모든 권력을 장악했던 인물이다. 그는 '인민 직접민주주의'라는 독특한 체제 구축을 명분으로 전제 독재 권력을 강화한 바 있다.

아직도 불타고 있는 "아랍의 봄" 가운데 시리아는 세계인의 주목을 받고 있다. 시리아의 바샤르 알아사드는 2000년 아버지인 하페즈 알아사드가 사망하자 97%의 지지로 대통령에 당선되었고, 2007년에는 상대가 없이 7년 임기의 대통령이 되어 집권하면서 세계 최악의 독재자 순위 12에 선정 (워싱턴 포스트 주간지 퍼레이드)된 인물이다. 특별히 그가 북한과 핵 개발에 협력하고 있다는 의혹이 보도되었을 때부터 그는 우리의 관심을 끌고 있었다.

시리아에서도 이러한 독재자의 퇴진을 위한 민주화 시위가 지난 3월 15일 시리아 남부에서 일기 시작하였다. 7개월이 지난 지금도 알아사드는 군과 경찰을 동원해 유혈 진압에 나서 사망자가 무려 3천에 이르는 것으로 추정되고 있다. 이를 지켜본 국제사회는 알아사드의 퇴진을 요구하며 압박 강도를 높이고 있으나 그 끝이 보이지 않는다.

위에서 본 중동의 사태는 대한민국 국민의 초미의 관심사로 등장하고 있다. 이유는 이 사태로 인하여 여러 나라의 독재자들, 특별히 북한의 집권자들이 심리적 충격을 받고 있으리라 보기 때문이다. 3대째 세습의 독재가 뿌리내리고 있는 북한을 생각하면 "아랍의 봄"이 북한과는 진정 무관할 것인가의 질문을 던지게 된다. 그러나 여기서 두려운 마음은 만에 하나 민주화 시위가 보인다면 시리아보다 훨씬 강한 탄압이 자행될 것이 분명하기에 북한의 민주화는 평화 속에서 하나님의 섭리에 따라 이룩되기를 희망하는 마음으로 우리의 기도가 계속되어야 할 것이다.

서민들의 가계에 빨간불이 켜진 한 해였다.

지난 대선 때 국민은 "이명박 후보의 경제 살리기"를 택하였다. 비록 그가 안고 있는 문제들이 적지 않았지만 우선 시급한 경제가 살아야 나라와 개인이 살 수 있다는 대의명분을 앞세워 그에게 몰표를 주었다. 그러나 지난 4월 27일의 재·보궐선거에서는 정권 심판론에 손을 들어주면서 현 정부를 향하여 따가운 경고를 하였다. 가장 큰 이유는 지난 3년간 정부·여당이 그렇게도 자신했던 '경제성장'과 '물가안정'이 고물가와 전세난, 실업난 등 민생고가 겹쳐 서민들은 몹시 시달리고, 중산층은 설 땅을 잃게 되었기 때문이었다.

사실 현 정권이 들어선 이후 불행하게도 세계 경제의 사정이 악화하면서 유가의 파동을 비롯하여 생필품 가격이 치솟아 의식주의 형태까지 줄여야 할 지경에 이르렀다. 일자리 창출은 여전히 부족하여 실업자와 노숙자의 대열이 더 길게 이어갈 정도로 서민경제가 몹시 어려워지고 있다. 올해에는 1월 한파와 구제역으로 인해 농수산식품 가격이 급등하여 가정에서는 초라한 밥상을 차려야 했다. 거기에 더하여 이제는 지하철을 비롯한 대중교통 요금과 기타의 공공요금 인상에 따른 고통을 감수해야 할 지경에 이르렀다. 이처럼 물가 상승세가 계속될 때 근로자들의 임금인상 요구는 당연히 이어질 것이며, 높아진 인건비는 제품값에 반영되면서 또다시 물가가 오르는 '악순환'이 우려된다는 경제학자들의 분석이다.

이러한 물가 상승과 더불어 더욱 심각한 증상을 보이기 시작한 것은 가계대출의 문제이다. 수입은 일정한데 대출이자의 부담이 증가하여 부채에 대한 이자 지급의 연체 현상이 급증하기 시작했다는 보도이다. 이것은 금융권의 파동으로 이어지고 한국 경제를 뒤흔들게 되는 무서운 시한폭탄과 같아서 그 염려가 대단한 수준이다.

이러한 경제 형편은 바로 교회의 재정에도 영향을 주고 있다. 교인들의 경제 여건의 악화로 하나님께 드리는 예물이 축소되는 경향이 뚜렷하다. 그리하여 교회마다 선교사 파송을 비롯하여 여러 가지 계획된 사업을 중단하거나 확산시키지 못하고 있다는 말을 많이 한다. 그러나 다행인 것은 비록 경제적인 어려움이 있더라도 신앙을 잃지 않고 예배를 참석하는 교인의 수는 큰 변동이 없다는 보도이다. 물질적인 삶은 축소되더라도 하나님을 향한 예배 생활에는 조금의 차질도 있을 수 없다는 것을 보이는 한국교회의 참모습이 나타나는 지금이다.

우리의 자랑스러운 젊은이들 때문에 산다.

2011년의 중요한 일지를 뒤지다 보면 우울한 부분이 매우 많았다. 그러나 우리를 우울한 세계에서 벗어나게 하는 사연도 많았다. 대구광역시에서 8월 27일부터 9월 4일까지 있었던 제13회 세계육상선수권대회는 운영에 미숙한 부분이 있었다고 하지만 높은 시민의식과 함께 국위를 자랑할 수 있는 행사였다. 그리고 11월 7일 개막한 제123차 IOC 총회에서 동계올림픽 유치 3번째 도전에 나선 평창이 독일의 뮌헨과 프랑스의 안시를 제치고 압도적인 표 차로 유치에 성공한 일은 세계 가운데 우리나라의 위상을 보이는 좋은 기회였다.

그러나 한 해를 보내면서 가장 인상 깊었던 것은 지난 1월에 보여준 우리 젊은이들의 해병대 지원 소식이다. 어느 때보다 높은 경쟁률을 보이면서 국방의 의무를 다하겠다는 그 의지가 뜻이 있는 국민의 눈시울을 적시었다. 거기에는 감동을 할 수밖에 없는 이유가 있다.

우리 국민은 2010년 3월 서해안 백령도 해상에서 우리의 초계함 천안함이 격침되고 46명의 해군 병사들이 희생됨으로 극심한 충격을 받고 있었다. 그런데 같은 해 11월 23일에 연평도의 해병대 기지와 민간인 마을에 북한이 발사한 100여 발의 포탄에 의하여 해병대 2명과 민간인 2명이 사망하고 30여 명이 부상을 당했다는 보도가 나왔다. 모두가 불안감을 감추지 못하고 우리의 국방을 염려하고 있을 무렵이었다.

그로부터 한 달 후에 해병대 지원병을 모집하는데 포탄이 빗발치는 해병대의 전선에 목숨을 걸고 싸우겠다는 젊은이들이 연초에 이르러 3대 1에 육박했다는 소식이었다. 특별히 해병대에서도 가장 힘들다는 수색병과 경쟁률은 무려 15대 1까지 올라갔다는 보도이다. 이 보도를 듣는 우리 국민의 가슴은 뿌듯하고 안도의 숨을 쉬게 되었다. 한 해를 보내면서 연초에 보여준 우리 젊은이들의 용감한 나라 사랑의 정신과 도전 의식은 이 나라의 거대한 희망이었다.

2012년, 한국 개신교의 신뢰도가 회복되도록 하자

한국 개신교의 신뢰도에 나타난 적신호를 청신호로 바꾸어야 한다.

2010년 12월 15일 기독교윤리실천운동(기윤실)이 실시한 "2010 한국교회의 사회적 신뢰도 조사" 결과를 발표하자 올해 초까지 한국의 언론들은 너도나도 앞다투어 보도하였고, 그 보도를 근거로 삼아 쏟아진 비판의 말과 글들이 그리스도교에 심각한 상처를 남겼다.

이 여론조사는 객관성을 유지하기 위하여 기윤실이 GH코리아(대표 : 지

용근)에 의뢰해 지난 11월 8~10일 전국의 만 19세 이상의 남녀 1천 명을 대상으로 하여 전화 설문조사 방식으로 진행하였으며, 신뢰수준은 95%이며 표본오차 ±3.1%라고 하였다.

이 조사는 같은 형태로 2008년과 2009년에도 있었는데 2010년의 결과가 가장 낮게 나와 한국 개신교의 신뢰도에 비상이 걸렸다는 발표였다. 이 발표에 의하면, 개신교의 신뢰도는 5점 만점을 기준으로 했을 때 2008년 1차 조사 때는 2.55점이었고, 2009년에는 2.82점으로 약간 상승했으나 지난해는 2.58점으로 다시 떨어졌다. 종교별 신뢰도와 호감도에서는 천주교와 불교에 이어 지난 3년 동안 개신교는 3위를 기록했다는 발표이다. 거기에 더하여 종교를 바꾸거나 포기하겠다는 비율도 3개 종교 중 개신교가 가장 많이 늘어났다. 이 조사에서 우리의 시선을 집중시키는 것은 사회봉사를 가장 활발하게 하는 종교로는 개신교(42.1%)를 으뜸으로 하고, 그 다음으로 가톨릭(39.3%)과 불교(10.6%)의 순으로 응답하고 있다.

여기서 우리가 관심을 두어야 할 부분은 사회적인 봉사는 가장 많은 점수를 받으면서도 신뢰도는 그렇게 낮은 평가를 받아야 하는지에 관한 질문이다. 이 조사에서는 이러한 문제의 궁금증을 풀기 위하여 응답자들이 한국교회가 신뢰 회복을 가져올 방안을 물었을 때 교회지도자들의 문제를 지적했고, 교인과 교회지도자들의 언행일치의 괴리현상이 우선으로 개선되어야 함을 지적하고 있다.

이러한 결과를 볼 때 목회자들이 하나님이 들려주신 "영혼 없는 몸이 죽은 것 같이 행함이 없는 믿음은 죽은 것이니라"(약 2:26)는 말씀에 자세를 가다듬고 깊이 음미해야 할 긴급성이 있다. 새해의 목회는 청렴결백과 솔선수범의 행함을 어느 때보다 중요하게 생각해야 할 것이다. '주님의 종'으로서 받던 섬김은 이제 끝을 맺어야 한다. 그리고 순수하게 주님의 명을 받아 주님의 백성을 '섬기는 종'으로서 정체성을 바꾸어야 할 것이다. 이제는 목회자의 설교를 듣고 있는 양들이 어느 때부터인가 무서운 감시자로 날카로운 눈을 부릅뜨고 있음을 언제나 잊어서는 안 된다. 이 시대는 목회자를 목자로 따르고 순종하던 양들보다는 말씀대로 사는지를 확인하려는 양들이 훨씬 많아 주변이 매우 삼엄함을 염두에 두고 살아야 할 것이다.

선거의 태풍이 부는데 지혜 있는 목회의 질서를 지키자.

2012년에는 선거의 태풍이 불게 된다. 4월 11일에는 제19대 국회의원 선거를, 12월 19일에는 제18대 대통령 선거를 해야 하는 일정이 새해 안에 들어 있다. 대한민국 국민으로서는 피할 수 없는 일정이다. 이처럼 선거가 몰아치는 해이면 우리의 교회와 목회자들은 많은 생각을 하게 된다. 그 이유는 개신교의 정치적 영향력이 가장 크기 때문이다. 여러 연구조사에서도 개신교가 천주교나 불교보다 정치적인 결집력이 높다고 평가하고 있다. 이러한 평가는 2008년 18대 국회의원 가운데 약 40%에 해당하는 119명이 개신교인이라는 한기총의 발표에서 입증되기도 한다.

개신교의 문제는 바로 여기서부터 출발하게 된다. 개신교가 대선이나 총선을 통하여 선출한 그리스도인 정치인들의 숫자만을 생각하고 그들이 거둔 정치 활동의 성공과 실패에는 책임을 지지 않는 데 있다. 같은 그리스도인이라는 명목으로 옹호와 후원을 하는 것만큼 예리한 비판과 방향 제시를 할 필요가 있다. 교회가 예언의 소리는 꼬리를 감추고 박수를 보내는 데만 요란하다는 지적에 깊은 관심을 가져야 한다. 솔직히 장로 대통령을 3회에 걸쳐 배출했고, 18대에 40%의 국회의원을 선출한 막강한 세력의 과시에는 열을 올리지만, 막상 그들이 실패한 기록에는 침묵을 지키는 일이 많았다. 이러한 잘못을 생각하면서 좀 더 겸허한 자세로 다가오는 새해의 창문을 열어야 할 것이다.

2008년 어느 주간지에서 읽은 한 낙선의원이 남긴 다음의 말이 지금도 마음에 걸린다. "목사님 설교만 들어봐도 그 교회가 완전히 어느 당 쪽이라는 사실을 알 수 있다. ○○○법이 개정되면 빨갱이 나라 만든다, ○○○당 찍으면 빨갱이 찍는 것이다 등의 이야기를 목사님이 새벽기도회 설교에서 자주 하시는데 충격적이었습니다."

여기서 우리는 설교의 본질을 알아야 한다. 설교란 설교자의 사상이나 지식이나 정보나 경험을 들려주는 매개체가 아니다. 설교란 순수하게 하나님이 66권을 통하여 주신 말씀을 회중에게 선포하고 해석하고 그들의 삶에 적용해 주는 사역이다. 언제나 설교의 이탈은 설교자의 감정이나 판단을 하나님의 말씀과 같이 교인들에게 주입시키는 데서 발생한다. 그래서 칼뱅은 "설교자의 입으로 나오는 말은 하나님의 말씀과 같아야 한다"는 말을 한 바 있다. 그렇기에 그 나라 교회의 수준은 목사들의 설교를 들어보면 바로 알게 된다고 말하게 된다. 목회자가 자신이 투표하고자 하는 사람을 위하여 교인들에게 지지를 호소하고 그 정당을 옹호하는 설교를 한다면, 세계를 향하여 선교의 나래를 펴고 있는 한국교회의 위상은 매우 부끄러운 수준으로 전락하게 될 것이다.

그리고 반드시 유념해야 할 것은 설교자 앞에는 언제나 여야가 도사리고 앉아 있다. 한 편의 손을 들어주어 비록 소수의 무리라도 실망하고 돌아서는 일이 발생하지 않도록 각별한 유의를 해야 한다. 한 영혼을 구원하기 위하여 그렇게도 땀과 눈물을 아끼지 않았는데 선거 때만 되면 우리는 실망하고 돌아서는 교인들을 본다. 목사의 섬세하지 못한 설교 중 말 한마디가 내 앞을 찾아와 따르고 있는 양을 몰아내는 결과를 가져온다.

이 땅에 일기 시작한 동성애 파장을 예의주시하자.

한국교회 목사가 미국의 어느 교회를 방문한 적이 있었는데, 그 교회 목사가 옆에 있는 남자를 자신의 아내라고 소개하자 아연실색하였다고 한다. 그 이유는 남편도 아내도 모두 남자였기 때문이었다. 미국 그리스도교 세계를 유심히 살펴보면 동성연애의 허락이라는 이슈가 전통적인 그리스도교 세계에 지각 변동을 가져오는 심각한 회오리바람을 일으키고 있다.

한국과 같은 보수적인 문화권에 동성애자들에게 교회의 성직을 허용하고 그들을 교회의 중직자들로 임명한다는 것은 당분간이 아니라 미래에도 이룩될 수 없는 쟁점이라고 보아도 무리가 아닐 것이다. 그러나 동성애 문제가 교회의 문제만이 아니라 우리 사회에도 매우 민감한 사안으로 이미 떠오르고 있다는 데 모두가 우려를 나타내고 있다.

2007년 인권단체들의 요구로 '차별금지법'이 법무부에 의해 국회에 발의되었을 때 교계를 비롯하여 반대 여론이 많아 결국 제정되지 못하였다. 그러나 인권단체들은 "모든 사람은 평등하고 어떤 사유로든 불합리한 차별을 받아서는 안 된다"라는 원칙론을 들고나오면서 "우리 사회의 모든 차별을 없애기 위한 인권 기본법"으로서 '차별금지법'의 제정을 계속 주장하여 2010년 다시 이 법안이 국회에 발의된 바 있다. 그러나 교계를 비롯하여 사회에서 반대하는 목소리가 강렬하여 2011년 법무부는 1년 이상 추진해 온 차별금지법 제정을 또다시 중단하기에 이르렀다. 이 문제가 얼마나 많은 사람의 반대에 직면해 있는지를 법무부 홈페이지(www.moj.go.kr)의 국민광장에 들어가 대화의 장을 열어보면 충분히 그 심각성을 알게 된다.

다행히도 지난 3월 31일 헌법재판소가 군인들의 동성애를 처벌토록 규정한 군형법 92조가 합헌이라고 선고를 하여 많은 사람이 안도의 숨을 쉬기도 하였다. 그렇지만 그곳 건물 밖에서 군대에 간 자식들을 염려하는 부모들이 손에 들고 있던 플래카드에 쓰인 다음의 말이 생각날 때마다 마음 한편이 늘 무겁다. "나라 지키러 군대 간 내 아들, 동성애자 되고 에이즈 걸려 돌아오나?"

이러한 법이 국회를 통과하여 효력을 발생하게 된다면 우리의 교회는 심각한 지경에 이르게 된다. 무엇보다도 설교를 통한 메시지 내용에 우선적인 타격을 입게 된다. 예를 들어 죄악이 극치에 달하여 하나님의 진노를 면치 못했던 소돔과 고모라 성을 본문으로 하는 설교를 할 수 없게 된다. 그리고 남녀만이 가정을 이루어야 한다는 성경의 가르침을 그대로 말하게 되면 법에 위촉이 되는 참으로 이상한 세상이 도래한다.

이 시대는 과거에 예사롭게 여겼던 문제들이 세상의 한복판에서 활개를 치고 목소리를 높이면서 당황하게 만드는 세상이다. 우리의 교회가 그동안 관심 밖의 쟁점으로 여겼던 동성애의 문제가 미국 사회와 교회에 이미 둥지를 틀고 있는 현실이다. 앞으로 어떤 형태로 우리의 사회와 교회에 나타날지 모르는 이러한 문제에 새해에는 깊은 우려와 주의를 기울일 필요가 있다.

교육의 현장에 깊은 관심을 기울이자.

오늘 우리 사회에서 발생하는 교육의 현장을 본다. 매스컴을 통하여 보도되는 기사를 접할 때마다 정신이 혼미해진다. 초등학교 6학년을 담임한 40대의 여교사가 수업 중 도난 사고가 발생한 것에 격분하여 갑자기 팬티만 남긴 채 입고 있던 옷을 훌훌 벗고 일장 훈시를 했다는 보도는 많은 사람을 경악하게 만들었다. 그런가 하면 학생들에게 정신이상까지 일으키는 과도한 체벌을 행사하는 일부 교사의 억압적인 지도방식이 아직도 학교에서 행해지고 있다는 보도가 끊이지를 않고 있다. 그런데 문제를 안고 있는 스승 때문이라고만 보기에는 풀리지 않는 학생과 학부모들의 이상한 행동이 최근에 자주 발생하여 교육의 장을 더욱 어지럽게 만들고 있다. 자녀의 말만 듣고 학부모가 학교로 달려와 학생들이 보는 앞에서 분노하고 교사를 폭행하는 일이 빈번히 일어나고 있다는 보도이다. 얼마 전에는 수업 시간에 휴대전화를 사용하면서 동료 학생의 공부를 방해한 학생을 엄히 꾸짖은 교사를 찾아온 학부모가 자신의 아이가 "큰 잘못을 한 것도 아닌데 왜 심하게 꾸중을 하느냐"고 소리를 지르며 교사를 주먹으로 때린 사건이 보도되었다.

이제는 우리 사회에서 스승은 스승으로서, 제자는 제자로서 서로의 자리를 모두 상실한 모습이다. 이러한 모습은 "스승의 은혜는 하늘 같아서 우러러볼수록 높아만 지네. 참되거라 바르거라 가르쳐 주신 스승은 마음의 어버이시다"라고 그렇게도 숙연하게 불렀던 스승의 노래가 우리 입에서 나올 수 없게 만들고 있다. 지금껏 이 민족의 교육장은 가난과 질병과 전쟁의 험준한 환경 속에서도 가장 으뜸가는 질서의 세계였다. 거기에는 숭고한 사랑과 희생적인 양육 정신으로 교육했던 스승님들이 가득하였고, '군사부일체'의 존경과 사랑이 몸에 밴 제자들이 배출되었다. 그래서 오늘날 세계에 우뚝 선 나라로 일어서게 되었다.

우리의 교육이 만에 하나 위에서 본 사건들과 같은 일들로 얼룩진다면 우리의 장래는 참으로 암담하게 된다. 어느 학자의 말대로 인간의 속성은 동물적인 면과 전사적인 면을 갖고 있다. 인간사회에서 절대시하고 있는 교육의 목적은 동물적인 인간 속성을 연마하여 인간다운 수준에 도달하게 하는 데 있다. 이 목적이 이룩되어야 교육의 꽃은 피고, 우리 사회에 도덕과 지혜가 가득한 열매를 맺게 된다. 그리고 이 나라가 제 길을 걷게 된다.

소아마비의 몸으로 미국의 32대 대통령이 되어 4선의 신기록을 남겼던 루즈벨트는 교육의 필요성을 갈파하면서 "교육은 국가를 만들지는 못하지

만, 교육 없는 국가는 반드시 멸망한다"라는 말을 남겼다

오늘처럼 우리의 교육이 상업주의와 자유경쟁이라는 두 기둥만을 가지고 나아갈 때, 그 결과는 어쩔 수 없이 물질 만능과 부귀영화에만 초점을 두게 된다. 바른 교육사상과 철학을 갖추지 못한 교육은 혼돈의 늪에 빠져 그 기능을 발휘하지 못하게 된다. 이러한 현실을 보면서 한국교회가 무엇을 할 수 있을 것인지 깊이 생각해야 한다. 그동안 교회마다 가득했던 주일학교가 서서히 사라지면서 차세대의 교육과는 서서히 멀어지고 있다. 이제는 교회 밖 교육의 장에 한국교회가 도울 수 있는 일과 진정한 인간이 배출되는 교육을 위하여 과감하게 참여할 수 있는 길을 찾아야 한다. 가장 손쉬운 방법으로 교회 주변의 학교에 장학금을 주는 일이나 학교에 들어가 자원봉사의 길을 찾는 것도 교회 밖의 교육기관과 관계성을 형성하고 영향을 끼칠 수 있는 길이라 하겠다. 동네에 있는 학교에 동네교회가 지원하고 나설 때 그것은 매우 아름다운 한 폭의 그림이 될 수 있다.

2013년도 회고와 전망

2012년, 희비가 교차한 한 해였다

스승이 떨고 있는 교육의 장이 많았다.

　연초부터 언론매체들은 앞다투어 학교마다 학생들의 폭력집단에 의하여 학생들과 교사들이 몹시 시달리고 있다는 기사들을 내보냈다. 폭력 학생들의 서클은 일진회가 그 주축이었다. 1904년 일본이 한국에 야수를 뻗으면서 만들었던 친일 조직체와 이름이 같아 그 불쾌감은 더욱 심하였다. 동료 학생들을 괴롭히고 교사에게까지 폭력을 행사하는 일진회라는 폭행집단은 사회문제로 확산하여 학부모들에게까지 공포에 젖게 하였다. 이 집단의 학생들은 주로 부모의 돌봄이 소홀하여 학교 성적은 뒤지고 싸움에는 능한 부류들이라는 보도였다.

　문제는 일진회에 속한 이들의 폭력 내용이 너무나 상상외로 난폭하다는 데 문제의 심각성은 대두되었다. 그 실례를 보면 아연실색하지 않을 수 없는 것들이다. 이들은 학생들에게 뿐만 아니라 교사들에게까지도 공포의 대상이 되고 있다. 학생의 잘못을 지적한 교사의 멱살을 잡는가 하면 "가만 안 두겠다"라는 협박과 욕설은 보통이고 발을 걸어 넘어뜨리기까지 하는 어이없는 현상들이 중·고교에서 발생하고 있다.

경찰청이 9월 25일 국회 학교폭력 대책특별위원회의 소속 의원에게 제출한 보고에 따르면 이른바 '일진회'가 전국의 중·고교에 600개에 이르는 것으로 조사되었다. 조직원은 6,300명을 넘는 것으로 알려졌다. 조직의 활동은 대부분 지역에서 고교보다 중학교에서 더 많은 것으로 나타났다.

우리 사회의 장래를 어둡게 하는 학교폭력 문제는 매우 심각한 문제라는 사실에 모두가 공감하는 연초의 분위기였다. 그러나 매스컴이 침묵을 지키면 또다시 정부나 국민은 망각의 세계로 들어가 폭력집단의 잠식과 확산은 날이 갈수록 커져만 간다.

4.11 총선은 매우 뜨거웠다.

19대 국회의원을 뽑는 4.11 총선은 어느 때보다 국민의 깊은 관심 속에서 진행된 선거였다. 지난해 서울시장 보궐선거에서 박원순이 여당의 나경원을 압도적으로 제압한 여진이 4월 총선에서 어떻게 나타날 것인지에 모두가 예의주시하였다. 그럴 뿐만 아니라 올해 12월의 대선 판도까지 예시하는 선거였기에 그 열기는 매우 뜨거웠다.

선거의 과정은 매우 이색적이었다. 여당은 자신들이 국민에게 만족스러운 정권으로 비치지 않아 100석도 건지기 어려운 여소야대 선거가 될 것이라고 호소를 하면서 거대 야당을 막아달라는 애원이 여당의 전략이었다. 여기에 당이 어려울 때마다 측은한 모습으로 동정을 호소하는 박근혜의 장기가 더욱 빛을 발하였다. 반면에 여당이 국민의 인기를 잃어 나타난 서울시장 선거의 결과가 야당의 승리로 이어질 것이라는 기대가 통합민주당에 가득하였다. 그래서 눈에 띄게 자신감을 가지고 선거에 임하였다. 그러나 선거 결과는 국민의 호응을 얻지 못한 채 막을 내렸다.

많은 사람은 이번 총선은 민주당에 하늘이 내린 기회라는 말을 많이 하였다. 그 이유는 대통령 측근 비리 의혹과 여당의 전당대회 돈 봉투 사건을 비롯하여 중앙선관위 디도스 공격, 국무총리실 공직윤리지원관실의 민간인 불법사찰 문제에 이르기까지 실로 악재가 많았다. 그러나 민주당의 안일한 판단과 자세는 예상을 뒤엎은 결과를 초래하였다.

선거 결과는 새누리 127, 민주 106, 민노 7, 자유선진 3, 무소속 3으로 나타났다. 기대한 대로 목표를 달성하지 못한 야당은 큰 실망을 하였고, 자신들의 선거 전략이 성공한 여당은 만족한 미소를 짓게 되었다. 그러나 엄격한 분석에 의하면 유권자들은 과반수를 여당에 주면서도 수도권에서는 야당에 표를 주어 정권에 대한 예리한 주시와 심판을 할 수 있다는 신호를 보내는 선거였다.

세계에 K-pop을 뿌린 아이돌 그룹과 싸이의 '강남스타일'

올해 들어 한류의 열풍이 노래하는 젊은이들에 의하여 세계를 뜨겁게 달구고 있었다. 그동안 드라마를 통하여 동남아 일부 국가에서 일기 시작하여 우리의 뛰어난 예술 감각이 인정을 받아 왔으나 최근의 K-pop이나 강남스타일과 같은 열풍은 일찍이 없었던 일이었다. 그것도 나이 든 세대의 공감대를 불러일으키기에 힘이 드는 젊은 세대만의 음악 장르였다. 그러나 나라 안팎의 젊은 세대들은 말과 춤과 일치된 몸의 움직임을 수반한 한국 청소년의 노래에 매료되고 있다.

▶ 먼저, K-pop을 가지고 세계를 뛰는 아이돌그룹을 본다.
K-pop(Korean Pop 또는 Korean Popular Music)은 2000년대 중반 이후부터 외국인들이 한국의 대중가요를 즐기기 시작하면서 쓰이기 시작한 이름이

다. 이들의 세계를 들여다보면 이들은 적게는 5~6명, 많게는 10명이 넘는 인원으로 구성되어 있다. 이들은 멋진 외모와 감각적인 패션 스타일을 가지고 독특한 무대장치에 나타나서 화려한 댄스를 통해 시각의 만족을 채워준다. 거기에 더하여 젊은 감각의 멜로디와 흥미로운 노랫말을 경쾌한 리듬을 가지고 선보인다. 그들은 바로 10대들의 우상이라는 뜻의 아이돌그룹으로 등장하여 청소년들의 환호성 속에 그 존재 가치가 높이 평가를 받게 되었다.

이들의 모습은 기획사를 통하여 유튜브를 비롯한 온라인 마케팅을 펼치면서 전 세계 10대와 20대들에게 급속도로 퍼지게 되었다. 그들의 인기는 과히 폭발적으로 확산하여 세계에 한류의 불길을 번지게 하고 있다.

그 실례로서 지난 6월 10일 문화적인 자존심이 대단한 파리에서 있었던 일이다. 유럽에서 처음으로 열리게 되는 공연 관람권 예매가 4월 26일에 시작하자 불과 15분 만에 매진되는 기록을 세웠다는 보도이다. 참으로 믿을 수 없을 정도의 한류 열풍이 우리 청소년들에 의하여 세계에 확산하였다.

▶ 또 하나의 한류 폭풍을 몰고 다니는 〈강남스타일〉을 본다.

그동안 한국의 아이돌그룹을 반기면서 K-pop을 들어 왔던 젊은이들에게 또 싸이라는 한국의 젊은이가 〈강남스타일〉을 부르면서 새로운 한류 열풍을 세계 곳곳에 불러일으키고 있다.

앞에서 본 아이돌그룹에 의한 K-pop 열풍이 10대와 20대의 마니아층에 의하여 열광적인 환호성이 있었다면, 싸이의 〈강남스타일〉은 대중의 호응을 받으면서 확산의 속도가 상상을 초월한다.

싸이는 미국의 대표적인 아침 TV 프로그램인 NBC 투데이쇼를 비롯해 현지 인기 프로그램에 잇따라 출연하면서 한류 열풍은 치솟고 있다. 그 열풍은 세계신기록을 수록한 기네스북에 오를 정도였다. 기네스 세계기록위

원회는 싸이의 <강남스타일>을 기네스북에 등재하면서 "불과 몇 년 전만
해도 한 동영상이 1억 건이 넘는 조회 수를 기록한다는 것은 상상하기 어려
웠는데, <강남스타일>은 석 달 만에 그 두 배가 넘는 조회 수를 기록했다.
이런 동영상에 상을 줄 수 있다는 것이 영광스럽다"라는 평가를 하고 있다.
<강남스타일>은 9월 28일 뮤직비디오 공개 76일 만에 드디어 유튜브 조회
수 3억 건을 달성하며 최단기간 세계신기록을 세웠다.

　　그뿐만 아니라 싸이의 <강남스타일>이 미국의 빌보드 싱글차트에 2위,
영국 차트에서는 1위를 점령하면서 한국 가요사에 새 역사를 써서 놀라게
하고 있다. 참고로 미국과 영국의 차트는 가요계의 권위 있는 발표들로서 1
주일 동안 판매된 단일 곡 다운로드 판매량, 방송청취율, 그리고 싱글 음반
판매량 등등을 합산하여 그 순위를 발표한다.

　　전통적으로 예술성이 높은 우리 민족이 변천하는 세계 속에서 그 기상
을 펼쳐 보이기 시작한 참으로 값진 현상들이다. 국내에서 중년이나 노년층
에서 음악으로 수용하기에 어렵다는 반응을 보였던 말과 각종 몸짓으로 이
루어지는 음악이 세계를 점령하면서 한류 열풍을 드높인 기록이 수두룩한
한 해였다.

런던 올림픽에서 펼친 한일 축구전은 온 국민을 하나로 묶었다.

　　세계인의 시선을 모았던 30번째의 하계올림픽은 2012년 7월 27일부터
8월 12일까지 영국 런던에서 열렸다. 런던은 1908년, 1948년 대회에 이어 3
번째 올림픽을 주최하는 경사를 맞이하면서 "하나의 삶(Live As One)"이라는
구호를 걸고 이 대회를 성공적으로 이끌어 세계인의 박수를 받기도 하였
다. 대회가 끝난 뒤 같은 장소에서 8월 29일부터 9월 9일까지 11일 동안 제
14회 장애인올림픽 경기대회(패럴림픽)가 이어지기도 하였다.

제30회 올림픽대회는 204개국에서 1만 5천여 명의 선수들이 참가하였고, 26개 항목을 성별, 체급, 인원 등 302개로 세분화해서 경기를 진행하였다. 우리나라는 22개 종목에 241명의 선수가 참가해서 금 13, 은 8, 동 7을 획득하여 5위에 오르는 쾌거를 이루었다. 대한의 건아들이 전해준 메달의 소식은 온 국민에게 새로운 활력소를 계속 공급하는 매우 행복한 17일간이었다.

이 기간에 무엇보다도 우리 국민에게 거대한 엔도르핀을 치솟게 했던 경기는 3, 4위를 다투는 한일 축구전이었다. 모두를 패하더라도 일본과의 축구전만은 양보할 수 없다는 선수들의 의지와 국민의 정서가 극도에 달한 경기였다. 한국인의 가슴에 서려 있는 한은 일본에 눌리고 패배하는 일은 좀처럼 용납할 수 없다는 뿌리 깊은 뜻을 안고 있다. 이러한 국민적 정서를 잘 알고 있는 우리 선수들은 연속적인 경기에 지친 몸이었는데도 온 힘을 기울였다. 우리 선수들은 3장의 경고카드를 받으면서도 강한 압박과 거친 몸싸움으로 승기를 지속하면서 기회를 만들었다. 마침내는 박주영이 일본 선수 3명을 제치고 강한 땅볼 슛을 날려 그 슛이 골인했을 때 경기장 안은 물론 중계를 지켜보던 수천만의 국민은 눈물을 글썽거리면서 함성을 지르고 있었다. 한 골만으로는 불안해하면서 한 골을 더 넣어줄 것을 주문한 국민에게 구자철은 일본 수비수 다리 아래쪽으로 발리슛을 때려 성공시켰다. 드디어 2:0의 화려한 승리를 알릴 때 우리 국민은 서로가 얼싸안고 감격의 환호성을 지르면서 좀처럼 잊을 수 없는 승리의 쾌거를 큰 선물로 받았다.

그래서 런던 올림픽은 우리에게 더욱 빛나는 경기였다. 5위의 우수한 성과를 거둔 것보다 동메달의 축구가 훨씬 값진 듯 모든 국민의 얼굴에 미소가 가득하였다. 바로 한일 축구전에서 우리는 런던 올림픽의 슬로건인 "하나의 삶(Live as one)"에 대한 실감을 가장 뜨겁게 느끼고 있었다.

2013년, 정치와 경제 앞에서 목회자가 눈을 크게 떠야 한다

2월이 오면 새 정권이 들어선다.

12월 대선이 끝나기가 무섭게 정권의 인수위원회가 활동을 개시한다. 연일 그들의 말과 행동은 매스컴을 타고 알려지면서 국민의 관심을 불러일으킨다. 그들이 그렇게도 소리 높였던 공약이 어떻게 실천될 것인지에 대해서도 깊은 관심을 기울인다. 자신이 줄을 섰던 편이 승리했을 때는 한 자리를 찾기 위한 행보가 무척 바빠질 것이다. 그러나 패배의 선에 섰던 사람들은 실의에 찬 삶을 맞게 된다. 승자와 패자의 갈등은 정치하는 당사자들뿐만 아니라 투표를 한 국민 사이에서도 심화하기 쉽다.

이러한 나라 안의 균열이 눈에 보이는 한복판에 우리 교회는 존재한다. 이때 교회의 본질은 실패한 무리와 희망을 잃고 방황하는 무리를 찾아 위로하고 돕는 것이다. 그러나 최근에는 교회가 승자를 향한 박수를 오히려 앞서서 유도하고 그 승자의 편에서 함께 춤을 추는 사례가 너무나 많은 현실이다. 그뿐만 아니라 권력을 쥔 사람들을 이용한 각종 이익을 챙기는 속세의 모습을 그대로 연출하는 목회자와 교회가 많아지고 있다.

바로 이러한 때에 하나님을 바르게 섬기고 예배하는 교회는 복음에 바로 서서 올곧은 길을 목회자로부터 자신이 섬기고 있는 양들이 걷도록 해야 한다. 이 원칙이 무너지면 교회의 성성(聖性)은 흔적을 감추고 속세의 비천한 집단으로 전락하는 결과를 초래하게 된다. 이제 우리 교회는 성숙한 교회로서의 자세를 확립하여 정치 무대에서 활동하는 그리스도인들이 언제 어디서나 하나님을 두려워하고 백성을 소중히 여기는 본연의 자세를 취하도록 인도하는 책임을 수행해야 할 것이다. 목회자는 언제나 정교의 분리 원칙을 고수하면서 여와 야의 중간에서 하나님의 말씀에 의한 교훈과 지침과 비판을 내놓을 수 있는 한 차원 높은 삶을 영위하는 데 최선을 다해야 한다는 원칙을 붙들고 새해의 목회를 지속해야 할 것이다.

우리 사회의 범죄 증가에 교회가 할 일이 있다.

지난해는 어느 때보다 범죄행위에 대한 보도가 많은 한 해였다. 초등학생 성폭행을 비롯하여 근친상간, 동료 간의 테러, 지하철 칼부림 등 강력범죄가 연이어 매스컴을 타고 보도되었다. 어린 자식을 가진 부모들은 자녀의 교육과 안전에 많은 정신을 쏟아야 했다. 이러한 범죄의 확산 때문에 불심검문 부활, 아동 성폭력 전담반 구성, 화학적 거세 확대, 전자발찌 제도 강화 등 다양한 대책들이 발표되면서 온 세상이 범죄와 전쟁을 하고 있는 듯했다. 이러한 경험을 우리나라보다 더 일찍 겪었던 미국에서는 1975~1989년 강력한 범죄 억제 대책의 하나로 평균 선고 형량을 3배 늘려 범죄 소멸을 시도한 적이 있었다. 그러나 사회의 범죄율은 오히려 더 높아진 것으로 나타나 실망을 안겨준 바 있다. 처벌 강화는 범죄를 다스리는 데 일시적인 효과가 있을 수 있으나 장기적인 효과를 거둘 수 없다는 것이 범죄를 전문적으로 연구하는 사람들의 결론이다.

사회의 범죄 증가를 그대로 방치할 수 없다는 말을 사회가 외치기 전에 우리 교회가 좀 더 이웃을 보살피는 목회에 눈을 뜰 때가 왔다. 모두는 아니지만, 범죄자 대다수가 결손 가정이나 극빈 가정 출신들로서 반사회적 감정이 노출된 행위의 결과로 발표되고 있다. 예를 들어 최근에 나주에서 발생한 초등학생을 성폭행한 범죄자도 결손 가정으로 극빈자 생활을 하면서 용돈을 받을 길이 없어 남의 물건을 훔치는 행위를 했다고 고백한다. 중학교 때는 급식비를 내지 못하여 학교 방송을 통하여 자신의 이름이 나오자 수치심에 못 이겨 학교를 중퇴하게 되었다는 고백을 듣게 된다.

여기서 우리 교회가 좀 더 이웃을 섬세하게 보살피는 돌봄이 있었다면 얼마나 좋았을까 하는 생각을 하게 된다. 교회에 나오는 사람에 국한된 사랑이 아니라 신앙과 관계없이 불우한 이웃을 찾아보는 실천적 사랑이 절실함을 보게 된다. 그럴 때 법으로 막을 수 없는 범죄의 증가를 교회가 사랑으로 막을 수 있을 것이라는 기대를 해 본다. 어려운 이웃을 찾는 교회의 사랑의 손길이 어느 때보다 새해에는 더욱 필요하게 된다. 특별히 사회가 경제적인 불황을 겪을 때 교회는 실천하는 사랑을 뜨겁게 보여주어야 할 것이다.

짙어만 가는 금융위기가 교회에 무거운 짐이 된다.

세계에 불어닥친 경제침체가 장기화하면서 모든 나라가 초긴장을 하고 있다. 우리나라도 예외가 아니다. 대통령은 집권 당시 연 4만 불 국민소득 시대를 열겠다면서 스스로 남다른 경제 대통령임을 자임했지만 세계 경제의 흐름 앞에서 그 공약은 실현 불가능한 상태로 임기를 마치게 된다. 지금 우리 정부의 부채는 600조 원이며, 가계부채 1,000조 원, 기업부채 1,000조 원으로 모두 사상 최대 기록을 안고 있다는 보도가 이어지고 있다. 우리 서민층은 월급날이 되면 카드, 공과금, 마이너스 통장 및 가계대출, 담보대출로 봉급의 30~60%를 지출하기에 급급하면서 가정의 따스한 분위기가 사라지고 경제 갈등은 곧 가정의 갈등으로 이어진다는 푸념이 여기저기서 들린다. 우리나라에는 중산층이 사라지고 빈익빈 부익부의 세상으로 바뀌어 국민의 10% 정도만이 부자의 계층을 형성하고 있다는 분석들이 2012년에 가득하였다.

이러한 경제 현실은 한 해 동안 우리 교회에 그대로 반영되었다. 한국의 그리스도인들은 어려운 삶을 믿음으로 이겨나가면서 십일조를 비롯하여 각종 헌금에 가장 충실해 왔다. 그러나 2012년에 나타난 교회의 재정은 평균 30%의 감소를 나타내면서 우리의 경제 현실을 그대로 입증하고 있다.

2013년에 설혹 경제가 회복세를 타게 된다 해도 침체한 경제의 여진은 그리 쉽게 멈추지 않을 것이다. 이러한 때에 대단히 많은 교회가 예배당을 새로 짓거나 새롭게 단장하면서 빌린 은행 부채를 안고 새해를 맞게 된다. 이러한 교회의 목회자마다 초긴장하게 되고 부채가 없는 교회도 긴축예산을 편성하느라 매우 바쁘게 움직인다. 이러한 현실은 교회가 이미 국내외에 펼치고 있는 선교의 사명을 수행하는 데 지대한 어려움을 겪으리라는 것을 암시한다.

2013년 새해의 창을 열면서 목회자들이 특별한 관심을 가져야 할 부분이 있다. 그것은 근검절약의 모습을 확실하게 보이는 삶의 변화이다. 희생과 봉사라는 목회자의 본래 자세를 보일 수 있는 절호의 기회로 삼아야 할 것이다. 풍성했던 과거와는 전혀 다른 실천적 절약 생활이 보이는 목회자를 보면서 교인들이 안도의 숨을 쉬도록 해야 한다. 바로 솔선수범의 덕을 세우면서 새로운 한 해를 이어간다면 교인들은 함께 힘을 내고 가정과 사회의 변화까지 이룩할 수 있을 것이다. 이때마다 목회자는 위기를 기회로 삼는 지혜와 결실에 깊은 관심을 두고 목회에 임하여야 한다.

새해부터는 교단마다 성 총회가 되도록 각별히 유의해야 한다.

2013년의 달력을 펴기 전에 2012년에 가장 부끄러운 일이 무엇인가를 생각해 본다. 한국교회의 오늘과 내일을 염려하는 목회자들에게 수치스러운 일들이 가장 많았던 한 해였다. 교회가 사회 속에서 하는 일은 주님의 명령대로 빛과 소금이 되는 일이 전부이다. 빛과 소금의 세계는 자기희생과 포근한 평화만이 존재하여야 한다. 어떤 경우도 권력과 이권과 명예를 위한 추악한 행위가 허용될 수 없다.

그런데 지난 한 해 동안 한국교회의 가장 큰 교단들이 언급하고 싶지 않은 '추태'를 사회에 보여주며 추락의 길을 걷고 있는 한국교회를 더욱 비참하고 슬프게 만들었다. 9월 17일 한국의 최대 교단이라고 자랑하는 어느 교단의 성 총회에서 발생한 일은 아무리 생각해도 그대로 스쳐 지날 수 없다. 몇 번이고 망설이다가 이미 인터넷을 도배한 그 내용을 그대로 가져와 자성의 기회로 삼아본다.

> "… 새 임원진을 선출하는 97회 총회를 열었다. 총무 A 목사는 '살인 청부업자가 고용돼 아킬레스건을 끊는다는 등의 협박을 받아 용역 동원이 불가피했다' 라고 발언했다. 이날 총회에 동원된 용역업체 직원은 150명가량인 것으로 알려졌다. 이에 총회에 참석한 대의원들이 '발언권을 주지 말라' 고 하자 A 목사는 '나는 지금 총을 가지고 있다. 얘기를 계속 들어 달라' 며 가스총을 꺼내 들었다. … 총회를 앞두고 A 목사는 지난해 총무 선출 선거에서 금품을 살포했다는 의혹이 제기됐다. 또 지난해와 올해 두 차례에 걸쳐 서울 송파구의 한 유흥주점에서 도우미를 불러 유흥을 즐겼다는 의혹 등 목회자의 도덕성 문제가 언론에 보도되기도 했다."

이상과 같은 갈등과 분쟁은 위의 교단에서만 있는 일은 아니다. 해마다 9월이면 성 총회를 개최하고 임원을 개선하는 교단마다 그 잡음은 이루 말할 수 없다. 장자 교단을 자처하는 교단에서도 선거를 앞두고 자행되는 금품 살포가 공공연한 비밀이라는 보도가 자주 일고 있다. 실로 종말을 스스로 가져오는 보도들이다.

그뿐만은 아니다. 교단의 최고 지도자를 자체적으로 선출하지 못하고 법정관리에 들어가 비성직자가 법원의 명에 의하여 감독의 대행을 하면서 혼미를 거듭하는 교단이 있다. 한국에 중추적인 역할을 감당해 온 교단이 감독의 자리를 놓고 벌이는 치열한 경쟁은 사회 법정에까지 나가 사회의 빈축을 사게 되는 지경에 이르렀다.

거기에 더하여 최근에 국민을 혼미하게 하는 것은 지난 9월 16일 MBC의 2550의 취재 내용이다. "사라진 교수님들의 돈, 수백억의 행방은?"의 제목으로 진행된 사건취재는 일반교회와는 관계가 없는 특수층만을 대상으로 한다는 차원에서 스쳐 가기 쉽다. 그러나 그 사건의 한복판에 '회장님'으로 전 신학대학 총장이 연 2억의 보수를 받으면서 앉아 있었다는 사실에 아연실색하지 않을 수 없다. 최고의 지성인들을 감쪽같이 속이는 대사기극의 연출은 이제 끝났지만 손해를 입은 수많은 교수의 입에서 멍이 들도록 질타한 그리스도교에 대한 비난과 낙심을 어떻게 배상할 것인지 대안이 서지 않는다.

그래서 새해만은 목회자들이 내 교회의 일만을 생각하는 소극적인 자세에서 벗어날 필요가 있다. 눈을 좀 더 크게 뜨고 내가 속한 교단의 정화에 깊은 관심을 두어야 한다. 세속의 변화가 탈선의 길을 걸을 때 교회가 존재하는 이유를 발견하도록 목회자들이 새롭게 무장을 해야 한다. 현 상태로 또다시 한 해를 넘긴다면 그때는 감당할 수 없는 진노의 쓰나미 앞에 우리는 설 땅을 잃게 될 것이다.

2014년도 회고와 전망

2013년, 보기가 드문 혼란한 한 해였다

남과 북이 보여준 로켓개발기술의 향방이 달랐다.

새해 벽두에 한반도는 로켓개발기술의 수준을 드러내는 데 남과 북이 열을 올렸다. 남한은 나로호 과학위성을 발사하고 북한은 3차 핵실험을 단행함으로 한반도의 로켓개발기술이 이상한 대조를 이루었다.

대한민국이 우주 시대를 여는 역사적인 쾌거가 1월 30일에 우리 앞에 전개되고 있었다. 고흥반도의 나로우주센터에서 발사한 나로호 과학위성이 고도 502km 지구 궤도에 올라가는 데 성공함으로써 2020년 달 착륙 탐사선을 띄우겠다는 우리의 가능성을 만방에 알리면서 스페이스클럽(Space Club)에 북한에 이어 11번째 이름을 올렸다. 우리는 북한이 2012년 12월 대륙간탄도미사일(ICBM)을 개조한 은하 3호 로켓으로 광명성 3호 위성을 궤도에 올렸다는 보도에 접했을 때 우리의 자존심에 약간의 상처를 입기도 하였으나 불과 한 달여 만에 그동안의 실패를 딛고 일어서는 장한 기록을 세워 행복한 미소를 짓게 하였다. 그러나 앞으로 100% 순수 우리 기술로 발사체를 개발하여 완전한 우주발사국으로 인정받아야 하는 과제는 여전히 우리 앞에 놓여 있다.

북한은 2월 12일 함경북도 길주에서 3차 핵실험을 마친 후 <조선중앙통신>을 통하여 "이번 핵실험은 이전보다 폭발력은 크면서 소형화, 경량화된 원자탄을 사용해 높은 수준에서 안전하고 완벽하게 진행됐다"라고 밝힌 바 있다. 우리의 정부는 실험한 핵 폭발력이 6~7kt 정도라고 하지만 독일의 어느 시사주간지는 40kt 정도라고 분석함으로 주변국들에게 불안과 공포를 심어주었다.

참으로 안타까운 일이다. 어찌하여 남과 북의 과학의 향방이 이렇게 달라야 하는지 한탄의 소리가 높았다. 남한은 과학기술이 나라의 발전을 위한 도구로 쓰이는 길을 택하였고, 북한은 빈곤한 삶의 백성들보다 살상무기의 과시를 우선적인 목적으로 택하는 이상한 길을 걷는 두 모습이 연초에 한반도에서 진행되었다.

최초의 여성 대통령이 새 정부를 이끈다.

2월 25일은 18대 대통령이 취임하면서 박근혜 정부가 들어서는 날이었다. 최초의 여성 대통령이 탄생함으로 5년의 새로운 정부에 대한 기대가 예전과 다른 분위기였다. 박 대통령은 "희망의 새 시대"를 취임사의 총주제로 하면서 창조경제, 국민행복, 문화융성이라는 3대 축을 가지고 취임사를 이어갔다. 그 주요 대목을 그대로 옮겨 본다.

새 정부는 '경제부흥'과 '국민행복', 그리고 '문화융성'을 통해 새로운 희망의 시대를 열어갈 것입니다. 경제부흥을 이루기 위해 창조경제와 경제민주화를 추진해 가겠습니다. … 저는 우리 과학기술을 세계적인 수준으로 끌어올릴 것입니다. … 중소기업이 상생할 수 있도록 하는 것이 제가 추구하는 경제의 중요한 목표입니다. … 국민 맞춤형의 새로운 복지 패러다임으로 국민이 근심 없이 각자의 일에 즐겁게 종사하면서 자신의 역량을 발휘하고 … 대한민국 어느 곳에서도 여성이나 장애인 또는 그 누구라도 안심하고 살아갈 수 있는 안전한 사회를 만드는 데 정부 역량을 집중할 것입니다. … 사회 곳곳에 문화의 가치가 스며들게 하여 모든 국민이 문화가 있는 삶을 누릴 수 있도록 하겠습니다. … 우리 모든 국민이 또 한 번 새로운 한강의 기적을 일으키는 기적의 주인공이 될 수 있도록 함께 힘을 합쳐 국민행복, 희망의 새 시대를 만들어 갑시다.

대통령마다 남긴 취임사는 화려하다. 야심에 찬 계획들이 가득하다. 국민도 취임사를 보면서 희망을 품어본다. 그러나 "한강의 기적이란 쿠데타로 정권을 강탈한 군부가 자신들의 폭정과 독재를 미화하고 그 정당성을 합리화하기 위해" 활용한 표현인데 "이 정부의 첫 일성치곤 대단히 우려스럽다"라는 지적이 일고 있다. 특별히 "극우 인사들의 등용과 문제를 보인 바 있는 인사들의 천거"에 유감을 표하는 지적이 많다. 하지만 대다수 국민이 지금은 그 많은 공약이 열매를 맺도록 방관자가 아니라 참여자로서 새 정부와 함께 우리가 모두 노력해야 한다는 기대를 보인다.

가장 불행한 지난 대통령의 모습이 구경거리였다.

전두환, 노태우 두 전직 대통령의 가장 초라한 모습은 1997년 4월 대법원에서 연출되었다. 전두환 전 대통령은 내란, 반란, 뇌물수수죄로 무기징역에 뇌물로 인정된 2,205억 원의 추징금 형을 선고받았다. 노태우 전 대통령에게는 징역 17년에 추징금 2,628억 원이 선고되었다. 8개월 후 특별사면이 된 이들의 양상은 각각 달랐다. 노 전 대통령은 추징금 완납에 노력을 기울여 9월 초 16년 만에 미납 추징금 230억여 원을 완납했다.

그러나 전 전 대통령은 국민의 분노와 경멸의 시선을 외면하면서 그의 행보를 계속하였다. 그는 1995년 12월 '골목 성명'을 통하여 "저는 검찰의 소환 요구 및 여타의 어떠한 조치에도 협조하지 않을 생각입니다"라고 하면서 자기반성이나 국민 여론 따위는 뒤로하면서 지금껏 버티어 왔다. 더욱 가소로운 것은 자신의 '전 재산은 29만 원'이라고 적어서 법원에 제출하면서 그 자세는 당당하였다.

드디어 국회가 '전두환 추징법'을 통과시키고 검찰이 예전과 다른 칼날을 휘두르자 전 전 대통령 일가의 기세는 드디어 꺾이기 시작하였다. 9월 10일 장남 전재국이 2분짜리 대국민 사과문과 함께 추징금 완납 계획을 발표함으로써 여기저기서 나오던 비아냥조의 언어들은 가라앉기 시작하였다. 그러면서도 "저희 부친은 진작 저희가 할 수 있는 한 당국의 조치에 최대한 협조하라는 말씀을 했다"는 구절만은 '설마'라는 반응을 보이면서 그 사건의 막은 내려졌다.

'4대강 살리기'에 대한 평가가 확 달라지고 있었다.

이명박 정부가 물러나자 가장 먼저 지난 정권의 심판처럼 등장한 쟁점은 4대강 사업에 대한 평가였다. 공사가 끝날 무렵 "4대강 사업은 22조 원의 막대한 국민이 낸 혈세를 탕진했을 뿐 아니라 치유 불가능한 생태계 훼손과 천문학적 복구 비용 등 말 그대로 재앙스러운 유산을 물려주었기 때문"에 철저한 감사가 있어야 한다는 목소리가 여기저기서 터져 나왔다. 이명박 정부는 임기 만료를 불과 한 달여 앞두고 1월 감사원을 통하여 "4대강 사업이 보 안전이나 수질관리, 유지관리 등 모든 부문에서 문제점이 많음"으로 보고를 받았다. 새 정부도 출범 후에 국민의 여론을 직시하고 신뢰의 회복을 서둘렀다. 새 정부의 감사원은 7월 10일 "이명박 정부가 4대강 사업을 사실상 대운하 계획안에 맞춰 추진했다"라는 발표를 하고, 이어서 청와대는 이명박 정부가 "국민을 속인 것"이라는 지적과 함께 "감사원의 감사 결과가 사실이라면 국가에 엄청난 손해를 입힌 큰일임"을 언급하고 "전모를 확실히 밝혀 진상을 정확히 알아야 할 것이다"라는 논평을 내놓았다.

그러나 연이어 터지는 복잡한 사건들의 보도 때문에 이 문제 또한 뒷전으로 밀려가 자칫 망각의 세계로 보내질 것처럼 보였다. 거기에 더하여 많은 사람이 시원스럽게 강물을 따라 펼쳐진 자전거길을 달리면서 아름다움에 탄성을 지르고 있었다. 혹자는 "4대강 개발 사업은 아주 잘한 것이다. 야당, 좌파, 언론의 거짓말에 속지 말고 4대강에 놀러 가세요"라는 말에 손뼉을 치는 사람들도 있었다.

그런데 9월 29일 완공된 4대강 사업 현장이 생생하게 보도되었는데, 정책추진 과정에서 보인 비상식적인 문제점들이 고발된 경악을 금치 못할 내용이 방영되었다. 시청자들은 충격과 분노를 모두 느꼈다. 누구의 찬반 토론도 불필요하게 만든 고마운 프로그램이었다. 그것은 <SBS스페셜> 2부작 다큐멘터리 "물은 누구의 것인가"이다. 이 방송은 그동안 찬과 반의 틈새에서 고민하다가 과거사로 묻어버리려 했던 국민을 현장으로 끌고 가 새로운 깨우침을 갖게 하였다. 인터넷에서는 네티즌들이 필요하면 이 방송을 링크할 수 있도록 해놓고 반드시 시청해야 한다는 강력한 추천을 하고 있다.

신선한 가을 날씨에도 낙동강에는 녹조가 발생하는데 당시의 주무 장관은 "수질이 점점 좋아지고 있다"라는 가소로운 답변을 하고 있었다. "댐 하나 건설하는 데에도 10~20년이 걸리는데, 2년 만에 계획되고 실행하는 게 말이 안 된다"라는 전문가들의 말을 이제야 실감한다. 나일강에는 해마다 자갈을 강바닥에 쏟아붓고 있다는 보도를 보게 된다. 더욱 놀라운 것은 우리는 22조 원을 부어 보를 쌓아 물을 가두어 우리의 아름다운 강산의 강들을 죽이는데 선진국들은 댐의 해체를 연구 또는 실행하고 있다는 사실도 알게 된다.

2013년에도 일본은 더 멀어져만 갔다.

10월 초 인도네시아 발리에서 있었던 에이펙(아시아·태평양경제협력체) 정상 회의 과정에 우리의 눈길을 끄는 장면들이 보였다. 그것은 한일 양국의 정 상이 알파벳 순서에 의하여 옆자리에 앉았는데 두 정상은 눈길을 마주치는 것을 피하고 있었다. 이 외에도 여러 차례 마주치는 기회가 있었음에도 한 마디 말도 하지 않았다는 보도이다. 그 이유는 아베가 일본 총리가 된 후에 역사 왜곡과 군사 대국화를 시도하면서 우경화하는 현상이 지나치기 때문 이었다.

최근에 동경의 거리에서 일본의 한 우익단체가 이끄는 반한시위의 동 영상을 보면 여학생을 앞세워 "죽이겠다, 대학살 당하기 싫으면 꺼져라", "남경학살이 아닌 츠루하시 대학살을 일으키겠다"라고 한국인을 향하여 외쳐댄다. 그리고 그녀의 말이 끝나면 극우파들은 "옳소"를 연발한다. 불쌍 한 사람들의 발광임에 틀림이 없다. 이러한 우익단체들의 길거리 등장은 아 베 총리의 우경화 정책에 큰 힘을 입고 있다고 분석한다. 물론 이러한 일본 의 망신을 자초한 시위를 반대하는 시위도 동시에 있지만, 극우파들의 극 렬함에는 비교가 안 된다. 현장에서 찍은 영상을 올린 한 사람은 "평화를 외치는 사람들에게는 공권력을 휘두르고, 반대로 욱일 전범기와 한국 비하 팸플릿을 들고 시내를 활보하는 무리는 경찰의 보호를 받고 있다"라는 설 명을 첨가하고 있다.

이러한 현장을 동영상으로 보면서 분노와 경멸의 감정이 고조되어 가 고 있던 10월 7일 교토의 지방법원에서는 가두시위를 주도한 "재특회의 거 리 활동은 인종차별에 해당한다"라면서 1,200여만 엔의 배상과 학교 주변 반경 200m 이내 길거리 선전 금지를 명령했다. 이 판결은 '학교법인 교토 조선학원'이 학교 주변에서 반한시위를 벌인 '재일 특권을 허용하지 않는 시민의 모임'(재특회)을 상대로 낸 손해배상소송의 판결이다. 이것은 최초로 인종차별에 대한 판례라고 하여 매스컴의 주목을 받았다.

일 년 전 베를린 자유대 콘라트 교수가 도쿄대 강연에 앞서 연합뉴스와 인터뷰를 했던 기록이 새롭게 연상되는 일본의 아베 총리와 그의 우경화 정책이었다. 2차 세계대전 후 독일과 일본의 과거사를 전공한 그는 일본의 극우화 경향을 비판하면서 "일본의 과거사 정리를 위해서는 상징적인 행동이 필요하다"라고 하면서 "일본의 자국 경제가 위축됐지만 중국의 부상으로 아시아권에서 위상이 하락하면서 내부적으로 위기의식이 고조되고 있다"라면서 "극우주의자들이 이러한 위기의식을 악용해 국민 여론을 외부로 돌리면서 정치권력의 핵심으로 재등장하고 있다"라고 설명한 바 있다. 거의 같은 기간에 프랑스의 정통 시사주간지 「렉스프레스」는 "홀로코스트에 전적으로 책임을 진 독일과 달리 일본은 일제강점기 한국인에 저지른 과거에 대해 완전한 책임을 진 적이 없다"라고 지적하였다. 영국의 유력 신문인 「파이낸셜타임스」(FT)도 "과거의 만행에 대해 놀라울 정도로 양심의 가책을 느끼지 못하고 있다"라는 어느 교수의 기고문을 실어 유럽의 많은 매스컴들과 함께 날카로운 비난에 동참했다.

일본은 2차 세계대전의 패전국으로 신음하면서도 우리의 6·25 전쟁의 뒤안길에서 막대한 국익을 이루어 경제 대국으로 일어섰다. 그러나 지금껏 그들은 36년간 저지른 만행을 반성하고 사과한 적이 없는 참으로 파렴치한 나라로 전락하고 있다. 1970년 빌리 브란트 전 총리가 폴란드 바르샤바에서 무릎을 꿇고 참회의 눈물을 흘린 후 용서하고 용서받은 이웃으로 살고 있다는 기록을 일본은 아직도 읽지 못한 듯싶다. 언제쯤 일본과 용서와 화해의 손목을 잡고 지내는 이웃이 될 수 있을는지 그날이 늘 멀어만 간 듯하다.

술이 사람을 마시는 것을 보았다.

박 대통령은 취임 2개월을 넘기자 5월 초 방미 길에 올랐다. 미국의 상·하원은 한국의 대통령에게 극진한 예우를 갖추었다. 한 나라의 대통령이 연이어서 상·하원 합동 연설대에 오른 것은 68년 만의 일이라는 설명과 함께 대단한 국빈의 대우를 받았다. 이 환대는 우리나라의 위상을 전 세계에 알리는 기회라는 보도가 연일 계속되고 있었다.

바로 그 무렵에 한국 대통령 대변인이 술이라는 올무에 휩싸여 국가의 위상을 망가지게 하는 사건이 터졌다. 대통령 방미 수행 중 체류 기간 내내 부적절한 술자리를 벌이고 만취한 상태를 수차례 보였다. 마침내는 그가 추태를 부리고 법망을 피하여 도주형 귀국을 했다는 내외신의 보도가 5월을 장식하였다. 특별히 그가 언론인으로 있을 때 "대변인은 대통령의 말을 단순히 옮기는 입이 아니라, 대통령과 정권의 수준을 압축적으로 보여주는 얼굴이고 분신이다"라는 칼럼을 썼던 지성인이었다. 그러나 그가 술을 이기지 못했을 때 술이 그의 인격, 지위, 명예 모두를 마셔버린 사건으로 기록되었다.

개인이 술에 취하여 실수한 사건을 한 해의 중요한 사건으로 시선을 집중시키고자 하는 이유가 있다. 그것은 한국인의 술 문화에 문제가 있기 때문이다. 독일에서는 차 안에 마개를 딴 술병이 놓여 있는 것으로 유죄가 되고, 영국이나 미국에서는 상습적인 술주정꾼은 마을에서 추방을 당한다. 그러나 우리나라에는 취중의 어지간한 실수나 실언 또는 횡포 정도는 면책되는 이상한 술 문화가 상존한다. 이러한 결과는 술이 사람을 삼키는 경우가 발생하여 음주운전을 비롯하여 폭행 등 여러가지 범죄에 연루될 가능성이 높다.

한국의 부패인식지수는 연속으로 하락의 길을 걷고 있다.

국제투명성기구(IT)가 2012년에 조사한 결과를 올해 9월에 발표하였다. 2012년도 부패인식지수(CPI)에서 한국은 조사대상 176개국 가운데 45위, OECD 34개 회원국 중에서는 27위임을 보고하고 있다. 그 내용을 보면 한국은 2009년과 2010년 39위를 기록하다 지난해 43위로 순위가 급락했는데 올해에도 2단계가 떨어진 45위에 이르렀다. 올해 1위는 덴마크·핀란드·뉴질랜드가 90점을 받아 공동으로 차지했다. 이어서 10위 안에 든 나라는 스웨덴(4위), 싱가포르(5위), 스위스(6위), 호주·노르웨이(공동 7위), 캐나다·네덜란드(공동 9위) 등이었다. 이웃의 일본은 지난해보다 3위 하락한 17위, 미국은 5계단 오른 19위, 중국은 5계단 하락한 80위였다. 지난해 처음으로 조사 대상국에 포함된 북한은 아프가니스탄·소말리아와 함께 최하위인 174위를 기록했다.

부패인식지수는 다양한 저명 기관들과 전문가들에 의하여 부패와 관련된 데이터를 종합해 만들어진 복합지수이다. 이 데이터는 국민의 사생활을 대상으로 한 것이 아니고 공공부문의 부패에 초점을 두고 있다. 여기에서 부패란 '사적 이익을 위한 공적 직위의 남용'으로 정의하기 때문에 이 지수의 산출을 위한 질문들은 주로 공무원의 뇌물수수, 공공 조달에서의 리베이트, 공금 횡령, 반부패 정책의 강도 등에 초점을 맞추고 있다. 그래서 우리의 공공기관들의 부패지수가 날로 악화하고 있다는 것을 쉽게 파악하게 된다. 여기에 대하여 한국투명성기구는 "한국 부패인식지수의 연이은 하락과 정체는 최근 몇 년간 나타난 한국사회의 권력 부패 현상과 무관하지 않다"라는 결론을 내리고 있다.

여기에 더하여 한국의 종교계가 관심을 가져야 할 일은 한국투명성기구가 2012년 9월부터 2013년 3월까지 전국 남녀 1,500명을 대상으로 분야별 부패 점수를 측정한 결과 종교단체가 정당(3.9점), 국회(3.8점)와 비슷한 3.4점을 얻어 한국종교의 신뢰도가 정치권과 그 수준을 같이하고 있다는 점이다. 이것은 한국인들이 종교단체를 신뢰하지 않고 있음을 의미한다. 한국종교의 한가운데 서 있는 그리스도교가 '소금과 빛'의 역할을 다 수행하지 못하고 있음에 대한 예리한 지적이라고 생각할 때 한국교회의 자성을 촉구하는 메시지이기도 하였다.

출발은 국정원 정치개입 조사였는데 진행은 달랐다.

"국정원은 사람들이 몰리는 사이트는 다 댓글 공작을 펼쳤다. 이것은 분명히 국가기관이 선거에 개입한 초유의 사태이다. 절대 있어서는 안 될 일이다." 이 말은 네티즌들의 세계와 촛불을 들고 광장에 나온 사람들의 주장이었다. 대부분 시민은 그것이 대선과정에 그렇게 큰 영향을 미칠 수가 있었는지 반신반의하면서 관망의 자세를 지키고 있었다. 그러나 '국정원 댓글 조작사건' 공판에서 밝혀진 전 국정원장과 전 서울경찰청장이 내린 지시사항들을 보면서 경악을 금할 수 없다. 인터넷에서 법정의 기록을 그대로 옮겨 온 내용을 보면 이 사건에 대하여 분노한 사람들의 심정과 충분한 공감대를 형성하게 된다. 그 내용을 차마 이곳에 옮기지 못하고 '국정원 댓글 조작사건 공판 정리'라는 검색어만을 알려 재판정에서 밝혀진 지시사항들을 모두가 알 수 있기를 바라는 마음이다.

문제는 검찰이 과거와는 달리 국민의 인식과 기대를 아는 탓인지 엄정 수사를 하는 듯하여 대단한 관심을 기울이고 있었다. 그런데 국민의 시선과 관심의 방향을 돌려놓은 일들이 연속하여 터져 나오고 있었다. 먼저는 참여정부 말기에 남북정상회담에서 NLL(Northern Limit Line) 포기 발언에 대한 사실 여부에 대한 여야의 공방이었다. 드디어는 원본을 찾아 나서면서 사실 여부를 찾는 데 정치권과 검찰은 에너지를 소비하고 있었다. 원본이 공개되는 날 모든 것의 승부가 판명되리라는 기대를 하였다. 그러나 원본을 찾더라도 포기라는 단어가 없는 한 두 정상이 나눈 대화를 어떻게 해석할 것인가의 공방으로 끝을 낼 뿐 승자는 없으리라는 평가를 한다. 그러나 여기서 모두가 우려하는 것은 "한국 정부는 정상들의 회담 내용을 공개하는 나라"로 각인되어 극비에 속한 내용은 앞으로 한국의 정상들과는 나누지 않게 되지 않을까 하는 점이다.

둘째는 통합진보당의 이석기 의원의 내란음모사건의 발표와 체포의 시기 문제이다. 발표대로라면 그들의 김일성 주체사상을 바탕으로 조직된 정당과 인민혁명기구(Ro- Revolutionary Organization of people)를 통한 행동 방법들은 우리의 현실에서는 용납할 수 없다. 그러기에 법원의 판결을 예의 주시하게 되었다. 그런데 문제는 3년 전부터 수사를 계속해 온 사건이었는데 하필이면 '국정원 댓글 조작사건'이 법원에서 공판이 계속되는 시점에 터져 나와 "국정원과 여권의 물타기 작전"과 같은 인상을 심어주었는지 참으로 안타깝게 생각한다. 그뿐만 아니라 새로운 공안정국이 칼을 든 것처럼 여겨진 분위기가 이어졌다. 정부와 여당에 동조하지 않은 사람은 모두가 종북 또는 좌파 인사로 몰아세우는 듯한 사회 분위기가 형성되기도 하였다.

그것만이 아니다. 국정원의 손을 들어주지 않고 국민의 관점에서 일을 처리해 나가고 있던 검찰의 총수를 개인에게 비윤리적인 문제가 있다고 하여 그 자리에서 물러나게 한 시점 등은 석연치 않은 느낌을 주기도 하였다.

2013년 우리의 정치권은 참으로 지루한 연출을 계속하였다. 국회는 민생을 위한 뜨거운 토론은 들려주지 못하고 매일 매일 정국의 주도권 쟁탈전과 같은 양상만 연출하였다. 어느 때보다 비생산적인 쟁점을 들고 그 많은 시간을 보내는 모습은 국회의 위상을 크게 저하하는 결과를 초래하였다. 그리고 새 정부가 국민에게 희망을 심어주면서 산뜻한 출발을 하는 첫

해의 모습을 보이는 데 성과를 거두지 못한 한 해로 마감을 하고 있었다. 세계 경제는 여전히 어려워 나랏빚은 높아가고 많은 국민이 전세 대란과 함께 가계부채는 늘어가는데 우리의 정부와 여당은 어디에 초점을 두고 있었는지 불분명한 한 해였다.

2014년, 여섯 함정에 빠진 교회에 다시 희망을 불어넣자

잃어버린 예배의 본질을 회복해야 한다.

2천 년의 역사가 이어지는 동안 세계의 모든 교회는 자신들의 신앙과 신학을 신조로 만들어 체계화하고 있다. 그 많은 신조 가운데 빠짐없이 묻는 것이 있다. 그것은 "교회란 무엇인가?"라는 질문이다. 그 질문에 대한 대답은 "교회란 예배하는 공동체(Worshiping Community)이다"라고 모두가 똑같이 답하고 있다. 그러기 때문에 예배는 교회의 기본 임무이며 정체성의 핵심이다. 그래서 모든 교회가 예배에 최우선을 두고 매주 예배공동체 생활을 이어가고 있다. 이러한 예배는 관습적인 반복이 아니라 하나님의 명령에 따라 매주 하나님이 기뻐하시는 예배가 되도록 하는 고유한 특성을 지켜야 함이 예배의 본질이다.

교회가 하나님을 영화롭게 하고 기쁘시게 해 드리는 예배의 본질을 벗어난 예배 행위를 이어간다면 그곳에는 하나님의 임재를 기대할 수 없다. 예배를 받으셔야 할 하나님의 임재가 없는 교회는 유명무실한 집단으로 전락하게 된다. 헉스터블은 일찍이 "예배란 하나님과 그 백성 사이에 이어지는 대화"라는 유명한 말을 남겼다. 실질적으로 예배란 하나님께 '드림'과 하나님으로부터 '받음'의 관계 속에 행하여진다. 예배 가운데에서 예배하는 백성들이 하나님 앞에 죄를 고백하고 하나님을 향하여 경배와 감사와 찬양과 기도와 예물을 바치는 '드림'의 행위가 얼마나 진지하고 정성을 다하는가에 예배의 성패는 가늠된다. 모든 종교는 '드림'의 행위에 멈추고 있지만, 우리의 그리스도교는 '받음'이라는 거대한 은혜가 이어진다. 즉, 하나님이 주시는 말씀과 설교와 성례와 강복으로 하나님의 백성 됨을 확인하고 새로운 출발을 하게 된다.

이러한 예배의 특성을 한국교회가 제대로 지키고 있는지를 새해에는 모두가 자신의 교회에서 점검해야 할 필요가 있다. 문제는 근대에 접어들어 교회들이 예배의 본질을 벗어난 예배 형태와 이해가 만연해 있다는 사실이다. 거의 모든 교회의 예배 형태가 인간의 감성과 신경의 만족을 채우는 데 초점을 두고 있는 현상이 많다. 설교는 설교자가 자신의 지식과 경험과 예화의 나열로 채우면서 말씀의 주인이신 성 삼위 하나님은 설교 내내 그 이름마저 나타나지 않을 정도이다. 그러한 까닭에 설교자만 보일 뿐이다. 바꿔 말하면, 하나님의 말씀은 보이지 않고 오직 설교자의 말만으로 가득한 설교 내용이다. 그럴 뿐만 아니라 '받음'의 핵심 중의 하나인 성찬성례전은 일 년에 두 번으로 고정된 가운데 매주 받아야 할 은혜의 잔치는 희미하게 되어 있다. 거기에 더하여 우리의 예배 행위는 경건보다는 집회 현장에 가까운 양상을 띠고 있다.

이제 우리의 교회는 여러 측면에서 위기에 직면하고 있다. 그중에 예배의 위기는 예배 신학의 결여와 함께 매우 오래된 질병이다. 예배와 집회를 분간하여 교회가 예배하는 공동체로서 본래의 위치에 서도록 최선을 기울여야 한다. 2014년에는 한국교회 쇠퇴의 속도를 멈추게 하려면 무엇보다도 하나님이 기뻐하시는 예배의 본질을 회복해야 할 것이다.

한국교회의 5대 특성이 회복되어야 한다.

한국교회는 매우 특수한 교회이다. 선교사들이 이 땅에 들어오기 2년 전에 누가복음이 우리말로 번역되었고 황해도에 소래교회가 세워졌다는 기록은 한국교회의 큰 자랑이다. 한문만이 글로 취급을 받던 시절 한글로 성경이 번역되어 보급되자 한문에 까막눈이었던 보통 사람들은 손쉽게 배울 수 있었던 한글에 의하여 눈을 뜨게 되면서 쉽게 복음에 접하게 되었고 신앙의 열기는 치솟기 시작하였다. 그래서 복음의 진수는 한국의 그리스도인들에게 빠르게 정착되었다.

그 결과 한국교회는 하나님의 말씀을 중심으로 한 신앙생활을 시작하였다. 한국에 와서 한국교회를 연구한 어느 신학자는 한국교회를 세계에 알리고 싶어서 *Struggle for Christ*(그리스도를 위한 몸부림)이라는 책을 쓰면서 거기에 다음 다섯 가지를 한국교회의 특성으로 규정지었다. 먼저는 예배하는 공동체로 굳건히 하는 모임의 열심, 둘째는 하나님의 말씀인 성경공부의 집념, 셋째는 불신자를 향한 전도의 열정, 넷째는 새벽부터 시작한 기도의 열심, 다섯째는 십일조를 준수하는 생활이다.

실질적으로 한국교회의 부흥은 이상의 5대 특징을 체질화하는 신앙생활이 그 기반이 되었음을 아무도 부인할 수 없다. 그러나 지금 한 세기를 넘긴 한국교회는 이상의 특성을 상실하고 있음을 쉽게 발견하게 된다. 비록 그 명맥을 이어가고 있지만 과거와는 비교할 수 없다. 생각하면 이 특성들이 한국교회에서 사라진다면 한국교회의 미래도 함께 사라진다는 공식을 갖게 된다. 비록 새해의 여건이 어렵더라도 이상의 특징들을 지켜나가도록 힘쓰는 교회만이 활기를 찾게 되리라 확신한다. 이 5대 특징을 살리기 위하여 몸부림치는 교회에 성령님의 역사가 함께하시고 교회의 달라진 모습이 새해에 펼쳐질 것이다.

2014년의 한국 경제 심상찮다.

사회가 가난해도 교회는 아무런 지장을 받지 않던 시대는 지났다. 오늘의 교회는 자본주의 사회의 한복판에서 존립해야 하는 공동체다. 현대교회의 구조는 이제 단순한 성경과 예배와 기도와 찬송만으로 이어지지 않는다. 지금까지 막대한 예산을 필요로 하는 선교사업을 비롯하여 각종 프로그램이 살아 움직이는 예배하는 공동체로 뿌리를 내리고 있다. 그러하기에 나라의 경제 형편에 우리의 교회도 민감할 수밖에 없다.

2014년의 한국 경제를 바라보는 눈들이 예사롭지 않다. 국내외의 경제 예측 기관들이 내년 한국의 경제성장률을 3.5% 안팎으로 내다보고 있다. 미국을 비롯한 외국의 각종 악재가 호전되지 않으면 한국의 경제성장률은 이보다 더 추락할 수 있다고 보고하고 있다. 한국은행은 최근에 4%의 예상 성장률을 3.8%로 하향 조정을 하고 있다. 지난해 우리 정부가 예산 편성 당시 4.5% 성장률을 전망했다가 연간 실질성장률이 2.0%로 하락하면서 무려 9조 원의 세수 결함이 발생하여 나랏빚이 많이 늘어났었다. 최근 내년의 경제 계측자들은 경제의 '뇌관'이라고 부르는 가계부채 부담도 가중되고 부동산 경기에도 온기가 돌지 않고 있는 점을 예의주시하고 있다. 내년 경제 성장률이 정부 전망치 아래로 추락하면 세수 확보나 일자리 확충에 문제가 생길 것이며, 그 여파는 바로 한국교회에 밀려오게 될 것이다.

부동산업체에 따르면, 올 9월까지 경매로 넘어간 종교시설은 257건으로 지난해 전체 건수인 312건에 육박하고 있다. 종교시설 경매 건수의 70~80%는 교회가 차지하고 그러한 경매가 지속해서 늘어난다고 한다.

돌이켜보면 한국교회는 그동안 풍성한 물질의 복을 누렸다. 근검절약의 실천이 부족하였다. 긴요하지 않은 곳에 교회의 예산이 낭비되는 모습도 많이 보였다. 물론 하나님의 교회는 하나님이 책임을 지신다. 그러나 인간의 실수와 방종과 낭비마저 하나님께 책임을 져 달라는 신앙은 어불성설이다. 교회마다 긴축 정책을 세우는 지혜가 필요하다. 오지에 나가 있는 우리의 선교사들이 재정 때문에 소환되는 사연들이 발생하지 않아야 한다. 거기에 더하여 은행의 융자를 내서까지 교회를 리모델링하고 신축을 해야 하는지도 새해에는 좀 더 진지하게 기도하고 판단해야 할 것이다.

여섯 가지의 함정에 긴장을 풀지 말자.

한국교회의 미래를 진단하는 최윤식의 『한국교회 미래지도』에는 매우 흥미로운 분석과 예견이 실려 있다. 그중에서 한국교회가 성장의 한계를 넘지 못하고 주저앉게 되는 내적인 요인 몇 가지가 매우 특유하게 다음과 같이 전개되고 있다.

첫째는 '만들어 낸 은혜'로, 한국교회는 '억지스러운 감동'에 집착하고 있다는 지적이다. 말씀에 의한 삶의 변화나 동기부여가 없이 '억지 눈물', '한바탕 재미'를 주는 감성 위주의 설교가 지금껏 주종을 이루었다고 말한다. 그 결과 '변화 없는 눈물과 웃음이 은혜로 둔갑'하게 되었고 예배의 경건성은 사라지고 '찬양 노래방'과 같은 '감성적인 모임과 축제'만 가득한 교회로 전락하고 있다.

둘째로, 오늘의 한국교회에 '권징의 사라짐'이 심각한 문제를 유발하고 있다. 주님의 가르침에 어긋난 행동을 저지르고 교회에 불명예를 안겨준 교인들을 철저히 추방했던 칼뱅의 권징이 회복되어야 한다.

셋째로, 교회의 일치 또는 연합이라는 명목 아래 순수한 신앙들이 혼탁한 신앙과 합류되어 교회의 순결성이 사라지고 있다. '교회의 순결'을 일치나 연합보다 더 소중하게 생각하여 순결한 신앙의 유산에 관심을 기울여야 교회가 변질하지 않게 된다.

넷째로, 한국교회가 직면한 위기에 대하여 위기 감각이 예민해야 한다. 자신의 교회가 쇠퇴해 가는 데도 거기에 대한 위기의식을 갖지 않고 있음은 매우 위험한 일이다. 위기에 대한 무감각은 전도의 열정을 상실하게 되고, 막연한 성장과 부흥의 기대 속에 교회는 시간이 가면서 빈자리만 늘게 된다.

다섯째로, 어려운 여건 아래 있는 교회의 구성원들이 변화보다 안정이나 현상 유지를 취하는 '변화의 거부'가 한국교회 성장을 멈추게 하는 요인이다.

여섯째로, 변화를 위한 철저한 사전 준비와 분석 등이 없이 시행한 '잘못된 변화의 강요' 역시 교회의 성장을 가로막는 원인이 될 수 있다(위의 책, 351-355쪽).

이상의 지적들은 한국교회의 미래를 염려하는 사람들에 의하여 일찍부터 거론되었던 문제점들이었다. 그러나 이러한 문제점들이 미래학자에 의하여 구체화 되었다는 사실은 우리의 시선을 새롭게 하고 있다. 교회의 성장을 멈추게 하는 외적인 환경에 이상과 같은 내적인 위험 요소들을 우리의 교회가 안고 있다는 점에 새해에는 좀 더 깊은 관심을 기울일 필요가 있다.

2015년도 회고와 전망

2014년, 정치와 경제가 궤도에 오르지 못한 한 해였다

연초의 정국은 혼미의 상태였다.

우리나라는 세계가 주목할 정도로 발전을 거듭하고 있다. 그런데 우리의 정치 수준은 교육이나 경제의 수준에 미치지 못하고 있음이 2014년에도 확인되고 있었다. 2012년 12월 19일에 있었던 18대 대통령 선거에 대한 여파가 좀처럼 수그러들지 않은 상태로 2014년 전반까지 이어지고 있었다. '천주교 정의구현사제단'을 비롯하여 '국정원 선거 개입 그리스도교 공동대책위'와 각종 시민단체들이 "지난 대선은 명백한 부정선거"라고 규탄하는 행진이 멈추지 않았다. 이 행진에 합류한 시민들은 대통령의 퇴진까지 요구하면서 지난 한 해의 전반부를 장식하고 있었다.

올해 4월에는 국정원이 서울시 탈북자 출신 공무원을 간첩 혐의로 고발했던 사건이 법원에서 '증거 조작'에 의한 무죄로 결론이 난 바 있다. 이 사건에서 나라 망신을 자초한 부분은 증거 조작을 위하여 국정원의 문서들이 모두 위조되었다는 사실이다. 마침내 대국민 사과문까지 발표하는 지경에 이르렀다. 이러한 일들을 주시한 국민은 국정원이 대선 개입과 같은 사건으로부터 국민의 시각을 돌리기 위하여 비상한 계책을 실천했다는 따가운 비평을 받기도 하였다.

　연초에 그리스도교 설교자들이 간과할 수 없는 또 하나의 사건이 발생하였다. 국가기관의 불법적 대선 개입을 규탄하면서 대통령의 하야를 요구하던 지방의 어느 은퇴 신부가 대부분이 수용하기 어려운 '북한의 연평도 포격'에 대한 자신의 견해를 피력했는데, 이 신부의 견해가 '국론 분열'을 일으킨다면서 대통령을 비롯하여 총리와 여당 대표가 비판하고 나서는가 하면 이 나라의 보수언론과 공중파 방송들이 모두 으뜸 기사로 다루는 매우 드문 일이 발생하기도 하였다. 거기에 더하여 평소에 사회문제에 대해 소신을 밝히던 설교자들을 '종북', '좌파'라고 매도하며 '북한의 지령 가능성'까지 언급하면서 국가보안법 적용 운운하여 설교자들을 아연실색하게 만든 일이 있었다. 필자는 설교의 세계에까지 손길이 펼쳐지는 시국의 변화를 염려하여 "이것이 설교의 정도(正道)이다"라는 글을 발표한 바 있으며, 지금도 인터넷 검색창을 통하여 찾아볼 수 있는 이 글을 독자들이 일독하여 주시기를 바란다.

　이러한 과정에서 우리의 민주주의가 언제쯤 선진국 대열에 진입하게 될 것인지 참으로 큰 기도제목이다. 한 치의 의심이라도 받지 않고 치러질 수 있는 공명정대한 선거와 권력의 유지를 위한 공포 분위기가 사라지는 민주 사회가 언제쯤 안착할 것인지 우리 모두의 과제로 보이는 한 해였다.

간과할 수 없는 글, "법치주의는 죽었다."

　올바른 민주주의를 쟁취하기 위하여 수많은 생명이 희생된 우리의 정치역사이다. 지금도 이 나라가 올바른 민주주의 국가로 발전하기를 원하고 기도하는 사람들이 우리 국민의 절대 다수이다. 그래서 우리 국민의 정치

관심은 어느 나라보다 높은 수준이다. 최근에 국민이 큰 관심 없이 대강 보아 넘기기에는 너무나 소중한 한 편의 글이 있었다. 보도로는 이 글은 지방법원의 어느 부장판사가 내부 게시판에 올렸고 대법원이 직권으로 이 글을 삭제하였다고 한다.

지난 대선을 앞에 두고 일어난 국정원의 댓글사건은 "대선에 관여한 선거운동 범행으로 민주주의의 근간을 뒤흔드는 반헌법적 행태"라며 검찰이 고발하였던 사건이었다. 이 사건이 9월 11일 서울중앙지법의 1심에서 "정치관여는 했으나 선거에 개입하진 않았다"라는 판결을 받자 이 사건은 한 주간 법조계의 가장 뜨거운 이슈로 떠올랐다. 바로 이 무렵 수원지법 성남지원의 부장판사는 "법치주의는 죽었다"라는 글을 법원 내부 게시판에 올려 수많은 국민의 관심을 끌었으나 대법원은 이 글을 직권으로 삭제하였다. 그는 이 글에서 "국정원이 대선에 불법 개입한 점은 삼척동자도 다 안다"라면서 이 나라가 올곧은 법치국가로 굳건하기를 원하는 염원을 호소하였다.

이 글은 '헌법정신의 한 축인 법치주의'를 수호하는 책무가 판사와 검사의 임무인데 이 임무가 패도정치(覇道政治)에 의해 영향을 받아서는 안 된다는 전제를 걸고 있다. 그러면서 "현 정권은 '법치정치'가 아니라 '패도정치'를 추구하고 있으며, 그런 과정에서 법치주의를 지키기 위하여 고군분투(孤軍奮鬪)한 소수의 양심적인 검사들을 모두 제거하였다"라는 놀라운 사실을 언급하였다. 그리고 "2013년 9월부터 10월까지 검사들을 비롯한 모든 법조인은 공포심에 사로잡혀서 아무 말도 하지 못했다. 국정원의 선거 개입을 밝히려고 했던 검사들은 모두 쫓겨났다"라고 실토하였다. 그리고 이번의 판결에 대하여 다음과 같은 말을 하고 있다.

> 국정원이 2012년 당시 대통령 선거에 대하여 불법적인 개입 행위를 했던 점들은 객관적으로 낱낱이 드러났고, 삼척동자도 다 아는 자명(自

明)한 사실이다. 그런데도 이런 명백한 범죄사실에 대하여 담당 재판부만 "선거 개입이 아니다"라고 결론을 내렸다. 이것이 지록위마가 아니면 무엇인가? 담당 재판부는 '사슴'을 가리키면서 '말'이라고 말하고 있다. … 나는 판사로서, 대한민국의 법치주의 몰락에 관하여 말하고자 할 뿐이다. … 법치주의 수호는 판사에게 주어진 헌법상의 책무이다!!!

무명의 현직 판사가 갈파한 이 글 앞에 이 나라의 장래를 염려한 사람들은 수많은 댓글을 달면서 깊은 상념에 잡힌 바 있었다.

세월호 사건은 오랜 시간 이 나라 국민을 울렸다.

한때 어디를 가나 가슴에 노란 리본을 달고 다니는 사람들이 많았다. 그것은 지난 4월 16일 진도군 병풍도 부근에서 세월호가 침몰하면서 476명 중 172명이 구조되고 304명이 사망 실종된 대형 사고를 애도하는 표시였다. 이 사건이 국민의 가슴에 놀람과 슬픔을 더해준 것은 희생자 중에 단원고등학교 학생들이 대다수였다는 보도에서 모두가 더욱 안타까워하였다. 선장을 비롯한 선원들이 "여객들은 동요하지 말고 제자리를 지키라"고 방송을 하고 막상 자신들은 먼저 탈출하는 비양심적이고 천인공노할 무책임한 행동들 때문에 국민적 분노는 격양되었다. 거기에 더하여 그 많은 생명을 구출하는 진행과 방법이 인명 피해를 더 크게 만들었다는 데 유족들은 분개하고 통곡하고, 많은 국민은 그들에게 깊은 동정을 보냈다. 그리고 모두가 함께 이 사건에 연루된 모든 진상을 상세하게 밝혀야 한다는 원성이 끊이지를 않았다.

이 사건을 앞에 두고 그리스도교는 또 하나의 불이익을 받기도 하였다. 비록 '구원파'라는 이단시 되어 있는 교단이지만 그리스도교의 간판을 걸고 있는 그들을 보는 사회의 눈은 대다수 교회에 결코 도움이 되지 않았다.

그 교단의 핵심 인물이 세월호의 실질적 소유주라는 발표는 더욱 사건을 복잡하게 이끌어 가고 있었다.

사법기관의 유병언 회장의 체포를 위한 작전과 도피행각은 경찰, 검찰, 군까지 동원하여 진행되었다. 전국에 임시 반상회를 할 정도로 온 나라가 나섰던 유병언 체포 작전은 한 편의 드라마처럼 온 나라를 뒤흔들었다. 그가 6월 12일 변사체로 발견되기까지 대통령이 5차례나 체포를 독려하였고, 경찰 약 5,000여 명, 검찰 인력 약 50여 명, 군인 약 5,000여 명이 동원되었고, 현상금이 5억 원이었다는 기록은 이 사건이 얼마나 거창하게 이어졌는지를 알게 된다.

아직도 세월호의 진상규명을 위한 특별법이나 선체 이양이 되지 않은 상태에서 미해결의 사항이 많지만, 분명히 이 사건은 선진국 대열에 들어선 우리나라의 수치였고, 각종 비리가 살아있다는 증거였고, 바른 양심이 건재하지 못한 사건이었다.

프란치스코 교황의 방한이 남긴 교훈들

지난 8월 14일 방한한 프란치스코 교황이 머문 4박 5일 동안 대한민국은 완전히 가톨릭을 국교로 하는 나라처럼 전 세계에 비춰졌다. 우리나라 대통령은 교황이 탄 비행기의 트랩 밑에까지 나아가 그를 환영하였는가 하면, 그를 환영하는 인파는 그가 지나는 도로변에서 열광적인 환호성을 지르고 있었다. KBS를 비롯한 방송들은 교황의 도착부터 그의 중요한 활동을 해설위원들의 설명과 함께 중계하였다. 2009년 김수환 추기경이 세상을 떠났을 때도 지상파 방송들은 그분의 죽음과 행적에 황금 같은 시간을 할애하여 장례 절차를 중계한 바 있다. 여기서부터 가톨릭을 보는 매스컴과 국민의 시각이 가톨릭을 향한 관심이 어느 정도인지 알 수 있다. 근본주의 신학을 고수한 교회들은 가톨릭을 이단이라고 규정하고 비판적인 자세를 갖기도 한다. 그러나 지금은 이단이라고 규정한 그들이 오히려 이단처럼 보이는 추세로 가톨릭의 성장이 무서운 속도로 이 순간도 진행되고 있음을 보면서 교황이 다녀간 후에 다음의 몇 가지를 정리해 본다.

먼저, 12억 명이 넘은 전 세계 가톨릭교회의 수장으로서 보인 그의 인성과 영성이 세계인의 주목을 받고 있었다. 부유한 상인의 아들이었지만 물질의 세계를 외면하고 자신은 "나는 가난이라는 부인과 결혼했다"라는 명언을 남기고 그 명언대로 검소하고 청렴한 삶을 지속하면서 낮은 자들을 찾는 자세를 지속하였다. 방한 동안 가장 작은 국산 차를 타고 이 땅의 낮은 자들을 찾았던 그의 모습은 가톨릭교회의 이미지 향상에 큰 영향을 끼쳤다.

둘째로, 그가 집례한 123명의 시복미사는 성인품의 전 단계로서 복자품을 받을 사람들을 위한 미사였다. 그 예전을 통하여 가톨릭의 예전이 경건하고 정중함을 보여주면서 좋은 종교로서의 인식을 온 국민에게 심어주었다. 처음으로 가톨릭의 미사를 지켜본 사람이 "나를 차분히 가라앉히고 무언가에 대해 경건한 마음을 갖는 시간, 그 시간이 좋습니다"라고 남긴 글을 보면서 가톨릭의 미사에 대한 호감도를 높이게 되는 기회였음을 본다.

셋째로, 무엇보다도 종교성이 강한 우리 민족의 속성과 그들의 예전 행위가 만나게 되는 기회가 주어짐으로 가톨릭을 향한 관심은 높아지게 되었다. 지금 한국의 가톨릭은 흥하고 개신교는 쇠하여지고 있는 현실이다. 이 시점에 나타난 교황의 방한은 그들의 성장에 더욱 큰 활력소를 불어넣었다. 2014년 4월 10일에 발표된 "한국 천주교회 통계 2013"에 따르면, 2013년 12월 31일 현재 한국의 천주교 신자는 550만 명에 육박하고 있다. 이러한 성장의 추세는 머지않아 이 나라 종교의 판도를 새롭게 만들 것이라는 예단을 하게 된다.

2014년에 두 차례의 선거를 치렀다.

　민주주의 국가에서는 선거라는 제도를 통하여 국민은 주권을 행사하고 정부는 민심을 파악한다. 그래서 선거의 결과에 정부나 국민은 매우 민감하다. 이러한 중요한 선거가 2014년에는 두 차례에 걸쳐 시행되었다. 하나는 6월 4일 전국동시지방선거로, 17개 지자체의 광역단체장, 기초단체장, 광역의원들과 교육감을 선출하는 일이었다. 또 하나는 7월 30일 15개 지역에서 치루는 국회의원 재·보궐선거였다.

　6.4 지방선거에서 보인 시도지사선거 결과에서는 여당은 8곳에서, 새정치연합은 9곳에서 승리를 하였다. 결과를 보면 야당인 새정치연합이 광역단체장 당선자 수에서는 이겼지만, 기초단체장, 광역의원선거에서는 새누리당이 다수를 확보하였기에 여야 간 승패를 평가하기는 어려웠다. 그러나 교육감선거는 17곳 중에서 4지역에만 보수 성향 출신들이 진출하였고, 13곳에서는 진보 성향의 후보들이 선출되는 결과를 가져왔다. 여기에 대한 분석은 일반적으로 두 가지였다. 먼저, 진보 교육감 후보들이 거의 선거구에서 후보 단일화에 성공해 표 분산이 적었다는 점이다. 둘째는 유권자들이 세월호 침몰사고를 보면서 학교와 학생을 진정으로 보살펴야 할 책임을 개혁 성향의 후보들에게 주었을 것이라는 평가이다.

　7.30 국회의원 재·보궐선거에서는 야당이 우세할 것이라는 예상과는 달리 새누리당이 11석을, 새정치연합이 4석을 차지하게 되었다. 선거 결과가 있기 전까지 민심의 방향에 모두가 민감하였다. 박근혜 정부가 들어선 지 1년 7개월 동안 세월호 참사를 비롯하여 깔끔하게 진행되지 못한 인사 문제 등이 불리한 여건이었기에 정권에 대한 중간평가 또는 심판이라는 의미를 갖기도 하였다. 그러나 결과는 의외였다. 전남 순천시와 곡성군에서는 1988년 소선거구제 도입 후 20년 만에 처음으로 여당 인사가 호남지역에서 국회

의원으로 당선이 되는 이변까지 생겼다.

　여기에 대한 분석은 정부 여당에 대한 긍정적 평가 때문이었다기보다는 야당의 패배 원인 제공이 큰 영향을 미쳤다는 견해가 많았다. 야당의 조직력 부족을 비롯하여 내부의 파벌싸움 노출과 거기에 따른 지도부의 강력한 지도력의 약화, 그리고 무리한 공천 등이 야당의 지지도를 낮게 만들었을 것이라는 분석이다. 문제는 야당의 패배가 이어졌을 때 정당의 힘은 약화되고 일본식 보수정당의 장기집권이 우리나라에서도 발생하게 되지 않을까에 대한 우려가 커졌다.

총리 후보자의 "하나님의 뜻" 발언 파장

　세월호 사건에 책임을 지고 물러나겠다고 했던 정홍원 총리 후임으로 박 대통령은 문창극 씨를 총리 후보자로 지명을 하자 KBS는 그가 교회에서 한 강연 가운데 일제의 식민지배와 남북분단이 하나님의 뜻이라고 말한 사실을 특종으로 보도하였다. 거기에 더하여 이 보도는 전후의 문맥이나 표현을 잘라내고 "조선왕조 오백 년 허송세월을 보낸 민족", "우리 민족은 게으르고 자립심이 부족하다", "당시 우리 체질로 봤을 때 온전한 독립을 주었으면 우리는 공산화될 수밖에 없었다"라고 언급했던 강연 내용을 동영상과 함께 연속 보도하였다.

　이러한 보도가 큰 파장을 일으키자 문 후보자 측은 "시련을 극복한 민족의 저력을 강조하기 위한 강연이었으며, 특정 부분만 주목받아 전체 취지가 제대로 전달되지 못했다"라며 오해의 소지가 생긴 것은 유감이라고 해명했다. 그러나 비난의 여론은 그치지를 않았고 반대의 목소리가 높아 갔다. 새누리당에서는 "말 몇 마디로 생각을 규정하는 건 민주주의를 부정하는 것"이라는 옹호론과, "이런 역사 인식으로 국정운영의 앞날이 걱정된다"

라는 비판론이 엇갈렸다. 그리고 야당에서는 "총리 후보자로서 있을 수 없는 반민족적 망언"이라고 규탄하면서 "박근혜 대통령은 즉각 총리지명을 철회하고 국민 앞에 사과해야 한다"라고 주장하기에 이르렀다.

생각하면 한국의 그리스도인들은 '하나님의 뜻'이라는 용어를 즐겨 쓰는 편이다. 희망이나 체념이나 도전의 현장에서뿐만 아니라 일상생활 속에서도 이 표현을 거침없이 습관처럼 쓰는 경우가 많다. 그러나 조금만 깊이 생각하면 지극히 작은 인간의 입에서 감히 사용할 수 없는 표현이 '하나님의 뜻'이다. 이러한 표현은 자칫하면 하나님을 망령되게 일컫는 경우가 쉽게 발생할 우려가 있다. 하나님은 이사야를 통하여 "내 생각이 너희의 생각과 다르며 내 길은 너희의 길과 다름이니라"(사 55:8)고 말씀하셨다. 그러한 까닭에 함부로 나의 역사관이나 주장이나 생각과 판단을 '하나님의 뜻'과 일치시키는 언행은 매우 위험하다.

일본이 우리나라를 강점할 때 일본 그리스도교단에서 "한국인이 일한 합병을 통해 특별한 국민으로 부활한 것이며 이는 '하나님의 뜻'"이라고 했던 기록을 다시 들추어 보면서 이 용어가 얼마나 중요하고 심각한 오류를 범할 수 있는지를 보게 된다.

소치 동계올림픽과 우리의 김연아

최근에 김연아만큼 국민의 사랑을 받은 딸은 일찍이 없었다. 국민의 총애를 받으면서 그 딸이 세계의 여자 피겨스케이팅 여왕의 자리에 섰을 때 모든 국민이 아낌없는 찬사와 고마움의 박수를 보냈다. 그리고 2014년 2월 초에 러시아 땅 소치에서 열린 동계올림픽에서 또다시 금메달을 달고 우리의 태극기가 오르고 애국가가 울려 퍼지는 감격의 장면을 김연아가 가져올 것이라는 기대는 한국인뿐만 아니라 전 세계인의 의심 없는 확신이었다. 비록 우리가 10위 밖의 순위에 머물더라도 동계올림픽의 꽃인 피겨스케이팅에서 화려한 김연아의 장한 모습과 금메달 획득만 있으면 충분한 위로를 받을 준비가 되어 있었고 모두가 주시하고 있었다.

그러나 심판들의 점수 발표는 어이없었다. 누가 보아도 아닌데 주최국 출신 아델리나 소트니코바에게 금메달을, 그리고 김연아에게는 은메달을 걸어주었다.

이러한 결과를 보는 세계인들은 아니라는 함성을 그치지 않았다. 미국의「워싱턴 포스트」22일 자 한 칼럼은 우승자 아델리나 소트니코바를 "가장 미완성의 챔피언"이라고 말하는가 하면, 은메달의 김연아를 "가장 강렬한 여성 피겨스케이터"라고 찬사를 하며 심판에 대한 불만을 털어놓았다. 그럴 뿐만 아니라「뉴욕타임스」는 소치 올림픽 피겨스케이팅은 "피겨가 아니라 수학"이었다고 하면서 심판들은 소트니코바가 더 많은 점수를 받도록 머리를 모았고, 그들은 "피겨스케이팅의 가치를 스스로 떨어뜨렸다"라고 날카로운 비판을 하였다. 뉴스 전문 방송 ABC에서는 두 선수의 연출 장면을 자세히 비교하면서 문제를 제기하기도 하였다. 심지어 세계적인 인권회복 청원 사이트인 'Change.org'에서는 '김연아 편파 판정 서명운동'을 전개하여 서명한 사람이 수백만 명을 넘기까지 하였다.

심판의 불공정한 판정은 곧 심판의 반칙으로 피겨스케이팅의 가치를 추락시켰을 뿐만 아니라 우리 국민과 세계인의 공분을 일으키는 거대한 파장을 일으킨 2014년의 잊을 수 없는 하나의 사건이었다. 이 사건의 주인공 김연아가 남긴 다음의 말이 국민의 화를 잠재우고 있었다. "나는 금메달리스트가 아니라 피겨선수 김연아로 기억되고 싶습니다."

2015년, 보·혁의 분열에 휩싸이지 말고 섬김과 차세대 육성에 집중하자

2015년은 목회자의 초심 회복이 시급하다.

한국교회 이미지 실추는 심각한 수준에 도달하였다. '한국교회의 몰락'이 선교사상 가장 빠른 속도가 될 것이라고 많은 미래학자는 예단을 하고 있다. 여기에는 많은 원인이 있다. 그중에서도 한국교회의 맑은 호수를 흙탕물로 만들고 추락을 촉진하는 주범은 평신도가 아닌 바로 목회자들이다. 지난 한 해 동안도 수많은 목회자는 '주님의 종'으로 흐트러짐이 없이 갖은 악조건을 헤쳐나가면서 고결한 삶을 지키려고 땀과 눈물을 아끼지 않았다. 그들의 가슴에는 목사로서 출발할 때 가졌던 초심을 지키려는 의지가 매일의 기도와 생활 속에 가득하였다. 그러나 소수의 목회자가 자신이 섬기는 교회가 성장하여 유명한 목회자로 등장하면서 초심을 잃고 중심을 잃었다. 세속적인 사고와 인간 심성의 바탕에 잠재해 있던 탐욕의 욕구에 귀를 기울였다. 그 욕구에 서서히 맛을 들이면서 육적인 속성의 지배를 받았다. 마침내는 그 탐욕에 굴복하게 되고 목회자의 금기사항으로 멀리했던 항목들의 종으로 전락하였다. 그리하여 자신을 망치고 교회를 망치는 비참한 종말을 맞이했다.

2014년 프란치스코 교황은 한국에 도착하자 국산 차 중에서 가장 작은 차를 타고 검소한 모습을 보이면서 어려운 이웃들을 찾아주고 만져 주었다. 우리의 매스컴은 그의 일정이 한국 땅에서 가난하고 병들고 불우한 이웃들을 찾는 4박 5일이었음을 온 국민에게 보여주었다. 그리고 그는 자신을 위하여 가진 것이 없이 오직 그리스도이신 예수님의 모습을 닮고 그의 가르침을 실천하는 데 전심전력을 다한 성직자임을 알려 주었다. 이것은 잠깐 스쳐간 교황의 방한으로 기록될 문제가 아니었다. 그의 방한이 남긴 이미지와 행보는 한국의 개신교 성직자들에게 매우 큰 부담을 안겨주었다.

그의 방문 시기는 개신교 성직자들의 비리가 매스컴을 장식하고 있을 때였다. 한국의 개신교가 몰락의 길을 걷고 있다는 날카로운 비판이 한창 일고 있을 때였다. 하필이면 그때 교황은 이 땅을 방문하였고, 성직자의 성스러운 삶이 실현 불가능한 이상이 아니라 실현 가능한 길이라는 사실을 보여주었다. 바꿔 말하면, 2015년에는 어느 해보다 한국 사회뿐만 아니라 평신도들이 자신들의 신앙을 지도하고 있는 목회자의 성스러운 삶을 예의 주시하게 될 것이다. 이러한 정황을 직시한 목회자는 어느 해보다 신앙 양심이 들려주는 세미한 소리에 귀를 기울이는 한 해가 되어야 한다. 지난 수년간처럼 목회자의 탈선이 매스컴에 또다시 오르내릴 때는 우리의 교회가 받을 상처와 그 파장은 실로 엄청날 것이다.

초저출산 문제가 어느 때보다 심각하다.

'초저출산'이란 출산율이 1.3명 이하에 이를 때를 가리키는 말이다. 한국은 1.2명으로 가장 이른 시일 안에 초저출산 국가에 진입하였다. 1990년대 동아시아가 경제위기를 겪으면서 타이완(1.15명), 싱가포르(1.11명)와 함께 급격하게 저출산 현상이 나타났다. 그러나 우리나라는 1960년대 후반부터 산아제한이라는 단견적인 정책을 펼치면서 저출산을 장려하고 그 결과를 자랑했던 나라였기에 초저출산국에 빠르게 진입했다. 지금 우리나라의 합계출산율은 경제협력개발기구(OECD) 34개국 중 가장 낮다. 그 결과 나라 전체가 가장 빠르게 늙어가고 있다.

우리나라의 초저출산 현상은 최근에 이르러 인구학자나 정책 담당자들 사이에서 활발하게 진행되어 온 이슈이다. 그 이유는 초저출산의 지속은 인구의 고령화를 촉진할 뿐만 아니라 궁극적으로 인구 감소를 가져오기 때문이다. 한국보건사회연구원이 최근 발표한 「초저출산과 향후 인구 동향」 보고서에 의하면 출산율이 현재 수준에 머물게 되면 2026년(5,165만 명)에 정점을 이루다가 2030년 이후부터는 감소세로 돌아서면서 2050년에는 4천 632만 명으로 격감하게 될 것이라고 보고한다.

그리고 2010년 11%였던 노인 비율이 2050년에는 39%에 이를 것으로 예상한다. 최근에는 '인구소멸론'까지 등장하면서 이 추세가 계속될 때 언젠가는 대한민국 인종이 멸종될 것이라는 분석이 나오고 있다. 우리나라는 천연자원이 매우 부족한 나라이기에 인구는 곧 자원으로 인식되고 있다. 노령인구가 늘어나고 산업 현장에서 활동하는 경제인구가 줄어드는 우리의 미래는 심각한 위기에 직면하게 된다.

하나님은 인간을 만들면서 "생육하고 번성하라"는 명령을 내리셨다. 이 명령을 우리 조상들은 충실히 지켰는데 현대인들은 지키지 못하고 있다. 자녀를 많이 둘 때 따르는 경제적인 부담과 거기에 쏟아야 하는 부모로서의 에너지가 너무 지나치다는 이유가 첫손가락에 꼽힌다. 뒤늦게서야 우리 정부는 다자녀를 갖도록 격려하는 정책을 펼치고 있지만 좀처럼 효력을 발휘하지 못하고 있다. 국민은 인구정책에 대한 백년대계를 세우고, 계획을 실행할 예산을 확보하고, 막대한 사교육비를 들이지 않고도 아이를 양육할 수 있는 교육환경을 만들어 달라고 국가에 요구하고 있다. 그러나 집권자들은 대부분 정권의 연장에 필요한 항목에만 관심을 두고 있을 뿐이다.

이제 교회들이 다자녀 갖기 운동에 앞장을 서야 할 때가 되었다. 이러한 시급한 문제를 인식한 어떤 교회는 신생아를 위한 예산을 세우고 그들을 위한 지원정책을 실행하고 있다. 새해에 이러한 교회가 각처에서 일어나 적극적인 캠페인을 벌일 때 교회를 보는 사회의 시각이 달라지리라 본다. 출산 기피증이 만연해서 아기 울음소리가 사라져 가고 교회학교가 문을 닫는 대한민국이 되지 않도록 교회가 앞장을 서야 한다.

교회학교의 부흥 운동이 전개되는 새해를 그려 본다.

교회의 성장 가능성을 미리 볼 수 있는 길이 있다. 그것은 교회에 어린이들이 얼마나 많이 있고, 그들의 재잘거리는 소리가 얼마나 큰가에 따라 교회의 미래를 예견하게 된다. 교회는 언제나 피라미드와 같은 모습을 보여야 한다. 교회학교가 왕성하여 예배당의 안과 밖이 어린이들의 웃음소리로 가득할 때 교회는 내일에 대한 소망의 빛을 보게 된다. 오늘의 한국교회가 이렇게 성장하기까지는 바로 이러한 교회학교가 교회마다 있었기 때문이다. 만족할 만한 교회학교의 여건을 갖추지 못하고 있었지만 그들의 입에서 "예수님의 사랑"이 반복될 수 있도록 교육을 한 노력은 헛되지 않았다. 그들 가운데서 청소년 그리스도인들이 나오고 교회의 청장년으로 성장하여 한국교회의 중추적 역할을 하였다. 지금 교회를 지키고 있는 고령층의 대부분이 교회학교 때부터 하나님을 예배하는 그리스도인으로 살았다는 통계는 교회학교의 위력이 어떠한지를 잘 입증해 주고 있다.

그러나 오늘의 한국교회 교회학교의 실태는 놀랍다. 어린이가 없는 농어촌에는 일찍부터 교회학교의 문을 닫았다. 젊은이들이 없는 농어촌 교회가 고령의 교인들만 자리를 지키고 교회학교의 문을 오래전에 닫게 되었음은 피할 수 없는 현상이다. 그러나 도시의 교회들마저 저출산의 영향으로 어린이들의 수가 감소하여 교회학교의 문을 닫는 현상이 속출하는 것은 문제가 있다. 교회학교란 교인들의 자녀들만이 출석하는 곳이 아니다. 그곳은 동네 어린이들의 영혼 구원을 위한 사명이 구현되는 중요한 현장이다. 이러한 사명을 외면한 교회는 다음 세대와의 단절이라는 무서운 결과를 초래한다. 문제는 목회자를 비롯한 교인들의 전도 열정이다.

교회를 탐방할 때, 장년 예배에 앉아 있는 교인의 수는 몇십 명에 불과한데 교회학교는 수백 명의 어린이가 예배하고 교육을 받는다는 목회자의 말을 들을 때가 있다. 그리고 그에게서 "하나님 앞에는 장년과 유년의 영혼이 구별된다고 생각하지 않는다"라는 말을 들을 때는 가슴이 뭉클하다. 경제적인 도움이 되는 장년의 출석만을 계산하는 목회는 미래가 없다. 교회에 구원받은 영혼들이 얼마나 많은지가 교회 성장의 기준이 되어야 한다. 그중에서도 교회의 미래를 지켜줄 영혼들이 교회의 바탕을 얼마나 튼튼히 형성하고 있는지를 입증할 수 있는 교회가 희망이 있다. 교회학교를 위한 교인들의 관심과 예산의 지원을 우선으로 배정하는 교회가 미래지향적인 교회이다. 그러한 까닭에 한국교회가 어린이 감소라는 악조건을 딛고 일어서서 새롭게 교회학교를 위한 부흥 운동이 전개될 것을 전망해 본다.

서번트 리더십(Servant Leadership)이 우선이다.

"나는 섬김을 받으러 온 것이 아니라 섬기기 위하여 왔노라", "나의 생명을 많은 사람을 위하여 대속물로 주려 하노라"라는 예수님의 말씀은 어느 종교에서도 찾아볼 수 없는 매우 독특한 말씀이다. 섬김을 받으셔야 할 분이 "섬기기 위하여 오신 존재"라고 자신의 정체성을 밝히고 그 섬김을 위해 자신의 생명까지 바치겠다는 이 선언과 실천은 어떤 종교나 가르침에서도 찾아볼 수 없는 고유한 진리이다. 오직 우리 주님만이 주셨던 섬김의 극치이다. 이 섬김의 진리는 2천 년 동안 인류의 가슴에 지워지지 않는 위대한 가르침이다. 이 섬김이 자신의 이익을 챙기는 것이 아니라 나 아닌 이웃을 위한 것이며 그 방편이 아가페 사랑이라는 교훈은 그리스도교의 고유한 이미지로 인류 역사의 한복판에 자리를 잡았다.

지난 130년 동안 한국교회의 목회자들은 희생적인 헌신의 자세로 섬김의 도를 실천하는 데 최선을 기울였다. 그 결과 기적 같은 교회의 부흥을 일으켰다. 그러나 최근에 이르러 변형된 '주의 종'의 등장이 지나칠 정도로 심각하다. 섬김을 필요로 하는 현장에는 '주의 종'이 보이지 않고, 섬김을 받는 자리에는 '주의 종'이 어김없이 나타나고 있다. 분명한 사실은 오늘을 사는 성도들은 목회자를 섬기면서도 뒤돌아서면 "이것이 아닌데…"라는 말을 주고받는다. 이제는 성도들의 의식 수준이 많이 달라졌다. 목회자의 섬기려는 정신과 실천에 주목하고 있다. 목회자가 진심으로 자세를 낮추고 섬김을 실천하는 모습을 보일 때 성도들은 목회자를 존경하게 된다. 섬기는 종의 본분을 갖추는 설교자가 들려준 말씀에 귀를 기울인다.

미국의 경영학계에 소개되어 많은 관심을 불러일으켰던 로버트 그린리프(Robert K. Greenleaf)의 『섬김의 지도자론』역시 예수님의 "섬김의 도"를 오늘에 적용하는 이론이었다. 그가 1970년대 후반에, 진정한 경영자는 "타인을 위한 봉사 정신"이 헌신적으로 나타나는 서번트 리더십을 발휘하는 사람이어야 한다고 주창했을 때, 그 땅의 시선을 끌게 된 것도 "섬김의 그리스도교"가 바탕을 이룬 사회였기 때문이다.

그가 제시한 섬김의 지도자론은 최근에 이르러 다음과 같은 10가지 특성을 제시한다. (1) 경청하는 자세(Listening), (2) 공감대 형성(Empathy), (3) 치유(Healing), (4) 자기 인식(Awareness), (5) 설득(Persuasion), (6) 비전을 제시하는 사고력(Conceptualization), (7) 선견지명(Foresight), (8) 청지기 신분(Stewardship), (9) 성장에 대한 책임(Commitment to the growth of people), (10) 돈독한 공동체 형성(Building community)이다.

이상의 10개 항목은 섬기는 경영인으로서 갖추어야 할 덕목이다. 교회라는 공동체를 섬기는 한국교회 목회자들도 참고할 만한 가치가 있는 항목들이다. 2015년 새해에는 한국교회에 변화의 물결이 일어나야 한다. 목회자부터 '받는 섬김'은 멀리하고 '주는 섬김'에 온갖 노력을 기울여야 한다. 물질문명에 도취하여 살아가는 많은 교인들이 정신적인 공허감에 빠져 방황하고 있다. 그들은 목회자의 순수한 섬김의 따스한 손길을 기다리고 그 손길에서 예수님의 사랑을 느끼기를 원한다.

교회는 보·혁의 어느 편에도 속할 수 없다.

우리 민족은 세계에서 유일하게 남아 있는 분단국가이다. 국토는 지극히 작지만 단일민족으로 반만년의 장구한 역사를 자랑하는 나라이다. 그러나 그 역사를 주의 깊게 살펴보면 이 작은 영토 속에 존재했던 국가는 많았다. 즉, 분단과 분열이 계속 이어졌던 민족이다. 그러할 때 국력은 쇠하여졌고, 주변 국가들의 침략은 끊이지를 않았다. 결국 일제의 침략으로 나라를 잃고 비참한 36년의 세월을 보냈다. 마침내 하나님의 도우심으로 광복의 기적을 맞이하였지만 우리는 기쁨을 누릴 겨를도 없이 또다시 동족상잔의 비극을 겪어야 했고 60년이 넘도록 분단의 아픔을 계속 가지고 있다.

이러한 슬픈 역사 속에서도 우리는 정치, 경제, 교육을 비롯한 모든 분야에서 눈부신 발전을 거듭하여 오늘에 이르렀다. 탁월한 능력을 갖춘 우리의 민족이 이제야 나래를 펴고 비상하려는 시점에 서 있다. 이 시점은 조금이라도 긴장을 풀거나 나태해질 수 없는 매우 긴박한 순간이다. 이승만 초대 대통령의 "뭉치면 살고 흩어지면 죽는다"라는 말이 어느 때보다 실감나는 때이다. 조금만 더 우리가 분열이 없이 전진한다면 선진국 대열에 설 가능성이 가까이 보이는 지금이다.

그런데 지금 우리는 보수와 진보의 분열된 양상이 심각한 지경에 이르렀다. 어느 때보다 '친북', '종북'이라는 용어가 범람하면서 분열의 현상이 나타나고 있다. 자유로운 사고와 진보적인 행동을 하는 젊은이들에게는 '빨갱이'라는 어휘로 굴레를 씌운다. 정치가들은 이 틈새에서 자기 이익을 챙기는 우를 범한다. 이러한 사회적 분열은 우리나라의 허리를 붙잡고 움직이지 못하게 하는 무서운 방해요소이다.

　이러한 사회적 갈등이 새해에도 이어질 것이 분명하다. 우리는 민주주의 국가이기에 사상과 표현의 자유가 있다. 동시에 그 자유보다 국가의 이익을 먼저 생각해야 함도 타당성을 갖는다. 그러나 가장 중요한 것은 국민의 분열이다. 이 분열을 막는 최선의 길은 정부가 국민 절대다수가 거센 불평이나 비판이 없도록 바른 정치를 이어가는 일이다.

　여기 우리 교회의 사명이 있다. 그것은 중심을 잃지 않고 어느 한 편에도 서지 않는 올곧은 자세이다. 나라를 위한 기도를 쉬지 않고 있는 우리의 한국교회이다. 그러나 그 기도가 부정부패와 잘못된 정책까지 용납하는 것은 그리스도인이 드려야 할 바른 기도가 아니다. 하나님 말씀에 의지하여 서로 돕고 조언하면서 분열이 없는 건전한 사회와 국가를 이룩해 나가는 것이 우리가 걸어가야 할 바른길이다. 이 바른길을 걸어가야 함이 새해에 우리 교회에 맡겨진 과제가 되어야 할 것이다.

2016년도 회고와 전망

2015년, 어두운 그늘이 가득하였다

우리는 메르스의 공포에 몹시 시달렸다.

지난 5월 초 메르스(중동호흡기증후군)에 걸린 환자가 카타르를 거쳐 인천 공항을 통해 귀국하면서 우리에게 매우 생소했던 메르스 바이러스가 온 국민을 괴롭혔다. 186명의 감염자 가운데 36명이 안타깝게도 목숨을 잃었다. 그리고 1만 6천 명이 넘는 격리자를 발생시키는 결과를 가져왔다. 9월 12일 보건복지부 중앙 메르스 관리 대책본부는 지난 7월 4일 이후 69일째 메르스 추가 확진자가 발생하지 않아 사실상 종식되었다고 판단하였다. 그러나 마지막 환자가 10월 초 다시 양성 환자로 확인되면서 공식 종식일은 11월 이후로 미뤄질 전망이다. 세계보건기구(WHO)는 마지막 환자의 완치일로부터 28일이 지나야 한국에서 메르스 종식을 공식 선언하게 된다.

2012년에 처음 발생한 메르스를 적중하는 백신은 아직 없다. 그러한 까닭에 국민은 하룻밤을 지내면 눈덩이처럼 불어난 메르스 환자가 나타날 때 큰 공포감에 시달려야 했다. 길거리에서 사람들은 마스크를 쓰고 다녀야 했고, 사람을 만나면서 서로를 의심해야 했다. 주일예배의 현장에서는 결석

교인들이 늘어났고 서로가 악수하지 말 것을 권고하며 각종 모임은 연기해야 했다. 또한 입원한 가족을 방문하는 것조차 제재를 당하면서 불안감은 극도로 치닫고 있었다. 최고의 수준을 자랑하는 대형 병원들까지 꼼짝 못하는 형편에 이르렀다. 세월호 침몰 때와는 전혀 다른 사회의 분위기였다. 당시에는 어린 생명이 좀 더 민첩하지 못했던 당국의 대처 때문에 목숨을 잃게 되었던 점에 대한 슬픔이었고 공분이었다. 그러나 메르스는 나와 내 가족이 직접 병에 걸릴 수도 있다는 가능성 때문에 그 두려움과 긴장은 절정에 다다랐다.

국민의 불안과 원성은 정부 당국을 향하여 질타하고 있었다. 그 이유는 서투른 방역체계 때문이었다. 메르스라는 지뢰밭이 어디인지를 알 길이 없이 정부 당국은 비공개로 일을 진행하였기 때문이다. 그 결과 자신들은 그 위험한 메르스 지뢰밭을 피하면서 우매한 국민만 드나들게 되어 계속 확산하였다. 마침내는 서울시장이 긴급 기자회견을 통하여 반기를 들고 나섰다. 자신은 "시민의 안전과 생명을 지키고 시민의 삶을 보호하는 길에 직접 나설 것"을 천명하면서 이곳저곳의 메르스 발생지역과 해당 병원들을 공개하겠다고 나섰다. 이를 두고 일부에서는 과잉대응이라는 반응을 보였지만 서울시장은 "국민의 건강을 위해서는 늦장대응보다는 과잉대응이 낫다"라는 말을 하여 박수를 받기도 하였다. 결국 메르스의 동선 공개를 반대했던 대통령과 방역당국이 백기를 들고 지방자치단체장들과 함께 방역의 문을 열어놓고 공동의 노력을 기울이면서 확산 방지에 나서기 시작하였다.

대한민국 메르스의 파장은 국가적 망신에까지 이르렀다. 갈팡질팡하면서 메르스의 확산을 막지 못하고 있을 때 대한민국은 세계의 여론을 주도하는 언론들로부터 우리의 방역 실정이 아마추어식 대응 수준이라는 수치스러운 평가를 받기도 하였다. 이때 많은 국민은 2003년 참여정부 시절 온 세계가 메르스와 유사한 호흡기 질환 '사스' 탓으로 인하여 수십만 명의 희생자가 발생했을 때를 생각하였다. 당시 우리나라는 국무총리의 진두지휘 아래 민첩하고 철저한 방역시스템을 발휘하여 '사스 청정국'이라는 영예로운 칭송을 받은 바 있었다. 이때의 기록들을 현 정부의 메르스 방역대책과 비교를 하면서 많은 비판이 일기도 하였다.

어느 유서사건 수사가 석연치 않았다.

2015년 9월 15일 국정감사에서 어느 한 야당 의원은 '성완종 리스트' 특별수사팀장을 맡았던 검사에게 국민이 던지고 싶었던 질문을 던졌다. 내용은 성완종 리스트에 등장한 인물들에 대한 계좌추적 여부였다. 그리고 "고인이 된 분은 목숨을 걸고 언론사에 전화를 걸어 사실을 털어놓았을 텐데 그에 대한 검찰의 수사 결과는 상식적이지 않은 것 같다"라는 말을 남겼다.

지난 4월 9일 성완종 경남기업 회장이 이명박 정부의 자원외교와 관련하여 비리 의혹에 연루되어 그와 관련된 수사를 받던 중 유서를 남기고 스스로 목숨을 끊었던 사건은 각 매스컴에서 머리기사로 다루었다. 문제는 그가 자살하기 전 어느 신문사와 인터뷰를 한 내용과 유서에 실린 현 정권의 총리와 전 비서실장 등 6명의 실세에 대한 정치자금 제공이 태풍의 핵이었다. 인터뷰 기사와 유서의 내용이 공개되자 온 국민은 그 사건의 수사 여부에 초미의 관심을 기울이고 있었다. 박근혜 대통령도 이러한 국민의 마음을 읽은 듯 지위 고하를 막론하고 무관용으로 철저하게 수사할 것을 명하였다. 이러한 대통령의 뜻을 따른 듯 검찰은 대대적인 수사를 한다는 발표를 했고 순진한 국민은 그러한 발표에 기대를 걸었다. 죽음 앞에서는 누구나 진실을 토한다는 것이 일반적인 사회의 통념이기에 국민 대다수는 그의 죽음을 앞둔 인터뷰나 유서에 대한 신빙성에 무게를 두었다.

그런데 시간이 지나면서 수사의 초점과 방법은 서서히 실망감을 안겨주었다. 수사의 방향이 일반적인 상식을 벗어나기 시작하였기 때문이었다. 수사대상자들의 증거인멸을 막는 검찰의 조치가 전혀 보이지 않았다. 그리고는 난데없이 명단과 무관한 노무현 대통령의 형 노건평 씨가 성완종 회장의 특별사면과 관련하여 5억 원을 받았다는 의혹으로 소환조사를 하였고 혐의 사실을 공표하기도 했다. 여기저기서 이 사건을 희석시키려는 의도가 보인다는 지적을 하였다.

결국 성완종 리스트에 올라 있는 인물들에 대한 수사는 서면조사로 끝났다. 정치자금법 위반이나 뇌물죄의 경우는 그 기본이 계좌추적이다. 그런데 이 사건의 경우 계좌추적과 같은 깊이 있는 수사는 진행되지 않았다. 마침내 전 총리와 부산시장 두 사람만이 불구속 기소를 하고 남은 6명은 공소권이 없거나 혐의가 없다고 하면서 82일간의 수사를 종결한다고 선언하고 말았다. 참으로 검찰을 신뢰할 수 있었던 좋은 기회가 다시 무너지는 종결선언이었다. 이때 다음의 글을 읽은 사람들은 할 말을 잃었다.

> 검찰은 살아있는 권력은 절대로 건드리지 않습니다. 죽은 권력만 사정없이 칼을 휘두르죠. 여기서 휘두르는 칼 역시 살아있는 권력에 한없이 꼬리를 살랑살랑 흔들기 위함입니다. 검찰은 국민과 정의를 위해서 존재하지 않습니다. 자신들의 이익과 기득권, 승진을 위해 존재할 뿐입니다. 아무리 국민이 그들을 비판해도 그들은 개의치 않습니다(http://shalacho. blog.me/220409165653).

2015년 8월은 전쟁에 대한 긴장감이 고조되었다.

북한의 김정일이 2011년 12월 사망하기 전 발생한 2010년 3월의 천안함 피격사건과 2010년 11월의 연평도 포격사건 때 우리 군의 대응조치를 지켜보던 국민은 불만이 가득하였다. 그러나 2015년 8월의 DMZ 목함지뢰

매설사건(2015.08.04.)에 대한 우리 군의 대응은 어느 때보다 적극적이었다. 북한이 '절박한 사안'으로 여기는 대북 확성기 방송 재개의 대응은 마침내 북한군이 20일 포격으로 도발을 할 정도였다. 2004년 남북장성급 회담의 합의사항으로 지난 11년 동안 남북은 상호 심리전 방송을 중단한 바 있다. 그러나 우리 정부는 8월 10일부터 대북 방송을 시행함으로 남북한의 긴장감은 고도에 이르렀다. 우리의 대북 방송은 북한의 일선 장병들에게 남한의 자유민주주의 실상을 알리고 전쟁의 의욕을 약화시키는 데 대단한 위력을 가지고 있는 매체이다. 북한으로부터 귀순한 사람 대부분이 개성시까지 들리는 이 방송을 통해서 진실을 알고 귀순을 결심했다는 증언은 이를 충분히 입증해 준다.

이러한 위력을 지닌 심리전의 첨단도구가 다시 시작되자 북한 정권은 그들이 정한 시간에 중단하지 않으면 군사적 행동에 나서겠다는 최후통첩을 하기에 이르렀다. 이러한 통첩과 함께 전선에서 북한군의 움직임은 전시체제에 돌입했다. 특별히 북한이 탄도미사일(SLBM)의 수중발사 실험까지 마친 바 있는 북한의 잠수함이 기지를 떠나자 긴장상태는 더욱 심화하였다. 그들은 78척의 잠수함을 보유함으로 우리의 14척은 물론 미국(72척)이나 중국(69척)보다 수적으로 우세하다. 물론 우리는 그들보다 공군이나 해군에서 앞서 있을 뿐만 아니라 우리에게는 세계의 군사 대국인 미국과 같은 동맹국이 있기에 전쟁의 승리에는 모두가 자신감을 가지고 있었다. 또한 북한이 도발했을 때 싸움에 몸을 아끼지 않겠다고 전역을 뒤로 미루고 전투화를 다시 동여매던 젊은 병사들의 애국애족 열정은 우리 국민에게 자신력과 안도감을 심어주기도 하였다.

이러한 초긴장 상태가 이어지고 있을 때 북한은 8월 21일 남북 고위급 접촉을 제안하고 거기에 우리 정부가 합의함으로 위기를 모면하였다. 그리고 이산가족 상봉을 비롯한 남북교류의 실마리가 풀리기 시작하였다. 물론 전쟁의 위기는 넘겼으나 통일의 그날이 오기까지는 김정은 정권의 위협하는 행위는 언제나 경계의 대상으로 남아 있다.

우리는 3,500조 원의 역대 최대수치의 부채를 안고 있다.

2015년에 들어서자 많은 경제학자가 한국 경제가 벼랑 끝에 서 있음을 지적하면서 '경제위기론'을 제기하였다. 경제전문가들은 1997년의 외환위기 때보다 지금이 더 위험하다고 말하는가 하면, 일본의 '잃어버린 20년'을 우리가 따르고 있다고 평가한다. 7~80년대 우리의 고도 경제성장기를 이끌었던 어느 경제 각료 출신은 "90년대 이후의 정부들이 고통을 감내할 생각은 안 하고 더 큰 고통을 부르는 부채를 사용하기 시작하였다. 그 부채가 쌓이고 쌓여 지금에 이르게 되었다"라고 하면서 안타까워하고 있다.

사실 우리 국민은 국가 채무에 관하여 깊은 관심을 두지 않고 살아가는 듯하다. 그러나 유럽의 포르투갈, 이탈리아, 그리스, 스페인과 같은 나라들이 경제위험 국가로 분류된 것은 바로 그 나라의 공공 부분의 부채 때문이다. 그래서 나라마다 가계부채와 국가의 부채가 증가하는 데 깊은 우려를 한다. 경제전문가들은 우리의 경제가 적신호를 보내고 있다고 한결같이 지적한다. 노무현 정부가 남긴 재정적자는 10조 9,000억 원이었는데 이명박 정부 때는 98조 9,000억 원으로 10배 가까이 불어났고, 현 정부의 경우 앞으로 잠정적인 적자를 합산하면 167조 5,000억 원이 될 것이라는 보도이다. 이 보도로는 정부부채 500조 원, 공공기관부채 900조 원, 가계부채 1,100조 원, 기업부채 1,000조 원, 총 3,500조 원의 빚을 대한민국이 지고 있다. 현 정부의 마지막 해인 2017년의 정부부채는 692조 9,000억 원에 이르게 된다고 한다.

그동안 정부는 국내총생산(GDP) 대비 채무비율을 40% 선으로 한계선을 정하였다. 그러나 내년에는 그 선이 41.1%까지 이르게 된다. GDP 대비 부채비율이 다른 국가에 비해 아직은 건전하다는 정부의 설명이지만 위험한 고지에 이르고 있음은 자명한 사실이다. 2000년대 500조 원도 안 되던 대한민국의 부채가 15년이 지나자 7배 이상으로 늘어났다는 사실을 진정한 의미에서 경제발전으로 평가할 것인지 생각해 볼 문제이다. 어느 국회의원은 이 부채를 가구별로 환산하여 가구당 6,043만 원, 개인으로 보면 1인당 2,199만 원에 이르는 부채라고 지적하면서 대책을 촉구하고 있다. 어느 학자는 1997년 IMF 때에는 그나마 가진 현금이 있어 2년으로 끝났지만, IMF와 비슷한 상황이 오면 우리는 버틸 능력이 없을 것이라고 평가하고 있다.

여기에 더하여 우리는 지난 몇십 년간 인구정책의 실패로 초저출산과 고령화 사회로 변화하고 있다. 여기에 따라 산업전선에서 일할 사람이 노쇠화되고 동남아의 외국인 노동에 의존하는 산업구조로 바뀌고 있다. 청년 실업률의 급증으로 자립의 길은 늦어지고, 그 결과 만혼 또는 미혼으로 출산율은 초고속으로 하락하고 있다. 2015년의 경제를 결산하는 사람마다 우리는 '경제위기'라는 시한폭탄을 안고 있다고 말한다. 이제 우리의 정부와 국회 그리고 온 국민은 이러한 위기를 생각하고 대처하는 지혜를 갖추어야 할 때가 왔다. 경제위기가 몰고 오는 파장이 얼마나 심각한 것인지 생각하면서 타개책들이 여기저기서 활발하게 전개되어야 하는데 미래를 염려한 연구와 발표가 여전히 미흡한 것이 안타까운 현실이다.

'황혼 이혼'이 지난해 역대 최다 수치를 기록했다.

> "황혼 이혼을 준비하면서 이런저런 생각이 드네요. 자식들 얼굴도 생각나고… 정말 자식들 볼 면목이 없는 것 같네요. 황혼 이혼을 막고 싶은데

방법이 있을까요? 다시 부인과 행복하게 살아가고 싶습니다. 노후를 함께 지내자고 이런저런 얘기를 많이 나눴는데 이렇게 물거품처럼 사라지네요. … 부인을 더 사랑해 줬어야 하는데 황혼 이혼 얘기가 나온 후에야 후회가 되네요. 황혼 이혼 극복할 수 있을까요?"

이상의 글은 50대의 어느 시민이 황혼 이혼을 앞두고 인터넷에 올린 안타까운 호소이다. 우리나라 인구의 초고속 노령화와 함께 밀려온 사회 현상 가운데 가장 심각한 문제 중의 하나로 등장하는 것이 바로 황혼 이혼의 문제이다. 일반적으로 한국의 가정들은 백년해로(百年偕老)를 부부의 대의로 여기고 있다. 즉, 부부가 되어 한평생을 사이좋게 지내고 즐겁게 함께 늙을 것을 다짐하고 그것을 실천하는 것을 마땅한 도리로 여기는 것이 한국 부부의 으뜸가는 윤리이다. 그리고 결혼하여 가정을 이루면 자녀를 낳고 가화만사성(家和萬事成)을 가훈으로 삼고 집안이 화목(和睦)해야 모든 일이 잘된다는 말을 반복하면서 살아온 것이 한국의 부부요 가정의 맥이다.

그런데 물질문명(material civilization)이 정신문명(spiritual civilization)을 앞질러 가는 우리 사회는 어떤 분야보다 전통적인 가정윤리가 가장 극심한 손해를 입고 있다. 급속한 경제성장은 전통적인 우리의 도덕률이나 가치관에 심각한 변화를 가져왔다. 그래서 백년해로라는 부부의 대의는 이제 옛말이 되었고 세계의 1위를 달리는 이혼율을 기록하기에 이르렀다. 그런데 경제활동을 더는 지속할 수 없고 노약한 건강을 지키기에 힘겨운 황혼의 나이에 이혼이라는 심각한 난제를 안게 되는 것이 2015년의 뜨거운 이슈로 등장하였다.

9월에 발표한 통계청의 '2015 고령자 통계'에 따르면 지난해 우리나라의 65세 이상 고령자의 총 이혼 건수는 11만 6,000건이었다. 지난해 65세 이상 인구 성장률은 남녀 각각 4.5%, 3.7%에 반해 이혼은 전년 대비 남녀 각각 8.2%, 17.4%로 황혼 이혼이 큰 폭으로 증가했다는 발표이다. 거의 동시에 발표된 대법원의 사법연감에서도 황혼 이혼이 큰 폭으로 증가하여 올해에는 최다 수치를 기록하였다고 한다. 황혼 이혼이 전체 이혼에서 차지하는 비중도 최근 5년간 22.8%에서 28.1%로 급상승하여 전체 이혼 연령대의 1위를 기록했다는 보도이다.

황혼 이혼의 가장 주된 사유로 제일 높은 비율을 차지한 것은 성격 차이(47.2%)다. 이것은 그동안 자녀들의 양육을 위하여 묻어두고 살아온 자신의 정체성을 회복하려는 현상으로 이해할 수 있는 부분이다. 둘째는 경제문제(12.7%)로 은퇴 이후의 경제적 빈곤 또는 독자적 생활 유지가 가능한 이유다. 그리고 셋째는 가족 간 불화(7.0%)의 문제이고, 넷째는 정신적·육체적 학대(4.2%) 등이 중요한 사연의 내용으로 분석되었다. 그 외에도 중요한 사유로는 평균수명의 연장과 경제적으로 홀로 살 수 있다는 자신감이 작용한다는 견해가 많다. 황혼 이혼 역시 물질문명이 정신문명을 지배하는 우리 사회의 비극적인 현상들 가운데 하나임에 틀림이 없다.

일본의 '안보법안' 강행처리는 우리의 신경을 곤두세웠다.

일본의 아베 총리는 2015년에도 우리가 호감을 느끼기에는 멀어져만 가는 발언과 정책을 이어가고 있다. 특별히 그가 지향하는 역사 수정주의가 그들의 과거사를 미화하고 부끄러운 기록들을 인위적으로 부정하는 내용이기에 그들의 침략으로 극심한 피해를 보았던 한국이나 중국과 같은 나라에서는 지극히 불편한 심기를 드러내 보인다. 일본의 역사 수정주의에 관하여 미국 존스홉킨스대 국제관계대학원(SAIS) 방문 교수인 데니스 헬핀은 놀라운 전망을 외교 안보 전문지 「내셔널 인터레스트」에 발표하였다. 그 내용은 일본의 역사 수정주의가 지향하는 최종적인 목적에는 제2차 세계대전을 종결지은 "미국 정부를 전쟁범죄국가"로 만들려는 저의가 숨겨져 있다는 발표였다. 이러한 기사를 볼 때마다 많은 생각을 하게 된다. 종전 70년이 지난 지금 새로운 세대들은 일본이 전범국가로서 남긴 부끄러운 기록 앞에 성실한 사죄를 보이고 그 사죄를 받은 피해자들이 관용을 보이면서 새로운 미래를 향하여 나아가기를 기대한다. 그러나 아베 정권은 역사 수정주의를 지향하면서 이러한 기대를 외면해 버리고 말았다.

아베 내각은 9월 19일 이른바 전쟁법이라고 일컫는 안보법을 의회에서 통과시켰다. 11개 법안이 재개정되는 이 안보법이 통과됨으로써 일본은 이제 전쟁이 가능한 나라로 변하였다. 전쟁을 할 수 없도록 한 일본의 평화헌법이 무산되는 법안의 통과였다. 이 법안은 일본이 공격을 받지 않아도 동맹국에 자위대를 파견하고 무력행사를 합법화하는 내용이다. 이 법안에 대한 일본 국민의 대다수가 반대하며 시위를 계속했지만 아베 정권은 다수의석의 힘으로 이 법안을 강행 처리하였다.

일본은 지난 70년 동안 평화헌법을 고수하면서 한국을 비롯한 아시아의 여러 나라에서 저지른 참혹한 전쟁범죄에 대한 자성의 자세를 취하고 있는 듯하였다. 전쟁을 다시 하지 않겠다는 의지로 받아들이면서 상호관계 개선에 노력을 기울였다. 그러나 이번에 일본은 그러한 자세를 버리고 '전쟁의 관문'을 만들었다.

일본의 안보법 통과에 대한 반응은 나라마다 그 이해관계에 따라 다양하다. 미국은 중국을 군사적으로 견제할 힘이 필요했기에 미일 동맹의 강화로 이어지기를 바란다는 논평과 함께 환영의 자세를 취하였다. 여기에 반하여 일본 제국주의의 침략으로 뼈아픈 경험을 한 바 있는 중국은 일본의 군사 활동의 확대에 반발하면서 수위 높은 경계심을 보였다. 필리핀을 비롯한 중국의 군사력에 긴장하는 동남아 국가들은 일본의 안보법 통과를 대체로 환영하는 분위기이다. 여기에 우리나라 국민은 일제강점기의 잔인했던 과거사 때문에 자위대의 활동 확대에 대하여 부정적인 견해와 여론이 대부분이었다. 그러나 우리 정부는 "일본의 군국주의 부활은 우려하지만 대북 억제를 위한 긍정적인 면도 있다"라는 모호한 태도를 보인다.

한국 그리스도교 연합은 이 법안의 통과를 "아베 정권의 과거 군국주의 부활, 동북아의 군비 경쟁과 세계평화에 역행하는 행위"라고 비판의 목소리를 높이면서 "일본 군국주의의 최대 희생자였던 우리는 일본이 과거 침략과 식민지배를 참회하기는커녕 또다시 전쟁할 수 있는 국가로 부활하는 데 우려하지 않을 수 없다"라는 성명을 발표하였다. 이것은 한국 정부가 하지 못한 논평을 한국교회가 우리 국민의 심정을 그대로 전하는 진솔한 목소리였다. 거기에 더하여 "인류 역사에서 가장 반인륜적이고 비극적인 범죄"를 일본이 다시 저지르는 일이 없기를 바란다는 경고도 빼놓지 않았다.

2016년, 이혼과 자살 : 목회의 장인 가정의 회복에 집중하자

새해에는 "자살의 나라, 한국"을 벗어나야 한다.

지난해 9월 10일 세계 자살 예방의 날을 앞두고 아랍권 최대 위성방송인 알자지라는 한국을 자살의 나라(South Korea : Suicide nation)로 표현하면서 특집기사를 내보내어 세계 앞에서 우리나라의 위상을 무너뜨린 바 있었다. 사실 우리나라는 OECD 국가 중에서 11년째 자살률 1등이라는 부끄러운 기록을 보유한 나라이다. 참으로 심각한 문제이다. 그러나 우리의 정부는 이러한 문제에 대하여 이렇다 할 방책을 세워 이 오명을 떨쳐버리려는 노력이 보이지 않는다.

자살에 대한 세계의 기록을 살펴보면 핀란드가 1990년까지 '자살의 나라'로 기록을 가지고 있었다. 1980~1990년대에는 10만 명당 30명을 웃돌면서 세계 최고 수준에 이르기도 하였다. 이 나라 역시 1960년대 빠른 경제성장과 함께 산업화한 사회와 도시집중의 생활로 인하여 자살이 급증하기에 이르렀다. 핀란드 정부는 1986년부터 10년 동안 자살 예방을 위한 적극적인 정책을 세우고 전문가들이 총동원되어 자살자에 대한 '심리 부검'을 실시하였다. 전문가들은 자살자의 가족과 친구들을 비롯한 주변 인물들과의 심층 인터뷰를 통해 자살의 배경을 섬세하게 찾아 기록하고 이것을 유형별로 정리하여 자살 예방에 사용하였다. 그 결과는 바로 효과를 보기 시작하여 '자살의 나라'라는 오명을 벗어날 수 있었다는 보고이다.

현재 우리나라는 10만 명 당 28.5명에 달하는 자살률이 나타나고 있다. OECD 국가들의 평균 자살률이 인구 10만 명당 12.1명인 데 비해 우리나라는 두 배가 넘는 수치로서 11년째 1위를 놓치지 않고 있다. 전직 대통령을 비롯한 숱한 사회적 지도자와 어린 청소년에 이르기까지 자살자가 급증하고 있는 현실이다. 10대, 30대의 사망원인이 질병이 아니라 자살이라는 보도는 많은 것을 생각하게 만든다. 소중한 우리의 청소년들이 희망을 노래하고 아름다운 미래를 그려보면서 미소를 지어야 할 때 자살을 꿈꾼다는 것은 참으로 참혹한 현실이다. 꿈과 희망을 이들에게 안겨주지 못한 우리 사회와 정부는 성찰의 길을 걸어야 한다.

자살을 택한 세대별 분석을 살펴보면, 10대에는 성적 지상주의에 따른 자괴감을 비롯하여 가정불화가 주원인으로 꼽힌다. 20~30대는 미취업과 함께 미래가 보이지 않는 암울한 현실이 그들을 자살이라는 극단적인 행동에 이르게 한다. 40~50대는 경제적 어려움이 가장 큰 비중을 차지한다. 그리고 60대 이후에는 경제적 어려움과 더불어 독거노인의 열악한 생활환경과 질병에 대한 비관이 스스로 목숨을 끊게 만든다.

2016년 새해에는 우리의 정부와 사회 그리고 종교단체들이 '자살 공화국'이라는 오명을 벗어나도록 일어서야 한다. 생명의 존엄성을 온 국민의 가슴에 심어야 한다. "사람이 만일 온 천하를 얻고도 제 목숨을 잃으면 무엇이 유익하리요 사람이 무엇을 주고 제 목숨과 바꾸겠느냐"(마 16:26)고 하시면서 생명의 존엄성을 외쳤던 예수님의 말씀이 그 어느 때보다 우리 앞에 다가와 있는 지금이다.

교회는 건실한 가정들을 유지할 책임이 있다.

가정은 인간의 삶에 있어서 출발점이다. 그래서 모든 삶의 양태와 교육은 가정을 기초로 한다. 가정은 화학적인 구조나 산술적인 계산에 따라 형성되거나 유지되지 않는다. 가정이란 근본적으로 계산으로는 불가능한 애정이 바탕이 되고 이해타산이 떠난 관계성이 결합되어야 온전한 가정의 기능이 지속된다. 다시 말하면, 가정의 필수항목인 사랑과 평화가 유지되어야 한다. 이러한 바탕이 우리의 가정에서 올바르게 형성되었을 때 그 가정을 드나드는 구성원의 인간성과 사회활동은 생기를 발하고 진취적일 수 있다. 그뿐만 아니라 가정을 통한 교육이 바르게 이어질 때 인간 사고의 구조와 형태가 양질의 옷을 입을 수 있다.

한국의 전통적인 가정관은 세계의 어느 나라보다도 으뜸이었다. 우리의 가정은 동방예의지국을 이룩할 정도로 높은 수준의 예의와 도덕률을 지켜왔다. 그러나 물질문명이 정신문명을 앞서가는 현대에 들어서자 우리의 가정들은 위기를 맞이하고 있다. OECD(경제개발기구) 회원국 중에 우리나라가 가장 높은 이혼율과 자살률을 기록하고 있음은 바로 우리 사회의 가정이 무너지고 있다는 증거이기도 하다.

한국교회는 지금까지 오직 교회 중심의 목회를 계속했다. 교회의 빈자리를 가정들이 모여 가득히 채워주기를 강요해 왔다. 심지어는 가정이 약간의 희생을 감수하더라도 "주님을 기쁘시게 해 드리는 교회의 모임"이라면 그 길을 최우선으로 달려주기를 강조해 온 것이 한국교회의 모습이었다. 교인들의 가정에 관한 관심은 심방이라는 전통적인 방법이 전부였다. 찾아가 기도해 주고 말씀을 주고 오는 것이 고작이었다.

그러나 지금 한국의 가정은 서구화가 진행되면서 심각한 문제들이 속출하고 있다. 부부간의 갈등을 비롯하여 부모와 자식 사이에 발생하는 잡다한 문제들, 형제지간의 불신과 불화의 아픔이 심각한 수준에 이르고 있다. 그로 인해 건강을 잃게 되고 가정이 파괴되는 아픔이 따르고 있다. 이 아픔은 결국 신앙생활을 벗어나게 되고 이혼과 자살로 이어지는 극단적인 상황에 이르게 된다. 교회 안에서 어제까지 충실하던 가정이 어느 날 사라진다. 그렇게도 적극적인 가정이 소극적인 신앙생활로 변화한다. 그들의 세계를 좀 더 깊이 파고들면 모두 이유가 있다. 그것이 바로 그 가정에 이상이 생겼다는 신호이다.

새해에는 교회에 속한 가정들이 따뜻한 만남과 대화가 중요함을 인식하고 우선적인 목회의 방향을 잡아야 할 필요가 있다. 교회가 교인들의 가정을 위하여 시간과 공간에 관한 관심을 가질 뿐만 아니라 좀 더 구체적이고 효율적인 가족의 만남과 대화의 방안을 그 교회의 형편에 맞게 만들어 보자. 지금껏 교회나 나라를 위한 기도는 강요되었으나 건강한 가정을 위한 기도회나 교육 프로그램이 미약했다. 가정이 건실하게 살아야 교회가 안정된다. 그때 교회는 각 가정이 모일 수 있는 행복한 요람지가 될 수 있다.

새해에도 국민소득 '3만 달러 시대'는 열리지 않는다.

"저는 오늘 대한민국의 제18대 대통령에 취임하면서 희망의 새 시대를 열겠다는 각오로 이 자리에 섰습니다. 새 정부는 '경제부흥'과 '국민행복' 그리고 '문화융성'을 통해 새로운 희망의 시대를 열어갈 것입니다."

2013년 2월 25일 박근혜 대통령의 취임사를 듣고 있던 국민은 그분의 바람대로 '경제부흥', '국민행복', '문화융성'을 이룩하여 이 나라에 새로운 기록을 남기는 좋은 대통령이 되기를 희구하였다. 혹자는 대통령의 취임사에서 "민주, 통합, 개혁, 인권" 등의 단어를 찾아볼 수 없는 아쉬움이 있다는 비판도 적지 않았다. 그러나 희망을 꿈꾸는 국민 대다수는 새 대통령을 신임하고 침체한 경제를 일으켜 나라를 발전시키는 데 거보를 내딛게 되기를 우선으로 희망하였다. 그리하여 그녀가 영국의 마거릿 대처 총리나 독일의 앙겔라 메르켈 총리와 같은 세계적인 여성 대통령으로 기록을 세워 주기를 바라는 마음이었다.

특별히 새 대통령은 우리나라가 선진국 반열에 오르는 국민소득 3만 달러 시대를 쉬이 이룩하리라 믿고 있었다. 돌아보면 우리나라는 지난 2006년에 국민소득 2만 달러 시대에 올라선 이후 지금까지 9년간 3만 달러 벽을 깨지 못하고 있다. 미국이 2만 달러에서 3만 달러로 올라서기까지 10년의 세월을 보낸 바 있으며, 독일과 일본은 더 빠른 5년 이내에 진입한 바 있다. 이러한 기록과 비교할 때 우리는 매우 느린 속도임에 틀림이 없다.

새해에도 3만 달러의 선진국 대열에 들어서지 못할 것이라는 예측이 여기저기서 나오고 있다. 국제 신용평가사 스탠더드 앤드 푸어스(S&P)는 최근 한국의 국가신용등급을 A+에서 AA-로 한 단계 상향 조정하면서 1인당 국민소득이 2018년에 가서야 3만 달러를 넘을 것으로 예상한 바 있다. LG경제연구원은 한국의 1인당 국민소득이 2015년 2만 7천 100달러에서 2016년에는 2만 7천 달러로 2년 연속 하락할 것으로 예상한다는 발표를 하고 있다. 여기서 국민소득 '3만 불 시대의 진입'의 희망은 꺾이기 시작하였다.

새해에 들어선 한국교회는 우리 경제가 새해 들어 발전보다는 침체 또는 하강 길을 걷게 될 가능성을 먼저 예상해야 한다. 국민소득 3만 달러의 시대가 벌써 도래한 것처럼 여겼던 많은 목회자는 2015년 결산을 하면서 교회재정이 예상치에 도달하지 못하였음을 경험하고 있다. 교회의 2016년 예산과 집행은 어느 해보다 긴축 정책을 세워야 한다. 과거를 답습하는 넉넉한 예산보다 어렵게 엮일 새해의 경제를 섬세하게 읽고 나아가야 할 중요한 시점에서 한국교회는 새해를 맞이하고 있다.

교회의 부채를 신속히 정리하자.

필자는 『2020-2040 한국교회 미래지도 2』를 정독하면서 많은 공감대를 형성하게 되었다. 그것은 2~3년 이내에 불어올 경제위기의 예고와 거기에 따른 교회의 부채 문제였다. 이 책의 저자는 목사로서 미래학을 전공하고 집필과 특강을 통하여 주목을 받은 전문미래학자이다. 그는 한국교회에 대한 각종 자료를 수집, 분석한 후에 2~3년 이내에 한국 경제의 위기가 도래할 것을 예단하고 있다. 그리고 한국교회가 경제위기의 직격탄을 맞게 될 것을 예견하며 강력하게 경고하고 있다.

그가 분석한 자료에 의하면 2010년부터 2015년까지 교회들의 연체율이 5배가 늘었음을 상기시키고 있다. 그 결과 무리한 담보대출로 예배당을 짓다가 은행이자를 감당하지 못하여 경매에 넘겨진 교회가 5년 전에 연간 181건에서 2013년에는 312건으로 70% 증가했다고 한다. 그 대표적인 사례로 감정가 526억 원의 분당 충성교회 건물이 288억 원에 낙찰되었음을 상기시키고 있다. 그가 분석한 자료에 의하면 지금의 한국 경제 여건에서는 교인들의 헌금으로 이자만 겨우 감당할 수 있고 은행에서 대출한 원금은 갚을 수 없는 한계점에 도달했음을 밝히고 있다.

문제는 수년 내에 도래할 한국 경제의 위기 문제이다. 많은 경제전문가는 현재 한계점에 도달한 우리 정부와 가계가 안고 있는 부채비율이 아시아에서 가장 높을 뿐만 아니라 그 증가율과 규모도 가장 빠르고 크다고 분석한다. 거기에 더하여 비정상적인 경제 구조를 비롯하여 부의 불균형 분배와 높은 실업률 그리고 수출둔화 현상이 가져올 한국 경제의 장래는 어둡다고 경고하고 있다. 또한 저출산 고령화는 경제발전을 몹시 어렵게 하는 위험 요소로 꼽히고 있다. 결론적으로 우리의 경제 장래는 밝지 못하고 매우 어둡다는 사실에 모두가 공감하고 있는 현실이다.

이러한 경제 여건을 내다보면서 한국교회는 한숨짓지 않을 수 없다. 그이유는 하나님을 예배하기 위하여 지은 거대한 예배당들 대부분이 담보대출로 건축되어 헌당식을 갖지 못하고 있는 현실이기 때문이다. 성도들이 최선을 기울여 지은 예배당이기에 하나님이 책임져 주시리라는 믿음은 아름답다. 그러나 믿음과 현실의 골이 너무 깊은 오늘의 우리 경제이다. 한국의 경제가 위기에 직면하여 교인들이 바치고 싶어도 자신들의 의식주 해결에 우선하다 보면 어쩔 수 없이 축소된 헌금을 들고 예배할 수밖에 없을 것이다. 교회는 예정한 헌금이 채워지지 못할 것이고 대출이자를 감당하지 못할 시점에 도달하게 될 것이다.

2016년은 다가올 흉년을 위한 대비를 서두르는 새해가 되어야 할 것이다. 특별히 부채를 안고 있는 교회들은 눈에 보이지 않으나 그 무서운 흉년을 확신하고 대비한 요셉의 지혜와 준비에 깊은 관심을 두어야 한다. 그렇지 않을 때 '교회의 파산'이라는 실로 부끄러운 기록을 남기게 될 것이다.

그러나 한국교회는 이러한 위기 앞에 작아지거나 움츠러드는 자세나 태도를 보일 수 없다. 오히려 어느 때보다 함께 힘을 모으고 뜨거운 기도 속에서 무너질 수 없는 '예배하는 공동체'의 모습을 보여야 할 것이다. 그때 하나님은 그 백성들의 결단과 용기 그리고 도전의 행렬을 기특하게 여기실 것이다.

정신문화(spiritual culture)의 복원이 시급하다.

인간사회는 물질문화가 발전하면 정신문화는 언제나 힘을 잃게 마련이다. 인간의 물질문화와 정신문화의 싸움은 언제나 존재해 왔다. 물질문화가 빈곤할 때는 정신문화가 당연히 인류를 이끌고 왔다. 그러나 우리의 사회 구조가 공업화에서 정보산업과 첨단공학 시대로 변함에 따라 물질문화는 계속하여 비대해지고 있다. 반면에 정신문화는 서서히 힘을 잃고 제기능을 발휘하지 못하고 있는 현실이다.

1970년대 노르웨이가 국민소득 9,000달러로 세계의 1위를 달리며 물질의 풍요로움을 즐길 때 그 나라 국민은 "경제부국은 인간 행복과 반비례한다"라면서 정신적 불안을 호소하고 있었다. 그 호소는 자살률의 상승으로 이어졌다. 지금 우리나라가 물질문화의 급속한 진입으로 정신적인 공허를 느끼고 삶의 의욕을 잃고 있다. 낮은 행복지수를 나타내면서 사회적 병폐가 만연하기에 이르렀다. 바로 '정신문화의 피폐'가 극도에 달하였다는 증거이다. 동방예의지국의 흔적이 보이지 않고 정의와 양심의 맥박이 멈추고 있다. 부정과 부패는 일상화되어 가고, 사회의 어느 한 곳도 성한 곳이 없다. 심지어 교회지도자들의 세계도 세상의 눈총을 맞을 정도로 물질문화에 도취하여 있다.

이러한 시대를 예견이나 한 듯 박정희 대통령은 국민소득 1만 달러에 도달했을 때 새마음운동을 제창하고, '정신문화원'을 세워가면서 한국 고유의 건전한 정신문화의 보존과 발전에 노력을 기울였으나 성공을 거두지 못하였다. 매우 흥미로운 사실은 오늘의 대통령이 20대의 몸으로 이 중요한 '새마음운동'의 중심에 서 있었다는 점이다. 그러나 대통령 취임사부터 집권 이후 지금까지 펼친 정책 중에서 정신문화에 관한 대통령의 관심이 뚜렷하지 않음을 보게 된다. 참으로 안타까운 일 가운데 하나이다.

새해 들어 한국교회가 감당해야 할 중요한 일 중 하나는 우리 국민이 물질문화에 노예화된 상태를 벗어나게 하는 캠페인이다. 바로 올곧은 정신문화가 거침없이 뻗어나가도록 우리의 교회가 앞장서야 한다. 예수님께서 복음 사역을 시작하기 전에 광야에서 육체가 찾는 물질의 유혹을 뿌리치면서 부르짖었던 말씀을 새롭게 음미하고 실현해야 한다.

사람이 떡으로만 살 것이 아니요 하나님의 입으로부터 나오는 모든 말씀으로 살 것이라 하였느니라(마 4:4)

허기진 배를 채우기 위하여 장자의 값진 신분도 뒤로했던 에서의 후예들이 우리의 주변에는 너무 많다. 성직을 수행하는 목회자들에게도 이 물질의 노예근성은 만연하다. 어떤 유혹 앞에서도 청렴결백한 정신세계를 고수하려는 노력이 뚜렷이 보이는 목회자들이 매우 필요한 시점이다. 새해에는 우리 사회로부터 우러러보는 사연만 한국교회 성직자 사회에서 들려져야 우리의 정신문화는 진일보할 수 있다. 그때 한국교회가 살고 이 민족이 새로운 출발을 하게 될 것이다.

2017년도 회고와 전망

2016년, 몹시 흐린 불안의 연속이었다

2016년의 새해의 창은 검은 먹구름으로 뒤덮여 있었다.

　희망찬 생각들을 하면서 새해의 창문을 열자 한반도는 검은 먹구름으로 대지가 어둠에 휩싸여 있었다. 그 한복판에 서 있는 국민은 놀란 가슴을 쓰다듬고 있었다. 그것은 곧 1월 6일 북한이 수소폭탄 실험에 대성공을 거두었다는 보도 때문이었다. 수소폭탄의 위력이 제2차 세계대전 당시 히로시마에 떨어진 원자폭탄의 3천 배라는 보도는 우리를 몹시 당황하게 했다.

　북한은 그동안 꾸준히 핵개발에 심혈을 기울여 왔다. 2006년 10월에 1차 핵실험, 그로부터 2년 7개월 후인 2009년 5월에는 2차 핵실험을 감행함으로 국제사회는 한목소리로 규탄하면서 각종 제재안을 결의하였다. 그로부터 3년 9개월이 지난 2013년 2월 김정은 정권의 주도하에 3차 핵실험을 행하였다. 유엔 안전보장이사회는 전체 회의를 열어 여섯 번째의 대북 제재 결의안을 만장일치로 채택하면서, 한반도를 둘러싼 주변 정세가 다시금 급격히 냉각되었다. 그러나 북한은 국제사회의 우려와 대화를 통한 평화 해결을 비웃는 듯 핵보유국으로 진입하기 위한 노력을 쉬지 않았다. 3차 핵실험을 가진 지 3년도 되기 전에 2016년 1월 6일 4차 핵실험을 감행하여 세계를 놀라게 하였다. 이 실험을 통하여 수소폭탄개발에 성공했다는 홍보를 하였다. 그 홍보가 의심스러운 부분도 있었지만, 수소폭탄개발이 그들에게 멀지 않았음을 알 수 있다는 분석이었다. 그들은 4차 핵실험을 한 후에 한 달 만에 '장거리 미사일' 도발을 감행했다. 그들은 이러한 핵미사일 개발이 미 본토 타격을 위한 것임을 누차에 걸쳐 언급하면서 미 군사 당국을 자극하고 있었다. 거기에 더하여 8월 24일에는 잠수함발사탄도미사일(SLBM) 발사에 성공하였다. 이 미사일은 고도를 조절하면 최대 2,000km까지 날아갈 수 있어 일본 전역을 타격할 수 있는 위력을 가지고 있다고 한다.

북한은 4차 핵실험의 충격이 채 가시지도 않는 8개월 후에 북한 정권 수립일인 9월 9일 5차 핵실험을 감행하였다. 보도로는 이번 5차 핵실험은 역대 최대 규모의 폭발력으로 분석되었다. 10년 전 1차 핵실험보다 10배가 넘고, 4차 핵실험보다는 거의 2배가 넘는 폭발력을 보였다고 한다. 특별히 5차 핵실험을 통하여 '소형화, 표준화된 핵탄두 미사일'을 필요한 만큼 생산할 수 있다는 발표는 우리의 안보에 대단한 위협을 느끼게 하였다.

한편, 북한 문제 전문가들은 북한이 막대한 출혈을 하면서 진행한 핵개발의 목적은 남한의 공격이 아니라, 미국을 자신들이 원하는 대화의 장으로 끌어내기 위한 유일한 수단으로 보는 견해도 많다. 사실 우리 국민은 전면전으로 치닫는 것보다 평화적인 대화를 통한 문제의 해결을 원하기에 이러한 견해에 우리의 귀를 기울이고 싶다.

참고로, 현재 국제원자력기구(IAEA)가 공식 인정하는 핵무기 보유국은 미국, 영국, 러시아, 중국, 프랑스 등 5개 국가다. 그러나 공식적인 인정은 받지 못했으나 비공식적으로 핵무기 보유가 기정사실로 되어 있는 나라는 인도, 파키스탄, 이스라엘이다. 북한이 올해 들어 매우 빠른 속도로 진행한 핵실험은 바로 이들 나라와 같은 대열에 서게 될 가능성을 갖게 하였다.

2016년은 우리나라가 핵을 보유한 북한을 상대로 안보를 유지해야 하는 무거운 짐을 새롭게 확인하는 한 해였다. 평화통일이 갈수록 멀어지고 있는 현실을 어떻게 타개해 나갈 것인지 깊은 생각을 거듭하게 한다.

2016년의 정치는 실망으로 가득하였다.

"다른 의견을 가진 사람들을 불순세력 또는 적으로 규정하고 편 가르기 하는 것은 정치가 아니다." 어느 야당의 중진이 박 대통령을 향하여 남긴 말이다. 정도전은 이태조가 집권하자 청인회(聽忍懷)의 세 글자를 주었다. 이 말은 지도자는 모름지기 찬반에 귀를 기울이고, 못마땅한 것도 꾹 참고, 반대자도 품어주는 자애심을 갖추어야 한다는 뜻이다.

생각하면 우리의 대통령은 다른 나라의 집권자보다 훨씬 무거운 짐을 진 통치자이다. 우리의 대통령은 핵으로 무장한 북한의 독재정권에 맞서야 하는 일을 비롯하여 지하자원이 없는 환경에서 경제발전을 이루어야 하는 책임을 안고 있다. 그러나 그러한 항목 때문에 청인회의 정신을 포기하고 자기 방식의 지도력만을 고집한다면 국민은 결코 용납하지 않을 것이다.

한 해를 마무리하면서 통치자와 집권당의 기록은 국민의 신임을 받는 것과는 거리가 멀었다. 특별히 대통령을 감싸고 있는 가까운 권력층과 비선 측근들의 기록을 볼 때 집권 말기에 대통령에 대한 국민의 곱지 않은 시선이 있다. 10월 14일 한국갤럽이 발표한 주간 여론조사에서 박 대통령의 직무 수행에 대해 '잘하고 있다'라고 평가한 응답자는 전체의 26%였다. 2013년 2월 대통령 취임 이후 가장 낮은 수치다. 지지율이 내려간 원인을 매스컴에서는 대통령에게 보탬이 되지 않는 인물들 때문이라고 한다.

자기를 보호하고 지켜주는 사람들을 품고 놓아주지 않는 대통령의 인사정책은 사람을 아낀다는 긍정적인 측면이 있다. 그러나 진정한 충신이라면 자신을 품어주는 주군에게 해가 되는 사연이 발생했다면, 주저함이 없이 그 품을 벗어나 주군의 부담을 덜어주는 것이 충신으로서의 바른길이다.

한 해를 마무리하면서 이러한 충고가 필요한 인물들은 비서실의 요직에 있으면서 각종 의혹에 노출된 인물들과 미르·K스포츠 재단이 단시간에 재벌들로부터 800억을 모으게 한 주인공들이다. 법적인 죄가 없기에 자리를 지키는 것이 아니라, 말썽이 일고 의혹이 제기되었다면 떳떳하게 조사를 받고 국감의 현장에 나타나 사실을 말하는 것이 정도이다. 그러함에도 불구하고 집권여당 대표를 비롯한 정치인들은 이 길을 육탄으로 막으면서 눕거나 서 있는 모습을 보여주며 국민의 실망을 더하게 하였다. 그리고 통치자에게 부담감을 더해주는 결과를 초래하였다.

IMF 수준에 근접한 경제지표가 경고음을 울렸다.

이 한 해는 이미 예견한 대로 우리나라 경제가 국제경기의 불황과 함께 적신호 앞에서 당황하고 있다. 정부는 기대 섞인 전망을 늘 말하지만, 앞이 전혀 보이지 않는 짙은 안개 속을 걸어가고 있다. 경제전문지들이 10월 현재까지 보도한 내용은 우리 경제가 1990년대 후반 IMF(국제통화기금) 외환위기 수준으로 추락하고 있음을 알려 주고 있다. 다음은 가장 긴박하게 피부에 와 닿는 항목들이다.

먼저, 일자리를 찾지 못하는 청년 실업률이 11년 만에 최고치를 기록했다는 발표이다. 10월 12일 통계청이 발표한 고용동향에 따르면, 청년 실업률은 평균 10.6%에 이르렀다. 이는 2000년대에 이르러 처음으로 최악의 경우로서 IMF 외환위기 때인 1999년 6월의 11.3%에 곧 육박하게 되는 수치이다.

둘째는 각 가정의 소득 상승률이 2014년부터 이어지던 2~5%대에서 지난해 3분기에는 0.7%로 떨어지다가 지금은 4분기 연속으로 0%를 맴돌고 있다는 발표이다. 이유는 가정소득의 원천이 일자리인데 고용 사정의 악화가 가계소득을 줄게 했다는 것이다. 거기에 따른 소비심리의 위축은 시장경제를 침체시키는 악순환으로 이어지게 되었고, 경제지표가 하락하는 연쇄반응을 가져왔다.

셋째는 이 나라 경제의 견인차 구실을 그동안 감당하면서 경제의 버팀목이 되었던 삼성전자와 현대자동차가 해외시장에서 어려움에 직면하게 되었다는 발표이다. 한국 국내총생산(GDP)의 20% 정도를 차지하는 삼성전자와 현대자동차가 어려움에 직면하자 한국 경제의 경고음은 더욱 거세게 울리게 되었다. 삼성전자의 피나는 노력으로 갤럭시 시리즈가 이제 겨우 명품의 대열에 오르게 되었는데, 갤럭시 노트7이 생산중단에 이르게 된 이변은 우리의 경제에 심각한 손실을 안겨주었다. 그뿐만 아니라 현대차의 파업 및 수출 부진의 여파는 한국 경제의 기둥이 흔들리는 지경에 도달했다. 최근에는 주식시장에서 외국인 자금 이탈 조짐마저 나타나고 있다는 보도가 나오고 있다.

돌이켜보면, 외환위기(IMF) 때는 29개월이었던 경기침체가 현재는 5년이 넘게 이어지면서 그 끝이 보이지 않고 있다. 이곳저곳에서 한국 경제의 운용방식이 달라져야 한다는 다급한 소리를 들으면서 우리는 이 한 해를 넘기고 있다.

남과 북의 마지막 연결고리였던 개성공단은 폐쇄되었다.

"총 2,000만 평의 대지 위에 800만 평의 공단과 1,200만 평의 배후도시를 계획하고, 70만 명의 북한 근로자가 고용될 것이다."

2004년 개성공단의 계획안이 위와 같이 발표될 때 남과 북이 손을 잡고 통일의 첫발을 내딛는 듯싶어 모두가 잔잔한 미소를 지었다. 이 큰 프로젝트의 미래에 대한 기대와 염려를 안고 있는 국민은 그래도 그것이 남과 북의 매우 건설적인 연결고리가 되기를 희구하였다.

개성공단 사업은 2000년 8월 현대아산(주)과 북한과의 합의로 시작되었다. 2003년 6월 말부터 1단계 착수되었으며, 2007년에는 1차 기반시설이 준공되어 본격적으로 운영되기 시작했다. 2013년 한때 잠정폐쇄되는 일도 있었다. 그러나 몇 개월 지난 8월에 개성공단의 '발전적 정상화'를 다음과 같이 합의했을 때 희망을 되살리면서 개성공단의 튼튼한 존립과 발전을 우리의 국민은 간절히 원하였다.

> 남과 북은 통행 제한 및 근로자 철수 등에 의한 개성공단 중단 사태가 재발하지 않도록 하며, 어떤 상황에서도 정세의 영향을 받음이 없이 남측 인원의 안정적 통행, 북측 근로자의 정상 출근, 기업재산의 보호 등 공단의 정상적 운영을 보장한다.

그러나 지난 2월 10일에 "우리 정부는 이제는 개성공단 자금이 북한의 핵과 미사일개발에 이용되는 것을 막고, 우리 기업들이 희생되지 않게 하기 위하여 개성공단을 전면 중단하기로 했다. 개성공단은 결국 국제사회가 원하는 평화의 길이 아니라 핵무기와 장거리 미사일을 고도화하는 데 쓰인 것으로 보인다"라고 하면서 '개성공단 전면 중단 성명'을 발표하였다. 또한 이 조치가 유엔 안보리서 실효적 대북 제재 결의를 끌어내기 위한 포석이라는 해석은 이 조치를 수긍하기에 일조를 가했다.

이것으로 남과 북의 최후의 연결고리는 단숨에 끊어지고 말았다. 북한의 5만 명이 넘는 노동자들의 황금 일자리가 사라진 허탈감이나 우리 기업인들의 손실보다는, 남과 북이 마주볼 수 있는 마지막 연결의 줄이 끊어짐에 대한 아쉬움이 매우 충격이었다. 북한의 4차 핵실험과 광명성호 도발에 대한 응징으로 취한 정부의 조치라고 했을 때 좀 더 지혜로운 방법이 없었는지를 묻는 질문이 많았다. 그리고 폐쇄에 반대하는 목소리가 있었다. 그러나 북한의 핵실험 이후 돈줄을 조이는 제재에 협조하라는 우리 정부의 요청에 중국 정부가 "한국도 개성공단을 운영하면서 왜 우리만 제재하라고 하느냐"라고 항변했을 때 그 대답이 궁했다는 뒷말은 개성공단의 폐쇄에 대해 하고 싶은 말을 멈출 수밖에 없었다.

'부정 청탁 및 금품 등 수수 금지법'(김영란법)이 마침내 햇빛을 보게 되었다.

"부패해서 망한 나라는 있어도 청렴해서 망한 나라는 없다." "농업이 어려워진 원인은 무분별한 수입 개방과 땜질식 농정에 있는 데도 김영란법으로 농업이 무너질 것처럼 호들갑을 떤다." 이 말은 전국농민회총연맹의 어느 지역연맹이 지난달 '김영란법 무력화 시도 중단 촉구' 기자회견에서 밝힌 내용이다. 농어민을 방패막이 삼아 김영란법을 완화해 보려는 정치권과 보수세력을 향하여 외친 농민들의 함성이었다.

그동안 우리나라는 경제발전만을 강조하면서 부패 공화국이라는 오명을 벗지 못하고 살아왔다. 우리나라의 국가 청렴도는 경제협력개발기구(OECD) 34개국 중 27위(2015년)에 불과할 만큼 비리와 부패가 만연해 있다. 부정부패를 엄격히 다스려야 할 현직 검사장과 부장판사가 구속될 정도로 공공기관의 탈선은 이루 다 헤아릴 수 없다. 조그마한 양심이라도 지키고 싶은 사람들은 이구동성으로 하루라도 빨리 우리나라가 청탁과 비리로부터 근절되고 투명한 경쟁으로 정치, 경제, 사회가 발전해야 함을 부르짖고 있다.

그러나 권력을 가지고 사는 사람들은 그들과 친근한 뇌물과 접대와 향응의 미련을 끊지 못하고, 오히려 즐기던 향수가 강하여 이 법이 햇빛을 보기까지는 많은 시간이 걸렸다. 심지어는 헌법재판소에 합헌 여부까지 묻는 촌극이 발생하기도 하였다. 그러함에도 국민의 70% 이상이 지지하는 이 법은 합헌 결정과 함께 지난 9월 28일 시행에 들어가게 되었다.

이 법률의 주요 목적은 부정한 청탁이나 금품을 받는 공직자를 처벌하는 것에 있다. 여기에는 사립 교직원과 언론인도 포함되어 있다. 최종 확정된 국무회의에서는 공직자들이 받을 수 있는 가액 범위를 식사비는 3만 원, 선물 5만 원, 경조사비 10만 원으로 한정하였다. 이렇게 상한선을 그은 금액이 모두의 환영을 받은 것은 아니다. 그동안 공직자들이 출입했던 고급식당을 비롯하여 5만 원이 넘는 선물세트의 생산자들과 화훼업계에는 큰 타격이라는 보도가 있었다. 그러나 나라 전체의 분위기는 다르다. 밝고 환한 청렴한 사회를 만드는 데 모두가 힘을 모으자는 부르짖음은 곳곳에서 들려오고 있다. 모두가 부정 청탁 및 금품 등 수수 금지법의 성공적인 정착을 바라고 있는 지금이다.

지금의 교회는 목회자들에 의하여 그 정체성이 흔들리고 있었다.

세계 선교 역사상 가장 빠르게 성장했던 한국교회가 지금은 가장 빠른 속도로 추락하고 있다는 말을 듣고 있다. 그동안 한국교회는 세계 교회의 중심이 되어 우러러보는 교회로서의 위상을 지키고 있었다. 그러나 한국교회가 성장 위주로 질주하는 동안 성숙한 교회의 내실을 갖추지는 못하였다. 그 결과 곳곳에서 한국교회의 치부가 드러나기 시작했고, 반그리스도교적인 정서가 이 땅에 확산하였다. 교회의 치부가 평신도에 의하여 나온

예는 매우 드물다. 어느 매스컴도 범법행위를 저지른 사람의 종교를 들춘 일은 없었다. 하지만 지금은 성직자들이나 성직 후보자들의 경우에 있어서는 어김없이 그 신분과 죄상을 밝히고 있다. 그 결과로 인하여 그리스도교 전체가 타락한 것처럼 알려지면서 한국교회는 큰 상처를 입게 되었다.

다음의 사건은 자녀를 둔 아버지의 행동이라고 이해하기에는 참으로 고통스러웠다. 사건의 내용인즉, 지난 5월 중학교 1학년인 딸의 도벽을 '사탄의 탓'이라면서 아빠는 5시간 동안 딸에게 죽음의 매질을 계속하였다. 그리고 새엄마는 아이가 도망가지 못하게 옷을 벗기고 문을 막아섰다. 그렇게 아이는 5시간 동안 맞은 뒤 추운 방에 방치되었고, 다음날 아침 싸늘한 시신이 되어 있었다. 부모는 아이의 시신을 11개월간 집안에 두었다. 부활의 기적을 바라던 아빠는 시신에서 벌레가 나왔을 때에야 자신이 딸을 죽인 살인자임을 알았다는 내용이었다. 재판장은 아빠에게 물었다. "피고인, 인간인가요? 인간 맞나요?" 이 잔인한 아빠는 다름 아닌 교회를 섬기는 목사요 독일 유학까지 마친 신학대학 강사였다.

여기 또 한 사례가 있다. 이 사건은 1년 전 1월에 있었던 사건이었으나 올해 7월에 선고 공판이 열리면서 또다시 매스컴에 실린 수치스러운 사건이었다. 내용은 교단의 중직을 맡았던 목사(69세)가 회칼을 들고 동료 목사를 찾아가 여러 차례 찔러 세상을 놀라게 했던 일이었다. 자신을 돕지 않은 48세의 목사에게 보복하기 위하여 저지른 범죄행위였다. 재판장은 그의 죄질이 나쁠 뿐만 아니라 생명에 위험을 주는 악질적인 행위라고 단정하고 징역 7년을 선고하였다. 다른 사건과는 달리 모든 매스컴은 목사가 받은 징역 7년 선고를 알리고 있었다. 또다시 교회가 상처를 입었다.

그 외에도 성직자들의 범법행위가 끊임없이 보도되면서 올해에도 교회는 사회 앞에 할 말을 잃고 있었다. 물질 만능의 풍조가 인명을 경시하고 기본 윤리를 뒤로하는 시대인데, 여기에 교회, 특히 성직자들이 합류한 실례들이다. 하나님의 거룩하심을 배우고 실천해야 하는 본분이 서서히 사라지고 있는 듯하여 괴로울 따름이다.

여소야대 국회가 16년 만에 찾아왔다.

지난 4월 13일의 20대 총선은 16년 만에 여소야대라는 매우 보기 드문 결과를 가져왔다. 의석수는 비례대표를 포함하여 더불어민주당 123석, 새누리당 122석, 국민의당 38석, 정의당 6석, 무소속은 11석을 차지했다. 서울시에서는 더불어민주당 34석, 새누리당 13석이라는 여당의 참패가 뚜렷하였다. 그리고 호남에서는 안철수가 창당한 국민의당이 28석 중 23석이라는 예상 밖의 결과가 나왔다.

이러한 선거의 결과를 놓고 야당의 승리 요인보다는 여당의 패인에 모두가 깊은 관심을 보이고 있었다. 생각하면 여당은 어느 때보다 유리한 고지에 서 있었고, 박 대통령은 선거의 여왕으로서 든든한 경험이 있었다. 그때의 상황으로 볼 때 어느 때보다 심각했던 안보의 불안상태는 집권당에 힘을 실어 문제 해결을 당연히 기대해야 했다. 그리고 총선을 앞둔 야당의 분열이라는 호재와 언제나 결집하여 있는 '콘크리트' 지지층을 가지고 있는 여당을 볼 때, 누구라도 당연히 여당의 압승을 예상할 수밖에 없었다. 한때 개헌 의석수인 200석 이상을 넘보기도 하면서 적어도 180석 이상의 확보는 무난하리라는 것이 그들의 분위기였다.

이러한 요건들을 지나치게 믿었던 탓인지 박근혜 정권은 역대 어느 정권에서보다 긴요하지 않은 일들로 국론분열을 일으킨 기록들을 거침없이 진행하고 있었다. 그 예로서 '임을 위한 행진곡' 논란이나 역사 교과서 국정화, 테러방지법 통과 등을 들 수 있다. 또한 그때마다 필요 이상의 '종북', '친북'이라는 용어들이 남발하면서 보수와 진보의 잣대까지 들고나와 국민의 마음을 혼동시켰다. 거기에 더하여 선거를 앞두고 펼쳐졌던 박 대통령의 소통이 없는 독주와 국회 심판론은 국민의 동의를 얻지 못하였다. 그리고 공천을 앞두고 당 대표와 공천위원장이 보여준 공천의 갈등과 친박 핵심인사들이 보여준 오만한 행동들은 집권 여당으로서 위상을 바닥으로 떨어뜨리고 말았다.

또 하나 4.13 총선의 결과를 보면서 4년 전 19대 총선을 상기해 볼 필요가 있다. 그때 여당은 총선 패배 위기감으로 당명까지 한나라당에서 새누리당으로 바꾸면서 쇄신의 모습을 보여주며 노력했지만 달라질 가망이 보이지 않았다. 그러나 선거를 1개월여 앞두고 북한이 장거리 로켓 발사를 예고한 덕에 과반 의석을 확보했다는 분석이 있었다. 북풍은 대체로 여당을 위한 프리미엄이었다. 그러나 어느 때보다 위협적인 북한의 핵실험과 미사일 도발이 눈에 두드러지게 보였으나, 이번의 총선에서는 국민의 의식 수준이 안보와는 무관하게 나타났다는 데 새로운 평가가 많았다.

2017년, 전쟁과 경제의 공포에도 새해의 문은 교회가 열어야 한다

북한의 핵실험과 장거리 미사일 도발에 대한 대응책은?

2016년에 북한은 핵 강국으로 등장하기 위하여 빠르고 기습적인 발전을 거듭하였다. 북한은 UN 안보리의 대북 규제안이 여러 차례 터져 나와도 전혀 동요가 없었다. 그리고 북한의 장거리 미사일은 미국 본토까지 사정거리를 두게 된다는 위협이 날로 증가하고 있다. 날이 갈수록 포악해진 김정은과 그 체제를 아는 사람은 불안감을 감출 수 없었다. 김정은의 포악성은 제2인자 장성택 국방위원회 부위원장을 비롯하여 현영철 인민무력부장까지 수백의 생명을 공개 처형시키는 현장을 통하여 잘 보여주고 있다. 이러한 30대의 독재자가 핵무기를 가지게 되었다는 보도는 세계인들을 모두 불안하게 만들고 있다.

특별히 미국을 주적으로 삼고 지난 70여 년간을 살아온 그들이 개발한 핵무기는 우리나라와 미국에 큰 위협을 가하고 있다. 북한이 지난 9월 9일 5차 핵실험 이후 미국은 북한에 대한 제재와 압박 수위를 높이고 있다. 미국은 북한의 자금줄을 더욱 옥죄는 방안의 하나로 북한을 국제금융거래망에서 퇴출시키는 일에 착수했다는 발표를 하고 있다. 그리고 북한의 계속되는 핵·미사일 시험에 대응해 고고도미사일방어체계(THAAD, 사드)의 한반도 조기 배치 카드도 꺼내 들었다.

새해에 들어 갖게 될 초미의 관심사는 미국이 지금처럼 국제기구를 통한 대북 제재만을 통하여 문제의 해결을 시도할 것인지, 아니면 다른 조처를 하게 될 것인지에 있다. 북한이 첨단 핵무기개발에 시간이 걸리게 될 것이라는 예상을 뒤엎고 기습적인 진전을 보이자 최근에 미국의 정치권에서는 전에 듣지 못했던 소리가 들리기 시작하였다. 10월 12일에는 미 국무부 동아시아 태평양 담당 차관보가 북한이 "핵 공격을 하면 김정은은 즉시 죽을 것"이라는 경고를 보냈다. 그 말은 "북한이 핵미사일 공격을 하려는 순간에 미국은 김정은을 비롯해 북한을 괴멸시킬 대응 능력과 의지를 다지고 있다"라는 의미를 함축하고 있다. 이러한 담당 차관보의 말은 미국의 정치권에서 최근에 발언하고 있는 '선제공격'에 대한 민감한 반응으로 들려온다.

전문가들 사이에서는 미국 본토 위협에 따른 선제공격이 현실화할 가능성이 있다는 말을 공공연히 하고 있다. 만에 하나 이러한 가능성이 현실화한다면 그것은 바로 한반도에 전면전으로 이어진다는 지적들이 많으며, 이는 상상할 수 없는 한반도의 어두운 미래일 수밖에 없다.

그러나 선제공격을 앞세우고 북미 간에 최악의 대립국면까지 가다가, 2월 10일에 들어설 미국의 새 행정부와 극적인 대화가 시도될 수도 있다는 전망은 실낱같은 희망을 품게 한다. 부디 북한의 핵실험이라는 위협적인 도발이 '전쟁 목적이 아니라 경제적 도움'을 얻기 위한 것임을 보여주고 핵보유국의 꿈을 접게 되기를 바란다.

이 민족의 장래가 더 밝아져야 할 새해이다. 이때마다 8·15의 광복과 6·25의 연합군 파병을 통해 한반도를 구해주셨던 하나님을 향하여, 그 위대하신 '기적의 손길'을 다시 한 번 더 펴 달라고 무릎을 꿇어야 할 것이다.

새해에는 전쟁위험지수가 어느 때보다 높아질 것이다.

"늑대와 양치기 소년" 이야기가 새삼스럽게 생각이 난다. 휴전상태에 있는 한반도는 언제나 전쟁의 가능성을 안고 지난 60년을 넘게 살아오고 있다. 그 와중에서 '전쟁위험'을 악용하는 집권자가 많았지만, 우리 국민은 거기에 속아주면서 교육과 경제발전에 땀 흘리며 오늘을 이룩하였다. 긴 세월 속에 언제나 등장한 '전쟁위험'의 경고는 이제 만성이 되어 좀처럼 약발이 서지를 않는다. 이제는 그 경고의 소리는 통치자의 '집권 연장의 구실'로 들린다. 이는 마치 양치기 소년이 장난삼아 외친 "늑대가 나타났다"라는 것과 유사한 모습이다.

지난 9월 9일 북한의 5차 핵실험이 있자 박 대통령은 3일 후에 여야 3당 대표와 회동을 하면서 "북한은 추가 도발도 예고하고 있는데 이것은 한반도에 전쟁의 위험이 올 수도 있고 각종 테러 국지 도발 등 다양한 형태로 나타날 수가 있다"라고 하면서 안보와 관련한 초당적 협조를 당부했다. 대통령은 통치권자로서 한반도에 어느 때보다 실질적으로 군사적 충돌의 가능성이 있음을 분명히 밝혔다.

그러나 이러한 보도를 심각하게 받아들인 국민은 거의 없는 듯 보였다. 종전과 같이 일상으로 해 온 말의 연장으로 여기는 사람들이 훨씬 많았다. 오히려 사람들은 각종 의혹에 휩싸인 주변 인물들을 정리하지 못한 대통령의 지도력에 이의를 제기하는 눈길들로 가득 차 있다. 그리고 각종 여론조사에서는 대통령의 지지도가 어느 때보다 하위권에 머무르고 있다는 보도만 이어지고 있다.

2017년, '전쟁위험'은 과연 양치기 소년의 외침처럼 될 것인지, 아니면 진짜 늑대가 나타나 무방비 상태에서 급습을 당할 것인지에 대해 우려를 하지 않을 수 없다.

생각하면 그동안 우리 국민은 '전쟁위험'이라는 엄포에 많이 속아 온 것이 사실이다. 그래서 눈앞에 북한의 핵미사일 탄두가 날아다녀도 감각이 없다. 특히 8월 24일 북한이 잠수함을 통해 언제 어디서든 도발을 감행할 수 있는 위력을 갖춘 SLBM의 성공적 실험이 눈앞에 전개되어도 여전히 그 심각성을 현실로 받아들이지 않고 있다. 이는 마치 북한과 제3국과의 전쟁인 것처럼 여기는 형편이다. 정치권은 긴박한 안보 현실 앞에서도 여전히 혼란과 대립을 이어가고 있고, 사드 배치를 둘러싼 국론 분열에까지 이르고 있다.

새해에는 한반도에 늑대가 나타날 가능성이 짙다. 이 시점에 우리의 교회는 하나님의 특별한 보호하심을 간구해야 할 것이다. 그리고 우리의 대통령과 미국의 정치가들에게 탁월한 지혜를 주시라는 기도를 쉬지 말아야 할 것이다. 지금처럼 북한의 붕괴만을 기대하면서 군사적 해결을 원한다면, 우리의 한반도는 전쟁 마당이 될 수밖에 없을 것이다. 그러나 새해 들어서면서 북한이 미국에 협상 신호를 보내고, 미국도 대북 협상으로 방향을 트는 '기적의 대화'가 이루어진다면 전면전의 위기를 벗어날 수 있을 것이다. 이 일을 하나님이 주관해 달라는 우리의 간절한 기도가 있어야 할 것이다.

경제위기를 부르짖는 소리가 더욱 거세게 들릴 것이다.

새해에는 한국 경제의 적신호가 더욱 커질 것이라는 우려를 모두가 하고 있다. 이 적신호는 경제전문가가 아니더라도 충분히 볼 수 있고 느낄 수 있다. 이는 회고에서 언급한 바와 같이 한국 경제의 20% 이상의 비중을 차지하고 있는 삼성전자와 현대자동차의 수출 감소만의 문제는 아니다. 최근에 국제통화기금(IMF)이 발표한 한국 보고서에서는 한국의 경제위협 요소로 가계부채를 언급하고 있다. IMF는 한국의 총 부채상환비율을 30% 내지 50% 수준으로 끌어내려야 한다고 권고한 바 있다. 그러나 지금 우리나라의 가계부채가 1,300조 원을 넘기면서 그 비율이 국내총생산(GDP)의 90%를 넘어섰다는 보도이다. 일찍부터 경제전문가들이 경제위기의 화약고로서 가계부채의 증가를 지적한 것이 새롭게 떠오르면서, 새해의 우리 경제를 염려하지 않을 수 없다.

어느 야당 국회의원은 9월 30일 국회에서 "가계 빚은 빠르게 늘고 있지만, 경기침체로 가계소득 증가는 미미해 가계의 빚 상환능력이 갈수록 떨어지고 있다"라고 말했다. 야당 대표는 "이대로 방치하면 국민이 부도날 것"이라며 "민생경제지표가 최악인 상황에서 가계부채 폭탄까지 터지면 우리 경제의 미래를 장담하지 못한다"라고 말한다. 거기에 더하여 미국 금리가 예고한 대로 12월에 인상이 된다면 한국은행도 금리 인하에서 인상으로 방향을 바꿀 수밖에 없다고 한다. 그럴 때 빚을 내서 집을 산 가계는 이자 부담이 증가하여 소비를 위축시킬 것이고 경기는 악화할 것이라는 분석들이 나오고 있다.

그뿐만 아니다. 지난 정권이 남긴 재정적자에 관한 보도는 놀라울 정도이다. 참고로 보면, 노무현 참여정부 10.9조 원, 이명박 정권 98.8조 원, 박근혜 정권 167.2조 원이라는 놀라운 기록이다. 이해할 수 없는 것은 집권자는 재정적자에 대한 책임이나 반성 없이 나랏빚을 남기고 떠나면 그것으로 끝나버리는 제도가 모순이라는 생각이 든다. 급증한 부채에 따른 세수 확보를 위한 세금폭탄은 국민을 고통스럽게 하는 데 반해 정치권에서는 아무런 말이 없다.

이상과 같은 경제위기가 내년에는 더욱 분명하게 드러나면서 우리의 교회도 직격탄을 맞게 될 것이다. 많은 교회가 건축 또는 리모델링을 하느라 은행의 부채를 안고 있다. 그럴 뿐만 아니라 해외에 파송한 선교사들의 재정 부담까지 안고 있다. 올해에도 재정적자 때문에 긴축재정을 세워나가기 위하여 부교역자들을 줄이면서 지탱해 온 현상은 내년에도 이어질 것이다. 그러나 목회자를 줄여 젊은 목사들이 갈 곳이 없도록 하는 현상은 바람직하지 못하다. 좀 더 슬기로운 예산에 관심을 두도록 함이 좋을 것이다. 이때가 되면 교회마다 연말 정책당회를 연다. 믿음을 앞세워 방만한 예산 책정을 하는 것보다 교인들이 직면하게 될 경제 형편을 생각하면서 알뜰한 예산을 세우고 진행하는 것이 현명하리라 본다.

실업대란 시대에 우리의 교회가 할 일이 있다. 우리 사회는 지금 청년들의 실업대란에 모두가 깊은 우려를 나타내고 있다. 이 나라의 버팀목이 되어야 할 청년들에게 일터를 제공하지 못하고 있다는 것은 우리 사회가 어두운 터널을 향하고 있는 것과도 같다. 젊은이들이 이 나라의 경제 인구로서 땀 흘려 일하면서 자신들의 이상을 펼치는 것이 건전한 사회의 모습임에는 틀림이 없다. 그뿐만 아니라 백세시대에 50대, 60대의 좋은 건강과 경력이 있는 장년들이 백수의 몸으로 길거리를 배회하고 있다. 할 일을 찾지 못한 채 인생의 허무를 느끼면서 소외감에 젖어 사는 사람들이 날이 갈수록 많아지고 있다. 이러한 현상은 비단 교회 밖에서만 볼 수 있는 광경은 아니다. 우리의 교회 안에서도 일자리가 없는 청년들과 중·노년층의 교인들이 기상을 펴지 못하고 위축된 모습으로 예배만 참석하고 훌쩍 가버리는 안타까운 뒷모습을 흔하게 볼 수 있다.

새해에는 이러한 부류의 교인들이 더욱 많아질 것이다. 지금 우리 사회는 세계적인 경제 불황의 직격탄을 맞고 여러 분야에서 신음하고 있다. 회고에서 밝힌 수치는 내년이면 훨씬 더 심각한 지경에 이르게 된다. 본격적으로 국내에서의 수요(需要)와 함께 수출이 부진해진다. 따라서 기업 구조조정의 한파가 겹치게 된다. 그 결과 가계수입은 감소하고 소비위축은 내수 침체라는 악순환을 가져오게 된다. 이 여파는 고용시장에까지 몰아치게 된다. 통계청이 발표한 10월 12일 "고용동향 보고서"에 따르면 2005년 9월 이후 최악의 고용 한파라고 한다. 새해의 창문을 열게 되면서 '실업대란'이 파고를 높이게 될 것이 뻔하다.

이 어려운 시기에 우리의 교회가 할 일이 무엇이 있는지를 생각하고 고민해야 할 시점에 도달했다. 근본적으로 교회는 교인들의 직장을 찾아주는 것이 주 임무가 아님은 분명하다. 그러나 교회 밖에서 실업대란이 우리 교회 교인들에게도 다가왔을 때, 교회가 위로와 기도만을 고집하는 것은 결코 바른 일이 아니다. 어느 주일 필자가 사는 지역교회에서 인상적인 설교를 들었다. "우리 교회 5km 내에 사는 주민들 가운데 양식이 없어 끼니를 이어가지 못하는 사람들을 우리가 책임을 져야 한다"라는 내용이었다. 참으로 아름다운 메시지였다. 이웃을 네 몸과 같이 사랑하라는 주님의 명령을 가장 구체적으로 지킬 수 있는 말씀의 적용이었다.

새해에는 실업대란 속에 신음하는 우리 교회의 청년을 비롯한 중·노년들의 일자리를 위한 프로그램을 개발해 보는 것도 또 하나의 건실한 목회가 될 수 있다고 본다. 먼저, 교인으로 등록된 청년들과 일자리를 원하는 중·노년들을 상세하게 파악하고 교인들이 운영하는 기업이나 사업체에서 사람을 찾고 있는지를 알아보는 일은 어려운 일이 아니라 본다. 구직 구인의 정보를 공개하여 서로의 만남을 주선하여 성사를 시킬 수 있다면 이 또한 보람 있는 일임에 틀림이 없다. 물론, 이러한 목회 시도의 효과에 버금가는 부작용도 따르리라고 본다. 그러나 예상되는 부작용 때문에 새로운 시도마저 포기하는 것은 안일한 목회자의 자세이다.

그리고 목회자는 이웃사랑과 직업의 가치관에 변화를 줄 수 있는 말씀을 찾고 설교를 통하여 직업의 귀천을 초월할 수 있는 인식의 변화를 가져오도록 해야 한다. 지금 우리의 중소기업에서는 노동력이 부족하여 외국인 근로자들을 불러오고 있는 실정이라는 보도는 그 의미하는 바가 크다. 대기업만을 바라보는 젊은 세대의 직업관에 문제가 있거나 중소기업에 대한 정보가 부족한 탓이라 볼 수 있다. 여기에 필요한 목회의 새로운 눈을 뜨는 것도 새해에는 생각해 볼 필요가 있다.

'김영란법'의 시행에 우리의 교회가 관심을 두어야 한다.

새해에는 어떤 법보다도 '부정 청탁 및 금품 등 수수 금지에 관한 법률(김영란법)'이 어떻게 시행되고 그 성공 여부가 어느 정도가 될 것인지에 대해 국민적 관심이 높아질 것이다. 그리고 한편으로는 이 법률의 시행으로 불편을 느끼는 부류들이 어떤 변칙을 내놓을지도 주목하게 될 것이다. 이 법이 공직사회의 부정부패를 막아내는 결과를 가져온다면 대단한 성공임에 틀림없다. 지금까지 들어보지 못한 법률이기에 성공을 말하기에는 아직 이르지만, 우리는 지난날 금융실명제의 성공적인 정착을 통하여 검은돈의 뿌리를 뽑아낸 경험을 한 바 있다. 그러한 까닭에 모든 국민이 이 법률의 시행을 환영할 뿐만 아니라 성공하리라고 확신하고 있다.

이 법의 적용대상 기관이 4만 개가 넘고 공공기관, 언론인, 교원 등 400만이 이 법과 유관하다는 보도이다. 벌써 이 법률로 인하여 청탁이나 뇌물이 사라지고 함께 먹는 식사도 각자 부담하는 '더치페이' 문화가 생성되고 있다. 어제까지 한산하던 저가의 식당이 붐비고 고급식당들이 한산해지는 풍경이 생겨나고 있다.

그러나 법망을 벗어나기 위해 기록이 남지 않는 현금 사용과 기업의 비자금이 길을 피해갈 것이라는 우려도 있다. 거기에 더하여 선물용 농수산물과 고급 외식업체들을 비롯하여 값나가는 소비재나 골프 산업 등의 피해가 잦아, 그들의 원성이 어떻게 작용할지 우려를 하는 이들이 적지 않다. 그러나 공정사회의 초석으로서 김영란법이 정착될 것이고, 이를 바탕으로 더 발전된 사회가 이룩되리라는 기대와 함께 새해에는 더욱 활기차게 움직일 것으로 생각한다.

이러한 시대적 변화에 어떤 형태로든지 우리의 교회도 동참해야 한다는 목소리가 나와야 한다고 본다. 바깥세상은 이 법으로 움직이는데, 교회는 대상으로 명기되어 있지 않아서 자유로울 수 있다는 궤변은 없어야 한다. 교회도 이 법률의 대상기관이 되었다면 참 좋았을 것이라는 생각을 해 본다. 교계의 지도자들은 가장 아름다운 예배당을 가지고 있으면서도 지도자들의 모임은 언제나 값비싼 호텔을 사용해 왔다. 그 소요 경비가 자신들의 것이 아니라 교인들이 하나님 앞에 봉헌한 예물이라는 것을 전혀 생각하지 않는 듯싶었다. 교계 지도자들의 호텔 모임에 대한 비판이 많았음에도 이에 대한 시정은 그동안 이루어지지 않았다. 분명히 사회의 변화를 몰고 오게 될 이 법안에 대해 아쉬운 마음이 있더라도 이제 우리의 교계 지도자들도 쌍수를 들어 박수를 쳐야 한다. 어찌 보면 우리의 교회가 먼저 이러한 법률을 만들어 달라고 입법기관에 청원했어야 한다. 그러나 고급 장소와 고급 음식에 젖어 있는 우리 교계의 지도자들은 상류인의 신분처럼 사치스러운 무대를 더 즐겼다. 이 새로운 법률은 교계 지도자들에게 자신의 모습을 돌아볼 수 있는 길을 열어주었다. 이제는 앞서서 검소하고 청렴한 삶의 솔선수범을 외치는 신앙 양심이 작동하리라 기대해 본다.

새해 말에 19대 대통령 선거가 있다.

2017년 12월 20일 수요일은 19대 대통령을 선출하는 날이다. 대한민국 국민으로 1998년 12월 21일 이전의 출생자는 모두 투표권을 갖는다. 모처럼 국민이 유권자로서 당당한 자세를 갖출 수 있는 날이다. 어떤 권력자도 선거철만 되면 유권자 앞에 머리를 숙이고 표를 구걸하는 모습을 보인다. 민주주의 나라에 사는 보람을 느끼며 투표장으로 한 표의 권리를 행사하기 위해 나간다. 개표가 시작되면 자신이 지지하는 사람이 당선되기를 기대하며 개표과정에 집중한다. 자신의 지지자가 당선되면 자기 일처럼 기뻐하고, 반대자가 당선되면 인상을 찌푸리는 것이 선거일의 풍경이다.

그런데 새해의 대선은 예년과 다른 양상이 발생할 가능성이 크다. 한 예로 정권을 잡은 여당이 예상외로 사수(死守)의 모습을 보일 것이다. 그 이유는 지금의 대통령과 집권당의 모습이 국민의 좋은 호응을 받지 못하고 있기 때문이다. 10월 11~13일 갤럽이 행한 여론조사에 의하면 박 대통령의 국정 지지율이 26%에 머물러 대통령 취임 이후 가장 낮은 수치로 나타나고 있다. 60대 이상을 제외한 모든 연령층에서 부정적인 평가가 더 많았다. 특히 19세부터 40대의 지지율은 11~12%에 불과했다. 여당의 지지율도 계속 하락하여 31% 선의 내림세를 지속하고 있다. 현재의 여당의 모습은 "청와대 이중대(二中隊) 수준이 아니라 박근혜 호위대다"라는 평을 스스로 하고 있다.

이러한 달갑지 않은 환경에서 여당은 대선을 맞게 된다. 벌써 평탄치 않은 '선거 전쟁'을 예견하는 목소리들이 나오고 있다. 이러한 여당의 압박감은 집권당으로 남기 위해 최대한의 수단과 방법을 구사할 수밖에 없을 것이다. 과거에는 이때마다 '폭력선거', '금권선거', '선심선거' 등이 난무했을 뿐만 아니라 심지어는 투개표의 '부정선거'까지 자행되었던 부끄러운 기록들을 우리는 가지고 있다.

여기에 야당은 모처럼 찾아온 기회를 놓치지 않으려고 할 것이다. 지난 대선 때 있었던 사이버 공격과 같은 아픔을 되새기면서, 고지를 점령하려는 피나는 노력을 기울이리라 예상한다. 물론 야당의 분열이라는 최악의 조건을 어떻게 슬기롭게 풀어 갈지는 미지수이다. 그러나 지난 선거보다 훨씬 젊어진 유권자들을 끌어들일 수 있는 수권정당의 모습만 보인다면 야당의 승산도 가능한 대선이 될 것이다.

이러한 선거가 전개될 때 우리의 목회자는 자유롭지 못하다. 그 이유는 우리가 섬기는 교회 안에는 반드시 여야가 공존하기 때문이다. 목회자의 지혜로운 중립적 언어구사가 어느 때보다 필요한 시점이다. 목회자가 어느 한 편의 손을 들어줄 때 한 편을 잃게 된다는 것은 하나의 상식이다. 다가오는 12월 대선이 치열한 분위기 속에서 전개된다고 생각했을 때 목회자의 언행은 주시의 대상이며 목회자의 정치적 중립은 일찍부터 불문율에 속한다. 그러므로 목회자가 나라와 민족을 사랑하는 정신과 행동이 목회자의 간절한 기도로 이어질 때 거기에는 존경이 따를 뿐만 아니라 목회자의 지도력까지 힘을 얻게 된다.

새해에는 목회자들이 이번 대선을 앞두고 우리가 직면한 국내외 어려운 여건을 차질 없이 수행할 수 있는 대통령을 세워달라는 간절한 기도를 멈출 수 없다. 이번에 선출되는 대통령은 어느 때보다 절박한 안보와 경제를 살릴 수 있는 지혜와 능력과 건강을 갖춘 대통령이어야 한다. 진정 하나님이 보시기에 합당한 우리의 나라님이 진정으로 필요한 지금이다.

2018년도 회고와 전망

2017년, 촛불혁명에 미소 짓고 전쟁 공포에 시달렸다

"피청구인 대통령 박근혜를 파면한다."

지금부터 2016헌나1 대통령 박근혜 탄핵사건에 대한 선고를 시작하겠습니다. … 헌법은 공무원을 '국민 전체에 대한 봉사자'로 규정하여 공무원의 공익실현 의무를 천명하고 있고, 이 의무는 국가공무원법과 공직자윤리법 등을 통해 구체화하고 있습니다.

피청구인의 행위는 최서원(순실)의 이익을 위해 대통령의 지위와 권한을 남용한 것으로서 공정한 직무 수행이라고 할 수 없으며, 헌법, 국가공무원법, 공직자윤리법 등을 위배한 것입니다.

또한 재단법인 미르와 케이스포츠의 설립, 최서원(순실)의 이권 개입에 직, 간접적으로 도움을 준 피청구인의 행위는 기업의 재산권을 침해하였을 뿐만 아니라, 기업경영의 자유를 침해한 것입니다.

그리고 피청구인의 지시 또는 방치에 따라 직무상 비밀에 해당하는 많은 문건이 최서원(순실)에게 유출된 점은 국가공무원법의 비밀엄수의무를 위배한 것입니다. … 대통령은 헌법과 법률에 따라 권한을 행사하여야 함은 물론, 공무 수행은 투명하게 공개하여 국민의 평가를 받아야 합니다. 그런데 피청구인은 최서원(순실)의 국정 개입 사실을 철저히 숨겼고, 그에 관한 의혹이 제기될 때마다 이를 부인하며 오히려 의혹 제기를 비난하였습니다. 이로 인해 국회 등 헌법기관에 의한 견제나 언론에 의한 감시 장치가 제대로 작동될 수 없었습니다.

또한 피청구인은 미르와 케이스포츠 설립, 플레이그라운드와 더블루케이 및 케이디코퍼레이션 지원 등과 같은 최서원(순실)의 사익 추구에 관여하고 지원하였습니다. 피청구인의 헌법과 법률 위배행위는 재임 기간 전반에 걸쳐 지속해서 이루어졌고, 국회와 언론의 지적에도 불구하고 오히려 사실을 은폐하고 관련자를 단속해 왔습니다. … 한편, 피청구인은 대국민 담화에서 진상규명에 최대한 협조하겠다고 하였으나 정작 검찰과 특별검사의 조사에 응하지 않았고, 청와대에 대한 압수수색도 거부하였습니다.

결국 피청구인의 위헌 위법행위는 국민의 신임을 배반한 것으로 헌법수호의 관점에서 용납될 수 없는 중대한 법 위배행위라고 보아야 합니다. 피청구인의 법 위배행위가 헌법 질서에 미치는 부정적 영향과 파급효과가 중대하므로, 피청구인을 파면함으로써 얻는 헌법수호의 이익이 압도적으로 크다고 할 것입니다.

이에 재판관 전원의 일치된 의견으로 주문을 선고합니다.

주문 : 피청구인 대통령 박근혜를 파면한다.

단군 이래 처음 들어본 헌법재판소의 판결문 앞에 국민은 쌍수를 들어 손뼉을 치는가 하면 그를 맹종하던 무리는 눈물을 흘리면서 마음 아파하였다. 18대 대통령을 물러나게 했던 대한민국 역사에 전무후무해야 할 유일한 판결문이기를 바라는 마음으로 여기에 그 핵심 부분만 추려 2017년을 회고하면서 첫머리에 싣는다.

대통령의 종말을 가져온 최순실–박근혜 게이트

　박근혜 정부 들어 민간인에 의하여 신청한 미르재단과 K스포츠재단은 하루 만에 초고속으로 문체부의 승인을 받으면서 출발하였다. 미르재단은 "한국 전통문화의 원형을 발굴하고 한국문화예술 브랜드를 확립하기 위함"이라는 화려한 기치를 들고 2015년 10월에 출발하였고, K스포츠재단은 2016년 1월에 국제 스포츠 교류, 스포츠 인재 발굴 및 양성지원, 소외계층 체육활동, 남북스포츠 교류 등등의 현란한 간판을 달고 나왔다.

　문제는 신설 단체인 두 재단이 대기업들로부터 단시간에 800억 원의 후원을 받았을 뿐만 아니라 대통령의 해외순방 행사 때마다 함께했다는 사실이 밝혀지면서 매스컴과 야당의 추적이 시작되었다. 이 재단이 전두환의 일해재단사건과 동질적이라는 생각을 하면서 추적의 행진은 속도를 내고 있었다. 2016년 9월 한겨레가 단독으로 이 두 재단 비리의 연결고리이며 핵심 인물이 최순실이라고 보도하기에 이르렀다. 그 무렵 전 청와대 행정관이 "우리나라의 권력 서열이 어떻게 되는 줄 아느냐? 최순실 씨가 1위, 정윤회 씨가 2위이며, 박근혜 대통령은 3위에 불과하다"라고 했던 말은 두 재단의 핵심 인물을 찾는 데 그리 오래 걸리지 않았다. 최순실이 박근혜 전 대통령과 밀접한 관계를 유지했던 최태민의 딸이라는 사실이 알려지면서 사건의 핵심에 더 깊이 파고들기 시작하였다. 그리고 최순실이 박근혜의 대리인으로 비자금을 조성하려 했다는 의혹이 일자 국민은 분노의 불길을 뿜기 시작하였다.

　마침내 2016년 10월 JTBC 뉴스룸에서는 대통령의 연설문을 포함한 국가의 각종 기밀이 담겨 있는 최순실의 태블릿 PC를 확보하고 그 내용을 하나하나 거의 매일 공개하기에 이르렀다. 거기에 더하여 최순실이 국정을 농단하면서 각종 정·부인사 청탁과 이권 개입을 비롯하여 은행 인맥과 외화

무단 반출에 이르기까지 상상을 초월한 흑막의 주연임이 알려지자 사건은 걷잡을 수 없는 지경에 이르렀다.

국회가 2016년 11월 17일 특검법을, 12월 9일에는 박근혜 대통령 탄핵 소추안을 통과시킴으로 대통령 직무가 정지되었다. 특검은 촛불 집회의 후방지원을 받으면서 2016년 12월 21일부터 2017년 2월 28일까지 숨 가쁜 일정을 달렸다. 수사의 방향은 최순실 구속에 끝나지 않고, 대통령 측근들과 재벌 총수에 이르기까지 광범위하게 이어졌다. 그 결과 검찰 특별수사본부와 박영수 특별검사팀의 국정농단 사태 수사를 통해 대통령 또는 최순실 씨와 공범으로 얽혀 구속된 피의자 수는 대통령 비서실장을 비롯하여 약 20명에 달하였다. 마침내는 헌법재판소의 재판관 전원의 일치된 의견으로 2017년 3월 10일 대통령을 파면하는 헌정사상 초유의 사건에까지 이르렀다.

촛불혁명의 숨결은 대한민국의 자랑이었다.

국민의 분노는 최순실의 부정행위보다 무명의 한 시민이 국가 기밀이 담겨 있는 대통령 연설문을 주고받으면서 국정을 농단했다는 것이 거대한 충격이었다. 국민이 선출한 박근혜는 그야말로 허수아비로서 자리만 지켰을 뿐, 최순실과 그 일당이 실질적으로 나라를 운영했다는 사실은 천인공노할 만행으로 국민에게 큰 상처를 안겨주었다. JTBC가 문제의 '최순실 태블릿 PC'를 양파를 벗기듯 폭로하자 국민의 분노는 하늘을 치솟았다.

이 충격은 정가와 대학가의 시국선언과 집회로 표출되기 시작하였다. 마침내는 "모이자! 분노하자! 내려와라, 박근혜!"라는 구호를 들고 2016년 10월 29일 1차 '박근혜 퇴진 촛불 집회'가 그 서막을 올렸다. 3만여 명(경찰 추산 1만 2천 명)의 시민들은 시위가 폭력으로 번지는 것을 방지하기 위해 충돌 자제를 촉구하였고, 경찰은 과거와는 달리 살수차 등의 진압 도구를 사용하지 않았다. 그리고 정중한 어조의 방송으로 질서유지를 당부하는 모습을 보였다. 거의 모든 언론이 이번 촛불 집회는 특정 세력이나 집단에 의하지 않고 남녀노소를 막론하고 시민들이 자발적으로 참여하여 평화롭게 진행된 특성이 있다고 보도하였다.

첫 집회를 마친 10월 31일 각 신문사의 사설과 외신들은 민심의 분노가 어느 때보다 심각하다는 사실을 다음과 같이 표현하고 있었다. "박근혜 대통령의 퇴진과 하야를 요구하는 촛불 시위가 전국의 주말 및 일요일 밤을 점령했다." "시민들의 분노가 하늘을 찌르고 있다." "박 대통령이 바뀌지 않고 이 위기만 넘기려고 한다면 국민의 분노는 임계점을 넘을 수 있다." "어물쩍 넘어가려는 안이한 태도는 사태를 악화시킬 뿐이다." 외신들도 앞다투어 취재하면서 국내 언론사들의 보도 내용과 같은 기사를 싣고 있었다.

촛불 집회는 헌법재판소에서 '대통령 파면'이라는 선고가 있기까지 19번이나 매주 토요일에 개최되었고, 연인원 1,587만 명이라는 놀라운 기록을 남겼다. 12월 3일 6차 집회 때는 서울과 지방에서 232만 명이 모여 역대 최다 인원을 기록했다고 주최 측이 밝힌 바 있다. 1987년 6월 항쟁 때의 100만보다 배를 넘는 숫자로서 국민의 탄성이 얼마나 높고 깊었는지를 알게 하였다. 날로 열기를 더해가던 촛불의 염원은 국회를 움직여 지난해 12월 9일 탄핵소추안 가결을 끌어냈다. 마침내 헌재가 민의를 따라 탄핵의 마침표를 찍자 촛불의 함성은 멈추었다.

우리 국민은 짧은 민주주의 역사가 있지만, 선진의 민주주의 국가들이 모방할 수 없는 민주의 여정을 걸어왔다. 1960년 4·19 혁명이 맨손으로 자유당의 독재정권을 무너뜨린 것을 비롯하여, 1980년 5·18 민주화 운동을 무력으로 진압한 후 독재와 탄압의 권좌를 지속하려던 전두환과 그 일당들을 굴복시킨 1987년 6·10 민주항쟁은 바로 우리의 험난한 민주주의 여정의 기록이다. 이번 촛불혁명 역시 같은 민주주의의 혈맥이 이 민족 속에 이어지고 있음을 입증하였다.

제19대 대통령이 선출되었다.

대한민국의 제19대 대통령 선출은 2017년 12월 20일이어야 했다. 그러나 6개월 11일을 앞당긴 5월 9일에 대통령선거를 하였다. 결과는 문재인 더불어민주당 후보가 19대 대통령에 당선되었고, 다음날 5월 10일부터 바로 임기를 시작하였다.

18대 대선에서 당선된 박근혜 대통령은 최순실 게이트의 파문으로 12월 9일 탄핵안이 국회에서 가결되자 식물 대통령으로 남아 있게 되었고 총리가 대행하였다. 3월 10일 헌법재판소의 탄핵소추안 인용 결정으로 대통령직을 상실하였다. 60일 이내에 조기 선거를 치러야 한다는 관련 법규에 따라 첫 대통령 재·보궐선거를 치러야 했다.

투표 결과는 문재인 후보가 득표 1,342만 3,784표, 득표율 41.08%를 얻어 여유 있게 당선되었다. 2위는 박근혜의 정당이었던 자유한국당의 홍준표 후보였고, 3위는 안철수 국민의당 후보였다. 유승민 바른정당 후보와 심상정 정의당 후보는 각각 6%대의 득표율로 약진하였으며, 선거를 완주한 나머지 8인 군소 후보들은 0.13% 미만의 득표율에 그쳤다.

선거는 보수 진영의 유력 대권후보로 등극한 반기문 전 유엔 사무총장이 1월 후보직을 사퇴한 후에 문재인·홍준표·안철수·유승민·심상정의 원내 5대 주요 정당 후보들 간의 대결 구도로 진행되었다. 이번 대선을 보면서 매스컴에서는 다음 몇 가지의 특징들을 나열하고 있다.

먼저, 지금까지 들어본 적이 없는 헌법재판소의 '대통령 파면'이라는 역사적 선언에 따라 대통령선거가 진행되었다. 둘째, 이번 대선에는 어느 때보다 보수 진영의 표심이 크게 약화하였다. 셋째, 과거의 어느 대선 때보다 많은 13인의 최다 등록 후보가 있었다. 넷째, 대통령선거로는 사상 처음으로 실시된 사전투표에서 투표율이 26.1%에 달하는 기록을 통하여 시민들의 정치 참여 의지를 알 수 있게 하였다. 다섯째, 대통령 후보 TV 토론회가 6회에 걸쳐 진행되어 후보들에 대한 평가를 유권자들이 수월하게 할 수 있었다.

이러한 특징들과 함께 새로운 대통령을 보면서 국민은 약간의 불안감을 감추지 못하였다. 당선이 확정되자 선거에 사활을 걸었던 몸으로 그 다음날 대통령 직무를 수행해야 한다는 참으로 안타까운 면이 있었다. 기존의 대통령은 당선이 되면 약 2개월 동안 당선인으로서 인수위를 조직하고 대통령직을 준비해 왔던 것과는 너무 대조적인 환경이었다. 전임 대통령으로부터 업무를 인수하는 일부터 국정 파악에 이르기까지 필요한 절차 없이 19대 대통령은 집무실을 찾아야 했다. 취임식도 통상적 취임식과는 거리가 먼 대통령 취임 선서 행사를 국회 중앙홀에서 개최하는 것이 전부였다.

북한의 수소폭탄 실험은 한반도에 전쟁의 먹구름을 드리웠다.

북한은 2006년 10월 1차 핵실험을 실시한 이후 6차에 이르기까지 이어가고 있다. 2016년 9월 5차 핵실험이 역대 최고 규모로 여겨지면서 우리나라는 물론이고 주변국의 긴장감은 대단한 수준이었다. 이때 북한은 소형화된 핵탄두 기술을 보여주었고, 두 차례 대륙간탄도미사일(ICBM)급 '화성-14형'의 발사로 미국 본토를 타격할 수 있는 능력도 보여주었다. 전문가들은 기술적으로 핵미사일의 완비 능력을 전부 보여준 셈이라는 평가를 하고 있었다.

우리나라에 새로운 정부가 들어서기가 무섭게 8월 29일 새벽 북한은

14회째 탄도미사일을 발사하여 일본 홋카이도의 상공을 통과함으로 일본을 경악시키는가 하면, 9월 3일 수소폭탄으로 추정되는 6차 핵실험을 풍계리 일대에서 단행하였다. 조선 중앙통신은 "대륙간유도탄 장착용 수소탄 시험을 성공적으로 단행했고, 핵무기의 질적 수준을 반영하는 모든 물리적 지표들이 설곗값에 충분히 도달했다"라고 선언했다. 미 언론들도 핵탄두 소형화 성공은 핵탄두 장착 ICBM 완성으로 향하는 문턱인 만큼 이제 북한이 미국의 한계점에 근접했거나 이미 넘었다고 평가하고 있다.

여기에 대한 국제사회의 대응은 어느 때보다 강력하였다. 유엔 안보리의 결의와 대북 제재를 무시하고 수소폭탄까지 개발하는 북한을 향한 국제적 반응은 격양된 상황이었다. 미국은 북한과 외교적 노력은 시간 낭비라는 견해를 밝히면서 군사적 선택을 검토하기에 이르렀다. 존 볼턴 전 유엔주재 미국대사는 "단순한 대북 제재는 북한에 시간만 벌어줄 것이기에 남은 방법은 북한 정권을 종식하는 것뿐"이라고 말하는가 하면, 콘돌리자 라이스 전 국무장관도 "미국이 결단해야 할 시간이 다가오고 있다"라는 말을 서슴없이 하고 있었다.

9월 19일 트럼프 미 대통령은 72차 유엔총회 연단에서 "미국은 엄청난 힘과 인내가 있지만, 미국과 동맹을 방어해야만 한다면 우리는 북한을 완전히 파괴하는 것 외에 다른 선택이 없을 것"이라고 경고하였다. 김정은은 바로 "트럼프가 세계의 면전에서 우리 공화국을 없애겠다는, 역대 가장 포악한 선전포고를 해 온 이상 우리도 그에 상응한 사상 최고의 초강경대응 조치 단행을 심중히 고려할 것"이라고 공언했다. 거기에 더하여 "트럼프가 그 무엇을 생각했든 간에 그 이상의 결과를 보게 될 것이다. 미국의 늙다리 미치광이를 반드시, 반드시 불로 다스릴 것"이라고 거듭 호언장담했다.

트럼프 대통령은 10월 7일 트위터에 "지난 25년간 (전임) 대통령들과 그 정부는 북한과 대화를 해 왔고 합의를 이루었으며 엄청난 돈을 지급했지만 효과가 없었다"라고 하면서 "합의는 잉크가 마르기도 전에 깨지면서 미국 협상가들을 바보로 만들었다"라며 "유감이지만 단 한 가지는 효과가 있을 것"이라고 썼다. 그 한 가지가 무엇을 의미하는지는 설명하지 않았으나 군사적 선택이라는 추측을 낳고 있다. 김정은의 "초강경대응조치 단행"과 트럼프의 "단 한 가지는 효과가 있을 것"이라는 것이 어떤 형태로 진전하게 될 것인지 한국인과 세계인들을 긴장하게 만들고 있다. 우리 정부는 전쟁은 결사반대하면서 북한의 경제 숨통을 막아 그들이 대화의 창으로 나오게 하는 방편으로 미국의 최종적인 세컨더리 보이콧에 깊은 관심을 기울이면서 가슴을 조이고 있는 현실이다.

북한 군중대회처럼 보이는 좌파 광복절 행사가 무서웠다.

북한의 김정은 정권이 수소폭탄까지 실험을 마치고 한반도뿐만 아니라 세계를 위협하는 전쟁이 금방이라도 터질 것만 같은 위험을 안고 있는 대한민국이다. 북한의 호전적인 준비와 행위들에 대하여 온 국민이 증오하고 있다. 6·25 북한의 남침과 그 전쟁의 참화가 어떠했는지를 경험한 세대들은 북한의 공산정권이 얼마나 잔인하고 무서운지를 잘 알고 있다. 그래서 이 땅의 보수정권이 그동안 '친북', '종북', '좌파', '빨갱이' 등등의 용어를 십분 활용하면서 정권 유지에 급급해 왔음은 주지의 사실이다. 흑백 논리가 가득한 우리의 사회는 한동안 진보적이고 개혁적인 성향을 가지고 있는 사람들을 '비 보수'라는 명칭보다는 북한 정권에 동조한 무리처럼 취급하기도 했다. 이것은 나라의 병폐로 매우 위험한 발상이며 슬픈 현상이었다.

올해 들어 보수정권이 힘없이 무너지면서 진보성향의 정권이 들어섰다. 새 정부에 기대는 하면서도 그동안 보수적인 성향을 가지고 있던 국민은 다시는 '친북', '종북', '좌파'의 용어가 오용되거나 등장하지 않기를 바라면서 서로가 적대감이 없는 통합된 국민의 새 정서를 꿈꾸고 있다.

　그런데 광복 70년, 건국 67주년이 되는 2017년 8월 15일에 눈을 의심하지 않을 수 없던 광경이 서울의 도심지에서 7천(경찰 추산 5천)여 명이 상상을 초월한 행사를 펼치고 있었다. 그것은 '북한 군중대회'로 착각하기에 충분하였다. 그 광경을 본 시민들은 문재인 정부의 정체성까지 의심하기도 하였다. 북한이 핵무기, 땅굴, 핵잠수함을 개발하여 호시탐탐 남침의 야욕을 보이는 지금의 현실에서는 상상하기 힘든 광경이었다. 그 현장은 다음의 보도에서 생생하게 보여주고 있다.

> "한국진보연대 등 이적단체를 비롯한 좌파단체들이 개최한 광복절 행사에서 태극기와 애국가가 실종되어 물의를 빚고 있다. 특히 좌파단체들은 광복을 기념한다면서도 대한민국을 '미 제국주의의 식민지 상태'로 보는 비뚤어진 역사 인식을 고스란히 드러내, 이날 집회의 목적을 의심케 했다."
>
> "미군 철수, 5.24조치 해체, 사드(THAAD) 한반도 배치 반대, 박근혜 정부 퇴진, 군 작전통제권 반환, 한·미 연합 군사훈련 중단, TPP(환태평양경제동반자협정) 가입 저지 등 북한의 주장을 앵무새처럼 따라 외쳤다."

　광복절에 이러한 주장을 펼치는 광복절 행사가 서울의 한복판에서 버젓이 치러지는 것을 보고, 뜻이 있는 시민들은 가슴이 서늘하였다. 매스컴들은 보도를 자제하고 정부는 말없이 끝나버린 행사였다. 그러나 착잡하고 서글픈 여운이 사라지지 않는 현장이었다.

　우리 앞에 잊어서는 안 될 뼈아픈 기록이 있다. 그것은 1949년 6월 주한미군이 철수를 완료하고, 1950년 1월 애치슨 미 국무장관이 한국과 대만을 미국의 극동 방어선에서 제외한다는 성명서 발표였다. 북한 공산군은 기다렸다는 듯이 5개월이 지난 그해 6월 25일 38선 전역에 남침을 개시하였다.

전쟁의 참화로 초토화된 대한민국은 전 세계 최빈국이 되었다.

2017년을 보내며

2017년은 어느 때보다 많은 회상의 항목을 안겨준 한 해였다. 그 항목들을 다 열거하지 못해 아쉬움을 갖는다. 그중에서 주목하지 않을 수 없는 사건들이 몇 가지 있다.

먼저, 국방을 위한 시급한 조치로 배치한 사드와 이로 인한 중국의 반대와 보복행위이다. 최대수출 국가인 중국의 보복은 현대자동차를 비롯하여 롯데와 신세계 등 유통기업의 중국 사업 축소 내지는 철수를 하는가 하면, 기타의 중소기업이나 관광 사업에 막대한 손실을 가져와 한국 경제를 어렵게 하였고 앞으로도 좀처럼 개선될 가능성이 작다. 중국에 대한 심리적인 불안감은 날로 높아가고 있는 형편이다.

둘째는 문화계 블랙리스트 사건이다. 지난 정부에서 야당 대통령 후보나 서울시장 후보를 지지한 예술인과 시국선언에 동참한 9,473명의 문화예술인의 명단을 비밀리에 작성하고 정부의 지원을 막거나 검열을 통하여 불이익을 주었던 사건이다.

셋째, 좌 편향된 현행 역사 교과서를 바로잡겠다고 새롭게 만든 국정교과서가 우 편향되어 선을 보이자 그 반응은 실망으로 바뀌었다. 현대사를 집필한 6명 중 사학 전공자가 단 1명에 불과하고, 임시정부의 법통을 전면 부정하는 등의 문제가 지적되었다. 그리고 고교 한국사의 경우 박정희 정권의 경제성과는 4~5쪽 분량이지만 잘못은 반쪽에 불과하여 독재를 미화한다는 비판을 면치 못하고 있다. 냉정하게 서술되어야 할 역사가 집권자의 눈길을 의식했다는 사실이 뚜렷하였다.

끝으로, 문재인 대통령의 적폐 청산의 실천이다. 이것은 대선 때 국민에게 약속한 그의 공약이었다. 거기에 대하여 지난 정권의 주역들은 정치보복이라는 목소리를 높이지만 국정원이 관련되었던 여론조작을 위한 댓글 사건, 어버이연합을 비롯한 단체들의 관제 데모, 김대중 노벨평화상 취소 모의 등등이 속속 밝혀지자 국민적 관심은 높아지고 있다.

2018년, 제4차 산업혁명을 우리의 놀이터로 만들자

전쟁의 공포는 계속될 것인가?

새해의 창이 열려도 밝고 맑은 새해의 희망은 보이지 않는다. 그것은 전쟁이라는 먹구름이 너무 짙게 한반도의 하늘을 덮고 있기 때문이다. 북한의 김정은과 미국 트럼프의 막말을 듣고 있노라면 전쟁의 소나기가 금방이라도 내릴 듯싶다. 새해에 우리에게 전쟁이 다가올 것인지, 아니면 대화의 국면으로 바뀔 것인지 아직은 예측불허이다.

우리의 대통령이 지난 8월 15일 광복절 경축사에서 "정부는 모든 것을 걸고 전쟁만은 막을 것"이라고 선언하면서 "한반도에서의 군사 행동은 대한민국만이 결정할 수 있고 누구도 대한민국의 동의 없이 군사 행동을 결정할 수 없다"라는 매우 단호한 태도를 천명하였다. 그러면서 "이 점에서 우리와 미국 정부의 입장이 다르지 않다"라는 점을 강조하였다. 대통령의 경축사는 매우 단호했지만, 군사적으로 우위에 서지 못하고 있는 우리로서는 군사 대국인 미국을 우리가 끌고 다니는 것이 아니라 우리가 끌려다니는 처지기에 대통령의 경축사만으로는 전쟁의 위협을 덜기에는 매우 미흡하였다.

    김대중 정부와 노무현 정부에서 2년 반 동안 북한과 95차례의 회의를 주도한 바 있는 전 통일원 장관과 중앙일보와의 인터뷰에서 전쟁보다 대화의 가능성을 읽게 된다. 그는 1990년 초 김일성이 미군 철수와는 관계없이 미국과 수교를 하자는 제의를 했고, 김정일 역시 2005년 10월 평양을 방문한 올브라이트 전 국무장관에게 같은 얘기를 했다는 사실을 상기시켰다. 그러면서 북한은 가진 것이 없는 나라로서 목소리는 최대로 높이지만 "결정적 순간에는 죽을 짓은 않는다"라는 말을 하고 있다. 그러면서 미국은 전쟁을 치르고 나서도 별 손상을 입지 않지만 "북한은 공격을 받고 나면 '제2타격(the second strike)'을 할 능력이 없다"라고 진단하고 있다. 그래서 결정적인 순간에 대화의 국면으로 전환이 있을 것이라는 예상을 하고 있다.

    그러나 전문가들은 김정은의 공격보다 '화염과 분노'를 터뜨리는 트럼프 대통령의 선제폭격/예방전쟁이 또 하나의 위험 요소라고 말한다. 미국은 대통령이 의회 비준 없이 전쟁을 벌일 수 있는 나라이다. 그래서 미국 대통령이 자신이 가지고 있는 전쟁 권한(war power)을 사용하는 날 그에게는 정치적 이익이 있을지라도 우리 한반도에는 참혹한 전쟁이 휘몰아치게 된다. 서울에 아무 상처 없이 미국의 선제폭격/예방전쟁이 가능할 것이라고 믿는 사람은 거의 없기 때문이다.

    여기 전문가들의 분석과 평가보다 하나님의 은혜의 손길을 더 중요하게 생각하는 그리스도인들의 회개와 의지와 간구가 더 절실한 오늘이다. 하나님이 함께하신 피와 땀과 눈물로 세워진 대한민국이다. 세계의 어느 나라보다 하나님을 예배하는 백성이 가득한 제2의 이스라엘이다. 세계 선교에 경이로운 기록을 세운 한국교회이다. 분명 대한민국의 모든 것을 하나님이 주관하시는데 어찌 김정은이나 트럼프가 파국으로 치닫게 하리오. 하나님이 보우하사 이 나라의 오늘과 미래가 결정됨을 새롭게 상기하고 엎드리는 길이 최상의 방책(防柵)이다.

여호와를 자기 하나님으로 삼은 나라 곧 하나님의 기업으로 선택된 백성은 복이 있도다(시 33:12)

새해에는 중국의 사드 보복이 끝나야 한국 경제가 살아나는데…

북한의 핵무기는 군사적 측면에서 무서운 염려와 공포를 안겨주고 있다. 그 공포는 한반도에서만이 아니라 미국을 비롯한 세계 곳곳에서 긴장 가운데 지켜보고 있는 이 시대의 괴물이다. 최고조에 달한 국제사회의 대북 압박이 진행되고 있는 지금 북한이 이 괴물을 이용한 도발에 나선다면 한반도는 파국에 직면하게 된다. 그래서 우리 정부는 우리 자체 보호를 위한 시급한 방어책을 강구하지 않을 수 없었다. 그것이 바로 고고도 미사일 방어체계의 주 무기인 사드(THAAD-Termina High Altitude Area Defense)이다. 사드는 포물선을 그리며 날아가 공격해 오는 미사일을 공중에서 파괴할 수 있는 방어 미사일이다. 사드가 성주에 설치되는 것은 미국이 해외에 설치하는 첫 사례다.

여기에 대한 중국의 반응이 문제가 되고 있다. 그들이 반대 뜻을 고수하고 있는 중요한 이유는 중국이 아시아에서 군사적 측면에서 패권을 장악하고 있는 시점에서 미국의 첨단무기가 아시아 지역에 배치되어 자신들과 대치 국면을 조성하게 되는 매우 불편한 관계가 형성되기 때문이다. 또 하나는 중국의 탄도미사일 1/3이 괌과 일본 오키나와 한반도 남쪽을 겨냥하고 있는데 성주의 사드가 이들의 미사일을 추적할 수 있는 조건을 갖추고 있기 때문이다. 그들의 측면에서 보면 반대의 타당성이 있어 보인다. 그러나 우리의 입장에서는 이 위기 상황을 면할 수 있는 최고의 선택 중의 하나이다. 서로가 자국의 보호와 이익을 우선하면서 발생한 문제이기에 쉽게 풀어나가기가 어려운 과제임에 틀림이 없다.

문제는 중국이 진행하고 있는 경제로 보여주는 보복의 문제이다. 한국과 중국의 경제의 상호의존도를 보면 우리의 손실이 얼마나 심각한가를 보게 된다. 수출은 한국이 25%이고 중국이 4%, 수입은 한국 21%, 중국이 10%가 되어 무역수지는 한국 42%이고 중국이 –13%이다. 거기에 더하여 중국 관광객의 비중이 47%나 될 정도로 한국 경제의 중국 의존도가 대단한 수준이다.

새해 들어 여기에 대한 해결책이 무엇인지를 우리 정부는 지금 제시하지 못하고 있다. 전쟁의 먹구름이 걷히고 나면 중국의 사드 보복 경제가 매우 긴박하게 해결해야 할 과제로 우리 앞에 남아 있게 된다. 중국은 한국 경제가 자신들에게 그렇게 큰 비중을 차지하고 있지 않기에 쉽게 보복행위를 거두어들이지 않을 전망이다. 수출 위주의 우리 경제가 새해에 일어서지 못하면 그만큼 우리의 국력이 쇠약해지고, 한국교회 선교의 힘이 시들게 된다. 그러하기에 깊은 관심을 가지고 쉼 없는 기도와 실천적인 경제 성장의 초석들을 찾기에 바빠야 할 것이다.

새해에는 제4차 산업혁명의 선두를 달려야 한다.

지금 시대는 급변하고 있다. 선진국들은 앞을 다투어 4차 산업혁명의 틀을 짜고 정치, 경제, 사회 각 분야에서 열을 올리고 있다. 새로운 시대에 사회, 산업, 문화적 변혁을 일으킨 '제4차 산업혁명'의 본격적인 논의는 세계경제포럼 회장 클라우스 슈밥(Klaus Schwab)의 책, *The Fourth Industrial Revolution*이 등장할 때부터였다. 2016년 그의 책은 지금껏 막연하게 들렸던 내용을 구체적으로 들려주면서 4차 산업혁명을 선도할 내용을 내놓았다. 그중에 가장 쉽게 우리에게 다가온 것을 추리면 다음과 같다.

먼저, 인공지능 시스템을 위한 소프트웨어 개발이 새 시대의 핵심과제로 떠오른다. 우리나라에서는 구글에서 개발한 인공지능 컴퓨터(알파고)가 우리나라 프로기사인 이세돌 9단을 물리쳤을 때 사회적 인식의 변화가 급상승한 바 있었다. 빅데이터 분석처리 역시 4차 산업혁명의 핵심으로 부상한다. 수백억, 수십조 개의 수많은 데이터를 컴퓨터로 정리하고 분석하고 어떤 상호연관성 같은 것을 찾아내는 빅데이터의 등장은 삶의 방향과 질을 향상시킨다.

로봇 개발 역시 4차원 시대의 핵심으로 떠오르고 있다. 각종 생산 활동을 비롯하여 다양한 용도의 로봇 개발은 삶의 양태와 노동시장에 거대한 변화를 가져오게 된다. 그뿐만 아니라 생명과학이 활발히 발전하여 생명을 만들어 내고 강화하는 데까지 발전하게 된다. 거기에 더하여 현대인들의 필수품인 자동차 세계도 달라진다. 자율자동차(self-driving car)가 등장하여 인간의 개입이 없이 주위의 환경을 감지하고 자동항법 운행이 가능하게 된다.

인류는 18세기 중반부터 영국에서 시작된 기술의 혁신과 이로 인해 일어난 사회, 경제 등의 큰 변화를 가져온 1차 산업혁명을 시작으로, 1865년부터 있었던 전기, 화학, 석유, 철강 분야의 기술혁신이 있었던 2차 산업혁명을 거쳐 3차 산업혁명의 세계라 일컫는 오늘에 살고 있다. 지금 인류는 커뮤니케이션의 기술(인터넷)의 발달과 함께 행정서비스, 통신업, 오락 예술에 이르기까지 3차 산업혁명의 틀 안에서 머물고 있다. 그러나 새해부터는 새로운 차원의 세계에 접어드는 거대한 변화의 물결이 일게 된다.

주변의 중국과 일본은 4차 산업혁명을 향하여 벌써 우리보다 훨씬 열을 올리고 있다는 보도이다. 다행히 새 정부의 공약도 이 분야에 깊은 관심을 두고 있다. 문재인 대통령이 내건 공약에는 대통령 직속으로 '4차 산업혁명 위원회'를 만들겠다고 하였다. 그리고 이어서 "이공계 과학기술인 적극 등용, 기초연구에 장기 투자, 연구 활동 보장, 암기 위주에서 창의력 위주 교육체계 개편, 초등학교 때부터 소프트웨어 교육 실시, 직업전환 교육을 제2의 의무교육으로 제정" 등을 교육정책에 적극적으로 반영할 것을 천명하였다.

우리의 민족은 언제나 고난 속에서 인내의 힘을 키웠고, 그 인내는 누구도 모방할 수 없는 발전을 거듭하게 하였다. 지금 우리가 북한의 위협에 불안한 상태를 벗어나지 못하고 있지만 이러한 환경 아래서도 우리 특유 도전의 정신과 실천이 이어진다면 분명히 뒤지지 않은 4차 산업혁명의 선두를 달릴 수 있으리라 확신한다. 우리의 자랑스러운 IT의 선진 기술을 바탕으로 우리의 4차 산업혁명의 발전은 매우 가능하리라 본다.

17대 지방선거가 기다리고 있다.

6월 18일 수요일에는 우리나라 전역에서 17대 지방의회 의원이나 지방자치단체의 장을 뽑는다. 동시에 2018년 선거에서는 15석에서 20석 정도의 국회의원 보궐선거가 있을 것으로 예상한다.

이번의 지방선거에서 우위를 선점하기 위한 각 정당의 움직임이 지금부터 빨라지고 있음을 본다. 내년 지방선거는 문재인 정부를 중간 평가하는 성적표가 될 전망이다. 비록 1년 반의 짧은 기간이지만 정권을 너무나 쉽게 내준 야당의 집요한 공격은 만만치 않을 것이다. 여당은 치열한 공격을 차단하고 구여당이 절대 우위에 있는 지방의회와 지방자치단체장을 집권당이 차지해야 한다는 목표를 달성하기 위해 어느 때보다 큰 노력을 기울이게 될 것이다. 거기에 반하여 지난 집권당의 대표는 벌써 내년 지방선거에서 부산을 포함한 6개 광역단체장 선거에서 패하면 사퇴한다는 배수진을 치고 있다. 정권을 내주고 패자의 위치에 있는 바른정당의 지지율이 지방선거 직전까지 반등하지 않을 경우는 야당끼리 연대하여 후보를 내는 현상도 있을 것이다.

새해의 선거에서 눈여겨보아야 할 몇 가지의 사항이 있다. 먼저는 과거에 흔히 보여주었던 타락한 선거 양상이 많이 달라질 전망이다. 청탁금지법(김영란법)을 비롯하여 엄격한 선거법의 위력이 자리를 잡으면서 줄줄이 이어지는 당선무효 현상을 보아 왔기 때문이다. 둘째는 선거 결과를 예측할 수 없지만, 촛불혁명의 영향을 받아 선거 정서가 여당에 유리하게 전개될 것이라는 예측을 많이 한다. 그렇게 되면 여당은 다수의 지방자치단체장을 차지하려는 의지에 못지않게, 현재의 121석의 여당이 여소야대의 고전을 면치 못한 국회의원 수 비율이 여대야소로 변할 가능성이 보인다는 점이 지금부터 관심의 대상이 되고 있다. 셋째는 각 정당의 거물급 정치인들이 속속 출마를 선언하고 있는 상황에서 중량감 있는 경쟁 후보를 상대하기 위해 전국 곳곳에서 큰 경쟁이 성사될 것으로 예상된다. 끝으로, 새 정부가 2018년 지방선거 때 국민투표를 시행하는 지방분권 개헌 약속이 어떻게 이행될는지 그것 또한 깊은 관심거리이다.

우리의 교회는 총선이나 지방선거가 있을 때마다 정신을 가다듬어야 한다. 벌써 설교자의 입에서 특정 정당이나 인물을 설교 시간에 언급하는 탈선을 보이는 목회자들이 보인다. 교회의 구성은 각각 다른 배경을 소유한 사람들의 모임이다. 교회에서는 예수님을 구원의 주님으로 영접하고 사는 기본 신앙만이 일치될 뿐이다. 그 외에는 한길로 함께 가기가 매우 어려운 사회인들이다. 여기에 목사가 여야 어느 한 편에 치우치는 것은 교회의 분열뿐 아니라 목회자의 정체성이 의심을 받게 된다. 목회자의 도움을 요청하는 특정 정당이나 개인을 위한 개인적인 기도는 있을 수 있지만, 교인들 앞에서 어느 편에 치우치는 설교나 발언을 하는 것은 지혜롭지 못한 목회자의 언행이다. 2018년 선거 열풍에 교회가 시험에 들지 않도록 각별한 지혜가 필요한 새해가 되어야 할 것이다.

새해는 스포츠가 매스컴을 장식한다.

새해에는 스포츠가 뉴스 화면을 많이 장식하게 된다. 새해 2월 9일부터 25일까지 2주간 평창에서는 동계올림픽이 열리고, 3월 9~18일에는 같은 장소에서 신체장애인들의 국제경기대회인 패럴림픽이 열린다. 그리고 FIFA 월드컵이 6월 14일부터 7월 15일까지 러시아에서 개최된다. 거기에 더하여 제18회 아시안게임이 인도네시아 자카르타에서 8월 18일부터 9월 2일까지 개최된다. 우리 선수들이 매우 바쁘게 움직이고 땀 흘려야 할 새해이다.

그 가운데서도 평창 올림픽은 우리나라가 힘들여 유치한 경기로서 막대한 예산을 들여 제반 준비를 마무리 중이다. 정부에서는 고속도로와 고속철로를 만들면서 성공하는 올림픽을 만들기에 열을 올리고 있다. 총 2조 8,000억 원이라는 막대한 예산과 함께 차질 없이 지금까지 진행해 온 준비위원회는 입장권의 판매 부진과 후원금의 미달로 울상이다. 거기에 더하여 최근 문화체육관광부가 실시한 국민 여론조사 결과 평창 올림픽 관심도가 매우 낮게(35%) 나와서 초조함을 감추지 못하고 있다.

3번의 고배 끝에 올림픽 유치에 성공했을 때 우리 국민은 환호의 박수를 보낸 바 있다. 그러나 불행히도 최순실이 이 올림픽을 앞두고 이권에 개입했다는 의혹이 밝혀지면서 국민은 차가운 반응을 보이게 되었다. 그뿐만 아니라 기업들이 정부에 자발적인 후원금을 내는 데 예전과 다른 견해를 밝힘으로 예산을 확보하는 데 힘든 형편이라고 한다.

과연 새해 초에 열리는 평창 올림픽은 성공할 수 있을 것인가 하고 의문을 제기하는 사람들이 많다. 그러나 우리 민족은 특유한 면이 있다. 1988년 하계올림픽을 앞두고 성공보다 실패를 예상하는 사람들이 많았다. 2002년 한·일 공동주최 월드컵 경기도 자신을 하지 못하였다. 그러나 우리는 역대 어느 나라보다 88올림픽 경기를 성공적으로 시작하고 마무리지었다. 월드컵 경기는 일본과 공동주최였지만 세계의 눈은 한국에서 치러진 경기로 착각할 만큼 우리 국민은 땀 흘려 곳곳에 축구장을 만들고 응원을 하면서 성공적인 대회를 치렀다. 그러한 기록을 가지고 있는 우리이기에 전쟁의 먹구름 속에서도 온 국민의 저력이 발동되는 날, 또다시 "아! 대한민국"을 외치면서 쾌거의 기쁨을 누릴 수 있으리라 본다.

바라기는 평창 올림픽이 세계인의 축제의 장으로 끝나지 않고 한반도의 역사에 새로운 기록을 남기게 되기를 바라는 마음이다. 그것은 북한의 선수들이 대거 참여하여 많은 금메달을 따고, 주최국이며 동족인 남한의 백성들로부터 뜨거운 응원과 축하의 박수를 받는 모습이다. 그리고 스포츠의 아름다운 정신에 따라 남북이 화해의 물꼬를 트고, 손에 손을 잡고 세계인들 앞에서 행진하는 모습이다. 이 가상된 그림은 평창 올림픽의 표어인 "하나 된 열정(Passion Connected)"을 첨가할 때 더욱 빛이 난다.

적폐 청산의 실효와 시련에 초점이 모아질 것이다.

문재인 대통령이 대선후보 때 387페이지 분량의 공약집인 「나라를 나라답게」를 손에 들고 전 국민의 지지를 호소하였다. 그는 수백 개에 달하는 공약 중 박근혜·최순실 국정농단 등 이명박·박근혜 9년 집권기 동안의 적폐 청산을 공약집 가장 앞면에 배치했다.

그 공약의 내용은 '적폐 청산 특별조사위원회'를 설치하고 국정농단을 야기한 각종 적폐와 특검에서 제기된 각종 의혹과 공작정치 등을 분석 조사하고 진상을 규명하여 보충 수사를 하겠다는 공약을 냈다는 것이었다.

이 공약은 국민의 지지를 얻는 데 성공하여 오늘의 대통령으로 이 나라를 이끌고 있다. 그런데 매우 흥미로운 것은 대표적인 신문들의 '적폐 청산'에 대한 두 갈래의 주장이다. 먼저는 문 대통령의 임기 첫날 보수정권에 힘을 실어주었던 조선, 중앙, 동아일보에는 약속이라도 한 듯 국정 수행의 필수적인 과제가 되어야 할 '협치와 통합'을 강조하면서, '적폐 청산 공약'을 버려야 한다는 사설과 글들이 실렸다. 심지어 조선일보는 새 정부가 법을 따라 적폐를 청산하겠다는 주장은 국정을 수행하는 데 '흉기'가 될 가능성이 있다고 하면서 '역사의 퇴행'이라고까지 지적하였다. 그러나 이러한 주장과는 달리 경향신문은 대통령의 당선은 "적폐 청산론에 많은 유권자가 동의한 결과"임을 말하면서 "과거의 잘못을 적당히" 덮고 나가는 것을 경계하였다. 한겨레 역시 '나라다운 나라'를 만들어 줄 것을 주문하면서 '개혁과 연대를 통한 청산'을 강조하였다.

정부가 적폐 청산을 위해 뚜껑을 열자 여론조작을 위한 댓글사건, 방송장악, 문화·예술계 감시대상명단, 어버이연합을 비롯한 단체들의 관제 데모, 심지어 김대중 노벨평화상 취소 모의 등등이 속속 밝혀지고 있다. 정권을 위임받은 국가 권력을 시민을 통제하고 체제와 정권을 유지하기 위한 수단으로 악용했던 일들이 속속 드러나고 있다.

이런 속도로 숨겨진 사건들이 터진다면 정계는 어떻게 반응할 것이며 국민의 목소리는 어떻게 진전될 것인지 생각하면 불안한 시선으로 새해의 정국을 주시하지 않을 수 없다. 적폐 청산의 순수한 뜻은 오랜 시간 쌓인 바르지 못한 현상이나 폐단들을 씻어버린다는 뜻이다. 이러한 순수한 뜻을 가진 '적폐 청산'이 그 의미를 잘 살려 미래를 위한 터전이 된다면 이것은 금과옥조이다. 그러나 이것 또한 정권 유지의 수단으로 악용이 된다면 새로운 비극의 산물이 될 것이다. 벌써 보수야당에서는 "한풀이식 정치보복"이라고 규정하고 반격의 화살을 날리고 있다. 그러나 여당과 진보의 기치를 든 세계에서는 "적폐들을 제대로 밝혀서 다시는 이런 일이 없도록 하자는 것이다. 적반하장이다"라고 목소리를 높이고 있다. 그러면서 프랑스의 소설가인 알베르 카뮈의 말을 인용한다. "어제의 범죄를 벌하지 않는 것은 내일의 범죄에 용기를 주는 것과 똑같이 어리석은 짓이다."

　이상과 같은 뚜렷한 차별을 가져온 두 주장은 새 정부의 앞날을 몹시 고단하게 만들 것 같다. 그러나 새로운 미래를 추구하고 기다리는 국민은 낡은 과거의 관행과 관습과 폐습을 정리하고 새로운 양심과 법과 질서가 이끄는 이 나라의 미래를 추구한다. 바라기는 적폐 청산을 하더라도 잘못을 저지른 사람을 감옥에 넣고 끝내는 데 목적을 두지 말고, 또다시 추악한 일들이 일어나지 않도록 방지책을 세우는 데 집중해 주기를 바라는 마음이다.

2019년도 회고와 전망

2018년, 하나님이 평화의 손길을 한반도에 펼치셨다

'말의 전쟁'이 치솟던 연말 연초였다.

2017년 말까지 세계의 언론들은 한반도의 전쟁이 초읽기에 있는 것처럼 떠들고 있었다. 2018년 1월에 들어와서도 트럼프는 전멸(totally destroy)을 외쳤고, 김정은은 신년 메시지를 통하여 "미국 본토 전역이 핵 타격 사정권 안에 있으며, 핵 단추가 내 사무실 책상에 항상 놓여 있다는 것이 위협 아닌 현실임을 똑바로 알아야 한다"라는 초강경 메시지를 내놓았다. 트럼프는 여기에 질세라 즉각 "내가 가진 핵 단추가 김정은이 가진 것보다 훨씬 크고 강하다"고 응답하면서 '말의 전쟁'은 긴장감을 더욱 높였다.

이러한 말의 전쟁은 북미 간에 오가고 있었지만, 전쟁이 터지는 날 실질적인 희생은 한반도에 사는 남북의 국민이 당하게 된다는 사실을 잘 알고 있는 우리는 불안감을 감추지 못한 채 새해 벽두를 맞이하고 있었다. 전국의 교회는 어느 때보다 절박한 심정으로 하나님을 향하여 기적 같은 도움의 손길을 펴달라는 기도를 멈추지 않았다.

최근에 출간한 워싱턴포스트(WP)의 부편집인 밥 우드워드의 『공포: 백악관의 트럼프』에서 "올해 초 주한미군 가족 소개령을 내리려 했다"라는 보도와 그 명령이 실현되었더라면 "북한에 사실상의 전쟁 선언이 되었을 것"이라는 설명에서 얼마나 아찔한 상황들이 연초에 전개되었는지를 실감하게 된다.

이러한 절박한 위기의 상황 속에서도 대한민국 국민은 흔들림이 없었다. 정치, 경제, 교육, 사회 각 분야에 활기찬 모습을 보이고 있었다. 외국에서는 한국인들이 이 두려움을 모르고 진취적으로 살아가는 모습을 보면서 "이해할 수 없는 사람들"이라는 말을 서슴없이 하기도 했다. 진정 이 나라는 하나님의 보우하심 때문에 지탱하고 전진하는 특별한 나라임을 늘 실감하게 된다.

김정은의 신년사가 주목을 받았다.

핵무기를 가지고 세계를 긴장시키고 있는 북한의 통치자 김정은이 1월 1일 발표한 신년사에는 의외의 언급들이 있었다. 그는 평창 올림픽이 "민족의 위상을 과시하는 좋은 계기가 될 것이며 우리는 대회가 성과적으로 개회되기를 진심으로 바란다"라는 말과 함께 대표단을 파견하고 "필요한 조치를 취할 용의"가 있음을 언급하였다. 그럴 뿐만 아니라 "북과 남은 정세를 격화시키는 일을 더는 하지 말아야 하며 군사적 긴장을 완화하고 평화적 환경을 마련하기 위하여 공동으로 노력할 것"을 제안하면서 "북남 사이의 첨예한 군사적 긴장상태를 완화하고 조선 반도의 평화적 환경"의 조성을 강조하였다. 그리고 "지금처럼 전쟁도 아니고 평화도 아닌 불안정한 정세"의 관계 개선을 위한 공동의 노력을 제안하였다.

남북의 대립 구도로 반세기를 넘기고 있는 한반도에 흐르는 팽팽한 긴장감은 지난 연말에 최고조에 달하였다. 언제 어떤 환경이 전쟁의 공포를 가중할지 예측할 수 없는 시점에 뜻밖에 평화를 추구하는 북한의 통치자 김정은의 신년사는 우리의 눈길을 끌고 박수를 받아야 할 표현들이 가득했다.

여기에 대한 반응은 다양했다. 청와대 대변인은 "청와대는 오늘 북한 김정은 위원장이 신년사에서 남북관계 필요성을 제기하고 대표단 파견 용의를 밝히며, 남북 당국 간 만남을 제의한 것을 환영한다"라는 뜻을 내놓았다. 여당 대변인은 "북한의 신년사를 환영하며 남북관계의 실질적인 개선과 한반도 긴장 완화의 청신호가 되길 바란다"라며 "말뿐이 아닌 구체적인 실천으로 평화가 이뤄져야 한다"라는 논평을 내놓았다. 반면에 야당 대표는 "청와대와 정부가 김정은의 신년사에 반색하며 대북 대화의 길을 열었다는 식으로 환영하는 것은 북한의 책략에 놀아나는 것"이라며 "신년사는 남남갈등을 초래하고 한미갈등을 노린 것"이라고 비판했다.

미국의 「월스트리트저널」(WSJ)은 '핵 단추' 발언을 상기시키면서 "미 본토가 북한의 사정권 안에 있다"라는 말에 관심을 보였다. 「뉴욕타임스」(NYT)는 "김정은의 제안은 핵 위기 해빙 가능성을 시사한다"라면서 대화의 가능성에 주목하였다. 「워싱턴포스트」(WP)는 "평창 동계올림픽이 북한과 대화를 시작하는 중요한 계기를 제공할 수 있다"라는 평을 하기도 하였다. 미국 정부는 공식적으로, 남북 대화는 두 나라가 결정할 문제라며 "두고 보자"의 반응을 보이는가 하면, 중국의 언론들은 "평화의 메시지"라는 평을 내놓았다.

평창 올림픽은 평화의 돌파구였다.

전쟁의 먹구름이 짙게 깔린 한반도에서 동계올림픽을 열고 세계인들이 함께한다는 것 자체에 대하여 세계의 매스컴들은 확신을 갖지 못하였다.

전쟁의 위험이 고조에 달하고 있는 시기에 평창 올림픽은 과연 안전할 것인가? 이것은 국내외의 모든 사람이 안고 있었던 가장 큰 의문이었다. 그러나 핵무기로 무장을 하고 전쟁 위기의 연기를 내뿜었던 북한이 46명의 선수단을 이끌고 참여함으로 평화의 올림픽 깃발은 상쾌하게 나부꼈다. 특별히 남북한이 개·폐회식에 'KOREA'라는 이름으로 한반도기를 들고 함께 행진할 때 평창 올림픽은 평화의 돌파구라는 인식이 깊어갔다.

2월 9일에 개막하여 2월 25일에 폐막을 했던 2018년 평창 동계올림픽은 우리나라에서는 최초로 개최되는 동계올림픽이며, 서울에서 개최된 1988년 하계올림픽 이후 30년 만에 개최된 두 번째 올림픽이었다. 여기에는 "하나 된 열정(Passion Connected)"이라는 표어를 걸고 92개국의 2,920명의 선수가 참가하여 대성공을 거두었다. 국제올림픽 위원장은 "선수촌과 경기 시설에 만족하지 못한다는 사람을 단 한 명도 보지 못했다"라며 "역대 올림픽 중 음식 관련 불평이 없는 경우는 처음"이라는 찬사를 보내는가 하면, 해외 매체들은 "흠잡을 게 없는 게 흠"이라는 듣기 어려운 극찬을 남겼다.

2011년 7월 6일, 남아프리카공화국 더반에서 열린 제123차 IOC 총회에서 2018년 동계올림픽의 개최지로 평창이 선정되었을 때, 우리 국민은 적극적인 환영보다 우려하는 편이었다. 남북한의 대립상태가 악화일로에 있는 긴장상태를 비롯하여, 지형적으로 휴전선에 가까운 환경, 그곳까지 KTX 철로와 황무지에 필요한 시설을 위한 경제적 부담, 기후가 온난화 현상으로 변하고 있는 상황 등등으로 평창 올림픽이 성공할 것인지에 반신반의했다.

그러나 결과는 예상을 뛰어넘었다. 하나님은 때를 맞추어 평창 올림픽을 개최하도록 해 주시고 평화를 위한 도구로 사용하셨다. 일기는 역대 동계올림픽 경기 중 가장 추워 눈은 녹지 않고 쌓이기만 하였다. 선수단 참가는 사상 최대에 이르렀다. 재정은 흑자 올림픽을 실현했다. 정치적으로는 북한의 사절단이 참관하여 훗날 3차에 걸친 남북정상회담까지 이룩하는 평화의 돌파구 역할을 감당하였다.

2018년은 남북정상회담의 풍년이었다.

1980년대부터 불기 시작했던 탈냉전 바람은 거대한 변화를 가져왔다. 우리 정부는 러시아를 비롯하여 공산주의가 지배하던 모든 나라와 수교를 맺었으나 북한과는 언제나 적대관계를 유지하면서 준전시상태를 유지해 오고 있었다. 그래서 남과 북의 정상이 마주앉아 남북한의 화해와 협력을 논의하는 회담에 관한 관심은 지대하다.

1차 남북정상회담은 2000년 6월 김대중 대통령과 김정일 위원장, 2차는 2007년 10월 노무현 대통령과 김정일 위원장 간에 이뤄졌다. 그 이후 11년 동안 남북 정상의 만남은 멀어졌고 양측 관계는 악화일로를 달렸다. 그 기간에 남측은 북측의 핵무기개발이라는 무서운 암초에 걸려 한반도의 정세는 긴장과 불안의 길이 연속되었다.

문재인 정부가 들어선 지 1년 만에 남북정상회담이 3차에 걸쳐 개최되어 2018년을 '정상회담의 풍년'으로 만들면서 세계의 이목이 한반도에 집중되었다.

문재인 대통령과 김정은 국무위원장의 1차 회담은 4월 27일 판문점 남측 평화의 집에서 열렸으며, 5월 26일에 두 번째 정상회담은 판문점 북측지역 통일각에서, 9월 18~20일 세 번째 정상회담은 평양에서 성사되었다.

1차 회담에서는 "한반도의 평화와 번영, 통일을 위한 판문점 선언"을 공동 발표했다. 이 선언을 통해 두 정상은 핵 없는 한반도 실현, 연내 종전선언, 남북공동연락사무소 개성 설치, 이산가족 상봉 등을 천명하고 생중계함으로 세계인들의 박수를 받았다.

2차 회담은 양 정상이 만난 지 한 달 만에 아무런 절차나 격식 없이 2시간 동안 전격적으로 만나는 이례적인 회담이었다. 내용은 불확실해진 북미정상회담의 성공을 위한 긴밀한 협력이 골자였고, 4·27 판문점 선언의 조속한 이행 의지를 거듭 확인하는 것이 전부였다.

3차는 남한의 대통령이 어느 때보다 환대를 받으면서 이루어진 회담이었다. 두 정상은 "한반도의 전쟁위험 제거, 비핵화 등 군사적 긴장 완화 조치는 물론 철도·도로 구축 등의 경제협력" 내용이 담긴 역사적인 "9월 평양 공동선언"을 발표하기에 이르렀다.

4차는 김정은 위원장이 연내에 서울을 방문하고 종전을 선언하게 되는 역사적인 대 전환이 있을 것으로 예상을 하고 있다.

북한의 김정은과 미국의 트럼프가 만나는 이변이 발생했다.

6월에 들어서자 싱가포르 센토사 섬에 있는 카펠라 호텔이 Big News의 진원지로 세계 매스컴의 집중 조명을 받았다. 그것은 핵무기개발로 악명을 떨친 북한 김정은 위원장과 미국 트럼프 대통령의 정상회담 때문이었다. 이 정상회담이 성사된 것은 3월 5일 한국의 특별사절단이 남북정상회담을 4월 27일로 갖도록 합의한 후에 바로 백악관으로 달려가 방북 결과를 보고하고, 김정은의 초청장을 전달한 데서 시작되었다. 특기할 만한 것은 청와대의 정의용 국가안보실장이 백악관에서 직접 북미정상회담이 2018년 5월 안에 개최되기를 희망한다고 공식적으로 발표한 장면이었다.

6월 12일 지극히 작은 나라 30대 초반의 북한 통치자와 거대한 나라 미국의 대통령이 만나는 것은 마치 어떤 이변이 발생한 듯 온 세계의 이목이 쏠렸다. 이 회담에서는 완전한 비핵화, 평화 체제 보장, 북미관계 정상화 추진, 6·25 전쟁 전사자 유해 송환 등 4개 항에 합의했다. 북한이 미국에 북미

정상회담 의제로 요청하였던 한반도 평화협정 체결은 합의문에 들어가지 못하였다. 그러나 4월 27일 남북 간에 체결된 "4.27 판문점 선언"을 존중하고 구체적 실행을 추진하는 데 함께 노력한다는 명시적인 내용으로 함축되었다.

이상과 같은 합의사항 가운데 유해 송환은 쉽게 이루어졌으나 기타의 항목은 쉽게 풀리지 않는 상태에서 파란곡절을 겪고 있다. 특별히 핵 완전 폐기와 종전선언의 합의가 수개월째 미해결의 주제가 되어 마침내는 제2차 북미회담을 하게 되었다. 여기서는 북한이 취하게 될 비핵화 조치들과 미 정부의 참관 문제, 그리고 미국이 취할 상응 조치가 구체화 될 것이다.

6.13 지방선거에서 야당은 완패의 쓴잔을 마셨다.

지난 10년에 가까운 세월 동안 집권여당으로 있던 자유한국당(새누리당)이 박근혜 정권의 몰락과 함께 제7회 6.13 지방선거에서 완패하였다. 반면 더불어민주당은 역사상 전례를 찾아볼 수 없는 승리를 거두었다. 유권자들의 투표율인 60.2%는 지방선거에 대한 국민의 관심을 잘 보여주고 있다.

결과는 국회의원 재·보궐선거에서 더불어민주당이 11석, 자유한국당이 1석이었고, 시도지사는 더불어민주당 14곳, 자유한국당 2곳이 되었다. 그리고 구·시군장은 더불어민주당 151곳, 자유한국당 53곳이라는 큰 격차를 보여주었다.

이러한 선거 결과를 놓고 언론에서는 자유한국당의 패배 원인을 다음과 같이 분석하였다. 1) 지난 집권여당으로 박근혜-최순실 국정농단의 결과 '대통령 파면'이라는 치욕적인 결과에 책임을 통감하고 반성하는 모습을 보여주지 못한 점, 2) 달라진 세상을 외면하고 아직도 '냉전 시대의 유산인 이념'을 내세워 남북정상회담을 '위장평화 쇼'로 평가하고, 평창 올림픽을 찾아온 이북의 사절단을 향해 폭언을 지속한 점, 3) 대선과 지방선거를 통하여 야당의 대표가 보여준 막말과 망언에 분노한 국민의 감정, 4) 그동안 잘못된 것을 바로잡는 적폐 청산을 '정치보복'으로만 변명하는 모습, 5) 국민이 시대의 변화에 눈을 뜨고 새로운 정치 질서를 추구하는 데 반하여 정부의 개헌안을 비롯하여 사사건건 발목을 잡는 구태의연한 모습 등이었다.

대다수의 정치 평론가들은 우리나라가 선거할 때마다 '지역주의 망령'이 활보를 쳤는데, 그것이 사라졌음을 지적하고 있다. 그리고 이번 선거에서는 그동안 선거철마다 등장했던 '친북', '종북', '빨갱이'라는 이념논쟁의 용어들이 힘을 발하지 못한 것이 큰 변화의 축이라고 평가하고 있다.

국민은 경제적 발전을 고대하는데…

문재인 정부는 지난 어느 정부도 흉내낼 수 없는 특수한 환경에서 출범하였다. 박근혜 전 대통령의 국정농단에 분노한 촛불혁명과 평화를 위협하는 북한의 핵무기개발은 새 정부 출범에 과거와 다른 차원의 기대를 걸고 있었다. 새 정부는 기대한 대로 전쟁의 먹구름을 제거하고 평화의 푸른 하늘을 만드는 데 큰 기록을 남기고 있다. 또한 적폐 청산 작업을 통하여 맑은 정치의 정착을 시도하는 노력 또한 괄목할 만한 기록이다. 그래서 국민은 높은 지지율을 보내고 손뼉을 쳤다.

그러나 국민에게는 언제나 의식주의 문제가 가장 일차적인 과제이다. 새 정부가 들어선 지 1년 반을 넘기면서 보여준 경제정책과 실상이 경제에 대한 기대와 희망과는 아주 거리가 멀어져 가고 있다. 중소기업인과 자영업자 수만 명이 최저임금 급등으로 먹고살기 힘들다고 광화문 광장에서 시위를 벌일 정도로 민심이 움직이기 시작했다. 빈부의 격차가 더 심화하여 감을 피부로 느끼면서 일반서민들의 탄성이 그치지를 않는다. 그중에서도 신규 일자리 창출이 너무 저조하여 정권을 바라보는 눈길들이 예사롭지 않다. '일자리 정부'를 자처하고 나선 문재인 정부가 박근혜 집권 15개월 만에 만들어 냈던 일자리와는 너무나 차이가 난다. 일본과 미국은 완전 고용상태로서 기업들이 온갖 파격적인 조건으로 일자리를 내놓고 사람을 구한다는 보도인데, 우리 고용정책과 현실은 너무나 거리가 멀다.

문재인 정부는 어느 매스컴에 실린 다음의 사설에 귀를 기울일 필요가 있다.

> "박근혜 정부 시절 60만 개에서 최저 30만 개에 달했던 신규 일자리가 문재인 정부 15개월 만에 거의 제로상태로 추락했다. 박근혜 정부를 무능한 정부라고 매도하고, 대통령과 중요 참모들을 모조리 구속한 문재인 정부는 최악의 일자리 정부를 넘어 일자리를 파괴한 정부라는 불명예를 안게 되었다. … 일자리가 감소세로 돌아선다면 민심은 걷잡을 수 없이 돌아설 것이다. 정권의 명운이 걸린 중대한 시기다."

생존한 전직 대통령 4명 모두가 교도소를 드나들고 있다.

우리나라는 전직 대통령 4명이 생존해 있다. 그런데 이들 중에 2명은 퇴임 후에 중형의 유죄판결을 받고 징역을 살다가 구속 2년여 만에 특별사면 때문에 출옥하였다. 그리고 남은 2명은 최근 1심에서 중형의 선고를 받았다. 이러한 현상은 대한민국에서만 볼 수 있는 진기한 풍경이다. 1996년 전두환, 노태우 전 대통령에게 반란죄, 내란죄, 수뢰죄를 적용하여 무거운 선고가 있었다. 전두환에게는 무기징역을, 노태우에게는 징역 17년을 선고한 중형이었다.

그로부터 22년이 지난 지금 또다시 이명박, 박근혜 전 대통령이 구속기소가 되어 1심 선고 공판에서 중형을 선고받고 구속되어 있는 상태이다. 지난 4월 6일 서울중앙지법 1심 선고 공판에서 박근혜 전 대통령에게 "피고인은 국민으로부터 위임받은 대통령 권한을 남용했고, 그 결과 국정 질서에 큰 혼란을 가져왔으며, 헌정사상 초유의 대통령 파면에 이르게 되었다. 그 주된 책임은 헌법이 부여한 책임을 회피한 피고인에게 있다"라고 하면서 특정범죄 가중처벌 등에 관한 법률 위반(뇌물) 등을 들어 징역 24년, 벌금 180억 원을 선고하였다.

이명박 전 대통령 역시 자동차 부품사 '다스'의 자금을 횡령하고 삼성 등에서 거액의 뇌물을 챙긴 혐의 등 16가지 혐의로 기소되었다. 서울중앙지법은 10월 5일 횡령과 뇌물 등 7가지 핵심 혐의를 유죄로 인정하고 징역 15년, 벌금 130억 원, 추징금 82억 7천여만 원을 선고했다. 그리고 2007년 대선 이후 논란이 되어왔던 '다스 실소유주 의혹'을 이명박 전 대통령의 소유로 판결하였다.

우리 국민은 대통령 재직시에 청렴결백하여 퇴임 후에 무엇 하나 흠잡을 데 없는 통치자의 모습을 보이고 물러나 전후임이 서로 존경하고 격려하는 모습을 보고 싶어 한다. 2017년 미국을 덮쳤던 허리케인과 대형 산불에 피해를 보았던 이재민을 위한 자선 음악회 때, 미국의 생존하고 있는 전직 대통령 5명이 달려와 합창을 했다는 보도에 우리 국민은 부러운 눈길을 보내고 있었다. 그 이유는 우리의 정치 세계와는 너무나 대조적이기 때문이었다.

그 외에도 회고해야 할 기록들이 많았다.

문재인 대통령이 자신의 대선 공약으로 내걸었던 적폐 척결이 각 분야에서 진행되었다. 전 대통령과 전 대법원장을 비롯하여 사회의 각 분야에 이르기까지 국민의 의혹을 푸는 다양한 적폐 청산 작업이 진행되었다. 정치

보복이라는 지적이 나오기도 했으나 바르지 못한 길이 이제는 다시 발생하지 못하도록 하는 새로운 세계가 열린 듯싶어 국민은 조심스러운 시각으로 미래지향적인 기대를 걸게 되었다.

2018년에 또 하나의 거센 바람은 성희롱, 성추행, 성폭행을 고발하는 '미투(Me too)'운동이었다. 이 운동이 문학계, 정계, 법조계, 교육계, 의료계, 종교계까지 확대되면서 우리 사회의 지대한 관심을 끌게 되었다. 특별히 참담한 일은 경찰청이 내놓은 2010년부터 2016년 통계에 따르면 개신교 목회자가 성범죄율이 가장 높다는 발표였다. 우리의 교회가 '속죄와 반성'이 어느 때보다 시급함을 느끼게 되는 한 해였다.

끝으로, 2018년 러시아 월드컵에서 대한민국 건아들이 16강 진출에 실패하여 실망을 안겨주는가 싶더니 놀라운 경기를 보여주었다. 그것은 FIFA 순위 57위의 한국이 1위의 독일과의 경기에서 2:0의 승리를 거두어 월드컵 사상 이변의 기록을 남긴 일이다. 마치 4강의 진출 때처럼 온 국민이 환호성을 지르고 춤을 추면서 잠시나마 행복의 순간을 누릴 수 있었다.

2019년, 한반도의 해가 될 것이다

한반도의 평화 정착에 온 세계의 이목이 계속하여 집중될 것이다.

2018년도는 한반도의 해였다. 평창 동계올림픽을 비롯하여 남북정상회담과 북미정상회담을 통하여 전 세계인은 한반도에서 눈을 떼지 못했다. 남북의 정상이 3차례에 걸쳐 진지한 회담을 여는 일은 급변하는 세상을 실감하게 했다. 거기에 더하여 34세의 독재정권의 통치자를 상대로 미국의

72세 대통령이 정성을 다해 달리는 모습은 매우 흥미로운 드라마와 같았다. 이러한 한반도의 평화 정착과 관계되는 국내외 정치의 발길은 새해에는 더욱 활발해지리라 본다.

폼페이오 미국 국무장관이 지난 5일 알래스카 앵커리지 기지에서 4차 북한 방문길에 오르면서 비핵화 문제가 완료하면 "정전협정을 종결하는 평화협정에 서명하게 될 것이고, 중국은 그 일원이 될 것"이라는 의미 있는 말을 남겼다. 지구상에 유일하게 분단국으로 정전상태로 남아 있는 한반도가 통일되는 일은 기대하기 어려울 것이다. 그러나 종전을 선언하고 평화협정을 체결할 것은 거의 확실하다. 이 일이 새해에 성사된다면 이것은 세계를 또다시 놀라게 하는 논쟁거리가 될 것임이 틀림없다. 그리고 노벨평화상 수상 후보로 거침없이 추천될 것이다.

세계의 경제성장률 전망이 어둡다.

LG경제연구원이 발표한 2019년 국내외 경제전망이 눈길을 끌고 있다. 보고서는 2017년에 세계의 경제가 선진국 주도로 회복세를 보였으나 2018년 후반에는 하강 국면으로 접어들었다고 분석했다. 2019년에는 미국은 내년 상반기까지 상승세가 이어지다가 하반기에는 하향 흐름을 보일 것이며, 유럽과 일본 경기는 이미 하향 국면에 접어들어 내년 1%대 중반까지 성장세가 낮아질 것으로 전망한다. 중국 역시 2017년 일시 반등했던 경제가 하향으로 이어질 전망이며, 특히 미국의 관세부과에 따른 대미수출 차질이 본격화되면 수출 및 기업투자가 둔화할 것이라는 분석이다.

경제전문가들은 국내의 경기 역시 하향 흐름이 이어질 것으로 예상한다. 2017년 30만 명을 넘어선 취업자 증가세가 올해 8월에 바닥을 쳤다. 이 고용 쇼크가 어떻게 작용할지에 대한 우려가 있다. 정부가 내년 예산을 올해보다 9.7% 늘려 일자리 창출과 저소득층 지원을 위해 노력하지만, 그 결과를 낙관하지 못하고 있다. 거기에 더하여 그동안 호조를 이루었던 반도체 수출의 둔화가 계속될 것이라는 보도는 내년의 수출 전망을 어둡게 한다.

그러나 전문가들은 남과 북의 교류가 활발해지고 백두산, 금강산 출입문이 활짝 열린다면 우리의 경제가 새로운 국면을 맞이할 수 있을 것이라는 예상도 내놓고 있다. 북한의 막대한 지하자원과 경제개발의 잠재력은 남과 북에 새로운 경제부흥과 번영을 가져올 수 있는 새로운 요건으로 자리잡게 될 가능성이 크다.

보수세력이 몰락했을 뿐 '궤멸'은 아니다.

지난 6.13 지방선거가 자유한국당의 참패로 끝나자 '보수세력의 궤멸'이라는 용어가 등장하면서 재기의 가능성마저 불투명하다는 말이 오가고 있다. 이러한 참패의 원인은 박근혜 전 대통령의 코드에 따른 공천 파동, 대통령 탄핵의 여파, 한반도의 치솟는 평화 분위기를 "위장된 쇼"로 간주한 수구적 노선 등을 들 수 있다. 특별히 그들이 저지른 실패한 정치에 대한 책임과 반성이 없자 자유한국당 지지층이 떠나고 몰락의 길을 걷게 되었다는 분석이 우세하다.

민주주의 정치는 진보와 보수의 양 날개를 균형 있게 갖추었을 때 발전을 이어가게 된다는 것이 기본 틀이다. '보수세력의 궤멸'을 즐기는 것은 새로운 함정을 파는 어리석은 정치적 판단이며 행위이다. 이러한 정치철학을 가슴에 품고 있는 사람들은 몰락의 늪에서 허우적대는 보수층의 미래를 염려한다. 한국 사회가 모든 면에서 선진국 대열에 진입하고 있는데 정치만이 가장 낙후된 현실이라고 여기저기서 개탄하고 있다.

이러한 실상을 잘 아는 보수층의 정치인들은 실패의 장을 딛고 일어설 것이다. 새해에는 변화된 시대에 걸맞은 정치이념을 가지고 이 나라 정치의 한 축을 새롭게 이끌어 가려고 노력하리라 본다. 우리나라의 정치무대에 새로운 옷을 입고 나타나 과거와 다른 모습으로 보수의 기치를 든 정당이 출현하기를 바라는 국민이 적지 않다고 본다. 그래서 새해에는 신선한 얼굴들이 출현하여 시대에 알맞은 정치 구호를 들고 '헤쳐 모여'를 하리라 예상한다.

고령화 사회에 교회도 고령화를 면치 못한다.

한국 사회가 고령화 시대 가운데서 그 명맥을 유지해야 하는 환경에 직면해 있다. 교회의 촛대가 타오르던 유럽에서 주일예배에 참석할 때마다 누구나 느끼는 것이 있다. 그것은 젊은 세대는 보이지 않고 거대한 예배당에 소수의 노인만이 예배를 드리는 썰렁한 분위기이다. 한국교회가 부흥의 불길이 타오를 때는 그러한 유럽교회의 모습을 보면서 남의 일처럼 느꼈다.

그러나 지금은 한국교회가 그러한 현상을 닮아가는 모습이다. 저출산으로 유년주일학교가 문을 닫고 소수의 청년만이 보이는 교회가 되어가고 있다. 유럽의 교회처럼 노년층들이 교회의 주종을 이루고 있다. 이러한 현상 앞에 교회가 비관적인 탄식만 할 것이 아니다. 긍정적인 사고와 실천으로 두 가지의 중요한 목회의 방향을 설정해야 한다. 하나는 교회를 떠나고 있는 젊은이들을 향한 목회의 적극성이다. 또 하나는 교회를 지금껏 지켜준 고마운 노년층의 성도들을 어떻게 섬겨 나갈 것인가의 과제이다. 100세 시대를 지향하는 노년층을 나이로 구분하지 말고 건강을 격려하면서 그들이 함께하고 나설 수 있는 목회 프로그램의 개발을 서두를 필요가 있다. 우리의 교회가 이러한 두 축을 세우는 목회에 깊은 관심을 기울일 때 침체하여 가는 교회가 생기를 되찾게 되리라 확신한다.

미투운동의 확산을 염려한다.

여러 목회자가 미투운동 때문에 심각한 상처를 받고 목회 현장을 떠나는 일들이 종종 발생하고 있다. 매스컴은 어느 분야보다 미투운동에 연루된 교회의 성직자들에게 열을 올리고 있다. 성스러운 삶 속에 높은 도덕률을 지켜야 할 직분이기에 당연하다고 생각한다. 그러나 여기에는 침소봉대하여 떠도는 사실무근의 일까지 목회자들을 괴롭히고 있다. 여기에 우리의 목회자들이 막심한 피해를 보는 경우가 많다.

이때마다 "과전불납리(瓜田不納履)하고 이하부정관(李下不正冠)하라"는 가르침이 새삼스럽게 소중히 여겨진다. 새해에는 "남의 참외밭에서는 신발을 고쳐 신지 말고, 남의 오얏나무 아래에서는 갓을 고쳐 쓰지 마라"는 이 가르침을 한국의 목회자들이 소중히 가슴에 품고 살아갈 것을 당부하는 바이다. "내가 거룩하니 너희도 거룩할지어다"(벤전 1:16)라는 명을 성실히 받들고 수행한 성직자가 목회에 유종의 미를 거둘 수 있게 될 것이다.

적폐 청산의 불길이 심상치 않다.

적폐 청산의 불길이 우리 사회의 곳곳에 번져가고 있다. 새해에도 이 불길은 수그러들지 않을 듯싶다. 특별히 종교계 가운데도 개신교에 대한 적폐 척결이 시급히 필요하다는 소리가 일찍부터 들리고 있었다. 실질적으로 특정교회를 향한 적폐 청산의 칼날이 이미 깊숙이 들어와 있다. 우리의 교회가 사회로부터 적폐 척결의 대상이 된다는 것은 치욕적인 일이다.

한국의 대형교회들 상당수가 목회자가 은퇴할 때 존경의 손뼉을 치면서 떠나게 하는 것이 아니라 재직 시에 있었던 '적폐'를 들추는 데 애를 쓰는 모습이다. 여기에는 언제나 시민단체들이 합세하고 매스컴을 활용하여 교회에 큰 상처를 입히는 경우가 적지 않다. 이러한 사회적 분위기를 파악한 목회자들은 지금부터라도 청렴결백과 희생 봉사의 기본정신을 지키는 데 흔들림이 없어야 할 것이다. 어느 때보다 섬김의 정신이 선명하게 보이고 실천될 때 '주님의 착한 종'의 영예를 얻게 될 것이다.

2020년도 회고와 전망

2019년, 밝은 기록보다 답답한 기록이 더 많았다

주일예배의 전통이 무너진 슬픈 소리가 들렸다.

　2019년이 저물어가는 노을 앞에서 떠오르는 사연들이 많이 있다. 대규모의 집회로 맞대결을 하는 정치권의 현상을 비롯하여 일본의 '경제 선전포고'에 이르기까지 우리의 뇌리에서 사라지지 않는 항목들이 많다. 그 가운데 목사로서 2019년 초에 보았던 가장 심각한 회고의 큰 항목이 있다. 그것은 거의 모두가 해외에서 발생한 가벼운 토픽처럼 스쳐 가는 짧막한 기사의 내용이다. 그러나 이 기사는 그리스도인들에게 어두운 그림자로 등장하였다.

　영국의 엘리자베스 1세(1558-1603)에 이르러 종교개혁이 정착되면서 1559년『공동기도서』(*Book of Common Prayer*)가 제정되었고, 1563년 39개 신조를 발표함으로 성공회의 예배 전통이 확립되었다. 그 후 1603년 제정된 교회법에서도 '주일성수', 곧 교회가 전통적으로 드려온 '주님의 날에 드리는 예배'에 대한 의무조항은 교회의 최우선 항목이었다. 따라서 모든 교회의 신부들은 주일마다 아침·저녁으로 신자들을 위한 예배 집례를 의무화하여 지금까지 엄수했다.

그런데 지난 2월 22일 영국국교회가 예배를 위한 교인들의 감소와 성직자들의 부족으로 '주일예배 의무규정'을 수정하기로 한 결정을 내렸다. 이를 두고 어떤 매체들은 "예배 규정의 폐지"라는 제목을 달기도 하였다. 이 것은 그리스도교 역사에 처음으로 듣게 되는 실로 충격적인 결정이다. 이 충격을 줄이기 위해 영국국교회 대변인은 "일요일 예배는 여전히 영국성공회 성직자들에게 핵심적인 책무이며, 이번 교회법 수정은 여러 교회를 돌며 예배를 진행해야 하는 성직자의 부담을 줄이기 위한 것"이라고 설명하며 교회법 수정이 다른 의미로 해석되는 것을 경계했다.

이 사건을 좀 더 진지하게 생각해 보면 그리스도교의 장래가 매우 위태로움을 예감하게 된다. 교단마다 가지고 있는 신조를 보면, "교회란 무엇인가?"라는 질문에 모두가 한결같이 "교회는 예배하는 공동체이다"라고 답을 한다. 이것은 교회의 존재 목적이 하나님을 예배하는 데 있음을 당연시하는 것이며, 지난 2천 년 동안 철통같이 지켜온 전통이다. 바로 '매 주일의 예배 전통'이 오늘의 교회가 존속하도록 하는 원동력으로 작용했다.

한국과 같이 장로교가 큰 비율을 차지하고 있는 나라에서는 '성공회'의 이러한 교회법 수정이 미미하게 보일지도 모른다. 그러나 세계 개신교의 지도를 펼쳐보면 영국국교회는 성공회, Anglican Church, 감독교회(Episcopalian) 등등의 이름으로 164개국에 신도가 1억 명이 넘는다. 영국국교회의 영향은 영국 내에만 미치는 것이 아니다. 영국의 종교와 문화의 영향을 받은 캐나다와 오스트레일리아와 같은 영연방국가가 50개국을 넘는 것을 고려할 때 '주일예배 비 의무화'의 결정은 세계 그리스도교의 장래를 어둡게 하는 무서운 함정임에 틀림이 없다. 수년 전부터 주일예배를 외면하는 영국인들의 높은 비율을 보면서, 어떤 교회는 결혼식이나 장례식, 그리고 성탄절이나 부활절 같은 교회의 중요한 절기에만 예배당 문을 열겠다고 하기도

했다.

미국 「USA투데이」는 영국과 프랑스를 비롯한 유럽 국가들에서 출산율 저하와 다원주의의 영향 등으로 교회와 성당 출석률이 급격한 하강 길에 접어들었으며, 이 같은 추세는 더욱 심화하여 유럽에서 교회가 죽어가고 있다고 보도한 바 있다. 그러면서 이제는 유럽을 그리스도교 국가라고 자신 있게 말하기가 어려워졌다고 지적했다.

여기에 한국교회가 경청해야 할 명언이 있다. 그것은 독실한 그리스도인으로 유럽연합 법무장관으로 지명을 받았던 로코 부티글리오네가 동성애에 비판적이라는 이유로 입각이 거부되었을 때 남긴 의미 깊은 말이다. "우리는 전통 종교를 무시하는 시대적 조류와 싸워야 한다. 유럽이 과거를 무시하고 하나님 없는 사회를 만들어 가려고 한다면 결국 사회가 붕괴할 것이다."

2019년 초 국민의 관심은 2차 북미회담이었다.

2019년 2월 말에 베트남 하노이에서 가진 두 번째 북미정상회담은 북한의 비핵화 조치와 미국의 상응 조치를 담은 합의가 있을 것이라는 예상을 모두가 하고 있었다. 세계인들의 깊은 관심과 기대 가운데 2018년 6월 싱가포르 센토사 섬에서 가졌던 첫 북미정상회담이 포괄적 합의에 그쳤기에, 2차 회담은 좀 더 구체적인 합의가 이뤄질 것이라는 전망이 컸다.

그러나 이틀째 회담에서 미국은 영변 핵시설 외에 숨겨진 것들까지 완전한 비핵화가 실천되어 전면적인 관계 개선을 해야 한다는 주장을 폈다. 이러한 미국의 요구를 북한이 수용하지 못함으로 양측은 결국 합의 실패로 결렬에 이르렀다. 이와 관련해 기자회견에 동석한 마이크 폼페이오 미국 국무장관은 "영변 핵시설 외에도 굉장히 규모가 큰 핵시설이 있다"라면서 "미사일도 빠져 있고, 핵탄두 무기 체계도 빠져 있어서 우리가 합의를 못했다"라고 설명하였다. 이때 우리 국민은 북한의 핵시설 규모에 다시 한 번 놀라면서, 3차 북미회담이 성사되고 조속한 시일 내에 문제 해결이 되기를 기대하였다.

그로부터 4개월 후인 6월 30일, 판문점에서 이루어진 문재인 대통령, 도널드 트럼프 미국 대통령, 그리고 김정은 북한 국무위원장의 역사적인 첫 만남은 세계인들의 이목을 또다시 한반도에 집중시켰다. 김정은 위원장은 "어제와 다른 오늘, 더 좋게 변할 수 있다는 것을 보여주는 긍정적인 만남이라고 생각한다"라는 말을 남겼고, 트럼프 대통령은 "제가 트윗으로 메시지 보냈을 때, 김 위원장이 오시지 않았으면 제가 민망했을 텐데 감사하다. 선을 넘어설 수 있게 되어서 감사하다"라는 인사를 하며 우호적인 관계를 보임으로 3차 북미정상회담의 희망을 품게 되었다.

우리의 기대가 어긋나지 않기를 바라면서 북미 3차 회담이 성사되어 역사적인 결정들을 내놓을 두 정상회담이 열리게 되기를 기원하였다. 최근에는 풀리지 않는 북미관계를 보면서 김정은 위원장은 백마를 타고 백두산을 오르면서 "자력갱생"을 어느 때보다 강조하는 모습을 보인다. 그리고 그가 "혁명정신을 높이 발휘하여 우리 당의 새로운 전략적 노선을 철저히 관철해 나갈" 것을 다짐함에 따라 그 말 속에 담긴 깊은 뜻을 다각적으로 분석하고 있다.

5·18 민주화운동의 상처가 다시 터지던 날이 있었다.

2017년 8월, 1,218만 명의 관객을 울렸던 영화 "택시 운전사"는 1980년 5·18의 처절했던 아픔을 새롭게 일깨워주었다. 특별히 이 영화는 군사정권에 의하여 '폭동'으로만 알려졌던 사건의 실상을 바르게 보여주는 데 크게 이바지하였다. 영화를 감상하는 관객 모두가 전두환 보안사령관을 비롯한 신군부 세력의 퇴진 및 계엄령 철폐를 위해 그 희생이 얼마나 컸는지를 새롭게 인식하게 되었다. 그리고 민주 정부의 조속한 수립에 광주 민중항쟁이 큰 공을 세웠다는 사실을 새삼스럽게 깨달으면서, 희생자들에게 머리를 숙이며 그 영화를 감상하였다.

그런데 2019년 2월 8일 국회 의원회관에서 자유한국당의 몇 의원이 주최한 "5·18 진상규명 대국민 공청회"가 있었다. 이때 세상을 놀라게 할 말들이 나와 현장의 희생자와 유족들, 그리고 광주시민들의 분노를 불러일으켰다. 매스컴들도 상식이 모자란 발언들이라고 보도를 하였다. 그 발언들은 다음과 같은 것들이었다.

5·18 민주화 운동은 "광주폭동"이다. "80년 광주폭동이 10년, 20년 후 정치적으로 이용하는 세력에 의해 민주화 운동이 됐다. 이제 40년이 되었는데 그렇다면 다시 뒤집을 때"이다. "좀 방심한 사이 정권을 놓쳤더니 종북 좌파들이 판을 치며 5·18 유공자라는 괴물 집단을 만들어 낸 우리의 세금을 축내고 있다." 더욱 놀란 것은 지만원 씨를 발표자로 등장시켜 시선을 끈일이었다. 그는 "5·18 민주화 운동은 북한군의 개입으로 인한 폭동"이었고, "특수부대 600명이 지휘부였다"는 등등의 주장을 펴다가 유죄판결을 받았다. 이 공청회에서도 여전히 북한 특수군만 온 게 아니라, 서너 살짜리 아이와 할머니, 할아버지들도 그들을 돕는 게릴라 세력이었고, 위험 속에 사력을 다했던 독일기자 "힌츠페터도 간첩, 전두환은 영웅이다"라는 망언을 서슴지 않았다. 이러한 공청회의 망언들은 5·18의 정신과 실상을 아는 시민들의 분노를 자아냈다.

자유한국당은 민주자유당과 문민정부를 그 뿌리로 두고 있다. 지난 1993년 김영삼 대통령의 문민정부는 5·18 광주 민주화 운동의 연장선에 있는 정부라고 선언했다. 동시에 광주의 5·18 민주묘역을 4년에 걸쳐 조성해

국립묘지로 승격시켰을 뿐만 아니라, 5·18 특별법을 제정해 신군부세력에게 광주 유혈 진압의 죄를 물으면서 과거사를 정리하고, 5·18을 국가기념일로 지정한 바 있다. 이러한 자신들의 역사와 노력에도 불구하고, 그들의 부정적인 생각과 발언들은 자유한국당의 미래를 망치고 국민으로부터 외면받게 되는 결과를 초래한다는 우려의 목소리가 높았다.

일본의 '경제전쟁 선포'는 전화위복(轉禍爲福)이 될 것이다.

2019년 6월 28, 29일에 걸쳐 일본 오사카에서 열렸던 주요 20개국(G20) 정상회의에서 의장국인 일본이 한일정상회담을 거부했다는 어느 외국 매체의 보도는 불쾌감을 넘어 한일관계의 심각성이 다가왔음을 예견할 수 있었다. 일본에 대한 경계심을 늦추지 않고 있었던 한국인들은 일본 정부가 한국에 무역제재를 준비하고 있다는 일본 산케이신문과 로이터 통신의 보도를 통해, 일본이 어떠한 형태로라도 한국에 수출제한 조처를 할 것이라는 불길한 예상을 하고 있었다.

G20 정상회의가 내놓은 "자유롭고 공정하며 차별 없는 무역체제의 중요성을 확인한다"라는 "오사카 선언"의 서명 잉크가 마르기도 전에 일본은 한국 대법원의 강제노역 피해자 배상 판결에 대하여 사실상 무역 보복을 하고 나섰다. 한국이 반도체와 디스플레이 산업에 있어 세계를 석권하고 있다고 하지만, 실상 그 핵심 소재와 부품의 원천기술이 일본에 있어 그 의존도가 높았다. 그래서 일본이 원천기술이 필요한 부품들에 대해 수출관리를 강화하면 한국이 큰 타격을 입게 된다는 우리의 약점을 잘 파악하고 있었다. 마침내 일본 정부의 보복 조치는 한국 경제의 대들보인 반도체·디스플레이 산업을 조준하여 방아쇠를 당겼다. 그들은 일차적으로 반도체 제조에 필수적인 '불화수소'와 같은 핵심 소재와 부품 수출에 제한 조처를

하였다. 세계의 전자산업을 'Made in Japan'으로 장악했던 화려한 과거를 가지고 있는 일본으로서는 당연히 시도해 볼 만한 전략이었다. 이로써 불편했던 한일관계는 더욱 악화일로를 걷게 되었다.

일본의 이러한 조치를 지켜본 온 국민은 '일본의 경제침략'이라면서 분통을 터뜨렸다. 하지만 그들의 경제만행(蠻行)을 규탄하던 우리 국민은 자성의 소리와 함께 이번 사건을 '전화위복'의 기회로 만들자는 국민적 의지와 관심을 다음과 같이 보인다.

먼저, 핵심 소재 공급처를 다변화하여 일본 의존도를 벗어나는 데 성공을 거두었다는 점이다. 오히려 일본의 기업체들이 내년 2월쯤이면 공급 중단의 부메랑을 맞고 경영난에 봉착할 것이라고 한다. 우리의 반도체 산업은 일본의 예상보다 손실이 크지 않을 것이라는 분석이다.

둘째는 국내 기업체들의 자성과 정부의 적극적인 지원에 힘입어 중요한 반도체 소재의 대체 테스트가 거의 끝났고 순차적으로 원천기술의 확보가 우리 힘으로 이루어져 탈일본의 전망이 밝아진다는 점이다.

셋째는 지금까지 별다른 생각 없이 나태와 방종의 자세로 대하였던 일본에 대한 각성이 새롭게 상승했다는 점이다. 특별히 젊은 세대들로부터 전에 느껴 보지 못한 대일본 경계의 움직임이 활발해졌다. 일본제품을 보면 무조건 구매하고, 일본 관광을 일상화하고, 일본 자동차 앞에서는 맹신의 미소를 짓던 젊은이들이 '가지 않습니다', '사지 않습니다'라는 표어를 들고 외치는 모습을 보면서 가슴 뭉클한 가책과 성찰을 하게 된다는 국민이 많아졌다.

참고로, 우리 국민은 일본에 대하여 심한 망각증에 빠져 있음을 알자. 이스라엘에서는 한국 차 점유율이 25%인데 독일 차 점유율은 1%일 뿐이다. 이유는 그들이 히틀러의 유대인 학살을 잊지 않고 독일제품 불매가 일상화되어 있기 때문이다. 그런데 한국인은 36년 동안 일본의 잔학한 식민

지배를 받았는데도 2018년 일본 차 18만대를 사주고, 그들은 우리 차를 겨우 17대를 사주었다. 독일에서는 2019년 상반기에 현대차가 6만 2천 대 이상이 팔려, 도요타보다 한국 차가 앞서고 있다는 보도를 보고 있노라면 기가 막히는 일이다.

그뿐만 아니다. 세계시장 점유율 1위인 삼성 반도체 갤럭시도, LG의 TV, 세탁기도 마찬가지로 일본에서는 철저히 외면을 당하고 있다. 이번 기회에 우리의 역사의식과 미래를 향한 도전의식이 다시 일어서는 기회로 삼아야 한다는 자성의 목소리가 높아만 가고 있다.

우리나라 국가경쟁력이 13위라고 하지만 노동시장 유연성은 97위이다.

세계경제포럼(WEF, World Economic Forum)은 1971년에 저명한 기업인, 학자, 정치가, 저널리스트 등이 모여 창설한 민간기구이다. 이들은 세계 경제에 대하여 논의하고 연구하며 권위 있는 보고서를 해마다 내놓고 있다. 올해에도 많은 지성인은 여기서 내놓은 "2019년 국가경쟁력 평가보고서"를 기다렸다. 이 보고서는 국제통화기금(IMF)을 비롯하여 세계은행(WB) 등에서 확보한 통계와 각국의 최고경영자(CEO) 설문조사를 활용하여 매해 신뢰할 만한 평가를 하여 세계 경제의 흐름에 큰 도움을 주고 있다. 여기서는 생활과 산업의 기본환경, 인적 자원(보건, 기술), 노동과 금융시장, 혁신역량 등 4개 분야를 평가한다.

기획재정부는 WEF가 141개국을 평가하여 내놓은 "2019년 국가경쟁력 평가보고서"에서 한국이 지난해보다 두 단계 오른 13위를 기록했다고 발표하였다. 내용을 보면 한국은 경제협력개발기구(OECD) 소속 36개 회원국 중 10번째로 순위가 높았다. 동아시아·태평양지역 17개국 중에서는 5위로서 주요 선진국 중 비교적 상위권에 속한 것으로 볼 수 있다. 1위는 지난해 2위였던 싱가포르가 차지했고, 미국은 지난해 1위에서 올해 2위가 되었다. 지난해 5위였던 일본은 올해 6위로 한 단계 내려갔으며, 중국은 2년 연속 28위를 유지했다.

한국이 차지한 순위를 살펴보면, 정보통신기술보급 1위, 거시경제(巨視經濟) 안정성 1위, 보건 8위, 금융시스템 18위, 기업가 정신 55위, 시장 효율성 59위, 정부 규제가 기업에 주는 부담 87위, 노동시장 유연성 97위이다.

우리의 자긍심을 심어주는 것은 정보통신기술(ICT) 보급과 거시경제 안정성 평가가 지난해에 이어 2년 연속 1위를 차지했다는 사실이다.

그러나 정부 규제 및 노동시장 유연성은 141개국 중 각각 87위, 97위를 기록하는 등 우리의 국가경쟁력을 위축시키고 있음을 본다. 특히 경직된 노동시장은 대한민국에 대한 국제기구의 단골 지적이다. 몇십 년 동안 지속된 노동시장의 문제는 60위권 아래에서 올라오지 못하고 있다. 그 결과 외국 투자와 국내 기업들이 외국으로 나가게 하는 요소가 되었다. 기업이 외국으로 나가고 외국인들의 투자에 영향을 주게 되므로 우리의 일자리는 당연히 줄어드는 결과를 초래하고 있다. 경직되고 후진적인 우리 노동시장의 노사협력, 임금 결정 및 정리해고 등에 대한 유연성은 시급히 개선되어야 할 문제로 지적되고 있다. 이 부분만 선진국 수준으로 개선된다면 우리의 국가경쟁력은 지금보다 몇 단계를 앞설 수 있음이 확실하다. 최근에 프랑스 마크롱 대통령은 프랑스의 경제발전이 재 원동력을 찾아가고 있는데, 그 요인은 "그들의 강성노조를 무력화시키고 야당과의 협치를 통해 행정부 권한을 강화하는 데 있다"라고 말함으로 우리의 눈길을 끌고 있다. 그리고 WEF가 올해에도 총평으로 남긴 말을 새롭게 새겨본다.

"한국은 ICT(정보통신기술)를 이끄는 글로벌 리더지만, 도전하는 기업가 정신과 국내 경쟁 촉진, 노동시장 경직성 등에 개선이 필요하다."

우리는 국민소득 3만 달러 시대에 진입하였다.

　　최근 IMF(국제통화기금)는 한국의 1인당 국민총생산(GDP)이 3만 2,775달러라고 발표했다. 한국은행도 3월 5일 2018년 1인당 국민총소득(GNI)이 3만 1천 달러에 달한다고 밝혔다. 이로써 대한민국은 인구 5천만 명이 넘는 국가 중 1인당 소득 3만 달러가 넘는 국가로 세계 7번째가 되었다. 세계 최빈국에서 불과 반세기 만에 '선진국의 문턱'이라 불리는 국민소득 3만 달러 시대에 진입하였다.

　　1인당 국민총소득(GNI)은 가계와 기업과 정부 수입을 다 합한 액수를 인구 5천만으로 나눈 통계를 말한다. 이 통계는 일반적으로 한 나라의 국민 생활수준을 보여주는 지표로 통한다. 우리나라는 2006년 GNP 2만 달러를 처음 돌파하고 12년 만에 3만 달러 고지를 넘어섰다. 일본과 독일이 5년, 미국과 호주가 각각 9년이 걸려 2만 달러에서 3만 달러 시대로 들어갔던 것에 비교하면 우리나라는 다른 나라보다 긴 기간을 보냈다. 그 원인은 여러 측면에서 분석되어야 하겠지만, 주원인은 1997년 12월 정부가 국제통화기금으로부터 구제금융을 신청했던 아픈 기록 때문이라는 분석이 지배적이다.

　　생각해 보면 국민소득 3만 달러는 사실 대단한 성과이다. 우리나라가 미국, 독일, 일본, 프랑스, 영국, 이탈리아 다음으로 이 대열에 진입했다는 것은 실로 놀라운 발전이다. 그런데 이러한 발표가 있으면 축포라도 터뜨리고 환호해야 하는데 국민은 별다른 미소를 짓지 않고 있는 듯하다. 오히려 우리 모든 국민이 3만 달러 시대를 누리고 있는지에 대한 의문들이 나오고 있다. 대다수가 소득과 분배가 균형을 이루지 못함을 지적한다. 그러면서 "국내 소비의 60%를 담당하는 서민들의 삶이 개선되지 않으면 한국 경제는 악순환만 계속될 것"이라는 염려를 한다. 부익부 빈익빈의 현상이 뚜렷해지고 있다는 염려의 소리가 이어진다.

이제 우리의 경제 실정은 국민소득 3만 불이라는 높아진 위상만큼 더 큰 숙제를 풀어나가야 하는 일들로 산적해 있다. 무엇보다도 수출의존도가 높은 우리 경제가 지속적인 확대를 위해 더 큰 노력을 기울여야 한다. 비록 세계 경제의 침체가 계속되더라도 '미래의 먹거리'를 위한 연구와 투자에 우리의 역량을 다 모을 수 있어야 한다. 그리고 자유민주주의 국민으로 경제 시장의 활력을 돋우면서, 그 열매를 좀 더 공평하게 분배할 수 있는 경제체제의 연구와 개발이 필요하다. 문재인 대통령이 반복해서 말하고 있는 "기회는 평등하게, 과정은 공정하게, 결과는 정의롭게" 하는 민주주의와 경제사회가 실현되어야 한다.

국론 분열의 현상이 확산하여 당황했던 2019년이었다.

대한민국은 경이로운 발전을 거듭한 나라로 꼽힌다. 국가경쟁력이 OECD 36개 회원국 중 10번째에 진입한 나라다. 전쟁으로 인한 최빈국의 늪에서 반세기 만에 국민소득 3만 불을 달성한 민주주의 국가다. 세계인들이 우리나라에 와서 감탄한다. 정보통신(IT) 분야에만 1등 국가인 줄 알고 왔던 그들은 우리의 의료기술과 서비스, 경로우대의 문화, 대중교통 체제, 안전한 치안유지, 편리한 택배 문화, 신용카드의 일상화, 전자화된 각종 시스템 등등을 보면서 '미래 한국'을 일등 국가로 말하는 데 주저함이 없다.

그런데 최근에 그들이 광화문이나 서초동의 대규모의 집회를 보면서 고개를 갸우뚱거리며 생각에 잠긴다. 그리고 질문을 던진다. "이들이 원하는 이슈가 무엇인가?" "한국의 대의민주주의는 어떻게 이해되고 있는가?" "국회가 해야 할 일을 왜 국민이 직접 거리로 나와 외쳐야 하는가?" "대화와 타협의 정치문화는 어느 정도인가?"

회고해 보면, 우리 민족은 매우 독특한 민족이다. 특별히 정치가들이 문제를 해결하지 못할 때 목숨을 내놓고 거리로 뛰어든 숱한 역사적 경험을 가지고 있다. 그 실례는 다음의 역사적인 대규모 시위운동과 그 결실에서 잘 볼 수 있다. 먼저, 1919년의 3·1운동이다. 일본의 식민지 지배에 저항하여 전 민족이 봉기한 항일독립운동은 세계를 놀라게 한 바 있다. 둘째, 1945년 12월 27일 모스크바협정에서 채택된 신탁통치안을 반대하던 거족적인 대중운동은 오늘의 대한민국 정부를 세우게 하였다. 셋째는 1960년 4월 19일에 반부정, 반정부 항쟁으로 자유당과 이승만 대통령의 일당독재를 물리친 4·19 학생혁명이다. 넷째는 1980년 5월 18일을 전후하여 광주(光州)와 전남(全南) 일원에서 신군부의 집권 음모를 규탄하고 민주주의의 실현을 요구하며 전개한 민중항쟁이다. 다섯째는 1987년 6월 10일부터 6월 29일까지 전국에서 전두환 정권의 군부 독재에 항거하여 대통령 직선제와 '6·29 민주선언'을 쟁취한 범국민적 민주화 운동이다. 여섯째는 2017년 3월 10일 헌법재판소에서 "주문 피청구인 대통령 박근혜를 파면한다"라는 역사적인 선고를 받아 냈던 2016년 10월부터 2017년 4월까지 23차례 진행되었던 촛불혁명이다. 끝으로, 현재 광화문과 서초동에서 진행되고 있는 대규모의 집회이다.

여기서 뜻이 있는 국민은 깊은 염려를 하고 있다. 그것은 앞에서 열거한 역사적인 광장의 행진은 모두가 하나의 쟁점에 뜻을 모으고 한목소리를 내고 있었다. 비록 숱한 생명이 희생되었던 고통을 안고 있지만 자랑스러운 결실을 거두어 오늘의 대한민국을 보존하고 있다.

그런데 이번에 대규모로 진행된 광장의 함성은 각각 다르다. 광화문에서는 '조국 파면'과 '대통령 하야'를, 서초 사거리에서는 '조국 지키기', '검찰개혁'을 각각 부르짖으면서 휴일과 주말에 국론분열의 장을 계속하여 연출하고 있다. 이러한 현상은 우리 역사에 없었던 초유의 위태롭고 슬픈 사건이다. 이 나라가 지키고 있는 대의민주주의가 완전히 실종된 듯한 양상이다. 오히려 여야 지도부는 지지층을 결집하고 그 틈새에서 자신의 영욕을 채우려는 추태를 연출한다. 국회의장은 "정치지도자라는 분들이 집회에 몇 명이 나왔는지 숫자 놀이에 빠져 나라가 두 쪽이 나도 관계없다는 것 아닌가", "분열의 정치, 편 가르기 정치, 선동의 정치도 위험선에 다다랐다"라고 울부짖고 있다. 이 경고에 공감하는 시민들이 실로 많다.

이때 그리스도인들은 한 편의 주장을 관철하기 위해 어느 대열에 낄 때가 아니다. 다양한 국민 의사를 합리적으로 조정하고 갈등을 해결할 수 있는 지혜를 이 나라 대통령을 위시하여 주변의 위정자들에게 주시라는 간절한 기도가 우선 시급하다. 대한민국은 하나님이 보우하사 오늘에 이른 국가이다. 우리는 하나님이 이 난국을 방치하시지 않으리라는 확신을 두고 나라 사랑의 기도를 이어가야 한다.

2020년, 새로운 역사의 장을 펼치리라 기대한다

새해에는 2018년 9월 평양공동선언이 실현되어야 하는데…

2020년 새해의 창을 열면서 2018년 9월 평양공동선언문을 다시 펼쳐 본다. 문재인 대통령과 김정은 위원장이 2018년 9월 19일 평양에서 이 선언문을 발표했을 때 우리 국민은 실로 감격하였다. 통일이 앞당겨진 듯 몹시도 반가운 소식이었다. 그러나 그 실천은 유엔 제재에 위촉되지 않는 미소한 부분을 제외하고서는 한 발자국도 진전을 보지 못하고 있다.

오히려 북한의 문이 더욱 굳게 닫힌 듯싶은 사례들이 최근에 보인다.

한 실례로, 남북의 2022년 카타르 월드컵 아시아 지역 2차 예선이 평양에서 열릴 때 보여준 그들의 태도이다. 우리 선수단이 2019년 10월 14일 평양에 도착한 지 10시간 만에야 간신히 소식을 받을 정도로 생중계를 비롯한 외신기자들의 취재나 원정 응원단도 없이 경기가 진행되었다. 이 모습을 영국의 BBC는 34년 만에 처음 보는 "중계 없는 월드컵 예선"이라면서 "세상에서 가장 이상한 축구 경기"라고 논평한 적이 있었다. 이것은 2018년의 평양 공동성명의 정신이 조금도 보이지 않는 참으로 안타까운 실상이었다. 남과 북의 양 정상이 세계인들 앞에 내놓은 공동성명이 아무런 보탬이 되지 않는 모습이었다.

그러함에도 불구하고 우리는 희망을 안고 새해의 창문을 연다. 새해만은 '공동성명'에 명시된 이산가족 상설면회소를 비롯하여 금강산 관광과 개성공단의 문이라도 열리기를 기대해 본다. 그것만이 아니다. 통일은 다음 세대에 맡기더라도 우리의 한반도가 "핵무기와 핵 위협이 없는 평화의 터전"이 되도록 해야 한다. 그리고 남과 북이 "호혜와 공리 공영의 바탕 위에서 교류와 협력을 더욱 증대"시켜 경제의 발전이 북녘 땅에서도 이루어지도록 해야 한다. 이러한 민족적 소원이 담겨 있는 9.19 공동성명이 실현될 수 있는 새해가 되기를 희망한다.

한국교회는 하나님이 북미회담을 이용하셔서 우리의 기대나 상상을 초월한 경이로운 결과를 양산하도록 역사하여 달라는 기도를 멈추지 않고 있다. 우리의 기도가 언젠가는 상달되어 세계인들의 부러운 눈길이 한반도에 멈추리라는 희망을 안고 2020년의 새해 아침의 창문을 열어보자.

새해의 4.15 총선에는 투사보다 선량한 일꾼을 뽑자.

혹한의 추위가 가시고 봄이 오면 추위에 움츠리던 모든 생명이 생기가 가득한 모습을 되찾기 시작한다. 그러나 4월이 되면 대한민국의 낙후된 정치세계는 생명을 걸고 선동과 현혹과 상처로 얼룩진 '선거 전쟁'을 또 치러야 한다.

21대 국회의원을 뽑는 총선을 앞둔 선거 열풍은 벌써 시작되어 긴장감을 조성시키고 있다. 모든 정치적인 분석과 진행은 총선에 초점을 맞추고 달리고 있다. 어느 때보다 치열한 선거의 열풍과 전투가 전개될 수밖에 없는 이유가 많다. 우선, 촛불혁명이라는 뜻밖의 불길에 정권을 내놓은 야당이 2016년 총선, 2017년 대선, 그리고 2018년 지방선거에 연이은 패배의 잔을 마신 바 있다. 야당은 실지를 회복하려는 군사들의 모습으로 총선에 임할 것이고, 집권여당은 당연히 정권 유지를 위해 사력을 다할 것이다.

이번의 선거에는 수준 높은 대의정치를 수행할 수 있는 인물들을 찾는 데 유권자들은 깊은 관심을 기울여야 한다. 우리 국민은 우수한데 국회라는 대의정치 주 무대는 열등국의 수준을 벗어나지 못하고 있다는 규탄을 수없이 받아 오고 있다. 국회라는 단어는 '국민대표자회의'의 줄임말로서 이들에게 부여한 임무는 입법이다. 이들의 임무가 막중하기에 1년에 1명이 9명의 입법보좌관을 채용토록 하고, 6~7억의 세비를 주면서 활동하게 한다. 그런데 20대 국회는 2016년 5월 30일부터 2019년 6월 18일까지 처리해야 할 의안이 모두 2만 1,199개인 데도 민생법안 처리는 뒤로하고 자신과 소속정당을 띄우는 발상과 투쟁에 심혈을 기울이고 있다는 평가이다. 실로 실망을 거듭한 국회였다.

지난 10월 매우 유능하다는 평가를 받고 있던 어느 국회의원이 불출마 선언을 하면서 실토한 말이 우리의 눈길을 멈추게 한다. "정치의 한심한 꼴 때문에 매우 부끄럽습니다." "상대에 대한 막말과 선동만 있고, 숙의와 타협은 사라졌습니다." "정치인이 되레 정치를 죽이고, 정치 이슈를 사법으로 끌고 가서 급기야 이제는 검찰이 정치적 이슈의 심판까지 자처하는 지경까지 이르렀습니다." "특정 인사에 대해 인격모독을 넘어 인격살인까지, 그야말로 죽고 죽이는 무한 정쟁의 소재가 된 지 오래입니다." "저는 다음 총선에 출마하지 않을 작정입니다. 국회의원으로 지내면서 어느새 저도 무기력에 길들고, 절망에 익숙해졌습니다." "멀쩡한 정신을 유지하기조차 버거운게 솔직한 고백입니다. 처음 품었던 열정도 이미 소진됐습니다."

정치인이 제각기 사리사욕이나 당리당략을 위해 선봉장이 되어 유창한 언변이나 투사로서 공을 세우고 연속적인 공천을 누리기에 여념이 없는 인물은 이제 뒤로해야 한다. 진정 고결한 정신과 인품과 밝은 지성을 갖춘 존경받는 일꾼을 선별해야 한다. 그래서 21대 국회는 선진국회의 모습을 갖추도록 정직하고 성실한 선량을 뽑아야 한다. 진정, 우리가 모두 수준 높은 선거 문화를 통하여 노력해야 이 나라의 정치가 진일보할 수 있다.

그리스도교의 대 사회 이미지를 새롭게 해야 한다.

"내가 거룩하니 너희도 거룩할지어다"(벧전 1:16)라는 하나님의 준엄한 명령을 모르는 그리스도인은 없다. 더욱이 목사는 설교에서 수없이 외쳐온 주제이다. 그런데 최근에 그리스도인임을 자처하는 데 부끄럽고 창피하게 만드는 목사들이 등장하고 있다. 웬만한 상식을 가지고 있는 사람이라면 차마 입에 담을 수 없는 막말을 쏟아내는 목사들이 매스컴을 타고 있다. 자신이 속했던 교단으로부터 제명된 목사인 데도 그를 한국교회의 대표자로 호칭하면서 그 입에서 나오는 말을 경청하는 대표적인 정치인들이 앉아 합세한다. 심지어 자신이 지지하는 후보를 "찍지 않는 사람은 생명책에서 지워버리겠다"라는 비상식적인 말을 귀담아듣기도 한다.

이제 그리스도인들, 특별히 목회자들은 언어의 순화에 깊은 관심을 가지고 정선된 언어구사를 해야 한다. 종북, 친북, 좌파, 우파, 빨갱이 운운하면서 시대착오적인 용어를 삼갈 뿐만 아니라, 이 용어들을 남발하는 사람을 경계해야 분열의 상처가 아물게 된다. 이념 갈등과 지역 갈등을 부추기는 목사는 반그리스도교적인 인물이다. 세상의 정치인들이 하나를 둘로 만드는 일에 주력할 때, 그리스도교 지도자들은 둘을 하나로 만드는 것이 올바른 길이다. 우리 국민이 하나가 되어야 치열한 경쟁의 국제무대에서 살아남을 수 있다. 어떻게 오늘에 이른 국가인데 조금이라도 방심하면 선진대열에서 쉽게 낙오하게 된다.

특별히 치열한 선거전이 전개될 새해에 정치인들이 바쁘게 교회를 드나들 것이다. 심지어 이중 삼중으로 여기저기 대형교회에 등록하고, 위장된 교인 행세를 하면서 목회자와 교인들의 호감을 사려고 안간힘을 쓸 것이다. 거기에 목회자들이 휘말려 마치 계시를 받은 듯 특정인을 위한 발언을 하는 우를 범하지 않도록 각별한 주의를 필요로 한다.

주님의 참된 종이 언제나 생각과 언어와 행동을 올바르게 할 때 우리의 교회가 바로 선다. 목사가 모여든 사람들을 보면서 제정신을 잃고 소영웅주의에 빠져 비상식적인 함성을 지를 때 사탄의 하수인으로 실수를 자아내기 마련이다. 정도전이 이태조에게 주었던 "청인회(聽認懷)"라는 세 글자가 있다. 참된 지도자는 여야의 말을 경청해 주고, 자신과 다른 주장을 펼치더라도 꾹 참고, 그리고 누구나 품어주는 어른스러운 너그러움을 갖추라는 뜻이다. 교회는 예배하는 공동체이지 정치토론장이 아니다. 예배 가운데서 진행되는 설교는 하나님 말씀의 운반이지 설교자의 정치 견해나 시국관을 펼치는 무대가 아니다. 교회는 세상의 풍랑이 보이지 않고 오직 숭고한 십자가의 빛만 발하는 거룩한 피안처가 되어야 한다. 그러할 때 주님이 주관하시는 평화의 동산으로 여·야의 사람이 함께 예배하게 된다. 목사가 어느 한 편에 치우쳐 정치적 소견을 피력했을 때 교인은 여지없이 둘로 나뉘어 핏대를 세우고 분열된다. 그리고 교회를 떠나게 된다.

새해는 정치가들이 이념과 지역 갈등을 부추기면서 날뛰게 될 가능성이 크다. 이때 우리의 교회가 교회답게, 목사가 목사답게 언행을 올곧게 지켜 나가도록 함께 애써야 한다. 그리고 화평케 하는 성령님의 역사를 간구하는 기도하는 모습, 곧 성스러운 모습을 이 사회에 보여주어야 한다.

임기 3년 차에 진입하면 희망찬 기대보다 싸늘한 평가가 앞선다.

2017년 5월 9일에 당선된 문재인 대통령은 취임식도 없이 취임 선서 행사를 국회 중앙홀에서 가진 것이 고작이었다. 그리고 바로 대통령의 중책을 맡아 역대 어느 대통령보다 바쁜 일정을 소화하고 있었다. 이제 임기의 절반을 넘기면서 기대와 평가가 교차하는 지점에 이르렀다.

먼저, 남북관계를 보는 평가이다. 북한은 문 대통령이 취임한 지 겨우 3개월이 지난 8월 말에 14회의 탄도미사일을, 9월 초에는 수소폭탄으로 추정되는 6차 핵실험을 단행하였다. 세계의 언론들은 한반도의 전쟁이 금방이라도 발발할 것처럼 보도했다. 그러던 중 2018년 김정은 위원장의 신년사는 뜻밖이었다. 그는 "북과 남은 정세를 격화시키는 일을 더는 하지 말아야 하며 군사적 긴장을 완화하고 평화적 환경을 만들기 위해 공동으로 노력할 것"을 제안하였다. 우리 정부는 바로 환영의 뜻을 표하고 남북 당국 간의 만남을 제의하였고, 평창 동계올림픽이 평화의 돌파구가 되게 하는 데 성공을 거두었다. 그리고 이어진 1, 2차의 북미회담과 판문점에서 남북미 정상들의 악수를 보면서 남북관계 개선이 임박한 듯싶었다. 이 과정을 지켜본 국민은 문 대통령에게 81%의 압도적인 지지를 보여주었다. 그러면서 3차 회담이 시원스럽게 진행되고 남북관계의 변화를 학수고대하였다. 그러나 진행이 기대에 미치지 못하자 실망의 소리가 서서히 들리기 시작하고 있다. 그러나 뜻이 있는 국민은 남북관계의 개선은 문재인 정부가 가장 높은 점수를 받게 될 날이 올 것이라는 희망을 품고 있다. 지난 정권보다는 진보적인 개방을 추구하는 문재인 정부이기에 남북관계의 개선은 이룩될 것이라고 다수의 국민이 기대하고 있다.

다음으로, 경제에 대한 평가와 전망이다. 문재인 정부는 출범하면서 '소득주도성장'이라는 새로운 경제정책을 내놓았다. 빈부의 격차를 좁히고 보편적인 복지를 통해 가계소득을 늘려 더불어 잘사는 경제성장을 가져오겠다는 목적이었다. 국민은 이러한 정부의 경제정책에 관심을 기울였고, 일자리가 생기고 경제성장이 이룩될 것이라는 보도에 기대감이 컸다. 그러나 불행히도 미국과 중국의 무역마찰, 유럽경제와 한일관계의 악화를 비롯한 세계적인 경제불황은 새 정부의 경제발전 의욕을 위축시키고 말았다. 최근에는 IMF와 한국은행까지 한국 경제성장의 지표를 2%까지 하향 조정함으로 문 대통령은 조급한 모습을 보인다. 실질적으로 우리 경기는 2017년 9월 정점을 찍고 24개월째 하강 국면을 이어가고 있다는 보도이다.

어떤 경제전문가들은 문 대통령의 집권 후반기에는 새로운 변수의 경제정책과 효력이 나오리라는 기대를 하고 있다. 그것은 최악의 경제상태에 직면한 북한이 문을 열게 될 날이 머지않았기에 그때는 남북한의 경제교류가 활발하게 이뤄질 것이라는 전망이다. 세계 3대 투자가로 남다른 혜안을 가지고 경제활동을 하는 로저스(J. Rogers)는 그의 책 『세계에서 가장 자극적인 나라』에서, "이 진통의 고비만 넘고 나면, 머지않아 한반도는 세계에서 가장 흥미진진한 나라가 될 것이다"라고 말하고 있다.

또 하나의 항목은 문 대통령의 대표적인 공약이었던 검찰개혁과 공직자 비리수사처의 설치와 적폐 청산이 험산 준령을 넘어 어느 정도의 지점에 도달하였다. 특별히 문 대통령은 검찰개혁의 완수라는 공약의 실천을 위해 조국 전 민정수석을 법무부 장관으로 임명하여 통치자로서 막대한 손실을 감수한 바 있다. 35일간 시련을 견디고 떠난 단명(短命)의 법무부 장관이 제출한 검찰개혁안은 국무회의를 거쳐 공포되면서 후속 조치의 과정을 밟게 되었다.

특별히 과거부터 지금까지 쌓여 온 정치적인 폐단들을 척결하여 깨끗한 정치를 실현해 보겠다던 '정치적 정화'의 실천은 많은 저항과 불균형을 이루면서 현재진행 상태이다. 오직 기대하는 것은 문재인 정부가 남은 후반기에 자신들에게서 적폐에 해당하는 항목들이 다시 발생하지 않도록 해 달라는 각별한 요청이다.

우리 국민은 문재인 정부가 끝날 때 행정부에는 청백리들이 가득하고, 사법부에는 진실을 생명으로 아는 법관들로 채워지고, 입법부에는 당리당략에 휘말리지 않고 선비의 정신이 가득한 선량들이 밤이 맞도록 입법 작업을 펼치면서 국민의 소리를 대변하는 대한민국의 기틀을 잡아 주기를 오늘도 기대하고 있다.

신무교회주의자들이 곳곳에서 보이게 될 것이다.

인간들이 하늘과 땅과 바다에 의존하여 살던 1차 산업시대나, 자연환경을 이용하여 얻은 소산들을 가공하고 생활에 필요한 기계들을 개발하면서 살던 2차 산업시대의 교회는 매우 좋았다. 하나님을 의존하는 절대 신앙의 순수성을 유지하면서 교회는 예배하는 공동체로서 구실을 다했다. 그러나 인간 생활의 편의와 만족을 누리는 데 초점을 둔 3차 산업에 진입하면서 교회는 급격하게 둔화하였다. 특별히 인터넷의 등장은 사람들의 삶의 형태를 바꾸어 놓았을 뿐만 아니라, 예배하는 공동체에도 심각한 문제점들을 가져다주었다. 그 부산물로서 예배당을 찾아가 예배를 드려야 하는 당연성이 식어지고 있다. 그토록 적극적이었던 신앙의 모습들이 변하고 있음을 본다. 예배생활이 몸에 배어 있는 세대는 영향을 덜 받지만, 그렇지 못한 세대에게는 하나님의 백성들인 교회가 예배당에 모여 예배를 드려야 하는 필요성에 대해 지극히 소극적인 모습이다.

젊은 세대가 교회를 떠나는 현상이 한국교회의 장래를 어둡게 하고 있다. 세계에서 인터넷 확산과 사용이 1등인 우리나라에 '예배 적신호'가 급속도로 번져가고 있다. 손에 든 스마트폰을 통하여 예배의 대체행위를 예사롭게 여기는 모습을 본다. 주일과는 무관하게 집에서 인터넷 예배 실황을 가지고 홀로 예배하는 행위가 정당한 것처럼 착각한다. 바로 신무교회주의(Neo Non-Congregationalism)가 확산하고 있다.

역사적으로 무교회주의는 가톨릭교회의 형식주의를 벗어나지 못한 영국국교(Church of England)에 대한 반동으로서 생겨났다. 그 대표적인 집단은 '퀘이커파(Quakers)'와 '파다비파(Darbyites)' 등이었다. 일본에서는 신학자 우찌무라 간조(內村鑑三)가 그 운동의 맥을 이어 무교회주의를 시작하였다. 한국에서는 김교신과 함석헌을 중심하여 그 추종자들이 1927년 동인지「성서 조선」을 창간하고 성경연구집회를 가짐으로써 무교회주의 운동을 전개했었다.

그런데 최근에 나타나는 신무교회주의는 앞에서 언급한 무교회주의와 신앙의 내용이 다르다. 그들은 기존 교회의 전통적인 신학이나 교리에 대하여 저항이나 거부의 뜻을 보이지는 않는다. 그러나 예배하는 공동체로부터의 이탈이나, 교회의 전통적인 예배행위의 불참은 무교회주의자들의 모습과 차이가 없다. 그들은 제도권 속에 있는 교회의 규례를 벗어나 나 홀로의 길을 걷는 데 주안점을 두고 있다. 그 결과 그들은 하나님의 자녀로서의 속성을 서서히 상실하게 되고 보호막이 없는 사탄의 유혹에 쉽게 젖어 든다.

흔히들 신무교회주의자들은 예배당에서 예배하는 동안 자신이 출석한 교회의 목사보다 우월한 목사의 설교를 듣고 은혜 받는 것이 더 유익하다는 말들을 한다. 이 말이 함축하고 있는 의미는 매우 많다. 먼저, 설교를 예배 전부로 아는 단편적인 예배 인식이다. 개혁교회 예배에서 설교는 제일 중요한 것임에 틀림없다. 그러나 그것이 예배 전부는 아니다. 둘째, 역사적으로 예배의 핵심은 성찬성례전이었다. 그래서 성직자가 집례한 성례전은 예배당 밖에서는 어떤 방법으로도 대체할 수가 없다. 셋째, 예배 가운데서 우선 나의 마음과 뜻과 정성을 모아 드리는 성스러운 '드림의 의식'이 최우선이다. 넷째, 그리스도이신 예수님으로부터 한 피 받아 한 몸 이룬 '성도의 교제'가 없게 된다. 다섯째, 교회를 벗어난 무리는 하늘의 시민권자들로서 갖추어야 할 성경의 가르침을 비롯한 생활수칙들에 대한 교육과 접할 길이 없게 된다.

이러한 맹점들을 모르는 그리스도인들은 자신이 사탄이 즐겨 찾는 표적의 대상이 되는 줄도 모른 채, 지금도 나 홀로 예배하는 '안 나가 교회'를 즐기고 있다. 새해에 교회를 벗어난 그리스도인들이 증가할 것이 우려된다. 진정한 하나님의 자녀는 모이기에 힘쓰는 교회로서 살아있는 신앙을 소유하려는 뜨거운 열심을 보여야 한다.

집회와 시위 문화의 상습화가 염려된다.

우리가 누리고 있는 민주주의의 꽃은 자유이다. 그 자유는 국민이 표현을 마음껏 할 수 있도록 헌법이 보장하고 있다. 헌법 제21조에서 "모든 국민은 언론·출판의 자유와 집회·결사(結社)의 자유를 가진다"라고 성문화되어 있다. 이렇게 보장된 헌법 조항으로 인하여 우리는 언제 어디서나 집회·결사뿐만 아니라 신앙, 학문, 직업 선택까지 자유롭다.

그중에서도 우리 국민에게 집회는 매우 쉽게 목적을 달성하는 방편처럼 여겨진다. 소위 '데모 문화'가 매우 익숙한 국민이 되었다. 나라의 지형(地

形) 중 70% 이상이 산악이어서 삶의 공간은 겨우 30% 이내의 계곡과 평지이다. 그래서 좁은 공간에 옹기종기 모여 살면서 모이는 문화에 익숙해 있다. 넓은 대지에 흩어져 사는 민족이 아니기에 관심거리가 생기면 모두 단시간에 달려와 집단을 형성하는 일이 그리 어렵지 않게 되어 있다.

이러한 지형적 조건과 인구밀도는 대규모의 집회와 시위를 쉽게 형성할 수 있는 바탕이 되었다. 그리고 우리 국민은 집회와 시위를 통하여 근대사에 있어 두 번의 정권교체를 가능하게 했다. 그것은 자유당의 이승만 정권과 새누리당의 박근혜 정권이었다. 이는 대단한 위력이 대중 집회에 있다는 사실을 확인해 주는 기록이다. 그런데 이 빈번한 '데모 문화'의 물결을 보면서, 이러한 문화가 국민 속에 정착이 되면 안 된다는 심각한 걱정을 하며 장래를 염려하는 시민들이 많다.

가장 실증적 기록이 있다. 그것은 1960년 4·19 학생혁명으로 자유당 독재정권이 무너지자 국민의 다양한 요구가 각종 시위로 이어지던 때였다. 자유와 방종을 구분하지 못하는 행위들이 홍수처럼 쏟아져 나왔다. 집권당이었던 민주당 정권은 자유주의 정치이념을 기반으로 경제개발계획을 통한 산업 입국을 만들려고 했으나, 데모의 함성 때문에 뜻을 이루지 못하고 말았다. 장면 총리는 훌륭한 정치인으로 민주주의 신봉자였지만, 그에게 맡겨진 제2공화국은 1960년 6월 15일부터 1961년 5월 16일까지 불과 11개월간만 존속하고 군사쿠데타를 맞게 되었다. 이것은 슬픈 역사의 기록이다.

물론 지금 우리 국민의 지정의(知情意) 수준은 50년 전과는 확연히 다르다. 이제는 충분히 자제력과 분별력을 발휘할 수 있는 높은 교육을 받은 시민들이다. 혼돈과 뼈아픈 역사를 잊지 않고 있다. 선동과 중상과 모략이 담긴 거짓 뉴스도 판독할 수 있다. 정치 세력들의 불순한 의도에 쉽게 동조하지 않을 수 있는 능력이 있다. 국가의 기간산업을 살리고 끊임없는 경제활동이 멈추지 않아야 이 나라가 존속할 수 있음을 잘 알고 있는 지성인들이다.

　그러하기에 많은 국민은 '데모 문화'의 위력을 핵무기처럼 남발하여 또다시 혼돈과 무질서가 난무하지 않도록 주의를 기울여야 한다. 집회와 시위를 통한 목적달성은 대의민주주의가 정착된 나라에서는 매우 드문 일이다. 대한민국은 높은 국가경쟁력을 갖춘 나라이다. 그러므로 거기에 걸맞은 사회·정치·경제·윤리의 수준을 보여주어야 할 때이다. 그럴 때 우리는 선진국의 시민으로서 세계를 활보할 수 있을 것이다.

4차 산업혁명에 사활을 걸어야 우리나라의 장래가 밝아진다.

　2016년이 열리자 스위스 다보스에서 46차 세계경제포럼(WEF) 총회(1.20-23)가 "제4차 산업혁명의 이해"라는 주제를 걸고 열렸다. 슈바프 회장은 4차 산업혁명이 속도, 범위, 체제에 대한 충격의 세 측면에서 3차 산업혁명과 확연히 다름을 강조하면서, "4차 산업혁명은 기존의 산업혁명들과 비교했을 때 단순한 변화가 아니라, 완전히 차원이 다른 지각 변동 수준"이라고 하였다. 그리고 "새로운 산업혁명은 모든 국가, 모든 산업 분야에서 이루어지며, 결국 경제, 사회, 문화에 대한 영향력이 다르다고 강조했다." 특별히 "지금까지 우리가 살아왔고 일하고 있던 삶의 방식을 근본적으로 바꿀 기술혁명의 직전에 와 있다"라고 선언할 때 선진국들은 본격적으로 눈을 뜨기 시작하였다.

　한국에서는 다보스 총회가 지난 지 3개월도 못 되어 구글이 개발한 인공지능 컴퓨터 바둑 프로그램인 알파고와 세계 최강으로 일컫는 이세돌 9단의 바둑 대결이 열렸다. 결과는 알파고가 이세돌에게 4승 1패로 승리하였다. 이때 모든 국민은 4차 산업혁명의 핵심인 인공지능(AI)의 위력을 실감하였다. 그로부터 3개월 후 6월 국회에서는 3당 대표연설이 있었는데, 이들 모두가 4차 산업혁명을 언급함으로 그 중요성이 널리 일반화될 정도였다. 마침내 2017년 5월, 19대 대선 후보마다 앞다투어 4차 산업혁명을 성공시키겠다는 공약을 내걸었다. 새롭게 들어선 정부와 국회는 여기에 대비한 기구들을 만들면서 민첩하게 움직이는 모습을 보여주었다. 그러나 새 정부는 괄목할 만한 노력이나 결실이 미미한 수준을 보여주었다. 오직 AI 개발에 사용될 4G보다 최대 20배 빠른 5G가 4월 3일 오후 11시에 세계 최초로 상용화 시대를 열었다.

2019년 7월 일본의 소프트뱅크 손정의 회장이 문재인 대통령과 해당 각료들 앞에서 "세계는 인터넷 시대를 거쳐 AI 시대를 맞았다"라면서 "한국이 초고속 인터넷에서 세계 1등을 하며 정보통신 강국으로 거듭났지만, 현재 AI는 다소 늦은 상태"라고 지적하였다. 그리고 "앞으로 한국이 집중해야 할 것은 첫째도 AI, 둘째도 AI, 셋째도 AI"라며, 교육, 정책, 투자, 예산 등 인공지능 분야에 대한 전폭적 육성을 제안했다.

여기에서 우리는 정부와 국회가 최우선 순위가 되어야 할 4차 산업혁명에 얼마나 관심을 기울였는지에 대해 의구심을 가져야 한다. 광화문 광장과 서초동 사거리에 온 정신을 쏟으며 정권 쟁취와 방어에 사력을 다하고 있는 현실 앞에 자문해 보아야 한다. 낡은 규제와 제도, 관행이 AI의 발목을 잡고 있고, 이를 고쳐야 할 정부와 정치권은 손을 놓고 있는 듯하다. 'AI의 원유'로 불리는 빅데이터에 대한 규제부터 풀어야 하기에, 낡은 '개인정보 보호법', '정보통신망법', '신용정보법'의 개정안들을 상정했으나 산적한 법안 속에 잠겨 오수를 취하고 있다.

이러한 현실을 이기지 못하고 미국으로 간 어느 기업의 대표가 "규제 지옥 한국에서는 할 수 있는 게 없었다"라고 개탄하는 이야기를 들을 때, 우리의 4차 산업에 대한 준비가 얼마나 미흡한지를 충분히 느낄 수 있었다. 이제라도 창의적인 기술과 아이디어들이 자랑스럽게 활착할 수 있도록 무대를 마련하는 데 여·야가 힘을 모아야 한다. 어느 신문의 사설에서는 "세계에서 가장 경직된 주 52시간 근로제로 기업의 AI 개발부서나 연구기관들이 오후 6시만 되면 컴퓨터를 강제로 끄고 연구 개발자들을 퇴근시키는 어처구니없는 일이 벌어지고 있다"라고 지적하고 있다. 한국의 AI 기술력은 미국보다 2.4년, 제조업으로 말하면 약 20년 격차가 있는 현실이다. 중국은 미국을 바짝 뒤쫓고 있고, 일본은 초·중·고 100만 명, 대학·대학원 50만 명에게 AI를 가르친다고 한다. 지금 우리나라는 세상을 바꿀 4차 산업혁명의 핵심인 AI 개발을 위해 어느 지점에서 무엇을 어느 정도로 하고 있는지를 면밀히 진단하고 효율적으로 처방해야 할 때이다.

2021년도 회고와 전망

2020년, 온 세계가 코로나19의 포로병들이었다

세계는 코로나19에 잡혀 포로로 살아야 했다.

2020년은 온 세계가 모든 면에서 정지상태에 빠진 한 해였다. 코로나19의 포로가 되어 살아야 했던 '사망의 음침한 골짜기'에서 신음하면서 한 해를 보내야 했다. 인간이 만지거나 볼 수 없는 미생물 바이러스의 위력에 첨단의 과학과 의료시스템마저 아무런 기능을 발휘하지 못하는 기현상을 경험하였다. 추석이라는 민족의 대명절에 고향 땅을 찾는 것도 환영받지 못할 정도의 사회 분위기 속에서 마스크만 의지하고 살아야 하는 포로 생활이었다.

2019년 12월 1일, 중국의 우한시 의료진이 첫 감염자를 확인한 후에 번지기 시작한 이 감염병은 3월 11일에 세계보건기구(WHO)가 팬데믹으로 선언하기에 이르렀다. 팬데믹은 감염병의 6단계 중에 최고의 위험도를 일컫는 등급이기에 세계인들은 두려움에 떨기 시작하였다. 그 공포는 마침내 10월 현재 218개 국가에 3천만 명 이상의 확진자가 발생했으며, 100만 명 이상의 사망자를 발생하기에 이르렀다. 이 역병은 미국을 비롯한 선진국에서 확산

속도가 빨랐고, 그 피해가 극심한 결과를 초래한 공포의 기록을 남겼다. 10월의 찬 바람이 불기 시작하자 유럽에서는 2차 확산이 발생하고 있다. 미국 트럼프 대통령 부부가 확진자가 되자 세계인들에게 불안감은 더욱 가중되었다.

세계인들이 팬데믹 앞에 두려움을 갖게 되는 것은 역사적인 기록 때문이다. 멀리는 1348년에서 1350년 사이에 당시의 유럽 인구 3분의 1에 해당하는 약 3천만 명의 목숨을 앗아간 흑사병(페스트)이다. 가까이는 1918년 5천 명 이상의 사망자를 발생시킨 '스페인 독감'과 1968년 100만 명이 사망했던 '홍콩 독감'이다. 그리고 21세기에 들어와서 바이러스와의 끊임없는 전쟁이 계속되고 있다. 2002년의 사스, 2009년의 신종플루, 2015년의 메르스 등의 기억이 생생한데 또다시 팬데믹 코로나19를 만나 공포와 고통을 겪으면서 이 역병의 끝이 언제인지 모르는 채 새해를 바라보고 있다.

국내의 경우 2월 17일까지는 확진자 30명 정도로 안정권에 있었으나, 2월 18일 신천지 집단에 의하여 확진자가 급증하여 전국적인 확산을 가져왔다. 지난 3월에는 감염자 5천 명을 기록하면서 세계 2위에 이르기도 하였다. 코로나19의 발원지 우한과 가장 근접한 나라로서 당연한 결과처럼 여기면서 여러 나라가 한국인의 입국 금지를 취하였다. 그 후 수그러들기 시작한 확진자 수를 보면서 국민은 안도의 숨을 쉬려 했다. 그러나 지난 8·15 광복일에는 광화문 집회와 함께 사랑제일교회가 보인 팬데믹을 외면한 무책임한 행동 때문에 역병의 재확산으로 하루에 400명대까지 치솟아 국민을 불안에 떨게 하였고, 역병의 확산을 가져온 주범들에게 원성을 보내고 있었다. 이 사건은 한국 개신교에 몹시 불명예스러운 부담을 안겨주었다.

이러한 상황에서 방역당국이 보인 헌신적인 노력과 봉사는 감동적이었으며, 팬데믹 퇴치에 국민이 힘을 모으게 하였다. 이를 지켜보던 미국의 시사주간지 「타임즈」는 지난 9월 23일 2020년 가장 영향력 있는 인물 100인에 정은경 질병관리청장을 뽑기도 하였다.

세계의 교회가 예배 없는 예배당을 보면서 애가 탔다.

2020년은 '코로나19'가 세계인의 생활양태를 송두리째 바꾸어 놓은 한 해였다. 교육, 정치, 경제, 사회 어느 구석 하나 영향을 받지 않는 곳이 없을 정도로 그 변화와 피해는 막심하였다. 사회적 거리두기(social distancing)라는 신조어가 등장하여 사람과의 만남이나 공동식사가 금지되었고, 전 국민은 마스크 착용이 필수항목이 되었다. 이러한 지침은 학교나 직장에 그대로 적용되어 비대면(Online)이라는 새로운 생활방식에 적응해야 했다. 특별히 학교는 집단감염을 피해야 하는 절박한 현실을 받아들여 영상으로 수업을 해야 하는 어려움을 겪었다. 다행히도 우리나라가 전자 문화(culture of electron)의 첨단을 달리고 있기에 이 변화된 소통의 구조를 무난히 넘길 수 있었다.

그러나 교회는 대혼돈을 불러일으켰다. 그리스도인들의 모임인 교회에 있어 예배당은 예배하는 본거지이다. 신성한 예배당에서 하나님을 예배하는 것은 주님의 명령이며 가장 으뜸가는 사명이다. 그런데 비대면(Online) 예배가 장려되고 대면(Offline) 예배를 대폭 축소해야 하는 상황은 과거에는 경험해 보지 못한 뜻밖의 사건이다. 특별히 유년교회학교를 비롯하여 청소년들의 예배당 출입이 제한되고 프로그램이 진행되지 못한 안타까움은 실로 컸다. 예배당에 모여 하나님을 예배하는 2천 년의 전통이 무너지는 어이없는 현상이었다. 그래서 한국교회뿐만 아니라 세계의 그리스도인들은 경악을 금치 못하면서도 어쩔 수 없이 모두의 건강과 사회의 질서를 위하여 고통을 감수하면서 하나님께 '예배의 복원'을 애절하게 부르짖었다.

돌이켜보면 한국교회의 특성 중에 으뜸가는 것은 모이기에 본을 보여

온 것이었다. 이 모임은 주로 하나님을 예배하기 위함이었다. 그런데 여기에 문제가 발생하자 소수의 교회는 비대면 예배를 외면하고 종교의 자유를 부르짖으면서 대면 예배를 고집하기도 하였다. 그러나 교회 대부분은 총탄을 피하여 일시적으로 예배 장소를 옮기는 차원에서 비대면(Online)으로 각 가정에서 예배를 드리는 진통을 겪기도 하였다. 지금(10월 현재) 다시 예배당 문이 열려 대면 예배의 길이 열렸으나 제한된 인원만 예배당에 들어가 마스크를 쓰고 예배를 드리는 진풍경을 그리고 있다. 뜻이 있는 그리스도인들은 이 거대한 팬데믹이 하나님 진노의 손길이라 믿으면서 회개의 눈물을 흘리며 용서를 구하고 있다.

대한민국의 위상이 달라진 한 해였다.

누구나 2020년을 불안과 공포와 고통의 먹구름이 가득했던 한 해라고 말하는 데 주저하지 않을 정도로 코로나19라는 팬데믹은 위력을 떨쳤다. 220여 국가에 3천만 명 이상이 질병에 시달리고 있다. 블룸버그 뉴스에서는 사망자가 "올해 말 300만 명에 달할 수 있다"라고 보도한 바 있다. 무엇보다도 각 나라가 입은 경제적인 타격이 가장 심각한 지경에 이르렀다. 세계의 경제는 미국을 비롯하여 모두 마이너스 성장으로 돌아섰다. 경제활동이 멈추면서 소상공인들이 겪은 경제적 손실은 심각하였다. 이러한 환경에서 우리 정부에서는 나라가 부채를 안고 4차 추경을 세워 국민재난기금을 지급하기도 하였다. 참으로 죽음의 터널 끝이 보이지 않은 나날이었다.

이러한 와중에 우리나라 대한민국은 매우 특이한 나라로 세계 각국의 눈길을 끌었다. 마치 위기를 기회로 만드는 나라처럼 탈바꿈하여 비극을 딛고 일어서는 모습으로 세계를 선도하는 나라가 되었다. 다음의 항목들에 주목하다 보면 절망에서 희망이 보이게 되고, 거기에 새로운 긍지를 품을 수 있는 한 해의 기록이었다.

먼저, 가장 불리한 여건에 놓였던 대한민국이 3월을 기점으로 확진자 수가 증가세에서 감소세로 전환하였고, 2, 3차의 재확산도 척척 막아내는 모습은 세계를 놀라게 했다. 일찍이 우리는 2002년 중국 광동성에서 발생한 사스(SARS-CoV) 사태 때 방역시스템을 구축한 바 있기에, 이번의 방역에 성공을 거두어 'K-방역'이라는 타이틀을 갖게 되었다. 우리의 'K-방역'은 미국을 비롯한 유럽, 브라질, 인도가 폭발적으로 증가할 때 세계를 선도하는 방역시스템으로 세계에 수출 품목이 되었다.

둘째는 코로나19 팬데믹이 선포되자 선진국을 비롯한 많은 나라에서 생활필수품 사재기 열풍이 불었다. 외신들은 슈퍼의 진열대가 비어 있는 모습을 앞다투어 보도하고 있었다. 그러나 대한민국에서는 그러한 모습이 없었다. 세계인들이 다시 한 번 한국인의 의식 수준과 질서유지에 놀랐다. 국제사회의 유력한 외신들은 우리의 위기 대처 현상을 보면서 미처 몰랐던 한국인의 세계를 널리 알리기도 하였다. 거기에 더하여 검진과 치료를 어렵지 않게 할 수 있는 전 국민 건강보험제도가 돋보여 'K-건강보험'이라는 단어가 등장할 정도로 자랑거리가 되었다.

셋째로, 어느 나라보다 가장 먼저 진단 키트를 개발하여 초기진단에 신속성을 기하고 확진자를 찾아내는 놀라운 성과를 이루었다. 그 결과 미국을 비롯하여 100여 개 국가에서 수출요청을 받는가 하면 전용 비행기를 타고 날아와 구매할 정도였다. 그 외에도 우리나라는 세계에서 최초로 드라이브스루(Drive-thru)와 워크스루(Walk-thru) 방식을 통하여 10분과 3분이면 끝나는 검사시스템을 개발하여 세계의 방역시스템에 절대적인 공헌을 하였다. 거기에 더하여 우리의 전자 문화는 확진자들의 동선 및 감염경로를 투명하게 공개하는 재난 문자를 실시간으로 핸드폰을 통하여 확인시켜 주었다. 그 외에도 휴대폰의 위치추적, CCTV, 신용카드 사용기록을 통한 동선 파악 등등 외국에서는 인권침해 또는 개인정보 유출이라는 명목으로 거의 불가능한 일을 우리는 감수하였다. 여기서 본디 우리 민족은 나라의 안전이나 국민의 건강을 위협하는 팬데믹이 발생할 때는 개인의 정보 유출 따위는 감수할 수 있는 관용이 가득함을 보여주었다.

끝으로, 한국을 예찬하는 외신의 보도가 가득한 한 해였다. 그 대표로 「뉴욕타임즈」(NYT)의 3월 23일 자 "사재기가 없네"라는 제목의 기사는 "첫째, 한국 정부는 발이 빠른 대응을 하였다. 첫 환자가 발생한 지 1주일이 되자 의료회사 대표들을 불러 코로나 진단키트 개발을 즉시 착수해 달라고 촉구하였다. … 둘째, 한국은 안전하게 검사하고 그 내용을 바로 공개했다. 인구 비율로 보면 미국의 40배가 넘는 30만 건 이상을 검사하고 조기에 대응하였다. … 셋째는 감염자의 동선 추적, 격리 및 지속적 감시를 통하여 확산을 방지하였다. … 넷째로, 한국인은 다른 나라들보다 사회적 신뢰(social trust)가 높아 … 한국인의 사회적 거리두기와 마스크 착용을 비롯한 정부의 경보를 따랐다." 이상과 같은 보도를 접한 우리 국민은 자랑스러운 우리의 방역시책에 긍지를 느끼게 되었다. 역사적으로 숱한 위기를 슬기롭게 극복한 우리 민족의 저력을 다시 보이는 기회였다.

"다시는 일본에 지지 않을 것… 우리는 충분히 이길 수 있다."

2019년 8월 2일 미국의 24시간 뉴스 전문 방송국 CNN은 "일본이 한국에 경제전쟁(Declaration of economic war)을 선포했다"라는 보도를 하였다. 일본은 한국 대법원의 일제강점기 강제노역 배상 판결에 대한 반발로 경제 도발을 하였다. 그동안 한국의 반도체와 디스플레이 산업이 세계를 석권하고 있지만, 자신들의 부품이 들어가지 못하면 막심한 피해를 보게 된다는 점을 파악하고 수출규제를 조처한 일종의 경제전쟁을 선포하였다.

문재인 대통령은 바로 "일본의 조치로 인해 우리 경제는 엄중한 상황에서 어려움이 더해졌다", "하지만 우리는 다시는 일본에 지지 않을 것이다. … 우리는 충분히 이길 수 있다", "오늘의 대한민국은 과거의 대한민국이 아니다"라고 선언하면서 국민과 기업의 적극적인 동참을 호소하였다.

지난 일 년 반 동안 국민은 과거와는 달리 더 적극적으로 일본 여행을 절제하고 일본 상품 불매운동에 동참하였다. 그리고 기업들은 이 싸움에서 이길 수 있도록 수출규제품목을 국산화하는 데 아주 열심을 내었다. 일본은 우리 국민의 '안 가기 안 사기' 운동이 예사롭지 않을 뿐만 아니라, 수출규제로 묶여 있던 소재와 부품과 장비를 하나하나 국산화에 성공을 거두어 나가자 자신들이 선포했던 경제전쟁이 패배로 돌아서고 있음을 인지하기 시작하였다. 1월 21일 일본의 아사히신문은 이러한 현상을 보면서 "잠든 아이를 깨웠다"라는 표현을 하면서 "일본의 착각"이라고 스스로 인정하기에 이르렀다. 그들은 3개 품목의 수출규제를 단행하면 삼성전자가 궁지에 몰리고 한국 정부가 백기를 들 것이라는 예상이 빗나갔음을 일 년이 지나자 인식하게 되었다. 국가의 부채가 최고조에 달한 일본경제가 국제신용기관으로부터 우리보다 낮은 평가를 받았는가 하면, 거기에 더하여 올해 7월의 올림픽에서 특수를 누리겠다던 계획이 수포가 되었다. 그리고 올림픽 개최를 위하여 감추었던 코로나19의 실상이 드러나면서 난감한 현실을 맞이하게 되었다. 특별히 경제전쟁을 포고했던 적장인 아베가 신병을 이유로 8월 28일 수상직에서 물러나면서 한국의 승리는 확고하게 자리를 잡게 되었다.

세계 3대 투자가로 불리는 짐 로저스(Jim Rogers)는 그의 최근 저서『변화하는 세계를 보는 방법』에서 "일본은 20년 후 반드시 몰락한다"라고 하면서, 반면에 "한반도는 경제부흥을 이끌 것"이라는 내용을 담아 발표하였다. 이 지적이 씨앗이나 된 듯, 산업통상자원부는 9월 수출이 1년 전보다

7.7% 오른 470억 5천만 달러를 기록했다고 발표했다. 코로나19의 여파로 일본을 비롯한 모든 나라가 아직도 경제지표가 마이너스를 벗어나지 못했는데, 우리나라의 수출이 7개월 만에 반등했다는 기록은 참으로 고무적인 소식이다. 이 자료에 따르면 반도체, 자동차, 가전제품을 비롯한 10개 품목이 증가했다고 한다.

일본에 과거의 대한민국이 아님을 보이면서 언젠가는 그들을 이길 수 있는 나라로 차분히 매진하기 위한 자리매김을 시작한 2020년의 모습이다.

4.15 총선이 보여준 국민의 심판은 예사롭지 않았다.

우리 국민은 가난하고 못 배웠던 시절에는 바보처럼 의식주의 해결에만 최선을 기울이면서 살아야 했다. 정치는 무관심의 지대였고 그 무대의 주역들은 보통 사람들의 차원을 넘은 뛰어난 인물들로 여겨졌다. 그래서 총선 때마다 뽑히는 인물은 선량(選良)이라 이름하고 그가 무엇을 하든지 상관하지 않는 것이 하나의 통례였다. 금배지를 달고 미소 짓고 손을 내밀면서 악수를 청하면 감지덕지하였다. 그러나 지금은 문맹자(文盲者)가 거의 없을 정도의 높은 지적 수준과 전자 문화의 혜택에 의하여 정보의 소통 능력이 가장 우수한 국가 중의 하나이다. 우리 국민은 과거와는 달리 높은 식견을 가지고 정치, 교육, 경제, 사회의 주역들로 살아가고 있다.

지난 4월 15일 총선을 통하여 나타난 제21대 국회의원의 선출은 예전과는 매우 다른 메시지로 가득하였다. 우리 국민은 용장(勇將)은 외면하고 덕장(德將)과 지장(智將)을 뽑아 대의의 전당으로 보내는 매우 특이한 면을 보였다. 용장은 피 흘리는 싸움터에서만 찾을 뿐 평온과 발전에는 불필요함을 보여주었다. 그 결과 몸을 던져 아우성을 치면서 당리당략에 충성했던 인물들은 거의 보이지 않게 되는 놀라운 결과가 나타났다.

야당이 그토록 열심히 저항하고 호령치고 발목을 잡고 정치 무대를 형성하는 모습은 이제 박수를 받지 못할 뿐만 아니라, 그 필요성을 느끼지 않는다는 메시지가 담긴 4.15 총선이었다. 삭발과 단식농성을 하면서 보여주었던 장외투쟁이나 국회 본관에서 공수처법, 선거법 등 개혁법안 저지를 위해 밤샘 농성하던 20대 선량들이 줄줄이 낙마한 것이 바로 그 메시지의 표출이다.

총선의 결과는 여당이 180석(지역구 163석, 비례 17석)이 넘는 의석을 확보하였고 야당은 20대 국회보다 19석을 잃은 103석(지역구 84석, 비례 19석)을 얻은 데 그쳤다. 이러한 결과는 군부 독재로부터 직선제 개헌 선언(1987년)이 있고 난 이후, 더불어민주당이 단일 정당 사상 가장 많은 의석을 확보한 선거였다. 돌아보면, 민주당은 2016년의 총선, 2017년의 대선, 2018년의 지방선거에서 연승을 거두는 기록을 세웠다.

이러한 결과를 보면서 많은 국민은 집권당의 책임이 막중함을 강조하고 있다. 이제는 단독으로 법안 상정과 통과를 할 수 있는 의석을 차지하였기에 어떤 경우도 '야당의 발목잡기 때문'이라는 변명이 통하지 않게 되었다. 오직 전적인 책임정치를 강요받을 뿐이다. 여기서 절대 의석을 차지한 민주당이 유의해야 할 기록이 있다. 그것은 1991년 3당 합당으로 민자당이 217석의 거대 여당이 되어 오만함에 젖어 있다가 1992년 14대 총선에선 과반수도 못 얻었던 기록을 눈여겨보아야 한다. 여당이 오만해지면 이런 상황은 바로 찾아 들기 마련이다.

코로나19라는 팬데믹 속에서 총선을 치른다는 것은 참으로 어려운 일이었다. 선거를 유보했던 나라들이 한국의 총선이 제대로 실현될 수 있을 것인지 반신반의하였다. 그러나 우리 국민은 아무 탈 없이 자랑스럽게 총선을 마쳤다. 최종 투표율 66.2%를 기록하여 21세기 들어 가장 높은 총선 투표율을 기록했다. 여기서 우리 국민의 질서 의식과 바른 정치 참여의 열의

가 잘 나타나고 있다. 이제는 이러한 국민의 수준에 걸맞은 정치인의 행보를 걸어야 한다. 누구인가의 말이 생각난다. "삭발 그만, 단식도 그만, 무조건 발목잡기 금지, 대화하고 대안 내고, 표결은 꼭 하기." 매우 의미 있는 말이다. 이번의 총선에서 패배한 야당은 깊은 성찰과 쇄신의 길을 걸으면서 국민을 위한 정치에 매진한다면 집권 여당의 자리를 다시 차지할 날이 오게 될 것이다.

교회에 극심한 피해를 준 두 집단을 고발하고 싶었다.

코로나19라는 무서운 팬데믹이 엄습해 왔을 때 모두는 방황하면서 긴장하였다. 특별히 사람이 함께 먹고 활동하는 것이 가장 큰 걸림돌이 되기에 10명 이상의 사람이 모이는 모임은 경계의 대상이 되었다. 그래서 사람이 모이는 곳마다 방역당국의 지도를 받아야 했다. 교회도 예외가 될 수 없었다. 대다수 교회는 사회적 책임을 다하기 위하여 방역당국의 지도를 따르면서 대면 예배와 비대면 예배를 병행하면서 예배를 드리는 고통을 겪었다. 팬데믹이 극도에 달했을 때는 대면 예배마저 허용이 안 되어 심각한 갈등을 유발하기도 하였다. 이러한 고통의 한 해를 회고하면서 우리 사회와 교회에 극심한 피해를 준 두 집단을 생각하면 참으로 부끄럽고 괴로운 심정이다.

신천지예수교 증거장막성전이라는 이단의 구성원 중에 대구에서 31번째 감염자가 확정된 이후에 다수의 집단 감염자가 발생하여 세상을 놀라게하였다. 2월 20일까지 우리나라에서 코로나 확진자가 105명이었는데, 그중에 45%가 신천지 교회에서 발생했다. 한 달도 못 된 3월 3일 오전 기준으로, "전체 코로나19 환자의 약 70%가 신천지 교회를 통해서 감염되었다. 신천지 대구교회 관련 확진자는 전체 확진자 4,812명 중 3,000명으로 확인되었다"라는 보도가 나오자 온 국민은 신천지에만 분노의 함성을 지르는 것이 아니라, 모든 교회에 따가운 눈총을 돌리고 있었다. 어린 손주들이 목사인 할아버지에게 "할아버지, 교회 가지 마세요. 병 걸려요"라고 할 정도로 교회라는 곳은 역병을 확산시키는 주범이 되었고, 예배 행위에 대한 거부감정이 고도로 형성되었다.

그동안 신천지는 그리스도교 계열의 이단으로 특유한 교리와 교육을 가지고 교회를 괴롭히고 가정을 파탄에 이르게 하면서 대단한 세력을 확장해 왔다. 그러나 이번의 코로나19를 통하여 드디어 그 본질과 실태가 드러나자 국민에게서 지탄의 대상이 되었다.

3월 26일 서울시장은 신천지의 그동안의 포교 활동을 "반사회적 포교 방식"이라고 비판하면서 그들은 "공익을 현저히 해하였다"라고 발표하였다. 그리고 민법 38조에 따라 설립 허가를 취소하면서 다음과 같은 사실을 지적했다.

> "신천지교는 국민의 생명과 안전을 심각하게 침해했다. 신천지교는 조직적으로 전국에서 정부의 방역활동을 방해했고, 사실을 은폐한 결과 코로나19 확산을 초래했다. … 3월 26일 기준 대한민국 확진자 9,241명 중 신천지 관련 확진자는 5천 명이 넘는다. 전체의 55%가 넘는 엄청난 숫자다. 대구·경북의 경우 70%에 이르고 있다."

예수교회라는 이름을 사용한 신천지가 남긴 깊은 상처가 아물기도 전에 제2의 신천지 형태의 집단이 나타나 온 나라를 또한 어렵게 만들었다. 그것은 비정상적인 언행으로 물의를 일으키고 있는 전 아무개 목사와 그를 맹종하는 사랑제일교회였다. 이 교회는 3월 22일 서울시가 종교시설 등에 내린 15일간 운영 중단 권고나 일정 간격 유지 지침을 완전히 무시한 교회였다. 마침내 코로나 집단 발병이 발생해 단 2일 만에 13명이 확진되는 등

확산 속도가 급속히 빨라지자 방역당국은 시설폐쇄 조처를 내렸다. 그런데 전 목사는 외부로부터 '바이러스 테러'를 당했다고 주장하면서 자신이 주축이 된 광화문 집회 참석자가 참 그리스도교인이며 참여하면 걸렸던 병도 낫는다는 허무맹랑한 말을 했다. 그뿐만 아니라 "여러분 중에 바이러스 걸린 사람이 있으면 다음주에 다 예배에 오라. 주님이 다 고쳐주실 것이다"라고 그 유창한 언변으로 설득하였다. 그는 2월 24일 병보석으로 56일 만에 풀려나면서 "위법한 집회나 시위에 참여하지 않는다"라는 조건을 뒤로하고 확진자가 150명에 이른 교인들을 이끌고 8월 15일 광화문 집회를 주도하였다.

그 결과는 예상대로였다. 8월 29일 중앙방역대책본부의 발표에 의하면 "사랑제일교회 관련 누적 확진자는 1,018명으로, 이달 12일 첫 확진자가 나온 이후 17일 만에 1,000명대를 넘어섰다"라고 하였다. 비정상의 지도자와 그 추종자들은 전국 각지로 이 역병을 확산시키는 데 주범이 되어 불행한 기록을 남겼다. 이들의 무책임한 행동으로 한국교회는 예배당에서 예배를 드리지 못하는 큰 어려움을 가져왔고, 한국 사회에 교회의 명예를 실추시켰다.

여기서 대소란을 피운 비정상의 인물에 대한 신학적 검증들이 시선을 끌었다.

먼저, 전 목사의 이단성 여부를 조사해 온 고신 이단대책위원회는 '연구보고서'를 통해 "전 목사 개인의 신학적 견해와 사상은 분명 정통 그리스도교에서 벗어나 있다. 그가 한기총 회장으로서 결정한 것과 이단성 있는 발언·행동은 분명 지탄받아 마땅한 부분이며, 전 목사는 이단성 있는 이단 옹호자로 규정함이 가한 줄 안다"라고 밝혔다. 또 하나는 개혁주의 포럼에서 나온 성명서이다. 여기서는 "전 목사가 애국 운동을 빌미로 자신을 우상화하며, 자신이 시무하는 교회에서 코로나19 대규모 집단 발병이 발생하였음에도 진실을 감추고 있다"라는 지적을 하면서 그가 설파한 이단적 표현을 열거하였다.

"모세가 기록한 모세오경만 성경이고, 그 나머지는 성경의 해설서로 2천 년 동안 감추어진 것을 '청교도'(자신을 지칭)에게 열어줬으니, 이 시대에 전광훈과 같이 사는 것을 감사하라"(2019년 6월 18일 경기도 실촌수양관의 성경 세미나). "자신을 '성령의 본체'라고 인정하는 발언을 함으로써 신천지 이만희 교주와 비슷한 교조적 주장을 드러내 심각하게 하나님을 모독하였다"(2019년 12월 26일 강의). "대한민국은 누구 중심으로 돌아가는 것이냐. 전광훈 목사 중심으로 돌아가게 돼 있어. 기분 나빠도 할 수 없다. 나에게 '기름 부음'이 임했기 때문이다. 나는 하나님 보좌를 딱 잡고 살아. 하나님 꼼짝 마. 하나님 까불면 나한테 죽어"(2019년 10월 22일 청와대 앞 집회 현장). "이명박 안 찍는 사람은 내가 생명책에서 지워 버릴 거야"(2007년 대선). 그 외에도 실촌수양관 설교에서 "그리스도교인이 선교 카드 안 만들면 못 가지. 생명책에서 이름을 내가 지워 버리리라. 난 내년 4월 15일까지 돈이 필요해요. 100억이 필요한데…." 그뿐만이 아니다. 지난 총선 때마다 '그리스도교 정당'을 만들어 정계 진출을 기획했던 사실에서 그의 본질을 알게 하였다.

교회가 인간 개인을 중심으로 하여 모일 때 건전한 교회의 구실을 감당하기 힘들다. 그 개인의 정치적 야욕과 이익과 명성을 위해 성도들은 철저히 희생양으로 오도된 길을 맹종하게 된다. 이상의 두 집단과 그 지도자의 결과는 국민의 분노가 극도에 달하게 하였으며 비극으로 종말을 고하게 되었다. 그리고 역사에 "정치화된 사이비 광신도 집단"이라는 오명을 떨치게 된 한 해였다.

AI(인공지능) First를 향한 이정표가 보이는 한 해였다.

"앞으로 한국이 집중해야 할 것은 첫째도 AI, 둘째도 AI, 셋째도 AI이다"라는 소프트뱅크의 손정의 회장 말을 '2020년 회고와 전망'에서 인용한 바 있다. 그 후 국회는 인공지능(AI-artificial intelligence)의 원유(原油)로 불리는 빅데이터 구축에 필요한 각종 법안도 모두 통과시켰다. 정부는 2019년 9월 과학기술정보통신부 장관으로 스탠퍼드대학에서 전기공학을 전공한 교수를 발탁하여 미래의 절대 먹거리인 AI 세계 구축을 맡겼다.

AI라 불리는 인공지능이란 인간 지적 활동의 능력을 컴퓨터가 수행할 수 있도록 하는 데 목적을 두고 그 방법을 연구하는 컴퓨터 공학이며, 과거와는 개념을 달리하는 정보기술의 세계이다. 이러한 AI가 본 궤도에 오르면 인간 지성의 기능만이 아니라 감성의 세계까지 진입할 수 있게 된다는 발표를 하고 있다. 그렇게 될 때 AI를 필두로 한 4차 산업혁명은 과거에 경험해 보지 못했던 인간 삶의 향상을 가져올 것이라는 보도이다. 이를 두고 2016년 스위스에서 열린 46차 세계경제포럼에서 클라우스 슈밥(Klaus Schwab) 의장은 "이전의 1, 2, 3차 산업혁명이 전 세계적 환경을 혁명적으로 바꿔 놓은 것처럼, 4차 산업혁명이 전 세계 질서를 새롭게 만드는 동인이 될 것"이라고 선언하였다.

그래서 지금 세계는 코로나19의 거대한 장애물 앞에서도 글로벌 AI 시장을 선점하기 위해 지대한 노력을 기울이고 있다. 이제는 전자기기를 비롯하여 거의 모든 분야에 AI 기술이 적용되지 않고서는 60년대 완행열차의 환경으로 전락하게 된다는 것이 기정사실로 되고 있다. 그래서 세계의 IT산업 주역들은 "AI First"라는 구호를 걸고 그 선두자리를 지키기 위해 사활을 걸고 있는 형편이다.

삼성전자가 세계의 반도체 시장을 석권하자 지금껏 시민 대부분은 우리의 AI 개발도 함께 선두에 서 있는 듯 착각을 하고 있었다. 그러나 한국의 현주소는 생각보다 낮게 나타나고 있다. 최근(9월 15일)에 전국경제인연합회는 국가별 AI 개발 수준을 비교한 '글로벌 AI 인덱스'를 분석하면서 "한국이 우수한 ICT 인프라에도 불구하고 인재 부족 등으로 AI 산업 성장이 늦어지고 더딘 것으로 나타났다"라고 발표하면서, "우리나라는 … 세부 항목별로 살펴보면, 총 7개 부문 중 인프라와 개발을 제외한 5개 부문에서 인덱스 점수가 중하위권 수준"이라고 하면서 특히 인재, 운영환경, 정부전략 및 벤처 현황은 평균에도 못 미친다는 지적을 하고 있다. 우리가 비록 미국, 중국, 영국, 캐나다, 독일, 프랑스, 싱가포르, 한국, 일본, 아일랜드 등 10위권에서 8순위에 머물고 있지만, 선두에 도달하기에는 매우 거리가 멀게 느껴졌다. 2017년 중국이 '차세대 AI 발전계획'에 3년간 1천억 위안(17조 원)을 투자하겠다는 발표를 했을 때 부러움이 가득하였다. 거기에 반해 지난 2019년 우리 정부는 'AI 국가전략'을 발표하면서 향후 10년간 1조 3천억 원을 투자하겠다고 했을 때 장래가 암담하였다.

그러나 지난 4월에 삼성전자가 '반도체 비전 2030'을 발표함으로써 미래의 먹거리인 AI 개발을 두고 염려했던 국민에게 새로운 미소를 짓게 하였다. 삼성전자가 2030년까지 시스템 반도체 분야에 133조 원을 투자하고, 전문인력 1만 5,000명을 채용하겠다는 대단한 발표를 함으로써 이 분야의 미래를 염려했던 사람들은 실로 고마운 마음이었다. 그동안 우리나라는 데이터를 저장하는 메모리 반도체의 개발과 생산에 세계의 시장을 석권하였다. 그러나 데이터를 사람의 뇌처럼 정보를 동시다발적으로 처리·전송하는 비메모리(시스템)의 개발은 뒤져 있었다. 그러나 이제라도 빅데이터 기술과 기계학습(Machine Learning) 등 AI 산업에 핵심적인 이 분야를 독자적으로 개발하겠다는 것은 매우 반가운 소식이다. 메모리 반도체에서 보인 실력으로 비메모리 반도체 분야에서도 1위에 도달하겠다는 획기적인 선언은 참으로 고무적인 발표이다. 물론, AI가 판을 치는 시대가 오면 신학적 과제가 대두될 것이다. 그러나 우리나라가 4차 산업혁명에 탈락하지 않기 위해서는, 세계 최초 5G 도입과 세계의 1위인 메모리 반도체와 같은 인프라를 활용할 인재들이 힘을 모아야 한다. 그때 우리는 "AI First"를 달성할 가능성이 매우 크다. 2020년은 이러한 거대한 꿈을 키워주는 한 해였다.

기생충, K팝, 유튜브(YouTube) 이야기

2020년의 한 해를 넘기면서 회고해야 할 일들이 많았다. 그러나 코로나19라는 팬데믹에 가려져서 거의 모두가 까마득하게 잊히고 있다. 우선 우리 눈앞에 전개된 각종 사건 사고들이 과거와는 달리 단편적으로 스쳐갈 뿐 우리의 시각과 청각을 통하여 입력이 제대로 되지 못했다. 우선 눈을 뜨면 어제의 코로나 확진자가 얼마나 어디에서 발생했는지가 초미의 관심사가 되었다. 그 외의 것들은 단시간의 기억으로 처리되는 매우 특수한 한 해였다. 그러나 여기 다음의 항목들을 우리가 모두 기억하면서 한 해를 넘기기를 바라는 마음이다.

▶ 영화 〈기생충〉 이야기

'영어권 백인들의 잔치'라는 비난을 그동안 받아왔던 제92회 아카데미 시상식이 2020년 2월 10일 LA 돌비 극장에서 있었다. 그 시상식에서 이변이 발생하였다. 그곳에서 혹시나 했던 우리나라 영화 〈기생충〉이 작품상·감독상·각본상·국제 장편 영화상이라는 4관왕의 쾌거를 이루었다. 이것은 단연코 믿기 어려운 일이었다. 아카데미상은 일명 '오스카상'이라고도 하는 미국 최대의 영화상이다. 여기에서 비영어권의 영화가 이러한 기록을 세웠다는 것은 기적처럼 여겨지는 쾌거였다. 그래서 온 국민은 함께 흥분하고 축하하는 분위기였다. 이 보도는 우리나라뿐만 아니라 전 세계적으로 큰 화제가 되었다. 우리의 탁월한 예술성이 국제무대에서 이렇게 인정받는다는 사실에 모두가 가슴 뿌듯한 자부심을 심어주는 큰 경사였다. 그러나 10일 후에 코로나19 첫 확진자가 나오면서 잔치 분위기의 불은 꺼지기 시작하였고, 관심의 대상에서 밀려나게 되었다.

이 영화를 감상한 후에 어느 영화평론가의 다음과 같은 말에 깊이 동감하였다. 이 영화는 "한 지붕 아래에서 벌어지는 계급 간의 갈등을 보여주지만 … 어느 인물의 편을 들어줘야 할지 마음이 계속 바뀌는 것을 느낀다", "어느 편이 영웅이고 어느 편이 악당인지 결론을 내리기 힘들다"라는 매우 특유한 평가를 받았다. 그래서 이 영화는 더욱 관심의 대상이 되었고 최고의 상들을 받게 되었다. 세계의 영화인들이 우리가 만든 <기생충>을 가리켜 "세계 영화사를 통틀어 대중과 평단을 모두 사로잡은 역대 최고의 작품 중 하나로 평가받는 명작이다"라고 했을 때, <기생충>은 우리 국민의 가슴을 벅차게 하는 2020년 최고의 선물이었다.

▶ 한류의 주인공, K팝 이야기

한류(韓流)란 우리나라의 드라마와 가요 같은 대중문화가 외국에서 환영을 받고 인기를 누리는 현상을 가리킨 말이다. 1997년 중국에서 <사랑이 뭐길래>가 방송되면서 시작되었던 한국의 문화 콘텐츠가 중화권과 일본을 비롯하여 동아시아 국가들로 번져 나가면서 한류라는 용어가 활발하게 움직이기 시작했다. 2012년 가수 싸이의 <강남스타일>은 K-POP(한국의 가요)이 전 세계인들의 사랑을 받을 수 있다는 꿈을 현실로 만들어 주면서 한류는 거센 파장을 일으켰다. 싸이의 <강남스타일>의 곡과 춤이 유명해지고 그의 뮤직비디오 추천 수가 223만(2012년)을 넘을 때 기네스북에 오르고, 2014년 5월에는 유튜브 최초로 20억 뷰라는 기록을 남김으로 한류의 흐름을 확고히 한 바 있다.

　이러한 배경을 타고 2013년 '방탄소년단'이라는 7인조 소년(아이돌) 그룹이 등장하여 세계 곳곳에 K-POP 재시동을 걸었다. 그들이 가는 곳마다 세계의 젊은이들은 뜨거운 환영을 하는가 하면 한국말로 그들의 노래를 함께 부르는 진풍경까지 보여주었다. 마침내는 지난 8월 21일 발매한 디지털 싱글 <Dynamite>로 빌보드 싱글 차트 '핫 100'에 1위로 진입하여 미국은 물론 전 세계에서 뜨거운 인기를 보여주었고, 한류의 성(城)을 굳건하게 구축하였다. 미국의 4대 음악상으로 권위를 자랑하는 '2020 빌보드 음악상'은 10월 14일 "K팝 슈퍼그룹" 방탄소년단을 LA 돌비 극장(Dolby Theatre)에 세우고 NBC를 통해 생중계하면서 한류의 강한 바람을 불게 하였다. 이제는 한류가 영어사전에도 'Korean Wave(Hallyu)'라는 단어로 공식 등재되면서 세계적인 문화 현상의 하나로 인정받았다.

▶ **유튜브**(Youtube) **이야기**

　1980년대 초반까지만 해도 손으로 쓴 편지와 어렵게 설치한 전화기가 상대와의 소통에 있어서 절대 도구였다. 그러나 1970년 초반에 나왔던 인터넷(Inter Network)이 2천 년에 접어들어 컴퓨터와 커뮤니케이션 기술의 혁명적 발전에 힘입어 새로운 네트워크(Network) 구조를 형성하였다. 그리고 이 구조는 세계적으로 교육, 정치, 경제, 사회, 문화, 종교 등 모든 분야에 필수품이 되었으며, 3차 산업혁명이라는 이름으로 인류 문명에 엄청난 변화를 불러일으켰다. 특별히 우리나라는 세계에서 인터넷을 가장 많이, 그리고 가장 효과적으로 사용한다는 평가를 받고 있다.

　모든 국민이 모바일을 통한 사회관계망서비스(SNS-Social Network Service)에 눈을 뜨자 카카오톡, 페이스북, 네이버 블로그, 스카이프, 유튜브 등 다양한 매체들이 등장하였다. 그중에 유튜브가 2020년 가장 놀라운 발전을 하였다. 2006년 구글이 인수하고, 한국어 서비스가 2008년에 시작된 이래 그 사용이 날로 급증하고 있다. 자신의 채널을 편집하고 설정할 수 있는 영상을 주고받을 수 있는 방송인으로 누구나 등장할 수 있는 시대가 도래하였다.

그 결과 교육, 정치, 경제, 사회생활, 종교, 주식 등등 모든 정보를 교류하는 데 가장 유용한 대중매체로 등장하여 SNS의 총아로 주목을 받고 있다. 유튜브의 보도자료에 의하면 100개가 넘는 국가에서 인터넷 사용자의 3분의 1일인 20억 명이 매월 로그인을 하고 있으며, 총 80개의 언어로 탐색할 수 있다고 한다. 누구나 모바일이나 PC를 통하여 동영상을 올릴 수 있고 몇 분 안에 수백만 명이 시청할 수 있는 쉬운 환경의 제공은 유튜브의 큰 장점임이 틀림없다.

어느 기관의 조사에 의하면 국내에서는 SNS로 유튜브를 가장 선호하고, 그 성장률이 올해에 가장 빨랐다고 말하고 있다. 이러한 조사 결과 유튜버들이 기하급수로 많아져 생활에 필요한 모든 정보를 공유하고, 각종 여론의 향방을 조성하는 데 이 매체가 매우 활발한 도구로 장착되었다. 특별히 비대면 예배에 유용한 도구로 우리 교회가 사용하면서 그 가치성이 더욱 인정되었다.

2021년, Korea의 위상이 달라질 것이다

코로나19라는 팬데믹은 언제 종식될 것인가?

새해의 대한민국을 한 폭의 그림에 담고 싶다. 코로나19라는 악종의 팬데믹이 사라진 청정의 나라, 마스크가 필요 없고 자유롭게 손에 손을 잡고 반기면서 사는 건강의 나라, 함께 먹고 노래하고 뛰노는 나라, 어디를 다녀도 아무 위험을 느끼지 않는 안전한 나라, 예배당의 문이 활짝 열려 사회적 거리두기가 필요 없이 하나님을 예배하는 나라의 모습이다.

진정 이러한 그림이 현실로 다가올 수 없을까? 한 해가 다 가도록 코로나19라는 고약한 감염병의 사슬에 얽매여 살면서 그려보는 그림이다. 쉽게 끝나리라 생각했던 것이 모두가 잘못된 예상임을 알게 되자 모든 나라가 불안과 당혹감을 감추지 못하고 있다.

아침에 눈을 뜨자마자 오늘의 국내외 코로나 확진자 현황판을 본다. 천고마비의 계절, 가장 건강해야 할 가을인데 우리는 세 자리 숫자를 오르내리고 있다. 세계인들이 우러러보는 우리 방역팀의 땀 흘린 수고가 눈에 선하다. 이어서 해외를 보니 어제도 하루에 만 명의 확진자(10월 6일)를 넘긴 나라들이 즐비하다. 인도 75,000명, 미국 38,000명, 영국 23,000명, 러시아 10,000명이라는 발표이다. 그 외 매일 1,000명 이상의 확진자가 발생하는 나라는 25개국이 넘는다. 10월에 접어들자 스페인을 비롯한 유럽 대륙에 2차 유행이 가속화되고 있다. 좀처럼 사라질 기미가 보이지 않는다. 1, 2, 3차에 걸쳐 확산이 더 되어가면서 통제 불능의 역병으로 여겨진다.

영국 면역학계 권위자로 알려진 마크 월포트(Mark Walport) 박사는 8월 22일(현지 시각) 영국 BBC 라디오와의 인터뷰에서 "코로나바이러스를 종식하는 것은 불가능하다", "코로나19는 천연두처럼 백신으로 종식될 전염병이 아니다", "코로나바이러스는 어떤 형태로든 우리와 함께할 것"이라는 절망적인 말을 하고 있다. 세계보건기구(WHO) 사무총장은 "스페인 독감을 극복하는 데 2년이 걸린 것처럼 코로나19도 2년 이내에 종식되길 희망한다"라고 언급하고 있다. 숨이 막히는 포로생활에서 벗어날 날이 아직도 멀다는 것은 우리 모두를 몹시 피곤하게 만든다. 그동안 우리 인간은 첨단의 물질문명에만 도취되어 하나님을 외면하면서 살았다. 그러나 이번 기회를 통하여 유한한 인간세계가 증명되었고, 하나님의 실존을 깨닫게 되었다. 이 깨침이 우선 그리스도인들에게 다가와야 한다. 그리고 새해 창문을 열면서 우리의 절박한 기도가 있어야 한다.

> "오! 하나님! 이 역병을 어느 때까지 이대로 두시렵니까? 하나님을 점점 멀리하면서 바벨탑을 쌓으며 오만했던 우리의 죄를 용서하소서. 이제는 진노의 손길을 멈추시고 그 인자하심을 베푸소서."

2021년에는 삶의 양식(Pattern)이 달라진다.

아날로그 시대에는 시대의 흐름과 변화를 읽지 못하고 목회 현장에서 땀 흘리는 목회자를 고지식하고 착한 사람이라고 일컬었다. 그러나 목회자는 옛것만을 고집하고 변화하는 오늘과 내일을 외면할 수 없다. 가장 큰 이유는 내가 섬기는 성도들이 변화하는 디지털 세상에서 주역들로 살고 있기 때문이다. 그들과 호흡을 함께 하려면 그들이 피리를 불면 춤을 추고, 애곡하면 함께 눈물을 흘려야 한다. 코로나19라는 거대한 태풍이 휩쓸고 간 대지는 황폐한 과거와 경험해 보지 못했던 변화의 양상이 여러 부분에서 나타나게 될 것이다. 변화된 삶의 양식이 새로운 기준이 되어 전통적인 삶의 형태에 많은 차이를 가져올 것이다. 그리고 가치관의 차이 때문에 적지 않은 갈등을 유발할 것이다. 코로나 이후에 나타날 현상 중에 교회와 관계가 될 수 있는 분야를 전망해 본다.

▶ **사람을 직접 만나지 않고 진행되는 비접촉(Untact) 생활화이다.**
지금까지의 사회는 사람과 사람이 직접 물품을 구매하거나 서비스 등을 받는 마케팅을 진행하였다. 그러나 우리 사회는 코로나19라는 팬데믹 환경에서 비접촉의 생활을 경험하였다. 비접촉 사회에서는 이미 경험한 대로 IT 기기를 통하여 모든 일을 진행하게 된다. 사람과 형편에 따라 차이가 있었으나 많은 국민이 그 실상의 편리함과 효율성이 크다는 것을 느끼게 되는 기회가 되었다. 기본적으로 비접촉 사회에서 나타나게 될 것은 당분간 사람이 많이 모이는 곳을 피하고 싶고, 사람을 만나는 것을 꺼리는 분위기가 지속할 것으로 보인다. 여기에 우리 교회의 새로운 고민이 있다. 그것은 교회란 그리스도 안에서 한몸 한뜻을 이루어 형성된 인간의 집단인데, 이러한 교회가 비접촉 생활에 익숙해진다면 그 결과가 어떻게 될 것인지 매우 염려가 된다.

▶ 재택근무의 일반화이다.

이제 출퇴근하여 고정된 사무실에서 업무를 보아야 했던 고정틀에 큰 변화를 가져오게 되었다. 지난 1년이라는 기간은 가정에서 인터넷과 화상 전화와 SNS를 통하여 더 효율적인 업무를 진행할 수 있다는 것을 확인하는 기간이었다. 그래서 코로나 이후 재택근무가 더 발전하여 업무의 효율성이 입증된다면 보편화될 가능성이 크다. 출퇴근이 생략되고, 직장 동료와의 만남이 축소된다면, 어쩌면 사람을 그리워하는 사회 심리적 변화도 올 수 있다. 이때 집으로 찾아와 주는 사람을 반기는 현상도 생길 가능성이 크다. 이 부분에서 목회자들은 심방과 접목할 기회를 엿볼 수 있을 것이다. 우리의 교회가 찾아가 기도해 주고, 성경 읽고 몇 마디 하고서 '심방 사례비'를 챙기는 탈선적인 형태는 지양하고, 좀 더 창의적이고 신선한 내용과 방법을 개발한다면 목회자의 심방이 새롭게 환영받을 수 있는 목회의 유익한 방편이 될 수 있을 것이다.

▶ 육체적 활동이 줄어드는 시대가 도래할 것이다.

새해에는 인공지능(AI)이 로봇뿐만 아니라 생활용품의 구석구석에 탑재되기 시작하여 4차원의 산업혁명이 시작된다. 이러한 사회와 생활의 변화로 육체가 담당해야 할 분야가 줄어들게 될 것이다. 자연적으로 운동 부족으로 나타난 현상들이 보일 것이다. 이럴 때 목회자가 성도들의 시간 선용에 깊은 관심을 가지고 건강증진을 위한 교회적인 구상을 할 필요가 있다. 그뿐만 아니라 시간을 값있게 보낼 수 있는 프로그램의 개발에 관심을 둔다면 교회를 더 가까이할 수 있는 동기부여가 발생하게 될 것이다. 이러한 구상은 교인들을 모으려는 의도보다는, 시간이 남아돌면 어김없이 찾아드는 사탄의 진입을 막기 위한 하나의 방책이 되어야 할 것이다. 이것이 진정으로 자신이 섬기는 목회의 올바른 원칙이라고 본다. 건강한 육체와 영혼으로 양육받은 성도들을 섬기는 것은 목회자의 제일 된 기쁨이며 감사이다.

코로나19는 설교자들을 매우 고단하게 만들 것이다.

종교성이 매우 깊이 뿌리내린 한국에서 목사는 매우 특수한 신분으로 여겨져 왔다. "하나님의 종", "말씀의 종", "내게 보내주신 목자"와 같은 높은 이름을 사용하면서, 때로는 성도들이 목사를 반신적(半神的)인 존재로 섬겼다. 그 결과 목사의 설교는 아무런 비평을 가할 수 없는 "하나님의 말씀을 대언"하는 행위로 간주하고 맹종에 가까운 반응을 보였다. 광화문 사거리에서 개인의 정치적 탐욕을 발산해도 그것을 예언자의 말씀으로 수용하면서 "아멘", "할렐루야"를 남발한다.

그러나 예배당을 가지 못하고 가정에서 온라인을 통하여 예배하는 과정에서 예상할 수 없는 현상들이 발생하였다. 그것은 자신이 소속된 교회의 예배에 끝나지 않고 평소에 가보고 싶었던 교회와 설교자를 찾아보는 일들이 비일비재하게 벌어지고 있다는 사실이다. 그날의 설교를 들었을 때 자신이 속한 교회의 목사가 우월하다면 긍지를 느끼고 더욱 존경의 마음을 갖춘다. 그러나 타교회 설교자의 메시지가 훨씬 더 진지하고 차원이 다르다는 것을 알게 되었을 때는 상황이 달라진다. 여기서 많은 설교자가 비대면(Online) 예배가 가져온 예상치 못한 부작용을 앞에 두고 괴로운 함성을 지르게 된다. 자신의 설교가 비교를 당하고 낮은 평가를 받는다는 것은 설교자에게 가장 견디기 힘든 고문이다. 당연히 있어서는 안 될 일임에 틀림이 없다. 그러나 막을 길이 없는 무서운 함정으로 다가온 현실이다.

그래서 코로나19라는 역병의 가장 큰 피해자는 그동안 설교에 등한히 했거나 설교 능력이 부족하다고 느꼈던 설교자들이다. 이러한 고통을 겪을 때 설교자가 활용할 수 있는 묘수는 전혀 없다. 오직 분발하여 설교의 이론과 실제에 집중하면서 분발해야 한다. 과거와는 달리 땀과 눈물을 흘리면서 몸부림쳐야 한다. 그럴 때 성령님이 동행하시고, 유능한 말씀의 종으로 새롭게 쓰신다.

심각하게 부상될 비대면(Online) 예배에 대한 논란

2020년 3월 11일 WHO에서 코로나19를 팬데믹으로 규정지은 이후 온 세계는 초긴장 상태에 접어들었다. 특별히 집단을 이루면서 살아야 하는 학교와 교회가 방역당국의 주시 대상이 되고 있었다. 우리나라는 신천지와 사랑제일교회를 비롯하여 이곳저곳의 집단감염으로 강력한 통제의 대상이 되었다. 그 결과 많은 교회가 이 어려운 시기에 사회적 책임을 다하기 위하여 한 번도 경험해 보지 못한 '예배당 예배 금지'를 당하기까지 하였다. 뜻밖의 긴급한 사태를 맞아 교회는 '비대면 예배(Online Worship)'라는 기상천

외의 묘책으로 예배를 드리는 초유의 사건에 접하게 되었다. 확진자의 증폭에 따라 교회는 예배 좌석 간 거리두기와 손 소독과 마스크 착용을 조건으로 예배당 예배를 제한된 숫자만 드리면서, 한편으로는 지속해서 비대면 예배를 계속하였다.

문제는 코로나가 사라지게 되었을 때 발생하게 될 쟁점이다. 그것은 어쩔 수 없이 수용했던 온라인 예배를 지속할 것인지, 폐지할 것인지에 관한 결정을 내리는 데 교회마다 깊은 고민을 하게 될 것이다.

지속하기를 원하는 교회는 건강에 어려움을 겪는 노년층이나 직업상 예배당에 나와 주일성수를 하면서 예배할 수 없는 교인들을 위하여 필요하다는 주장을 펴게 될 것이다. 그리고 사회의 생활양식이 달라진 지금 그것을 최대한 활용하여 예배 인구의 확대에 도움을 줄 수 있다는 필요성을 펴게 될 것이다. 그러나 그와는 반대의 주장도 많을 것이다. 우선 주님의 날을 지키기 위하여 예배당을 찾아와 예배하는 예배 열정과 전통이 무너진다는 우려를 나타낼 것이다. 무엇보다도 예배가 갖추어야 할 예배의 경건성이 약화한다는 염려를 하게 될 것이다. 그리고 출석교인이 대폭 줄어들게 되면 소수의 예물(헌금)로는 교회가 행하고 있는 선교사업을 비롯하여 막대한 프로그램을 운영하기 어렵게 된다는 점 또한 논쟁의 하나가 될 것이다. 그래서 온라인 예배의 지속과 철수의 논쟁은 매우 격렬해질 것이다.

2021년 재·보궐선거가 국민의 관심을 끌게 된다.

오는 4월 7일에 재·보궐선거가 있게 된다. 총 12개의 선거구에서 광역단체장 2명, 기초단체장 2명, 광역의원 3명, 기초의원 5명을 뽑아 전임자의 잔여기간인 2022년 6월 30일까지 1년 2개월의 임기를 부여한다. 얼핏 보아 간단한 선거처럼 보이지만 이 선거는 "대한민국 재보선 역사상 전대미문의 규모로 치러질 가능성이 매우 크다"라고 한다. 그 주된 이유는 서울과 부산에서 시장선거를 하기 때문이다.

인구 960만 명의 서울과 340만 명의 부산은 한국 전체 인구 5,200만 명의 5분의 1이 사는 양대 도시이다. 이 두 곳의 시장을 어느 당에서 차지하느냐에 따라 2022년 20대 대통령선거에 막대한 영향을 끼치게 된다. 지난 4.15 총선 때 여당이 180석이라는 사상 최대의 기록을 세웠지만, 득표율은 민주당 49.9%, 통합당 41.5%로서 8.4%의 차이에 불과하였다. 서울의 경우는 그 격차가 민주당 53.5%, 통합당 41.9%로 11.6%의 간격이 있었다. 서울은 이러한 기반을 딛고 민주당 공천의 문을 두드리는 후보들이 줄을 이을 것이다. 더 나은 서울을 외치는 후보들의 공약과 활동이 어느 때보다 뜨거울 것이다.

부산에서는 전국적인 여당의 압승에도 불구하고 미래통합당이 18석 가운데 15석을 차지할 정도로 튼튼한 기반을 과시한 바 있다. 여기에 더하여 민주당의 당헌 96조가 "선출직 공직자가 부정부패 사건 등 중대한 잘못으로 그 직위를 상실하여 재·보궐선거를 실시하게 된 경우 해당 선거구에 후보자를 추천하지 않는다"라는 규정의 적용 문제가 상당한 쟁점이 될 것이다. 만에 하나 여당 후보가 부산시장의 자리에 앉게 된다면 그것은 대단한 변혁일 뿐만 아니라 야당에 큰 실망을 안겨주는 결과가 될 것이다.

두 거대 도시의 보궐선거는 여당은 정권의 재창출을, 야당은 정권의 탈환을 위한 교두보로 그 중요성이 매우 크다. 지금까지 있었던 보궐선거는 일반적으로 여당의 무덤으로 불릴 정도로 참패가 많았다. 그래서 이번 서울과 부산시장의 보궐선거는 어느 때보다 극심한 혈투를 벌일 가능성이 크다. 이때 우리의 교회가 어떤 태도를 취할 것인지 현명한 길을 걸어야 한다. 목회자가 공공연하게 어느 한 편의 손을 들어준다는 것은 있을 수 없는 일이다. 여와 야를 사랑해 주고 그들의 말을 경청해 주는 자세와 정직한 영이 움직이도록 덕담을 주면서 이 선거를 통하여 하나님의 의가 이룩되게 해 달라는 기도 외에는 무슨 정치적인 조언이나 행동을 하는 우를 범해서는 안 된다. "내가 지지하는 후보를 찍지 않으면 생명책에서 그 이름을 빼버리 겠다"라는 어리석은 언행을 삼가야 교회가 본래의 정체성을 지킬 수 있을 것이다.

2021년에는 Korea의 위상이 달라질 것이다.

2020년에 젊은 유튜버들의 활동이 대단하였다. 그중에서도 한국이 세계에 자랑거리로 비쳐야 할 기사들을 찾아 보여주는 데 지대한 노력을 기울였고, 그 결과 한국의 위상이 어느 정도인지를 알면서 긍지를 품는 데 일조를 하였다. 인터넷과 유튜브에서 찾아본 항목들을 추려본다.

▶ 아이큐 1위인 한국인의 우수한 두뇌가 계속 돋보일 것이다.
2014년 9월에 스위스 취리히 대학이 국민소득과 성장에 관한 조사를 했다. 이 보고서에서는 한국인의 아이큐가 세계인 중에 1위라고 발표하였다. 그동안 종종 들었던 이야기였지만 새로운 뉴스처럼 상쾌한 기분을 안겨주었다. 우리의 우수한 아이큐는 우리만이 가지고 있는 문화가 뒷받침을 하고 있다고 분석한다. 즉, 세계에서 연속적으로 가장 우수한 문자로 인정받은 한글 때문에 문맹률이 0%인 점과 뜨거운 교육열, 다른 외국에 비하여 컴퓨터의 문자 생성 속도가 7배나 빠른 점, 인터넷 최강국으로 국민의 빠른 두뇌 회전, 두뇌의 발달에 큰 도움을 주는 뚜렷한 변화를 느끼게 하는 4계절, 어릴 적부터 숟가락과 젓가락을 사용하면서 강화된 신경의 발달 등 우리만의 전통문화가 우리를 우수한 민족으로 만들었다는 내용이다. 이러한 우리 국민의 명석한 두뇌의 우수성은 곧 나라의 위상을 미래의 세계에 자랑할 으뜸가는 자산이 될 것이다.

▶ 세계인들이 지속해서 주목할 한국인의 높은 시민의식이 큰 몫을 할 것이다.

WHO가 코로나19를 최악의 감염병으로 발표할 때 많은 나라의 시민들은 생활필수품을 사재기하는 데 열을 올렸다. 슈퍼 앞에 진을 친 모습과 텅 빈 슈퍼의 진열장은 한동안 거의 매일 보도의 대상이었다. 그러나 우리나라는 세계에서 "사재기가 없는 유일한 나라"로 매스컴의 초점이 되었다. 이러한 시민의식은 세계인들의 눈길을 끌었으며, 앞으로 국제무대에서 경제활동을 하는 데 매우 큰 도움이 되리라 본다. 전쟁으로 폐허가 되었던 나라를 오늘의 민주화와 부강을 이룩한 나라로 만든 우리 국민의 의식 수준이 새로운 해에도 인정을 받으면서 국제무대에서 지도력이 생성될 것이다.

▶ 한국의 수소 경제의 발전이 국제무대에서 선두에 설 것이다.

전국경제인연합회가 10월에 발간한 "수소 경제 현황과 과제" 보고서에 의하면 한국 수소 경제는 활용 분야에서 경쟁력을 확보하고 있다고 한다. 한국은 지난해 "승용차 부문 수소전기차 보급 대수가 4,194대로 전 세계 1위를 기록했으며, 수소연료전지 발전량도 408MW로 1위다. 현대자동차는 세계 최초로 수소 트럭 양산 체계를 갖추고 2025년까지 10톤급 수소 트럭 1,600대를 스위스에 수출하는 계약을 체결했다"라는 보고이다. 정부의 수소 경제 정책이 인프라 구축과 확대에 함께한다면 우리의 수소 산업은 '에너지 자립'이라는 거대한 목표를 달성하는 데 큰 공을 세우게 될 것이다.

▶ 세계의 조선 산업을 석권한 한국의 조선업계가 지속해서 왕좌를 지킬 것이다.

몇 년 전에 보여준 우리의 조선업계가 하강길에 접어든 것처럼 보일 때 우리 국민은 한때 매우 우울하였다. 그러나 올해의 우리 조선업계는 초호

황을 누리고 있다. 미국과 영국 최고권위의 조선 해운 분야 전문지들은 올해의 세계 최우수 선박에 우리가 건조한 선박들을 선정하고 있다. 특별히 우리만의 기술로 자랑하는 고부가가치 선박인 LNG 선박 건조는 세계 조선 업계를 석권하고 있다. 노르웨이나 일본이 절대적 우위를 차지했던 조선업 이지만, 400년 전 세계 최초의 돌격용 철갑전선인 거북선을 만든 후예들이 권좌의 자리를 차지하는 것은 너무나 당연한 일이다.

▶ 4차 산업혁명의 행진은 코로나19로 인해 더욱 박차를 가할 것이다.

회고에서 언급한 대로 4차 산업혁명은 이미 시작되어 궤도에 진입하였다. 사람, 사물, 공간 등 모든 것이 인터넷으로 연결되어 정보가 생성, 수집, 공유, 활용되는 초연결망을 이루는 LOT(사물 인터넷) 기술, 방대한 데이터를 제공하는 빅데이터, 그리고 각종 분야에 탑재하여 인간 두뇌 작용을 하는 AI 첨단기술의 개발은 4차 산업혁명의 핵심이다. 특별히 코로나19는 남녀 노소 모두에게 극대화된 네트워크, 데이터 사용을 경험하도록 했다. 2020년 9월 24일에 발표된 4차 산업혁명 지표를 보면 D.N.A(Data, Network, AI)의 사용이 빠른 증가에 있음을 알 수 있다. 여기서 한국은 세계 최초로 상용화된 5G 서비스와 함께 2021년에도 선두의 그룹을 이끌어 나가는 노력을 하게 될 것이다.

전통적인 예배의 복원이 더욱 환영을 받을 것이다.

미국의 저명한 어느 신학교 총장이 한국교회의 예배와 목회의 방법들을 살펴보고 귀국길에 오르면서 "한국교회는 하나님을 영화롭게 하는 관심보다 사람을 많이 모이게 하는 데 정성을 다하고 있다"라는 말을 남겼다. 매우 민망한 평가였다. 솔직히 우리의 교회는 그동안 질적인 성숙보다 양적인 성장에 훨씬 큰 노력을 기울여 왔음을 부인할 수 없다. 그러나 진지한 종교심이 가득한 한국교회는 주님의 날 예배의 실천에 있어서는 성스럽고 경건하게 드리려는 노력을 기울였다.

그런데 한국교회의 이러한 예배의 정신과 실천에 큰 상처를 입힌 것은 미국교회였다. 1973년 미국 시카고 교외에 있는 윌로우 크릭 커뮤니티 교회(Willow Creek Community Church)의 빌 하이벨스(Bill Hybels) 목사가 시작년 중심의 구도자 예배(Seeker's Service)를 시도하여 급성장한 교회를 만들었다. 그리고 7년 후 LA 근방의 오렌지 카운티에서 릭 워렌(Rick Warren) 목사는 하이벨스와 같은 형태의 예배와 목회를 하여 성장하였다. 한국교회는 이들의 예배 형태를 아무런 분석이나 평가 없이 '열린 예배'라는 이름으로 도입하였다. 그 결과 불신자들이나 전통적인 교회에 부정적인 사람들과의 만남을 쉽게 이룩할 수 있다는 긍정적인 면도 있었으나, 역사와 전통을 소중히 여기는 기존 교회의 예배에는 심각한 상처를 안겨주었다. 많은 교회가 주보에 있는 순서들은 외면한 채 노래하고 설교 듣고 헤어지는 예배로 탈선하는 것이 보편화되고 있다.

하지만 조금 더 주의를 기울여 보니 그들의 주장에 대한 문제점을 보게 된다. 다음은 그 내용이다. 성단의 십자가를 비롯하여 성찬대나 설교단 등의 성스럽고 신비한 분위기를 공연장의 무대로 전환한다. 초신자들이 지루하고 고루하게 생각하는 설교를 축소한다. 설교의 메시지는 회중의 귀를 즐겁게 하고 갈증을 채워주는 데 주안점을 둔다. 예배음악은 모두 현대 음악의 음률과 젊고 세련된 현대 악기를 사용한다. 모든 예배의 분위기는 회중의 흥미를 충족시키는 데 초점을 둔다. 예배자들은 청바지와 같은 캐주얼한 옷을 입고 정장을 하지 않는다. 모든 프로그램은 실용주의적이고 타협의 정신을 갖춘다.

이상과 같은 그들의 현장을 보노라면 이것은 분명코 예배가 아니고 젊은이들을 위한 전도 집회로 보는 것이 타당하다. 진정한 예배는 하나님이 주신 창조의 은총과 예수 그리스도님을 통한 구원의 은총에 감격하여 드리는 응답의 행위이다. 사람이 즐겁고, 편하고, 치유하고, 행복하게 하는 것은 인간 중심의 집회일 뿐이다. 하나님은 아벨과 가인 때부터 하나님만을 기쁘시게 하는 예배가 아니면 받지 않으셨다. 우리 주님도 이사야의 예언을 인용하시면서 "사람의 계명으로 교훈을 삼아 가르치니 나를 헛되이 경배(sevbomai-예배)하는도다"(막 7:7)라고 하시면서 신령과 진정으로 드리는 올곧은 예배를 강조하셨다.

이번에 코로나19라는 팬데믹을 만나 예배하는 고통을 경험한 성도들은 인간을 즐겁게 하는 예배가 얼마나 위험한지를 깨닫게 되었다. 이제는 인간 중심의 예배가 아니라, "하나님이 받으시는 예배", "하나님 중심의 예배"여야 한다는 당위성을 깨달은 사람들은 변화가 있으리라 본다. 이제는 성경에 근거하고, 초대교회가 목숨 걸고 지켜오고, 수천 년의 교회가 준수해 온 경건한 예배의 절차와 가치를 새롭게 느끼게 될 것이다. 그리고 예배 복원 운동이 전개되리라 본다.

에필로그

지난 20년간 『예배와 설교 핸드북』에 실린 〈회고와 전망〉을 다시 읽으면서 깊은 감회에 젖어본다. 이 기간에 우리의 후손들에게 보여주고 들려줄 수 있는 사연들이 이렇게 많은 줄 미처 몰랐다. 그 속에 우리 민족의 끈기와 도전이 보이는 값지고 아름다운 사연들이 새겨진 이정표들이 줄줄이 이어지고 있었다.

지난 2월 초에 국제적으로 인정 받은 미국의 경제 통신사 블룸버그가 2021년 혁신지수에서 우리나라가 모든 선진국을 제치고 90.49점으로 세계 제1을 차지했다는 보도는 우리의 가슴을 벅차게 하였다. 그런데 6월 U.S.News가 세계 10대 강대국을 발표하면서 우리나라가 8위라고 보도했을 때 그 감격은 말로 표현할 수 없었다. 바로 한 달 뒤 7월에는 195개국이 가입된 '경제와 무역의 UN'이라 불리는 유엔무역개발회의(UNCTAD)가 설립 57년 만에 우리나라를 개발도상국에서 선진국으로 그 위상을 변경했다는 보도가 나왔을 때는 우리의 미래에 대한 긍지가 더욱 공고함을 실감하였다. 그리고 우리 국민은 우리나라의 위상이 확실히 달라졌음을 확인하면서 지난 역사의 회상과 더불어 깊은 감회에 젖었다.

우리나라는 일제의 잔인무도한 식민통치로부터 광복이 되었으나 그 감격을 누리지도 못한 채 나라가 두 동강이 나고, 5년도 안 되어 전쟁으로 초토화되어 '100년이 되어도 회생 불가능할 나라' 최빈국으로 전락하였다.

우리 그리스도인들은 '꺼져가는 등불'을 들고 '상하고 찢긴 갈대' 옷을 걸치고, 밤낮을 잿더미 위에서 애통하며 하나님의 그 인자하신 구원의 손길을 간구하였다. 마침내 하나님은 홍해를 가르고 행진하게 했던 그 기적의 손길을 이 나라에 펼치사 오늘에 이르게 하셨다. 생각해 보면 하나님께서는 교육, 정치, 사회, 경제, 문화의 회복과 발전보다 하나님을 예배하는 교회의 회복과 성장을 먼저 허락하셨다. 그리하여 세계 교회가 우러러보는 하나님과 가장 밀착된 나라임을 보여주셨다.

우리 민족은 하나님이 펼치신 '구름 기둥'과 '불기둥'을 따르면서 '동해물과 백두산이 마르고 닳도록 하나님이 보우하신다'라는 확고한 신념과 희망의 노래를 부르면서 고군분투하였다. 그 결과는 50년의 짧은 기간에 경이로운 기록을 여러 분야에 가져왔다. 황폐해진 민둥산을 울창한 숲으로 가득하게 하고, 그 어려운 환경 속에서도 놀라운 교육열을 발산하여 1% 미만의 문맹률을 보이는 등등 아시아에서 주목받는 국가로 성장을 거듭하였다.

특별히 지난 20년간 어둠을 뚫고 우리 민족이 보여준 희망찬 행진은 예사롭지 않았다. 우리는 한국전쟁 이후 가장 위태로웠던 IMF 부채를 안고 21세기를 맞이하였고 20년이 걸릴 것이라는 우려를 했지만, 우리의 일치단합된 애국심은 3년 반으로 종지부를 찍고 감사의 기도를 드렸다. 2007년에는 유조선의 초대형 사고로 태안반도의 10km가 넘는 해변이 기름으로 범벅이 되어 30년에서 100년이 되어야 원상회복이 가능할 것이라 했지만, 200만 명의 자원봉사자들의 손길은 3년이 되기 전에 그 많은 기름 덩이를 수거하는 이 시대에 찾아보기 힘든 '민족의 저력'을 보여주었다.

그뿐만이 아니라 우리 국민은 2017년에는 '촛불혁명'으로 '대통령 파면'이라는 사상 초유의 기록을 가져와 한국의 민주주의 실력을 보여주어 세계를 놀라게 하였다. 거기에 더하여 세계를 엄습한 코로나19 감염병을 막기 위한 K 방역 시스템과 경제적 손실의 최소화는 전 세계의 모범국으로 찬사를 받았다. 이제는 IT 최강국으로서 국민소득이 3만 불을 넘기며, 경제 규모도 10위권에 진입하여 G7을 드나들고 있다. 그 외에도 K-문화에 대한 열풍이 세계에 번지며 여기저기서 KOREA 예찬론이 계속되고 있다.

"21세기는 한국이 지배한다"라고 말한 역사학자 토인비를 비롯하여 "한국이 세계의 중심이 될 것"이라고 했던 미래학자 앨빈 토플러와 그 외의 수많은 예언가가 남긴 한국의 미래가 보이기 시작한다.

여기서 중요한 것은 이 모두가 한국인의 최상의 IQ와 근면성으로 이룩된 바벨탑으로 보는 우를 범해서는 안 된다는 사실이다. 이 모두는 하나님이 이 나라 이 민족을 뜻이 있으셔서 '동방의 횃불'로 자리 잡게 해 주신 은혜로 가슴 깊이 새겨야 한다.

또한 우리는 여기서 만족하고 기도의 숨결을 멈출 수 없다. 이 민족의 한으로 남아 있는 '하나가 된 삼천리 반도 금수강산'을 회복시켜 달라는 아주 중요한 기도가 지속되어야 한다. "우리의 소원은 통일, 꿈에도 소원은 통일"은 우리 국민의 한 중의 한이다. 통일을 이룩하여 조국의 번영을 성취하겠다는 것보다, 북녘 하늘 아래서 하나님을 마음껏 예배하는 데 그 목적이 우선해야 한다. 이 소원이 온 국민의 기도로 승화되어 하나님께 상달되어야 한다. 두 동강이 난 이 강토가 하나 되어 '하나님을 향한 예배의 불꽃'이 자유롭게 남과 북에서 타오르고 세계의 제사장 나라가 되는 이상향이 되어야 한다.

하나님이 주신 다음의 말씀 중에 "너"를 KOREA로 바꾸어 경청해 보자. 그리고 미래의 대한민국 그림을 함께 그려보자.

> 여호와는 너(KOREA)에게 복을 주시고
> 너(KOREA)를 지키시기를 원하며
> 여호와는 그의 얼굴을 너(KOREA)에게 비추사
> 은혜 베푸시기를 원하며
> 여호와는 그 얼굴을 너(KOREA)를 향하여 드사
> 평강 주시기를 원하노라.
>
> (민 6:24-26)

너희는 지난날을 기억하라

초판 1쇄 2021년 10월 15일
지 은 이 정장복
펴 낸 이 김현애
펴 낸 곳 예배와 설교 아카데미
주   소 서울특별시 광진구 아차산로73길 25
전   화 02-457-9756
팩   스 02-457-1120
홈페이지 wpa.imweb.me
등록번호 제18-19호(1998.12.3)
편   집 현대기획 02-722-8989

총 판 처 비전북
전   화 031-907-3927
팩   스 031-905-3927
I S B N 979-11-976075-0-9

값 18,000원